KB105671

열하기유

熱河紀遊

열하기유

熱河紀遊

조선 학자의 눈에 비친
열하와 북경

서호수 저 | 이창숙 역해

규장각　011
새로 읽는
우리 고전

아카넷

'규장각 고전 총서' 발간에 부쳐

고전은 과거의 텍스트이지만 현재에도 의미 있게 읽힐 수 있는 것을 이른다. 고전이라 하면 사서삼경과 같은 경서, 사기나 한서와 같은 역사서, 노자나 장자, 한비자와 같은 제자서를 떠올린다. 이들은 중국의 고전인 동시에 동아시아의 고전으로 군림하여 수백 수천 년 동안 그 지위를 잃지 않았지만, 때로는 자신을 수양하는 바탕으로, 때로는 입신양명을 위한 과거 공부의 교재로, 때로는 동아시아를 관통하는 글쓰기의 전범으로, 시대와 사람에 따라 그 의미는 동일하지 않았다. 지금은 이들 고전이 주로 세상을 보는 눈을 밝게 하고 마음을 다스리는 방편으로서 읽히니 그 의미가 다시 달라졌다.

그러면 동아시아 공동의 고전이 아닌 우리의 고전은 어떤 것이고 그 가치는 무엇인가? 여기에 대한 답은 쉽지 않다. 중국 중심의 보편적 가치를 지향하던 전통 시대, 동아시아 공동의 고전이 아닌 조선의 고전이 따로 필요하지 않았기에 고전의 권위를 누릴 수 있었던 우리의 책은 많지 않았다. 이 점에서 우리나라에서 고전은 절로 존재하였던 과거형이 아니라 새롭게 찾아 현재적 가치를 부여하면서 그 권위가 형성되는 진행형이라 하겠다.

　서울대학교 규장각한국학연구원은 법고창신의 정신으로 고전을 연구하는 기관이다. 수많은 고서 더미에서 법고창신의 정신을 살릴 수 있는 텍스트를 찾아 현재적 가치를 부여함으로써 새로운 고전을 만들어가는 일을 하여야 한다. 그간 이러한 사명을 잊은 것은 아니지만, 기초적인 연구를 우선할 수밖에 없는 현실로 인하여 우리 고전의 가치를 찾아 새롭게 읽어주는 일을 그다지 많이 하지 못하였다. 이제 이 일을 더 미룰 수 없어 규장각한국학연구원에서는 그간 한국학술사 발전에 큰 기여를 한 대우재단의 도움을 받아 '규장각 새로 읽는 우리 고전 총서'를 기획하였다. 그 핵심은 이러하다.

　현재적 의미가 있다 하더라도 고전은 여전히 과거의 글이다. 현재는 그 글이 만들어진 때와는 완전히 다른 세상이다. 더구나 대부분의 고전은 글 자체도 한문으로 되어 있다. 과거의 글을 현재에 읽힐 수 있도록 하자면 현대어로 번역하는 일은 기본이고, 더 나아가 그 글이 어떠한 의미가 있는지를 꼼꼼하고 친절하게 풀어주어야 한다. 우리 시대 지성인의 우리 고전에 대한 갈구를 이렇게 접근하고자 한다.

'규장각 새로 읽는 우리 고전 총서'는 단순한 텍스트의 번역을 넘어 깊이 있는 학술 번역으로 나아가고자 한다. 필자의 개인적 역량에다 학계의 연구 성과를 더하여, 텍스트의 번역과 동시에 해당 주제를 통관하는 하나의 학술사, 혹은 문화사를 지향할 것이다. 이를 통하여 우리의 고전이 동아시아의 고전, 혹은 세계의 고전으로 발돋움할 수 있기를 기대한다.

기획위원을 대표하여 이종묵이 쓰다.

차례

❋

해제 9

열하기유서(熱河紀遊序) 23

1권 진강성(鎭江城)에서 열하(熱河)까지 29

2권 열하(熱河)에서 원명원(圓明園)까지 143

3권 원명원(圓明園)에서 연경(燕京)까지 243

주석 399

참고문헌 416

찾아보기 421

일러두기

1. 원문은 번역한 부분만 수록한다.
2. 번역과 해설 양상에 따라 번역문과 원문이 정확히 대응하지 않는 부분이 있다.
3. 원문은 한국고전번역원에서 제공하는 『연행기(燕行紀)』의 원문을 이용하여 편집하였다.
4. 원문에서 구두점은 마침표와 쉼표만 사용하였다.
5. 원문에서 (　) 안은 원저에서 협주(夾註)로 처리한 문장이다.
6. 연도는 서기이며, 월과 일은 특별한 표시가 없는 한 모두 음력이다.

1. 서호수와 연행

서호수(徐浩修)는 1736년(영조 12)에 태어나서 1799년(정조 23)에 졸하였다. 본관은 달성(達城), 자는 양직(養直), 호는 학산(鶴山), 시호는 정헌(靖憲)이다. 시호는 처음에 문민(文敏)을 받았으나 조부와 같아서 후에 바꾸었다. 판중추부사(判中樞府事) 서명응(徐命膺)과 전주이씨(全州李氏)의 사이에서 태어났다. 증조부는 우참찬 문유(文裕)이며, 조부는 호조판서 종옥(宗玉)이고, 외조부는 정랑(正郞)을 지낸 저촌(樗村) 이정섭(李廷燮)이다. 백부 명익(命翼)에게 계출하였다.

1756년(영조 32) 생원(生員)이 되었고, 1761년(영조 37) 칠석제(七夕製)에 차석으로 급제하였다. 1764년 칠석제 제술 시험에 장원으로 급제하였으며 이어 1765년 3월 식년 문과에 다시 장원급제하였다. 이후 사간원(司諫院), 사헌부(司憲府), 홍문관(弘文館) 등의 부서에 임명되었으며, 남해(南海)에서 1년 남짓 유배 생활을 하기도 하였다. 1770년 윤5월에 처음 승지(承旨)가 되었고, 이후 1773년 4월 말까지 총 6회에 걸쳐 승지에 임명되었다. 임명된 때는 정확히 알려지지 않았지만 이해 12월에는 수원부사(水源府使)로 재직하며 호남어사(湖南御史)가 연읍(沿邑)의 수령 가운데 가장 치적이 뛰어나다고 보고하여 특별히 말을 하사 받았다. 1774(영조 50, 건륭 39)년 6월 21일에 전라감사(全羅監司)에 임명되었다. 1775년 8월에는 대사간(大司諫)에 임명되었다.

1776년 정조가 즉위하자 서호수는 도승지(都承旨)에 임명되어 왕의 측근이 되었다. 이해 4월에는 비변사 제조(備邊司提調), 7월 5일에는 이조 참판, 7월 21일에는 홍문관 부제학이 되었다. 8월 2일에는 이조 참판에서 체임되고, 28일에는 장악원 제조(掌樂院提調)가 되었다. 9월 24일에는 진하겸사은사(進賀兼謝恩副使)의 부사(副使)로 뽑혀 북경을 다녀왔다.

1777년(정조 1, 건륭 42) 4월 17일에는 홍문관(弘文館) 부제학(副提學), 5월 2일에는 이조 참판이 되었으며, 같은 달에 대사간(大司諫)이 되었다. 7월 1일에는 동지의금부사(同知義禁府事)[1]가 되었다. 같은 달 13일에는 다시 이조 참판이 되었으며, 8월 16일에는 이조 참판에서 체직되었다가 닷새 후인 21일에는 다시 이조 참판이 되었다. 11월 24일에는 성균관(成均館) 대사성(大司成)이 되었다. 다음해 1778년에는 이조 참판과 예조 참판을 번갈아 맡다가 1779년 3월 15일에는 다시 홍문관 부제학이 되었다. 3월 29일에는 함경도(咸鏡道) 관찰사(觀察使)로 나갔다가 다음 해

1780년 1월 5일에 체임(遞任)되었다. 이로부터 넉 달 후인 5월 23일에 다시 이조 참판에 등용되었으며, 6월 7일에는 규장각 직제학(直提學), 10월 5일에는 사헌부 대사헌이 되었다. 닷새 후 10일에는 『송사전(宋史筌)』편찬에 참여하여 완료하였다. 이해 12월 25일에는 형조 판서가 되었다.

1781년 1월 14일에 지경연사가 되었고, 3월 10일에는 강화부(江華府) 유수(留守)에 특별히 임명되었다. 3월 18일에는 규장각 설치의 공로로 전죽(箭竹) 일백 개를 하사받았으며, 곧 외각(外閣) 이정(釐正) 당상(堂上)을 겸임하였다. 6월 29일에는 『규장총목(奎章總目)』을 완성하였으며, 8월 2일에는 찬집 당상(纂輯堂上)이 되었다. 9월 24일에는 예조 판서 겸 예문관 제학이 되었다. 10월 16일에는 한성부(漢城府) 판윤(判尹)이 되었다.

정조 6년(1782) 2월 4일에 평안도(平安道) 관찰사가 되어 나갔으며, 이듬해(1783) 3월 7일에 그 직을 사임하였다. 3월 11일에 사헌부 대사헌, 12일에 동지경연사(同知經筵事), 29일에는 예조 판서에 임명되었다. 이해에 또 홍문관 제학, 이조 판서, 한성부 판윤, 형조 판서를 지냈고, 8월 말부터 9월 사이에는 안태사(安胎使)로 임무를 수행하였다.

1784년에는 예문관 제학, 지경연사에 임명되었고, 6월에는 이조 판서에 임명되었으나 사직하였다. 8월에는 병조 판서에 임명되었다가 10월 1일에 파면되었다. 9월에는 상호도감제조(上號都監提調)로 공로를 인정받아 숙마(熟馬)를 하사받았다. 9월 말에는 심환지(沈煥之)의 상소로 인의(引義)하였다가 정조의 명령으로 다시 출사하였다.

1785년 4월에는 다시 한성부 판윤이 되었다가 7월에 형조 판서가 되었으며, 황해수사(黃海水使)에 보임되었다. 8월에는 이조 판서가 되었다가 9월에 교체되었고, 곧 형조 판서가 되었다.

1786년 5월에는 공조 판서, 6월에는 형조 판서, 7월에는 병조 판서, 윤7월에는 다시 형조 판서가 되었다. 이해에 잠시 예문관 제학을 맡았으며, 1787년에는 직제학을 지냈다.

1790년에는 예문관 제학, 형조 판서, 예조 판서, 지경연사, 한성부 판윤, 검교 직제학, 호조판서를 지냈다. 이해에 4월 26일에 진하겸사은 부사(進賀兼謝恩副使)에 뽑혀 열하와 북경을 다녀왔다.

1791년에는 다시 예조 판서가 되었으며, 5월에는 이조 판서에 임명되었으나 사양하고 직무를 이행하지 않아 6월 6일에 면직되었다. 6월 17일에 예조 판서, 9월에는 공조 판서, 11월 말에는 병조 판서, 12월에는 예문관 제학에 임명되었다. 12월 25일에는 병조 판서에서 파직되었다.

1792년에는 다시 예문관 제학, 예조 판서가 되었고, 4월 말에는 함흥 본궁 작헌례(酌獻禮)를 거행하기 위해 파견되었다가 윤4월 24일에 복명하였다. 복명한 후 바로 홍문관 제학이 되었다.

1795년 11월 30일에 관상감(觀象監) 제조가 되었다. 이해 삼상(三相)의 후보에 올랐으나 이루지 못했고, 1798년에는 다시 우의정의 물망에 올랐으나 역시 좌절되었다.

서호수는 삼상의 자리에는 오르지 못하였지만, 육조 판서를 모두 그것도 여러 번 지냈다. 예문관, 홍문관, 사간원, 사헌부와 규장각의 요직을 두루 거쳤으며, 한성부 판윤, 수원 부사, 강화 유수, 평안도 함경도 전라도의 관찰사를 역임하였다.

2. 연행 기록

서호수는 문집이 남아 있지 않아 그가 평생 시문을 얼마나 지었는지는 알 수 없다. 현재 남아 있는 그의 저술은 1790년 연행을 일기체로 기록한 『열하기유(熱河紀遊)』(일명 『연행기(燕行紀)』)와 『해동농서(海東農書)』, 『국조역상고(國朝曆象考)』, 『사고(私稿)』가 남아 있다. 서호수는 1776년의 1차 연행에서는 연행록을 남기지 않았던 듯하다. 1차 연행의 기억과 당시 지은 시 몇 수가 2차 연행의 기록에 잠시 언급되었다. 1790년 2차 연행의 일기가 『열하기유』 또는 『연행기』이다.

1790년 음력 8월 13일은 청나라 건륭제(乾隆帝)의 80세 생일이었다. 청나라에 대한 조선의 사행은 명대에 비해 횟수가 줄어 동지(冬至), 정조(正朝), 성절(聖節)을 하나로 묶어 삼절사(三節使)로 매년 1회만 파견하였고, 기타 진하(進賀), 진향(進香), 사은(謝恩) 등은 따로 사안이 발생하였을 때 파견하였다. 1780년 건륭의 칠순(七旬) 생일과 1790년 팔순 생일에도 사절을 보내 축하하였다. 칠순 생일에 자제군관으로서 정사 박명원(朴明遠)을 수행한 박지원(朴趾源)은 열하를 방문하여 『열하일기(熱河日記)』를 남겼다. 10년 후 80세 생일에 서호수는 부사(副使)로서 열하를 방문하였다. 서호수는 이 팔순 만수절의 축하사절로서 열하로 직행하였고, 이어서 북경으로 가서 팔순 만수절에 참석하였으며, 그 사행의 기록이 『열하기유(熱河紀遊)』, 일명 『연행기(燕行記)』이다. 조선 사절이 열하를 경유하여 북경으로 가기는 이 사행단이 유일하다.

연행에서 돌아와 1793년 늦봄에 고향 파주의 학산(鶴山)에서 『열하기유』를 완성하였다. 1792년(정조 16) 윤4월 27일에 홍문관 제학이 되었고, 9월 20일자 『승정원일기(承政院日記)』에 "각신 서호수 재외(閣臣徐浩修在外)"라고 하였으니 5월과 9월 사이에 버슬에서 물러나 파주 학산에서 『열하기유』를 저술하였음에 틀림없다. 연행 도중의 기록을 약 1년에 걸려 정리 완성하고, 열하에서 천자를 처음 알현하였으므로 서명을 '열하기유'라고 붙였다.

『열하기유』와 『연행기』는 지금까지 『열하기유』 1종, 『연행기』 3종, 총 4가지 사본이 알려져 있다.

『열하기유』는 서울대학교 규장각한국학연구원에 소장되어 있으며, 4권 4책이다. 이 책은 원래 이상백(李相佰, 1904-1966) 선생의 상백문고(想白文庫) 장서로서 서울대학교에 기증하여 지금은 규장각한국학연구원이 관리하고 있다. 이 사본에는 『연행기』의 3가지 사본에는 없는 서문이 있으며, 또 『연행기』의 3가지 판본에는 실려 있지 않은 문장이 군데군데 더 들어 있다. 따라서 『열하기유』가 서호수의 2차 연행 기록의 원본이라고 할 수 있다.

『연행기』는 지금까지 3종의 필사본이 알려져 있다. 규장각 소장본, 일본 오사카부립 나카노시마도서관(大阪府立中之島圖書館) 소장본, 미국 캘리포아니아대학교 버클리캠퍼스 동아시아도서관(University of California, Berkeley, East Asian Library) 소장본이다. 버클리 동아시아도서관 소장본은 아사미문고(淺見文庫, Asami Collection) 장서이다. 이 세 가지 사본을 각각 규장각본, 오사카본, 버클리본으로 부르기로 한다. 『연행기』 3종은 각각 4권 2책이다. 오사카본과 버클리본은 고려대학교

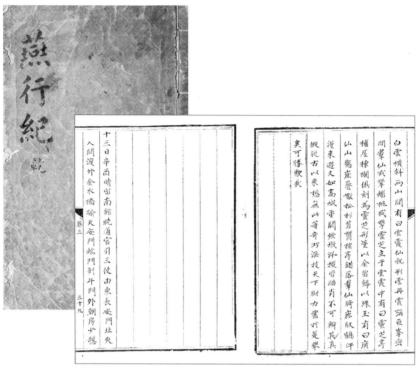

『연행기』 버클리본. 미국 캘리포아니아대학교 버클리캠퍼스 동아시아도서관(University of California, Berkeley, East Asian Library) 소장. 원문 이미지 제공: 고려대학교 해외한국학자료센터.

해외한국학자료센터에서 실물 사진을 제공하고 있다.

이 세 사본은 각각 1면 9행 22자이며, 글자에 약간의 차이가 있을 뿐 내용은 기본적으로 일치한다. 그러나 오사카본과 버클리본은 원래 『열하기유』와 같은 완본이었으나 몇 군데를 오려내고 공책지를 기워 넣어 지금의 『연행기』가 된 것으로 보인다. 가장 뚜렷한 보기는 8월 12일자 기록이다. 『열하기유』에는 이 날 원명원(圓明園)에서 북경성 안 남관(南

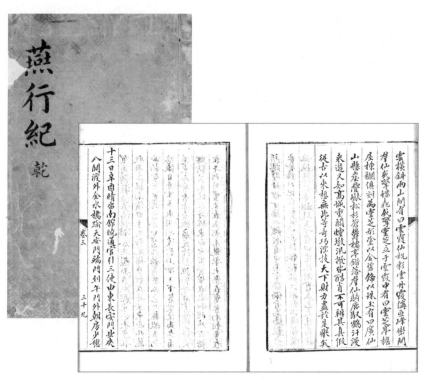

『연행기』 오사카본. 일본 오사카부립 나카노시마도서관(大阪府立中之島圖書館) 소장. 원문 이미지 제공: 고려대학교 해외한국학자료센터.

館)으로 돌아오면서 천주교 남당(南堂)에 들러 흠천감(欽天監) 부(副) 선교사 탕사선(湯士選)과 유사영(劉士英)을 만나 천문학에 관하여 대화를 나눈 기록 2,081자를 수록하였으나 『연행기』의 두 사본에는 이 부분이 모두 잘려나갔다. 버클리본의 제2책 제33장 후면 제7행은 앞 제6행까지와는 종이의 색깔이 달라 원래의 지면을 오려내고 다른 종이를 기워 넣은 흔적이 역력하고, 제7행에 첫 넉 자 "可勝歎哉"를 써 넣고 이후는 공

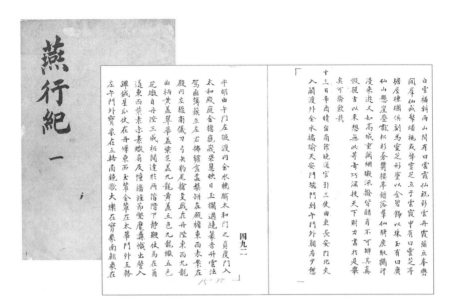

『연행기』 규장각본. 서울대학교 규장각한국학연구원 소장 및 원문 이미지 제공.

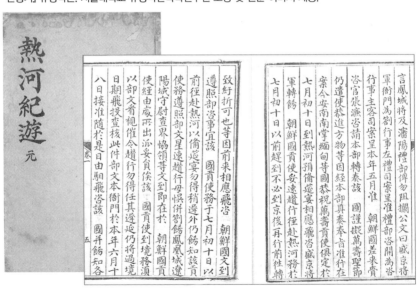

『열하기유』 규장각본. 서울대학교 규장각한국학연구원 소장 및 원문 이미지 제공.

란으로 비워 놓았다. 이 이후가 바로 남당을 방문한 기록이다. 또한 연결되는 다음 면은 바로 제39장이며, 13일자 일기는 제1행이 아닌 제8행부터 시작되고, 제1행부터 제7행까지는 역시 다른 종이를 기워 넣은 흔적이 잘 보인다. 오사카본도 제3권 제33장 후면 제6행이 "盡於是擧矣"로 끝나고 그 다음 제7행 처음부터 제9행 끝까지 도려냈다. 그 뒤 연결되는 면은 제39장이며 역시 제1행부터 제7행까지는 도려낸 채로 남아 있다. 이로써 보건대 『연행기』 오사카본과 버클리본은 원래 『열하기유』와 같은 완본이었고, 이후 천주교 관련 문장 등 조선의 국내사정상 용납될 수 없는 내용을 삭제한 것으로 보인다.

규장각본 『연행기』는 사침(四針)으로 제본하였으며, 표지의 지질도 조선시대의 책과는 다르다. 8월 12일자 일기는 "可勝歎哉"로 끝나고, 바로 행을 바꾸어 13일자 일기가 시작된다. 장서인도 "조선총독부도서지인(朝鮮總督府圖書之印)", "경성제국대학도서장(京城帝國大學圖書章)", "서울대학교도서(大學校圖書)"뿐이다. 이런 점을 고려하면 규장각본 『연행기』는 오사카본이나 버클리본을 저본으로 필사하였으며, 그 시기는 일제강점기로 추측된다.[2]

3. 『열하기유』의 성격과 가치

1790년 정조 14년(경술, 건륭55) 2월 20일에 "성절진하사은사(聖節進賀謝恩使)"라고 명명하고, 황인점(黃仁點)을 성절겸사은정사(聖節兼謝恩正使)

로, 김노영(金魯永)을 부사(副使)로, 서영보(徐榮輔)를 서장관(書狀官)으로 삼았다. 4월 26일에 서호수는 예조 판서로서 진하겸사은부사(進賀兼謝恩 副使)에 제수되었다. 27일에는 이백형(李百亨)을 서장관으로 임명하였다. 이리하여 애초 삼사는 정사 황인점만 남겨 놓고 부사와 서장관은 교체되었다. 서호수는 이 연행에서 초정(楚亭) 박제가(朴齊家)와 영재(泠齋) 유득공(柳得恭, 1748-1807)을 수행원으로 데리고 갔다. 유득공은 이 연행에서 『열하기행시주(熱河紀行詩註)』를 지었다. 서호수는 『열하기유』를 저술하면서 유득공의 기록을 참조한 듯하다.

『열하기유』는 일기체 저술이면서 간간이 관련 문헌을 인용하고, 자신의 견해를 길게 쓴 문장이 적지 않다. 중국의 각 지역의 연혁과 당시의 수비 병력 등 현황을 매우 세밀하게 기록하여 일종의 정탐 보고서로도 읽힌다. 1790년에는 이미 북학(北學)의 논의가 무르익어 있었고, 박제가와 유득공을 수행원으로 데려갈 만큼 북학파와도 사이가 가까웠지만 『열하기유』에는 북학 논의는 잘 보이지 않는다. 대신 만주족 청나라의 현실을 있는 그대로 보고 분석하는 치밀한 시선이 돋보인다. 서호수는 천문과 악률에도 정통하였으며, 그의 사고는 오늘날의 자연과학적 기반을 충분히 갖추고 있었던 것으로 보인다. 천문학에 관한 서양 선교사와의 대화에는 당시까지 중국에 소개된 서양 천문학 지식을 잘 파악하고 있었음이 나타난다. 물론 그도 전형적인 조선의 성리학자였지만 이미 대명의리론에만 매여 있지는 않았다. 만주족이 중원에 들어가 이룩한 번영과 평화의 실상을 목도하고, 그 가치를 인정하는 데 조금도 주저하지 않았다. 또한 그래서 청나라의 문물을 배우자고 섣부르게 주장하지도 않았다. 병자호란 이후 조선의 지식인들이 겪었던 정체성의 혼란을 그는 탈피하였던 듯하다. 대신 정밀하고 논리적인 눈으로 청나라의 현실을 기록하고 분석하였다. 그가 원명원 가는 길에 마테오리치의 무덤을 찾아 그를 위해 지은 문장을 읊을 때 다소 감정의 분출이 보일 뿐이다.

아마 현대를 포함하여 한국인 가운데 중국의 연극을 가장 많이 본 사람이 서호수일 것이다. 그것도 지금은 아예 볼 수 없는 궁중의 연극을 보았으니 이 방면에서는 가장 많은 복을 누린 사람이다. 건륭 시절에 청나라 궁중 연극은 극장, 희대(戲臺), 연출기구, 배우, 작품, 악단 등 모든 방면에서 완전한 체제를 구축하였다. 매월 삭망, 원단 등 명절과 사철의 절기, 만수절, 황자의 탄생과 결혼 등 경축일에는 그 전후로 연극을 상연하여 1년에 반 이상은 연극을 보며 지냈다. 1790년의 생일잔치에도 대대적으로 연극을 상연하였다. 서호수 일행이 열하에 도착하기 전인 7월 9일부터 연회를 시작하였으며, 연극 상연도 시작되었다. 서호수는 7월 16일부터 연회에 참석하여 매일 새벽에 상연을 시작하여 정오를 넘겨 끝나 하루에 일곱 여덟 시간 정도를 관람하였다. 연극의 제목과 감상평을 기록하였으며, 그의 감상평에는 당시 내부 깊은 곳에서 곪고 있는 청나라의 현실을 꿰뚫어보는 혜안이 빛나고 있다. 이 혜안은 화신(和珅) 등 청나라의 인물과 안남왕 등에 대한 인물평에서도 역시 빛난다.

서호수는 논리적이고 객관적인 눈으로 청나라의 현실과 그 이면을 보았다. 지나가는 곳의 연혁과 현황을 세밀히 조사 기록하였고, 기운(紀

昀)을 비롯한 청조의 인물과 안남(安南) 등 외국 사절과의 교류도 적극
적으로 진행하였다. 이 과정에서 서호수는 조선 성리학자로서의 대명
의리론이나 번영을 구가하는 청조 문물에 대한 학습을 주장하는 북학
논의를 전개하지 않았다. 대신 있는 그대로의 현실과 그 현실을 이룩한
원동력을 지적하였다. 반면 마테오리치의 무덤을 찾아 그를 위해 문장
을 지을 만큼 과학 지식과 인물에 대해서는 열정적이었다. 1차 연행에
서는『고금도서집성(古今圖書集成)』을 구입하였고, 2차 연행에서도 적지
않은 서적을 구입하여 돌아왔다. 그의 연행은 학자로서 배움과 물음의
길이기도 하였다.

4.『열하기유』의 번역과 해설

규장각본『연행기』는 1960년에 성균관대학교 대동문화연구원에서
『연행록선집(燕行錄選集)』에 넣어 영인하여 출판하였으며, 민족문화추진
회에서 국역한『국역연행록선집』에 번역되어 실려 있다. 1960년에는 규
장각본『연행기』만 알려져 있었다. 번역은 남만성(南晚星) 선생이 하였으
며, 이이화(李離和) 선생이 해제를 썼다. 필자는『열하기유』를 번역 해설
하면서 남만성 선생의 번역에 크게 의지하였으며, 또한 이미 훌륭한 번
역이 나와 있으므로 다시 완역할 필요를 느끼지 않아 흥미를 느낀 부분
을 골라서 번역하고 해설하였다. 도성을 출발하여 열하에 이르는 과정,
열하와 북경에서 사행의 임무를 진행하고 북경을 떠나는 날까지의 기

록에서 취사선택하였다. 천문학에 관련된 부분은 서울대 국사학과 문중양 교수의 감수를 받았다. 남만성 선생의 번역에서 당시 자료의 한계 등으로 비롯된 오류와 미진하다고 생각된 부분은 역자의 견해대로 번역하였다. 이 번역이 오류가 아니기를 바랄 뿐이다.

2016년 12월 7일 관악산에서

역해자 이창숙

열하기유서
(熱河紀遊序)

『열하기유』에는 「열하기유서(熱河紀遊序)」가 있으며, 이 서문은 『연행기』의 세 필사본에는 실려 있지 않다. 「열하기유서」는 다음과 같다.

사람이 조그만 형체와 정신으로 남극과 북극 사이에 백 년을 맡기니 그 작기는 메추라기보다 더하고, 그 짧기는 아침 버섯과 같다. 저 시름과 즐거움, 얻음과 잃음, 영화와 초췌, 삶과 죽음은 떠난 뒤에 생각하면 또한 모두가 환몽(幻夢)이 아니겠는가. 나는 건륭 경술년에 만수절 진하사로서 구관대를 나가 모용황의 옛터를 지나고 원나라 세조의 상도를 방문하고 고북구로 들어가 멀리 천수산을 바라보며 열세 황제 치화의 높고 낮음을 상상하며 백하와 통혜하를 건너며 곽태사가 측량하던 지혜와 기교를 느꼈고, 우 임금의 갈석, 맑고 성스러운 수양산, 추연의 서곡, 아름다운 태액지와 오룡정, 웅활한

진나라 장성과 발해, 광막한 요동 들판까지 모두가 지나며 볼 만하였으니 그 유람은 장하다고 할 수 있다. 열하와 원명원에서 누차 잔치에 참여하여 천자가 불러 보탑에 오르고, 친히 옥배를 들어 내렸고, 어주에 이끌어 올라 곤명호를 거슬러 오르고, 서호의 승경을 자유로이 보았으며, 날마다 연성공과 각부의 여러 대신 몽고, 회자, 안남, 남장, 면전의 여러 사신과 나란히 전폐에 나갔으며, 조방에서 마주 앉아 시로써 수창하고 붓으로 얘기하며 그 산천과 풍속을 묻고, 복식 언어를 분별하며 정과 뜻이 서로 맞고, 위의의 차등을 잊었으니 그 만남 역시 기이하다고 할 수 있다. 이제 학산 언덕배기에 돌아와 살면서 발길은 고향 마을을 벗어나지 않고 부딪는 사람은 촌동과 야로이며, 하는 말은 농사와 날씨이다. 지난날 유람과 만남의 장함과 기이함을 돌이켜 생각하니 어찌 환몽 가운데 또 환상일 뿐만이겠는가. 그러나 메추리는 내가 그 미미함을 웃는 바요, 아침 버섯은 내가 그 짧음을 불쌍히 여기는 바이니 사람 가운데 물아를 가리지 않아 달관한 이에게는 바다 북쪽의 구만 리도 반드시 크지는 않고, 초나라 남쪽의 팔천 살도 반드시 오래지는 않다. 내 유람과 만남이 백 년 뒤에 어제 같다고 해도 끝내는 사라져서 헛것이 되기는 한가지이다. 왜 꼭 물이 가고 구름이 지난 뒤에 연연하여 그 늦음과 빠름, 길고 짧음을 재는가. 나무 하고 소 먹이는 여가에 변새 안팎을 왕래한 날과 달을 차례로 적어 와유 거리로 삼는다. 열하에 이르러 처음 천자를 만났으므로 이름을 열하기유라고 한다. 모두 4편이다.

계축년 모춘 기망 학산초부 쓰다.

熱河紀遊序

人以藐然形神寄百年于二極之間, 其微也甚於斥鷃, 其暫也等於朝菌. 凡憂樂得喪榮悴存沒, 旣去而思之, 不亦一切幻夢也乎. 余於乾隆庚戌以萬壽節進賀使出九關臺, 歷慕容皝之故址, 訪元世祖之上都, 入古北口遙瞻千壽山, 想像十三帝治化之污隆, 逾白河通惠河, 感郭太史相度之智巧, 至如神禹之碣石, 淸聖之首陽, 鄒衍之黍谷, 太液五龍之佳麗, 秦城渤海之雄豁, 遼野之曠漠, 皆足所經而所矚也. 其遊可謂壯矣. 在熱河圓明園屢與筵宴, 天子召登寶榻, 親擧玉卮以賜之. 引上御舟, 溯昆明湖, 縱觀西苑之勝, 日與衍聖公閣部諸大臣蒙古回子安南諸王南掌緬甸諸使聯班於殿陛, 對案於朝房, 或詩以唱之, 或筆以談之, 詢其山川風俗, 辨其服飾言語, 情志相洽, 等威相忘, 其遇亦可謂奇矣. 今焉歸棲鶴山之阿, 迹不越于楡社, 所接者村童野老, 所談者桑麻陰晴, 回思曩日遊與遇之奇且壯, 奚啻幻夢之又幻也. 雖然斥鷃吾所笑其微也, 朝菌吾所憐其暫也, 而至人之齊物而達觀者, 則溟北之九萬里未必爲大, 楚南之八千歲未必爲久, 縱使吾之遊與遇百年如曩日, 畢竟緣去而爲幻, 則一也, 何必戀戀于水逝雲過之後, 較遲速長短于其間哉. 樵牧之暇, 叙次塞山內外往來之日月, 以作臥遊之資, 到熱河初見天子, 故名曰熱河紀遊. 凡四編. 癸丑暮春旣望 鶴山樵夫書.

1권

진강성(鎭江城)에서
열하(熱河)까지

성절진하사은사(聖節進賀謝恩使) 정사 창성위(昌城尉) 황인점(黃仁點), 부사 예조판서 서호수, 서장관 홍문관 교리(弘文館校理) 이백형(李百亨)은 5월 27일에 사폐하고, 성정각(誠正閣)에서 정조를 알현하였다. 정조와 먼 길 떠나는 사신들은 대화를 나눈다.

정조　　황제의 팔순 만수절은 다른 해와는 유별나므로 경들을 보내 진하하는 것이오. 마침 여름 장마를 당하여 요동과 심양은 반드시 길이 험할 터이니 조심해서 다녀와야 하오.

서호수　조야가 나라의 경사를 축하하는 때에 신은 가까운 반열에 있는 몸으로서 떠나서 반년이나 대궐 섬돌을 벗어나니 구구한 마음에 맺히는 시름을 이기지 못하겠나이다.

정조   금년 원정(元正)에 황제가 복자신한(福字宸翰)을 내려 주신 일은 실
       로 예전에 없었던 은전(恩典)이다. 경들이 연경(燕京)에 도착한 후
       에 만일 예부의 상서(尚書)나 시랑(侍郎)을 보거든 모름지기 황제의
       은사(恩賜)에 감격하여 가슴에 새기고 있다는 뜻을 말로 하거나 글
       로 써 보여 즉시 황제의 귀에 전달될 수 있게 하는 것이 좋겠소.

정사 황인점과 부사 서호수가 모두 글을 지어 전하는 것이 좋다고
하였다. 정조는 서호수에게 물러나 내각에서 기다리라고 하였다. 어제
시를 내려 주기 위함이었다.

잠시 후 영첨(領籤) 이흥윤(李興潤)이 어제(御製)를 받들고 와서 선사(宣賜)하였
다. 어제의 제목(題目)은 〈황제의 팔순 만수절에 전사(專使)를 따로 보내 진하
하기로 하여 배표(拜表)하는 날, 써서 부사(副使)에게 주다〉이고, 그 시는 다
음과 같다.

이번 길에 계문 버들에 서린 안개 거듭 뚫겠구려
돌아올 날은 반드시 기러기 오기 전이겠지
인간의 오복을 그대가 먼저 헤아려
뜻이 있어 만수연에 참례하네

此路重穿薊柳烟 歸期應在雁賓前
人間五福君先數 有意行參萬壽筵

이번 연행은 서호수로서는 두 번째였다. 건륭 병신(丙申, 1776년) 11월에 서호수는 사은부사(謝恩副使)로 북경에 갔다가 이듬해 3월에 복명하였다.[1] 계문의 버들에 서린 안개는 연경팔경(燕京八景)의 하나인 "계문연수(薊門煙樹)"를 말한다. 계문은 옛 계주(薊州)인데 지금의 천진(天津) 계현(薊縣) 지역으로서 조선 사절단이 북경에 입성하기 전 반드시 경유하는 곳이다. 그러나 연경팔경 "계문연수"의 지역에 대해서는 조선과 중국 사이에 큰 차이가 있다. 조선에서는 역대의 사절단이 모두 북경의 동쪽 계현 지역을 지나면서 옛 계주와 계문연수를 언급하였다. 반면 중국에서는 명초 이래로 원나라 대도(大都)의 토성(土城) 가운데 서북쪽 구역 일대를 계문이라고 불렀다. 급기야 청나라 강희제는 그곳에 "薊門煙樹" 비를 세웠다. 지금 북경시의 서직문(西直門) 부근이다. 서호수는 병신년 1776년 정조가 즉위하자 도승지(都承旨)에 임명되어 왕의 측근이 되었고, 이해에 진하겸사은부사(進賀兼謝恩副使)로 정사(正使) 이은(李溵), 서장관(書狀官) 오대익(吳大益)과 함께 청나라에 다녀왔다. 정조는 그 사실을 첫 구절에서 지적한 것이다.

정조의 글씨는 견지(繭紙)에 휘묵(徽墨)으로 써서 은하수처럼 빛나니 특이한 은총(恩寵)이며, 지극한 보물이 아닐 수 없다. 연경에 도착하여 비단과 옥첨(玉籤)으로 표구하고, 조정에 돌아와 어서각(御書閣)에 봉안하였다.

명나라 청나라에 대하여 약소국 조선으로서는 외교 정책에서 별다른 선택의 여지가 없었다. 유가(儒家)의 세계관 안에서 사대자소(事大字小)는 이념적으로나 실리적으로나 타당한 정책이었다. 이런 힘의 불균형 안에서 조선은 적어도 인적 교류의 장에서는 학식과 문재로써 대등한 관계를 유지해 나갈 수 있었다. 서호수는 자신이 진하부사로 선발된 배경을 밝혀 놓았다.

순치(順治) 을유년(1645, 인조 23)에 칙유(勅諭)를 따라 원조사(元朝使), 동지사(冬至使), 성절사(聖節使), 세폐사(歲幣使)를 하나의 사행으로 합쳐서 명칭은 동지사로 하고 매년 한 번씩 보낸다. 사은사(謝恩使), 주청사(奏請使), 진하사(進賀使) 등은 일에 따라 보낸다. 동지사는 정2품, 부사는 정3품으로 의망(擬望)하고, 사은사 등은 정사는 정1품, 부사는 종2품으로 의망한다. 이번은 팔순 성절이므로 상례를 따를 수는 없어서 전담 사신을 보내서 진하한다. 먼저 그 사유를 갖추어 예부(禮部)에 자문(咨文)을 보내야 하므로 금년 3월에 별도로 재자관(齎咨官) 장염(張濂)을 보냈다. 또 건륭 황제가 우리나라 사신을 읊은 글에,

예의의 나라라 글짓기에 익숙하니
대보름날 시첩에 시구가 늘어나겠군

禮義國原閑賦詠 上元帖字句當增

이라고 했고, 또,

근알은 응당 시 잘 짓는 이가 오리라

觀謁應來能句人

라고 하였다. 대신들이 이를 근거로 진하부사는 상례에 얽매이지 말고 문임
(文任) 중에서 보내자고 주청하였다. 내가 예조판서이며 예문관 제학이므로
첫 번째로 천망(薦望)되어 낙점(落點)을 받았다.

이해 4월 25일 성절 진하사 인선을 논의하는 자리에서 좌의정 채제
공(蔡濟恭)이 "근알은 응당 시 잘 짓는 이가 오리라"라는 건륭의 시구를
근거로 문신 가운데서 부사를 임명하자고 건의하여 서호수가 뽑혔다.

서호수는 이 연행에서 시인으로 이름이 난 내각 검서관(檢書官) 박제
가(朴齊家)와 유득공(柳得恭)을 데리고 갔다. 월사(月沙) 이정구(李廷龜)가
1601년 명나라의 조사(詔使) 고천준(顧天埈)과 최정건(崔廷健)이 올 때 원
접사(遠接使)가 되어 막료(幕僚)로 차천로(車天輅)와 최립(崔笠)을 데리고
간 전례를 따른 것이었다. 이 사실은 『연행기』에는 빠져 있다.

서호수는 이어서 성절사가 가지고 간 문서와 방물을 주를 달아 열거
하였다.

성절진하표문(聖節進賀表文), 자문(咨文) 각 1통

황세저포(黃細苧布) 10필

백세저포(白細苧布) 20필

황세면주(黃細綿紬) 30필

자세면주(紫細綿紬) 20필

백세면주(白細綿紬) 20필

용문염석(龍文簾席) 2장

황화석(黃花席) 20장

만화방석(滿花方席) 20장

잡채화석(雜彩花席) 20장

수달피[獺皮] 20장

백면지(白綿紙) 1400권

점육장후유지(粘六張厚油紙) 10부(部)

이 밖에 전년 동지사(冬至使) 편에 건륭이 직접 써 준 복자신한(福字宸翰)에 대해서도 사은 문서와 방물을 갖추었다.

복자신한에 대한 사은 표문(謝恩表文), 자문(咨文) 각 1통

황세저포 30필

백세저포 30필

황세면주 20필

자세금주 20필

백세금주 30필

용문염석 2장

황화석 15장

만화방석 15장

잡채화석 15장

5월 27일부터 6월 6일까지 열흘은 기록이 없다. 본격적인 일기체 기록은 압록강을 건넌 6월 22일부터 시작되며, 그 이전까지는 몇몇 날의 날짜를 밝히고 주요 사건을 기록하여 하나의 문장으로 작성하였다.

6월 7일 안주(安州)에 도착하여 관덕정(觀德亭)에 묵었다. 관덕정은 연행 사절이 안주에 묵을 때 숙소로 쓰던 곳이다. 관덕정에는 7대조 충숙공(忠肅公) 서성(徐渻)과 선친 서명응(徐命膺)의 시가 판각되어 걸려 있었다. 서성은 1601년 명나라의 사신 고천준(顧天埈)과 최정건(崔廷健)을 맞이하는 접반사(接伴使)로서 관덕당에 와서 시를 지었다. 그 시는 〈관덕당에서 홍 정랑의 시에 차운하다 – 안주병영(觀德堂次洪正郞韻 安州兵營)〉이다.[2]

대륙에서 바람이 일만 마리 말떼를 모니
현명의 가혹한 명령은 상군보다 극렬하네
시 읊으며 어깨 아직 들썩이는 윤음 받든 나그네
지휘 따르며 옛일 생각하는 출정하는 군사들
길은 청천강 향해 북새로 통하고
군영은 세류로 열려 서문을 진수한다
재갈 당겨 절로 은혜에 보답할 곳 있으니
행역에 밤낮 고생을 어이 사양하리오

大陸風驅萬馬群 玄冥苟令劇商君

吟肩尙聳含綸客 隨指飜思負羽軍

路向晴川通北塞 營開細柳鎭西門

揚鑣自有酬恩地 行役寧辭夙夜勤

삭풍이 몰아치는 계절에 사명을 띠고 왔으니 밤낮 부지런히 성은에 보답하겠다는 각오를 밝힌 시이다. 선친 문정공(文靖公) 서명응이 1769년 동지사로 경유할 때 지은 시가 있었다. 서호수도 공경히 화답하는 시를 각판(刻版)하여 걸었다. 삼대(三代)가 모두 기번(箕藩, 평양 감영)을 안찰(按察)한 것은 실로 드문 일이므로 시에서 언급하였다. 그 시는 다음과 같다.

서울은 아득하니 동료와 오래 이별하리

홀로 높은 누 오르니 갑절이나 임 그리워

물가의 겹겹 관문은 서새 길이고

서리 어린 화극은 삭방의 군사로세

한 집안에서 옥 부절로 세 번 기역 살피고

십 년 사이 사신 길로 다시 계문 들리라

부끄럽다 조상께서 감당나무 그늘 지나가신 땅이니

아름다운 가통 이어 근면으로 보답하리라 감히 말하네

迢迢京國久離群 獨上高樓倍戀君

臨水重關西塞路 凝霜畫戟朔方軍

一家玉節三箕域 十載星槎再薊門

慙愧棠陰經過地 敢云繩美答憂勤

서호수는 정조가 즉위한 1776년에 연행을 다녀왔으니 14년 후에 다시 연행길에 나선 셈이다. 그러니 이번에는 계문에 두 번째로 들어간다. '승미(繩美)'는 아름다움을 계승한다는 말이다. 정조 2년 무술년(1778) 건륭제가 심양(瀋陽)으로 선조의 능묘를 참배하러 가자 정조는 이은(李溵)을 심양문안사(瀋陽問安使)로 보내 황제를 맞이하고 방물을 올렸다. 건륭은 이에 대한 답례로 누런 비단에 '東藩繩美'라는 문구를 써서 정조에게 보냈다. 조선이 사대의 예를 이어 가라는 뜻으로 읽힌다. 서호수는 이 글귀를 떠올린 듯하다. 7대조 서성과 선친 서명응이 사신의 부절을 지니고 평양을 지나갔다. 자신도 사신으로서 두 번 평양을 경유한다. 아름다운 가통을 이어 조상에 부끄럽지 않게 국왕에게 근면으로써 보답하겠다는 다짐이다.

11일에 용만(龍灣)에 도착하였다. 그간 날씨가 쾌청하여 여로가 순탄하였지만 여기서 장맛비에 막혀 열흘을 머물렀다. 압록강을 건너기도 전에 사행의 고초가 장마구름처럼 드리웠다. 요동 벌판은 여름 장마철이면 상전벽해(桑田碧海)를 눈으로 볼 수 있었다. 남아 있는 연행의 기록으로 가장 이른 고려시대 이승휴(李承休)의 『빈왕록(賓王錄)』에서부터 100여 년 전에 이 지역을 여행했던 벽안의 여인 이사벨라 버드 비숍 (Isabella Bird Bishop, 1831-1904)의 여행기에도 어김없이 요동의 홍수는 등장한다. 자세한 것은 요동벌을 지날 때 보기로 하자.

다음날 12일, 별재자관(別齎咨官) 장염(張濂)이 북경에서 돌아와 압록강을 건너왔다.[3] 그는 5월 4일 북경에 도착하여 조선에서 황제의 생일에 진하사를 보내겠다는 자문을 전달하고, 청나라의 회답 자문을 받아서 돌아온 것이었다. 장염은 비에 막혀 용만에 머물러 있었고, 황제의 회답 자문은 배지(陪持)를 보내어 비변사(備邊司)에 바쳤다. 대신(大臣)이 다시 회답 자문을 갖추어 진하사 일행에게 부치기를 주청하였고, 또 관문(關文)을 보내어 사행에게 강을 건너지 말고 회답 자문을 작성하여 보낼 때까지 기다리라고 일러 왔다. 서호수 일행은 용만에서 조정의 회답 자문을 기다렸다.

12일부터 다시 긴 장마가 져서 삼강(三江)이 넘쳐 건널 수가 없었다. 열흘 동안을 진변헌(鎭邊軒)에 체류하는데, 심사가 쓸쓸하여 이월사(李月沙)의 시를 차운해서 두 검서(檢書)에게 보였다. 시는 이러하다.

세월은 콸콸 물과 다투어 흐르고
장마 진 용만에는 가을이 가깝다
한나라 사신 탄 뗏목은 옛길을 잃었고
연경 찾는 손님은 전에 놀던 일 추억하네

바람에 모래 스르르 날려 변방 소리 요란하고

아득히 퍼진 숲에 기러기가 떴구나

천 리 밖 궁궐을 멀리서 꿈꾸며

북두성 높은 곳에서 다시 누에 오르네

年華滾滾水爭流 積雨龍灣節近秋

漢使乘槎迷舊路 燕都訪客憶前遊

風沙淅瀝邊聲合 平楚空濛雁趐浮

千里觚稜勞遠夢 北辰高處更登樓

다시 한 수를 더 지었다.

용만에 세 번째 오니 몇 성상(星霜) 지냈는가

행인이 오히려 단정 장정에 익숙하네

옛 숙사 찾아오니 더벅머리 센 이를 맞이하고

축수하는 새 사신은 푸른 대산(岱山) 가리키네

반딧불이에 마음 놀라는 계절이고

압록강 모래톱이 화이의 경계를 나누었네

알겠구나, 왕회에 달려가는 만국 사신

산과 들이 아득해도 잠시라도 쉬지 않을 줄

三到龍灣閱幾星 行人猶慣短長亭

來旬舊舍迎鬐白 賀壽新槎指岱青

節序驚心螢草色 華夷分界鴨流汀

應知萬國趨王會 原隰悠悠不暫停

21일 밤 2경(更), 청나라 예부(禮部)의 칙행자문(飭行咨文) 1통과 성경
장군(盛京將軍)의 칙행공문(飭行公文) 1통이 봉황성(鳳凰城)에서 비를 뚫고
날아왔다. 내용인즉 7월 10일까지 열하(熱河), 즉 피서산장(避暑山莊)에
도착하라는 지시였다. 건륭은 초여름부터 생일과 추석을 열하에서 보
내곤 하였다. 안남(安南-베트남), 남장(南掌-라오스), 면전(緬甸-미얀마)의
사신도 모두 7월 10일 이전에 열하에 도착할 예정이니 조선 사절도 기
일에 맞추어 오라는 것이었다.

청나라의 독촉을 받고서는 역관을 남겨 자문을 받아서 따라오게 하
고, 사절단은 강을 건넜다. 숱한 연행길에 열하로 직행한 것은 이때가
처음이었다.

22일 압록강을 건너 구련성(九連城)에서 쉬었다가 온정평(溫井坪)에서 잤다.
이날은 70리를 갔다.

서호수는 압록연강의 발원과 유역, 구련성의 연원을 고찰하였다.

압록강은 장백산(長白山)에서 발원하여 서남으로 2000리를 흘러 상국의 길림
(吉林) 오라(烏喇)의 남쪽 경계와 우리나라 함경도 평안도의 북쪽 경계를 돌아

서 봉황성에 이르러 동남쪽으로 바다로 들어간다. 옛날의 마지수(馬訾水)이며 또는 애강(靉江)이라고 불렀다.

구련성은 명나라의 진강성(鎭江城)이다. 『청일통지(淸一統志)』에 구련성은 봉황성(鳳凰城) 동쪽에 있다고 하였다. 『금사(金史)』에서는 알로(斡魯)가 합라전(合懶甸)에 아홉 성을 쌓고 고려와 대치하여 나와서 싸우다가 들어가서 지켰다고 하였다. 지금 봉황성 밖에 구련성 유지(遺址)가 있다. 『금사』를 살펴보니 고려가 출병하여 갈라전(曷懶甸)에 아홉 성을 쌓자 알로도 마주 아홉 성을 쌓았다고 하였다. 『금사』와 『고려사』를 대조하니 시중(侍中) 윤관(尹瓘)이 쌓은 아홉 성은 함주(咸州), 웅주(雄州), 영주(英州), 길주(吉州), 복주(福州), 의주(宜州) 등의 지역이니 함경남도(咸鏡南道)가 갈라전임은 의심할 바가 없다. 그러니 알로가 쌓은 성도 함경남도에 속해야 한다. 『청일통지』에서 구련성을 부회한 것은 매우 잘못이다.

『수서(隋書)』에 '鴨綠水'라는 명칭이 처음 보이고, 당나라 두우(杜佑, 735-812)가 『통전(通典)』에서 "마지수는 압록수라고도 한다. 수원은 동북 말갈의 백산에 나온다. 물빛이 오리 머리 같아서 세상에서는 이렇게 부른다[馬訾水, 一名鴨綠水, 水源出東北靺鞨白山, 水色似鴨頭, 故俗名之.]"라고 풀이하였다. 그러나 두우의 이런 풀이는 망문생의(望文生義), 즉 글자를 보고 지어낸 뜻에 지나지 않을 수 있다. 외국의 지명이나 문물을 한자로 표기하면서 처음에는 순수하게 음차자(音借字)로 표기하다가 점점 한문으로도 성립하는 조어(造語)로 바뀌어 결국에는 외래어인지 고유한 한자어인지 구분할 수 없는 상태에 이른다. 일례로 혼불사(渾不似)

라는 악기는 '火不思', '胡拔四', '胡不似', '琥珀四' 등의 한자로 표기하기도 한다. 이 악기는 원래 돌궐(突厥)의 현악기 코부츠(qobuz)이며, 중당 무렵에 중국에 들어와 원나라 때 크게 유행하였다. 지금도 중앙 아시아의 카자흐스탄과 터키 등의 나라에서 쓰이고 있다. 이 악기의 명칭 '渾不似'는 전혀 비슷하지 않다라는 뜻으로 그 유래를 한나라의 왕소군(王昭君)에 갖다 붙였다. 왕소군이 흉노족에게 출가하여 늘 한나라에서 가져간 비파를 타며 향수를 달랬다. 결국 비파가 망가지자 흉노의 장인에게 다시 만들라고 시켰다. 다시 만든 악기는 크기가 작아 연주할 수가 없었다. 왕소군이 웃으며 "전혀 비슷하지도 않군요(渾不似)"라고 말했다고 한다. 송나라 때 유염(俞琰, 1258-1314)의 『석상부담(席上腐談)』에 실린 이야기로 악기 명칭의 음차어에 의미를 가질 수 있는 한자를 사용한 한문 조어이다. 한어(漢語)에는 이런 예가 많다. '압록'이라는 명칭은 송나라 구양수(歐陽修, 1007-102)의 『신당서(新唐書)』에서는 '鴨淥'이라고 썼고, 역시 송나라 사람 섭융례(葉隆禮, 1247년 진사)의 『거란국지(契丹國志)』에도 이렇게 썼다. 음이 같은 '綠'과 '淥'을 혼용한 점으로 보아 당나라 시기부터 압록강 유역에 살던 거란족이나 여진족의 말을 음차하였을 가능성이 없지 않다.[5]

성경 장군의 칙행공문이 또 봉황성으로부터 날아왔다. 역시 시일에 맞춰 열하로 오라는 독촉장이었다. 내용은 다음과 같다.

성경 장군 아문은 다급하게 엄중히 재촉합니다. ……

조선국 공사(貢使)에게도 전일에 성경 장군에게 자문(咨文)을 급히 보내 해국(該國) 공사가 힘써 7월 초10일 이전에 열하로 달려가서 연회에 참석하도록 전칙(轉飭)하게 하였습니다. 기록이 있어 이제 삼가 지난 45년 황상(皇上)의 칠순만수절(七旬萬壽節)의 일을 조사해 보니, 해국(該國) 사신은 8월 초에 비로소 열하의 연회에 도착하였습니다. 금년의 열하 연회에는 각국 사신들이 기일을 정하여 7월 10일에 일제히 도착합니다. 조선사신은 이때에 겨우 출발하니 빨리 달리도록 독촉하지 않으면 기일에 도착할 수 없어 체제(體制)에 깊이 관계되니 상응하여 다시 성경 장군에게 자문을 급송하여 해국 공사에게 전달합니다. 모름지기 밤낮으로 급히 달려서 7월 초10일 이전을 기한하여 바로 열하로 가서 각국 공사들과 함께 연석에 들어 절대로 늦지 마십시오. 아울러 그 사신들이 현재 어디에 이르렀고, 어떻게 하면 그들이 빨리 열하로 달려가서 연회에 제때 참석하게 할 수 있는가를 먼저 본부(本部)에 자문으로 보고해야 합니다. …… 건륭 55년 6월 20일.

10년 전인 1780년, 건륭의 칠순 만수절에는 진하겸사은사(進賀兼謝恩使) 박명원(朴明源) 일행이 북경을 경유하여 열하로 갔다. 이때 박지원이 자제군관으로 수행하여 『열하일기(熱河日記)』를 저술하였다. 당시 사행은 관례대로 북경으로 갔다가 건륭이 열하로 불러서 황망하게 다시 열하로 갔던 것이다. 박지원은 8월 9일, 건륭의 생일 나흘 전에 열하에 도착하였다. 청나라 조정은 팔순 만수절에는 7월 10일을 기한으로 정해 열하에 다다르게 하였다. 따라서 조선사신에게도 이날에 맞춰 도착하도록 독촉하는 글을 보냈다. 동시에 조선사신단이 열하에 제때 도착하도록 경로에 편의를 제공하도록 지시하였다.

성경 장군은 6월 18일에 예사(禮司)에서 온 자문을 받고 그날로 하루에 500리씩 달려서 조선과 조선의 공사(貢使)에게 급히 자문을 발송하였다. 조선 공사가 경유하는 연로(沿路)에는 미리 관병을 파견하여 여정을 돕게 하였다. 공사가 길이 가깝다는 이유로 구관대(九關臺)를 거쳐 열하로 가는 길을 잡는다면 도중에는 역참(驛站)이 없어 늦어질 수 있으니 의주(義州)의 기민(旂民)과 지방관(地方官)에게 견고한 수레와 건장한 말을 준비하였다가 제공하라고 지시하였다. 변외(邊外)의 조양(朝陽), 적봉(赤峯), 건창(建昌) 등 현(縣)에 사절의 여정을 돕는 모든 대책을 마련하도록 지시하였고, 성경의 예부(禮部), 병부(兵部)와 봉천부(奉天府) 부윤(府尹)에게 준비해야 할 일을 모두 미리 준비하도록 지시하였다. 성경 장군이 20일 사시(巳時)에 다시 독촉하는 자문을 받아 보니, 조선 사절은 접경에 도착하지 않았기로 다시 하루에 500리씩 달려서 조선국에 속히 자문을 보내고, 아울러 사절단에게도 밤을 도와 달리도록 지시하였다.

23일 임신(壬申) 맑음. 봉황산(鳳凰山) 아래서 쉬고, 책문(柵門) 안에서 묵었다. 이날은 50리를 갔다. 오전에 봉황산 아래 도착하여 성장(城將)을 초청할 때 길보(吉報)가 날아와 6월 18일에 신시(申詩)에 원자(元子)가 탄생하였다는 소식을 전하였다. 억만 년 경록(景籙)이 지금부터 시작되니 일행이 춤추며 일제히 환성을 질렀다. 경각간에 책문 안에 퍼져 통관과 장경(章京)들도 모두 구르듯이 와서 축하하니 상도(常道)를 지키기는 다 같아서 너나의 경계가 없음을 알 수 있었다.

이날 희소식의 주인공은 훗날의 순조대왕(純祖大王)이다. 『정조실록(正祖實錄)』에는 원자 탄생의 경사를 다음과 같이 기록하였다.

신시(申時)에 창경궁 집복헌(昌慶宮集福軒)에서 원자(元子)가 태어났으니, 수빈 박씨(綏嬪朴氏)가 낳았다. 이날 새벽에 금림(禁林)에는 붉은 광채가 있어 땅을 비추었고, 정오가 되자 무지개가 태묘(太廟)의 우물에서 솟아나와 오색 광채를 이루었다. 백성들이 다투어 구경하면서 이는 특이한 상서라고 하면서 뛰며 기뻐하지 않은 이가 없었다.[6]

정조는 30세 때인 1782년에 의빈(宜嬪) 성씨(成氏)에게서 아들을 낳아 이름을 순(暲)이라고 하고, 두 살 때 왕세자에 책봉하였다. 이 이가 문효세자(文孝世子)이며, 불행히도 1786년에 홍역으로 요절하였다. 정조가 마흔이 되도록 아들이 없자 청나라의 건륭황제는 경술년(庚戌年, 1790) 원단에 조선사신을 통해 원자 탄생을 기원하는 복(福) 자를 친필로 써서 보냈다. 정조는 서호수 일행에게 복자신한(福字宸翰)을 내려 준 데 대하여 특별히 감사의 뜻을 표하라고 이미 당부하였다. 이제 고대하던 원자를 얻었으니 나라의 경사이며, 국경을 넘어 청인들도 기뻐 자빠질 듯하였다. 인지상정이다.

이날 성경 장군이 6월 21일에 보낸 칙행공문이 다시 날아왔다. 7월 10일 이전에 열하에 도착할 수 있으면 들어오게 하고, 도착할 수 없다면 편의대로 하라는 지시였다. 사신은 정한 기일 안에 열하에 도착하겠다는 뜻을 서신으로 알렸다.

공문을 본 뒤 즉시 사신 등은 6월 23일 책문(柵門)에 들어 밤을 새워 달려가 27, 8일경에는 기어이 심양(瀋陽)에 도달하고, 심양에서부터는 구관대(九關臺)의 지름길을 택하여 7월 초순경에 열하에 도착하도록 하겠다는 뜻을 봉황성 장군(鳳凰城將軍)에게 서신을 보내어 성경 장군에게 전달하도록 하였다.

24일에는 봉황산(鳳凰山), 삼대자(三臺子), 설리참(雪裏站)을 지나 황가 장(黃家莊)에서 잤다. 이날은 105리를 갔다.

나와 정사 서장관은 표자(表咨)만 가지고 행장을 간단히 꾸려 막비(幕裨) 4명, 역관 3명, 사자관(寫字官) 1명, 종인(從人) 30명을 데리고 참을 넘어 먼저 구관 대(九關臺) 길을 택해 열하로 향하고, 나머지 막비 역관 등은 방물 실은 수레 와 종인 쇄마구인(刷馬驅人)을 데리고 참 앞으로 나가 산해관(山海關)을 경유 하여 연경(燕京)으로 가도록 하였다.

25일에는 연산관(連山關)에서 잤다.

25일 갑술(甲戌). 비가 내렸다. 통원보(通遠堡)에서 밥을 지어 먹고 연산관(連 山關)에서 잤다. 이날은 80리를 갔다.

연산관은 지금의 본계만족자치현(本溪滿族自治縣) 남부 지역에 있으며, 명청 교체기의 조선이 겪은 난국(難局)의 한 사건이 일어났던 곳이다. 1636년 병자년 4월 후금(後金)의 태종은 국호를 청(淸)으로 바꾸고 제

위에 등극하였다. 이때 조선에서는 춘신사(春信使) 나덕헌(羅德憲, 1573-
1640) 일행이 심양(瀋陽)에 가 있었다. 1627년 정묘호란(丁卯胡亂)을 수습
하면서 조선은 봄과 가을에 심양으로 사신을 파견하기로 약조하였다.
봄에 보내는 사신은 춘신사, 가을에 보내는 사신은 추신사(秋信使)라고
하였다. 서호수는 1636년 춘신사의 일을 소상하게 기록하였다.

연산관은 아골관(鴉鶻關)이라고 하며, 나덕헌 등이 국서(國書)를 버린 곳이 바
로 여기이다. 청나라 천총(天聰) 10년(1636) 4월에 여러 패륵(貝勒), 대신, 만주
인, 한인 문무 관료가 표(表)를 올려 말하였다.

"황상께서는 하늘의 보우를 받고 운수에 순응하여 일어나셔서 백성들을 사
랑해 기르시고, 여러 나라들을 평안하게 하시며, 다시 옥새(玉璽)를 얻었으
니, 하늘이 왕자에게 내리는 징조임이 분명합니다."

존호를 올려 관온인성황제(寬溫仁聖皇帝)라고 하였다. 세 번 주청하자 비로소
윤허하고, 바로 4월 11일에 천지와 태묘에 제사를 올려 고하였다. 덕성문(德
盛門) 밖에 단을 쌓고 제위에 올라 국호를 대청(大淸)이라 정하고, 연호를 숭
덕(崇德)으로 바꾸었다. 여러 신하들에게 선유(宣諭)하여 모두 삼궤구고두(三
跪九叩頭)의 예를 행하였다. 오직 우리나라의 춘신사 나덕헌과 이확(李廓)이
태묘에 절하지 않았다. 태종은 선유하였다.

"조선사신의 무례한 점은 하나하나 들어서 말하기 어렵다. 이것은 다 조선
이 일부러 원한을 맺으려고 짐이 먼저 사단을 일으켜 그 사신을 죽이게 하
고, 짐에게 맹세를 저버렸다는 오명을 씌우려는 것이다. 짐은 결코 한때의
작은 분풀이를 하지 않으리라. 두 나라가 전쟁을 할 때에도 온 사신을 죽이

지 않는 법이거늘 하물며 조회하는 때임에야. 죄를 묻지 말라."

곧 나덕헌 등을 돌려보냈다. 답서가 몹시 도리에 어긋나고 거만하였다. 나덕헌 등은 답서를 연산관에 버리고 왔다.

17세기 초반 여진족(女眞族)이 발흥하면서 여진과 명나라, 조선의 국제 정세는 동요하였다. 여진과 명 사이에서 중립외교를 펼치던 광해군(光海君)이 1623년에 축출되고 조선의 외교정책이 급격히 친명배금(親明排金)으로 돌아서자 1627년 정묘년에 후금이 조선을 침공하였다. 양국은 형제국으로 칭하고, 후금은 철병하고 이후 압록강을 다시 넘지 않으며, 조선은 후금과 맹약을 맺되 명나라와는 적대하지 않는다는 정묘약조를 맺었다. 10년 후 후금에 출사했던 조선의 사신은 제위에 오른 만주족 황제에게 의례를 행하지도 않았으며, 국서의 내용이 무례하다고 하여 연산관에 버렸다. 그러나 나덕헌과 이확은 귀국 후 오히려 청나라의 국서를 받았다는 구실로 유배형을 받았다. 나덕헌과 이확의 전후 사적은 박지원(朴趾源)이 쓴 이확의 신도비(神道碑)[7]에 생생하게 묘사되어 있다.[8]

숭정(崇禎) 9년 병자년(1636, 인조 14)에 만주족은 영아아대(英兒阿代)와 마복탑(馬福塔)을 보내 서신을 전달하였다. 언사가 몹시 패악하고 거만하였으며, 바라는 바가 전날과 달랐다. 대각(臺閣)과 성균관 제생들이 번갈아 상소를 올려 그 사신을 베어 머리를 함에 넣어 명나라 황제께 바치자고 요청하였다. 영아아대 등은 매우 두려워 숙소에서 뛰쳐나가 말을 빼앗아 타고 달려가면서 국서(國書)를 도중에 버렸다.

이때 사대부들은 모두 심양에 사신 가기를 회피했으므로 마침내 공을 회답사(回答使)에 충원하였다. 서신을 가지고 뒤를 쫓아 용만(龍灣, 義州)에 이르렀다. 당시 춘신사 나덕헌이 공보다 먼저 출발하여 막 용만에 머물고 있다가 드디어 동행하여 심양으로 들어갔다. 한(汗)이 공들을 접견하고서 더욱 거만하여 폐백을 받지 않고, 사자(使者)를 숙소로 번갈아 보내어 10여 건의 일로 트집 잡았다. 한이 교외에서 하늘에 제사를 올리려 하면서, 먼저 정명수(鄭命壽)를 시켜 오만 가지로 회유 협박하였다. 공은 허리에 찬 칼을 뽑아 정명수에게 주면서,

"내 머리를 가지고 가라!"

하였다. 이튿날 만주 기병 수십 명이 채찍으로 문을 치면서 크게 외치기를,

"조선사신은 빨리 예복을 갖추라!"

하자, 공은 탄식하며,

"오늘에야 죽을 자리를 얻었나 보다."

하고, 드디어 나공(羅公)과 함께 동쪽을 향해 사배(四拜)를 올려 멀리서 임금께 하직하였다. 손으로 관복을 찢고 사모(紗帽)를 뭉개 밟아서 다시 입지 않을 뜻을 보였다. 스스로 상투를 풀고 머리를 맞대어 두 가닥을 한데 합쳐 묶고 서로 보듬고 누웠다. 한이 장사(壯士)를 보내어 공들을 좌우로 끼고 달려서 제단 아래 이르렀다. 패륵(貝勒)과 팔고산(八固山)[9]과 번자(番子)들이 다 줄지어 서고, 몽고의 수십 만 기병이 제단을 빙 둘러 진을 쳤다. 한은 자황포(柘黃袍)를 입고 규(圭)를 잡고 제단에 올라 '관온인성황제(寬溫仁聖皇帝)'라는 존호(尊號)를 받고, 국호를 세워 '대청(大淸)'이라 하고 '숭덕(崇德)'으로 연호를

바꾸었다. 장사들이 공을 끼고 서자, 공은 즉시 나자빠져 다리를 쭉 뻗고 누웠다. 장사들이 앞을 다투어 그 팔과 다리를 붙잡고 고개를 억누르고 꽁무니를 쳐들고 사지를 들어 땅에 엎어뜨리자, 공은 크게 호통 치며 몸을 뒤쳐 바로 누우며, 앞에 접근하는 자가 있으면 누운 채 발길로 그 얼굴을 차서 코가 깨져 피가 쏟아졌다. 이날 구경하던 자들은 놀라고 미워하여 차마 보지 못하였다. 결국 거꾸로 질질 끌어다 숙소에 가두었다.

이튿날 다시 동교(東郊)에서 제사를 지낼 적에 또 공들을 끌고 갔다. 공들은 더욱 사납게 항거하며 눈을 부릅뜨고 크게 꾸짖으니, 정말로 그 사나움을 당해낼 수 없었다. 만주족의 여러 신하들이 흔고제(釁鼓祭)를 올려 죽이겠다고 하여 대중 앞에 위엄을 보이자고 청하자, 한(汗)은,

"저것들이 지금 죽여 달라고 요구하는 판인데, 지금 죽이면 도리어 저놈들의 소원을 풀어 주는 것이 되고, 또 사신을 죽였다는 악명을 무릅쓰게 된다. 그러니 놓아 돌려보내느니만 못하다."

하였다. 드디어 서한을 만들어 보따리 속에 넣어 주고 기병 100여 명을 시켜 아골관까지 공을 압송하고 돌아갔다. 공들이 비로소 보따리를 점검하고 과연 한의 서신을 발견하자 놀라며,

"서신에 새 도장을 찍어 봉했으니 그 내용은 뻔하다. 만일 서신을 떼어 봤다가 예전 격식에 맞지 않는 점이 있다면 장차 어찌하랴?"

하고, 드디어 서신을 여점(旅店)에 놓아두고 말을 달려 돌아와 책(柵)을 벗어났다. 변방에서는 떠들썩하게 이야기하기를, 공들이 적의 뜰에서 절하고 춤을 추었다 했고, 관찰사 홍명구(洪命耉)는 장계를 급히 올려 국경에서 그들의 목을 베어 높은 곳에 매달아 놓을 것을 청했다. 이에 삼사(三司)와 성균관

유생들이 모두 상소를 올려 베어 죽이기를 청하므로, 문정공(文正公) 김상헌(金尙憲)이 역설하기를,

"두 사신을 아직 심문해 보지도 않았는데 어찌하여 유독 먼저 베어 죽인단 말인가!"

하여 감형을 받았다. 그리하여 공은 선천(宣川)으로 귀양 가고, 나덕헌은 백마산성(白馬山城)을 병사(兵士)로서 지키게 되었다.

한참 뒤에 조정에서는 도독(都督) 심세괴(沈世魁)가 명나라 황제에게 아뢰는 수본(手本)을 얻어 보고서야 비로소 공들이 의리를 지키기 위해 저항했던 실상을 알게 되었으며, 양사(兩司)에서는 효수(梟首)하자는 계문(啓聞)을 잠시 정지했다. 그러나 말 많은 자들은 오히려 심 도독이 명나라 조정에 거짓 보고한 것이라 했다. 급기야 마복탑이 공들이 여점(旅店)에다 서신을 버렸다는 이유로 몹시 성을 내며 하는 말이,

"황제가 교외에서 하늘에 제사를 모시는데 사신된 자는 의당 공손히 예를 행해야 할 것이거늘 이확 등은 패악스럽게 난동을 부려 뜰에서 천자를 욕보였으니 어찌 이놈을 당장에 죽여 대국에 사과하지 않는단 말인가?"

하였다. 이에, 따라갔던 역관 신계음(申繼愔) 등이 비로소 속을 털어놓고 원통함을 호소하여 공들의 귀양을 풀게 되었다.[10]

박지원은 이어서 건륭이 지은 『어제전운시(御製全韻詩)』 가운데 〈태종께서 대청을 건국하고 조선을 정복하다[太宗建國大淸征服朝鮮]〉에서 나덕헌, 이확과 관련된 시구와 그 주까지 인용하였다. 문구에 약간 차이가 있어 『어제전운시』를 보기로 한다.

명나라 침공하여 군현을 거둬들이고

나라 안정 시켜 현재를 길렀네

남으로 조선을 꾸짖어 강화 맺고

북으로 몽고를 쳐서 오게 하였지

다시 옥새의 경사를 얻었으니

하늘의 뜻이 해와 달을 도우셨네

백성들 갸륵한 뜻에 부응하시어

즉위하시고 교사단에 고하시고

나라 세워 대청이라 하시며

연호 바꿔 숭덕이 열렸지

그때 조선사신이 있어서

절도 않고 홀로 뻗대었다네

거짓으로 예의 지켜

그 무리들 죽이도록 우리 화를 돋우는 줄 아시고

용서하여 죽이지 말라 분명히 유시하시니

심장을 도려낸 듯 놀라 안색이 허예졌지

侵明收郡縣 安國育賢才

南討朝鮮和 北伐蒙古徠

更獲玉璽瑞 天意佑昭回

俯允輿情敦 卽位告郊臺

建國曰大淸 改元崇德開

乃有朝鮮使 不拜志獨乖

知爲假守禮 激我戮其儕

明諭赦弗誅 抉心驚色灰

『어제전운시』는 건륭이 평수운(平水韻) 106운을 모두 사용하여 1운에 1수씩 106수로 청나라의 건국 과정과 중국 역사의 대강을 읊은 영사시(詠史詩)이다. 위 시는 황태극(皇太極)이 판도를 키우면서 대청(大淸)을 건국하고, 조선을 복속시킨 사적을 읊었다. 1636년(천총天聰 10, 丙子) 4월 11일 황태극은 만주와 몽고의 귀족, 한인(漢人) 관료의 추대로 제위에 올랐다. 이 자리에 조선사신을 참석시켜 예를 받으려 하였으나 나덕헌과 이확은 죽어도 만주족 황제에게는 절을 하지 못한다고 버텼던 것이다. 건장한 만주족 장사들이 사지를 들어서 머리를 누르고 엉덩이를 들어 올려 절을 시키지만 땅바닥에 누워 발길질을 해 대니 장사들은 코가 깨졌다. 경건하고 엄숙한 즉위식을 난장판으로 만들었다. 글 읽는 선비의 기개가 이러니 국권을 잃어버린 적도 있지만 숱한 외침에 오늘날까지 나라를 유지해 왔고, 앞으로도 그럴 것이다. 위 시구 다음에 당시의 일을 묘사한 글을 주로 달았다.

태종이 존호를 받고 나서 뭇 신하들에게 선유하니, 모두 삼궤구고례(三跪九叩禮)를 행하였으나 오직 조선사신 나덕헌과 이확이 절을 하지 않았다. 태종이 유시하였다. "조선사신의 무례한 짓을 이루 열거하기 어렵다. 이는 모두 조선 국왕이 일부러 원한을 맺고자 짐이 먼저 사단을 만들어서 그 사신을 죽이면 짐에게 맹약을 저버렸다는 명분을 덮어씌우려는 것일 뿐이다. 짐은 종래 한때의 작은 분풀이를 하지 않으려고 하였지만 이렇게 하찮은 일로 이미 두 나라는 이미 원수가 되었구나. 전쟁 때에도 일이 있어 사람을 보내면 또한 보낸 사자를 즉시 죽일 리는 없거늘, 하물며 조회하러 왔으니 불문에 부치라." 곧 그 사신을 돌려보내면서 서신으로 조선 국왕을 힐책하고, 다시 그 사신에게 유시하였다. "너희 왕이 스스로 죄를 뉘우칠 줄 안다면 자제를 인질로 보내라. 그렇지 않으면 짐은 즉시 대군을 일으켜 너희의 국경에 닥칠 것이니, 후회해도 무슨 소용이 있으랴."[11]

17세기 초중반 한족(漢族)의 명조(明朝)와 만주족(滿洲族)의 청조(淸朝)가 벌인 왕조 교체의 와중에서 조선이 견지한 친명배청 외교정책을 절절하게 실천한 한 장면이다. 외교사절로서 국가의 존엄과 정책을 목숨 걸고 지킨 이확과 나덕헌의 활약은 숭앙받아 마땅하다. 그러나 두 사람은 귀국 후에 오히려 겨우 효수(梟首)를 면하고 귀양 가고 수자리 서는 처지가 되었다. 두 사람이 청 태종이 등극하는 자리에서 춤을 추었다는 낭설이 있었기 때문이다. 예나 지금이나 정치판에는 낭설이 더 위력을 떨친다. 목숨 걸고 국위(國威)를 떨친 현장의 문관 무장은 오히려 집에서 따뜻한 밥 먹고 편한 잠 잔 동료들의 모함을 받았다. 결국 진상이 밝혀졌지만 그 과정의 정치판이 한심하기 짝이 없다. 정쟁 속에서 고결한 인품은 더욱 빛이 난다.

26일에는 110리를 가서 냉정참(冷井站)에서 잤다. 지금의 요양시(遼陽

市)에 해당하는 이곳은 명나라가 산해관(山海關)에서부터 쌓은 요동변장(遼東邊牆)의 동쪽 끝이다. 17세기 초에는 명과 여진의 군사 대결이 첨예하게 벌어진 곳이었다. 서호수는 그 한 장면을 놓치지 않고 『명사(明史)·이성량전(李成梁傳)』을 인용하였다.

만력 초 병부시랑(兵部侍郎) 왕도곤(汪道昆)이 변방을 시찰할 때 이성량(李成梁)이 고산보(孤山堡)를 장기합랄전(張其哈剌佃)에, 험산보(險山堡)를 관전(寬佃)에, 연강(沿江), 신안(新安) 등 4보(堡)를 장전(長佃), 장령(長嶺) 등 여러 곳으로 옮기고, 이어서 고산, 험산의 두 참장(參將)으로 지키게 하면 땅을 칠팔백 리나 개척하고, 경작하고 목축하는 이익을 더 거둘 수 있다고 건의하였다. 왕도곤이 조정에 보고하니 좋다고 회보(回報)가 내렸다. 이로부터 백성들이 날로 불어 64,000여 호에 이르렀다. 만력 34년(1606)에 이르러 이성량이 순무(巡撫) 건달(塞達, 1542~1608), 도독 조집(趙楫)과 함께 땅이 외따로 떨어져 있어 지키기 어려우니 버리자고 건의하고, 거민을 모두 내지로 옮겼다. 거민이 가실(家室)을 아쉬워하면 대군을 동원하여 몰아내었다. 순안어사(巡按御史) 웅정필(熊廷弼)이 땅을 버리는 것은 잘못된 계책이라고 상주하였다. 황제는 이성량을 총애하여 상주를 보류하고 처리하지 않았다.

27일(병자)에는 요양(遼陽)의 광우사(廣祐寺)와 백탑(白塔)을 관람하고, 동경(東京) 영수사(迎水寺)에서 밥을 지어 먹고 십리하포(十里河鋪)에서 잤다. 이날의 이동 거리는 80리였다. 요양과 동경의 연혁 및 현황을 역시 상세하게 기록하였다. 동경성의 현황에 대해 다음과 같이 기록하였다.

동경성은 태자하(太子河)의 동쪽에 있으며, 요양주성(遼陽州城)에서 8리 거리이다. 청 태조 천명(天命) 6년(1621, 광해군 13)에 세웠으며, 둘레가 6리 10보, 높이가 3장 5척, 문이 8개이다. 주방(駐防) 성수위(城守尉) 1명, 방어(防禦) 8명, 파리호좌령(巴里呼佐領) 1명, 효기교(驍騎校) 9명, 필첩식(筆帖式) 1명, 창관(倉官) 1명, 외랑(外郎) 2명이 있다. 휘하의 만주 몽고 병사는 656명이다.

이어서 요양의 형세와 이곳에서 벌어진 명청 교체의 전투를 기록하였다.

요양은 광막한 들판에 위치하여 육지와 바다의 이로움을 모두 갖추었다. 북으로 영금관(寧錦關) 밖의 형세를 눌러 서로 닿아 있으며, 서쪽으로는 남방의 상선(商船)들이 모두 모여드는 등주(登州), 내주(萊州)와 통한다. 청나라의 대통(大統)은 실로 천명(天命) 황제가 먼저 요양을 점거한 데에 기반을 두므로, 이곳은 변경에서 반드시 다투는 땅이 된다. 팔보(八堡)는 요양의 내위(內衛)이고, 사전(四奠)은 요양의 외병(外屏)이다. 이성량이 사전을 철거한 것은 큰 실책이다. 만력(萬曆) 이후에 요동의 일이 일어났는데, 하늘이 그렇게 만든 것이 아닐까.

"요동의 일", 요사(遼事)는 만력 이후 요동 지역을 여진이 침략하고, 명나라가 방어하면서 벌어진 군사 대결을 일컫는 말이다. 26일의 일기에서 이성량이 이곳의 땅을 개척하였다가 다시 철거한 일을 기록하였다. 서호수는 이성량이 요양에서 변장의 바깥에 있는 4전(佃)을 철거하여 여진이 쉽게 이곳을 침공하는 빌미를 제공하였다고 본 것이다. 그 일을 계속 기록하였다.

천명 6년에 태조(太祖)가 심양을 뺏고 나서 심양과 요양은 입술과 이처럼 서로 의지하니 다 뺏지 않으면 안 된다고 여겨 드디어 요양으로 진군하였다. 청군(淸軍)이 성을 무너뜨렸을 때 명나라 경략(經略) 원응태(袁應泰)가 성 북쪽의 진원루(鎭遠樓)에 올라서 싸움을 독려하다가 성이 무너지는 것을 보고 불을 놓아 누각을 태우고 죽었다. 분수도(分守道) 하정괴(何廷魁)는 처자를 데리고 우물에 빠져 죽었고, 감군도(監軍道) 최유수(崔儒秀)는 스스로 목을 매었고, 총병(總兵) 주만량(朱萬良)과 부장 양중선(梁仲善)과 참장 왕치(王豸)·방승훈(房承勳)과 유격(遊擊) 이상의(李尙義)·장승무(張繩武)와 도사(都司) 서국전(徐國全)·왕종성(王宗盛)과 수비(守備) 이정간(李廷幹) 등은 모두 전사하였다. 어사(御史) 장전(張銓)은 사로잡혀 항복하라는 협박을 받았으나 굽히지 않고 죽었다.

요양성이 함락될 때 자결하거나 전사한 명나라 관리들을 하나하나 거명하며 기록하였다. 더 이상 감정을 표출하지 않았으나 절개를 지켜 죽은 이들을 말없이 애도하였음은 분명하다.

이날 서호수는 요양에서 연경에 이르는 대로의 양변에 심은 버드나무에 대해 그 기능을 설명하였다.

요양에서 연경에 이르는 대로는 좌우에 버들을 끼고 있다. 맑을 때는 행인을 덮는 그늘이 되고, 길에 물이 차면 대로의 표지(標識)가 된다. 버들이 아니면 상인과 나그네가 더위를 먹고 볕에 그을리며 물에 빠지는 자가 많을 것이다. 열하에서 연경까지도 그러하다. 각기 그 지방관이 구간을 나누어 수호하고, 한계를 정하여 보호해 살린다. 옹정(雍正) 연간에도 버드나무 심기를 독려하는 칙유(勅諭)를 여러 번 내려 『회전(會典)·공부(工部)』에 실려 있다. 인정(仁政)이 백성에게 미침이 원대하다. 근고에 우리나라의 사신이 이것을 보고 도리어 변하(汴河)의 버들에 비유하였다. 국정 엿보기가 이와 같다면 저 전대(專對)가 무슨 소용인가.

변하의 버들은 이른바 수제류(隋堤柳)이다. 『악부시집(樂府詩集)』의 〈수제류(隋堤柳)〉 해제(解題)에 수제가 무엇인지 지적하였다.

『통전(通典)』에 "수양제 대업 초에 하남의 남녀 백여 만을 동원하여 통제거(通濟渠)를 트고, 서원(西苑)에서부터 곡수(穀水) 낙수(洛水)를 끌어들여 황하에 이르고, 또 황하를 끌어 회해(淮海)에 통하게 하였다"고 하였고, 『대업습유기』에 "양제가 강도(江都)로 행차하려고 운둔 장군(雲屯將軍) 마호(麻祜)에게 황하의 물길을 변제(汴堤)로 끌어들여 큰 배를 띄울 수 있도록 모의하라"고 명하였으니, 이른바 수제이다.[12]

수제는 수양제가 건설한 대운하의 변주(汴州) 구간의 둑이다. 강도, 즉 지금의 양주(揚州)로 가기 위해 낙양(洛陽)의 황하에서 양주의 장강(長江)까지 통하는 운하를 열었다. 운하의 둑에 버들을 심었다. 후에 이 둑의 버들은 명승(名勝)이 되어 시인묵객의 입과 붓에 오르내렸다. 백거이(白居易)도 신악부(新樂府) 〈수제류(隋堤柳)〉를 지었다. 그 끝 4구에 심장한 의미를 담았다.

이백 년 동안 변하의 길은
모래 풀에 안개 서려 아침 되고 저녁 되고
훗날에 이전 왕을 어떻게 거울삼을까
수나라 제방 나라 망친 나무를 보시게나

二百年來汴河路 沙草和煙朝復暮
後天何以鑒前王 請看隋堤亡國樹

　백거이의 눈에 변하 둑의 버들은 나라를 망친 나무였다. 수나라 양제의 행적에 비추어 타당한 결론이라고 할 수 있다. 서호수 이전에 요양 대로의 버들을 본 어느 조선 사절은 그 버드나무에서 수나라의 말로를 읽었다. 대규모 토목 공사와 대외 원정을 일으켜 국력을 탕진한 끝에 나라를 망치고 말았으니 수제의 버드나무는 망국의 유물이었던 것이다. 백거이의 눈은 그렇게 읽었다. 훗날 요양에서 북경까지 대로에 가로수로 버들을 심었다. 이 길을 오갔던 조선 사절 가운데 누군가는 수제의 버들을 연상하였다. 요양의 버들이 수제의 버들처럼 망국의 유물이 되기를 바라는 심정이었던 것이다. 병자호란 이후 조선 사람의 심정은 누구나 이러하였다. 그러나 청나라는 갈수록 안정되고 강대해져

백 년이 지나면서 조선에서 청나라의 문물을 배우자는 북학파가 나왔지만, 대명의리(對明義理)는 여전히 조선 지식인의 의식을 지배하고 있었다. 요동 벌판의 버드나무에서 저 멀리 수나라 운하 둑의 버들을 연상할 만큼 청의 쇠망은 꿈에서도 버리지 못하는 기대였다. 그러나 서호수의 눈은 그 반대였다. 가로수는 여름에 그늘을 만들어 주고, 홍수가 나서 길이 물에 잠기면 수면 위로 나온 나무가 표지가 된다. 명나라 때부터 이 거리의 버들을 잘 관리해 왔지만 청나라 옹정제는 『대청회전(大淸會典)』에 버드나무 관리의 책임을 명문화할 만큼 중시하였다. 서호수는 그 중요성을 간파했던 것이다. 그러니 버들에서 망국을 엿본 이전의 사신은 적국의 실정을 염탐해야 할 임무를 그르쳤으니 아무리 전대(專對)를 잘한들 쓸모없다고 본 것이다. 현실에 발을 디디고 본 현실과 가망 없는 기대를 품고 본 현실은 이렇게 다를 수 있다.

28일(정축). 이날은 비가 내렸다. 백탑포(白塔鋪)에서 밥을 지어 먹고 심양(瀋陽)에서 잤으며, 60리를 갔다. 심양에서부터 사절단은 인원을 둘로 나누어 삼사와 주요 수행원은 열하로 직행하고, 나머지 인원과 방물은 산해관을 거쳐 북경으로 가는 길을 잡았다.

1625년, 누르하치는 수도를 요양에서 심양으로 옮기고 성경(盛京)이라고 불렀다. 1644년(順治 원년, 인조 22)에 연경을 수도로 정하고, 성경(盛京)에는 수도의 제도를 그대로 남겨 정무를 실행하였고, 1657년에는 봉천부(奉天府)를 설치하여 두 주(州)와 여섯 현(縣)을 예속시켰다. 성안 동남쪽의 조선관(朝鮮館)은 병자호란 때 인질로 잡혀 간 봉림대군(鳳林大

君)이 머무르던 곳이었다. 삼학사가 여기서 순절하였으므로 그 사적을 빠뜨리지 않았다.

외양문(外襄門) 밖에서 서관문(西關門) 안까지의 거리는 좌우가 다 시전(市廛)이다. 이곳은 바로 학사 홍익한(洪翼漢), 학사 윤집(尹集), 학사 오달제(吳達濟)가 정축년(1637, 인조 15)에 살신성인한 곳이다. 수레의 앞턱 가로나무에 의지해 지나가니 엄숙히 공경하는 마음이 일어난다. 황도주(黃道周, 1585~1646)가 "강상은 만고에 푸르고 절의는 천추에 빛나며, 하늘과 땅이 나를 알아주고 집안 사람은 근심이 없다"고 한 말은 삼학사에 해당한다. 당시에 기휘가 엄밀하여 지나간 사적이 아득히 어둡고, 고염무(顧炎武)와 이광지(李光地) 등 절의를 칭송하기 좋아하던 선배들도 삼학사의 일에 대해 언급하지 않았으니, 슬프도다.

황도주는 명나라의 유신(遺臣)으로서 절개를 지켜 처형당하였다. 홍광제(弘光帝)의 남명(南明)에서 예부상서(禮部尚書)를 지내고, 남명이 망하자 복주(福州)의 융무제(隆武帝)에게 가서 무영전(武英殿) 대학사(大學士) 겸 이부상서 병부상서가 되었다. 융무 원년(1645) 12월 청군에게 사로잡혀 남경으로 압송, 투옥되었다가 다음해 3월 5일 처형되었다. 투옥 중에 부인 채씨(蔡氏)가 편지를 보내 "충신에게 나라는 있어도 집은 없으니 집안을 돌아보지 마십시오[忠臣有國無家, 勿內顧]"라고 말하였다. 황도주가 처형 직전에 옷을 찢어내고 손가락을 물어 피로 쓴 유서가 위의 글이다.

삼학사의 죽음에 관해서는 당시에 설이 구구하였다. 서호수는 북경을 떠나기 하루 전 9월 3일에 『황청개국방략(皇淸開國方略)』에서 삼학사 관련 기록을 발견한다. 그 일은 해당 일자에 상술하기로 한다.

29일에는 어스름 저녁에 출발하여 성 밖 10리 거리의 탑원(塔院)에서 잤다. 만수절에 맞추어 도착하기 위해서 서둘러야 했지만 길이 험하고 현지에서 고용한 수레꾼들이 어깃장을 놓는 바람에 더욱 지체되었다.

연일 참(站)을 넘겨 행진하느라 교군(轎軍)과 말이 매우 지쳐서 새벽부터 밤까지 길을 달려갈 수 없는 형편이므로 태평거(太平車) 9량(輛)을 빌려서 삼사(三使)와 막비(幕裨)와 역관이 나눠 탔다. 성경의 부도통(副都統) 성책(成策)은 만주 사람이다. 짐 싣는 수레 3량을 보내 도와 주었으므로 행장(行裝)을 모두 싣고, 쌍교(雙轎)와 부졸(扶卒)과 역마(驛馬)는 바로 연경으로 보냈다. 수레를 빌릴 때 수레 주인이 우리의 급한 사정을 알아채고는 삯을 이전의 10배를 불렀다. 봉성(鳳城)의 장군이 마침 심양에 왔다가 우리에게 생색내기 위하여 차부(車夫) 9인을 가두고 값을 깎아 주었다. 수레 주인은 유감을 품고서 동(佟) 씨 성을 가진 사내를 고용해 9인의 차부를 인솔하게 하였다. 동이란 사내는 자칭 정황기(正黃旗) 소속이라고 하며, 말과 외모가 매우 가증스러웠다. 9인의 차부들은 다 그가 턱짓으로 가라면 가고 멈추라면 멈추고 하였다. 5리마다 반드시 말을 쉬게 하고, 10리마다 반드시 술을 사서 가는 곳마다 지체하였다. 어쩌다 수레꾼에게 빨리 달리라고 꾸짖으면 동이란 사내가 대신 대답하기를 "진흙이 미끄러워 당겨도 움직이지 않으니 어찌할 수 없습니다. 짐승들이 가엾습니다."라고 하니 일행 중에 몹시 분하게 여기지 않는 이가 없었다.

태평거는 손수레처럼 생겼다. 사람이나 가축이 끈다. 행군에 지친 사절단은 심양에서 태평거 9량을 빌려 타고 간다. 수레 주인은 사절의 급한 사정을 알고서 바가지를 씌우고, 봉성에서 온 장군의 위세도 심양을 떠나서는 소용이 없다. 수레꾼들은 여로 내내 이 핑계 저 핑계로 지체한다. 황제의 생일잔치에 달려가는 외교 사절의 행차임을 알고서 돈을 뜯어낼 궁리를 부리는 자들이 가증스럽다. 그런데 동씨 사내의 어깃장은 일행에게 홍수라는 재난을 당하지 않게 하는 행운을 가져다주었다. 그 일은 며칠 뒤 조양현(朝陽縣) 관제묘(關帝廟)에 묵을 때 유득공(柳得恭)의 서술에서 나타난다.

7월 1일에는 거류하(巨流河), 즉 요하(遼河)를 건넜다. 요하에 배가 두 척뿐이라 인마와 수레가 건너는 데 애를 먹었다. 궂은 날씨에 밤낮 달려서 90리를 갔으니 그 고초를 알 만하다. 게다가 수레꾼을 지휘하는 동가(佟哥)의 횡포에 일행은 매우 시달리고 있었다. 어떤 날은 밤낮 겨우 6, 70리를 가기도 하였다. 영안교(永安橋)에 도착하니 부도통 성책(成策)이 여행 경비를 보내 왔다.

밤에 거류하를 건너고 새벽에 거류하보(巨流河堡)에 들어가 잠깐 쉬었다. 밤낮을 간 거리가 90리였다. 밤 이경(二更)에 거류하의 동쪽 가에 이르니 짙은 구름이 사방을 덮어 하늘과 들이 온통 검었다. 우러러보니 구름이 서로 붙은 선에서 번갯불이 번쩍번쩍 구불구불하여 날아오르는 용 같았다. 서북풍이 크게 불어 수레 안의 등불이 다 꺼져 어디로 가는지 지척도 분별할 수가 없었다. 강에는 배가 두 척만 있어 여러 번 오가면서 실어 건네니 고생이 수도 없이 많았다. 동(佟)이란 사내가 장난을 쳐서 일행이 이런 광경을 당하게 하였으니 생각할수록 분하다.

거류하성은 청나라 숭덕(崇德) 원년(1636, 인조 14)에 세웠으며, 둘레가 2리, 문이 셋이고, 건륭 계묘년(1783, 정조 7)에 중수하였다. 주둔하여 방어하는 병력으로 좌령(佐領) 2명, 효기교(驍騎校) 2명이 만주군과 한군(漢軍) 병사 140명을 거느리고 있다. 광녕(廣寧)에 예속되어 있다.

영안교에 도착하니 통관 여보덕(與寶德)이 와서 말하였다.

"부도통 성책이 정사와 부사께 노자에 보태라고 백금 50냥을 보냈습니다."

내가 여보덕을 시켜 도통에게 회보하였다.

"우리는 행재예부(行在禮部)의 지휘에 따라 이 달 10일 전후로 열하에 도착하려고 합니다. 어제 보내 주신 거마는 몸을 가게 하는 기구이므로 감히 사양하지 못했습니다만 지금 이 백금은 뇌물에 가까워 사사롭다는 의심을 살 수 있으니 후의는 감사하지만 받을 수 없습니다. 불공(不恭)하여 매우 송구합니다. 이어 생각건대, 이런 것은 왕복하면서 중간에 가로채기 쉬우므로 심양에 돌아와서 도통께 돌려드려야 하겠기에 여보덕에게 말해 놓습니다."

2일에는 70리를 가서 백기보(白旗堡)에서 묵었다. 용만에 남은 역관(譯官) 이광렬(李光烈)이 자문 2통과 정사와 부사에게 보내는 별유(別諭)를 가지고 뒤따라왔다. 자문은 세자 책봉 시기를 늦춰 주기를 요청하는 것이었다. 건륭은 전해에 정조에게 빨리 후사 얻기를 축원하면서 복자신 한을 내리고, 왕자가 태어나면 즉시 세자로 책봉해 주겠다고 약속하였다. 이에 대해 정조는 다시 사례하고, 갓 태어난 왕자가 장성한 다음에 세자로 책봉해 주기를 요청하였다. 정사와 부사에게 보내는 별유도 이에 관하여 간곡하게 처리하라는 지시였다.

때는 한여름 장마가 막 지난 때라서 여로는 험하기만 하였다. 요동의 평야는 온통 진흙탕이 되었고, 물이 한 길이나 고여서 빤히 보이는 곳도 몇 리를 돌아가야 닿을 지경이었다. 게다가 수레꾼들은 온갖 꾀를 부리며 지체하니 서호수는 드디어 다른 방도를 강구하였다. 큰 수레 2대를 빌려 정사와 부사가 각각 타고, 자문과 공복(公服)을 담은 궤도 실어서 새벽부터 밤늦게까지 치달려가고, 서장관과 역관 막비들은 그대로 태평거를 타고 따라오게 하였다.

신민둔(新民屯)에 도착하여 연경으로 가는 성경 장군(盛京將軍)을 만났다. 조선사신의 곤경을 들은 성경 장군은 백기보의 역승(驛丞)에게 역마(驛馬) 4필을 제공하도록 조치해 주었다.

3일에는 50리를 가서 이도정(二道井)에서 잤다. 이날은 물이 말의 배까지 차오른 저지대를 지나느라 고생이 심하였다.

4일에는 80리를 가서 정안보(正安堡)에서 잤다. 이날은 이도정에서 신점(新店)까지 30리 길은 물이 깊이 차서 배를 타고 갔다. 신점에서부터 정서(正西) 방면으로 산해관(山海關) 가는 길과 서북쪽 열하로 가는 길이 나뉜다. 조선 사절단은 인원을 둘로 나누어 삼사 일행은 열하를 향해 서북쪽 백대자(白臺子) 쪽으로, 나머지 인원과 방물은 산해관을 향하여 소흑산(小黑山) 쪽으로 길을 나누어 갔다.

신점의 뒤 언덕에서 정서쪽 소흑산으로 가면 산해관 길이고, 서북쪽 백대자로 가면 열하 길이다. 백대자 이후로는 요야(遼野)가 끝나고 구릉이 점점 높아진다. 2, 3리, 혹은 5, 6리 사이에 명나라 때의 봉화대가 많으니 척계광(戚繼光)과 이성량(李成梁)의 지난 자취로서 생각하면 어제 같다. 청나라가 천하를 차지하여 몽고와 회회(回回) 여러 부족을 섞어서 등용하니 조정의 태반이 색목인(色目人)이다. 중화의 이로움을 외이(外夷)와 공유하여 변방의 소란을 경계하지 않은 지가 이미 100여 년이 되었다. 이제는 밭두둑이 서로 이어지고 닭 우는 소리 개 짖는 소리가 서로 들려서 낮에 길을 가고 밤에 숙박함에 터럭만큼도 조심하고 두려워하지 않는다. 삼위(三衛)의 백전지지(百戰之地)가 모두 변하여 낙토(樂土)가 되었으니, 이것은 역대로 이루지 못하였던 일이다. 백대자에 이르러 비로소 광녕 땅으로 들어갔다. 지현 장개원(張凱元)은 한족이며, 장경을 보내 호위하였다. 의주 지주 문량(文良)도 한족이며, 장경과 갑군을 보내 의주로 들어오는 기일을 탐문하고, 또 돼지와 양 각 한 마리를 주었다. 모두가 성경 장군의 지휘에 따른 것이었다.

삼위는 올량합삼위(兀良哈三衛)로서 명 태조 주원장(朱元璋, 1328-1398)이 1389년(洪武 22)에 설치하였다. 대녕(大寧) 지역에 북평행도사(北平行

都司)를 설치하고 열일곱 번째 아들 주권(朱權)을 영왕(寧王)으로 삼아 진수하게 하였다. 대녕에서 희봉(喜峰) 선부(宣府)까지가 타안위(朵顏衛), 금주(錦州), 의주(義州)에서 광녕(廣寧)을 거쳐 요하(遼河)를 건너 백운산(白雲山)까지가 태녕위(泰寧衛), 황니와(黃泥窪)에서 심양(沈陽), 철령(鐵嶺)을 넘어 개원(開原)까지가 복여위(福餘衛)이다. 후에 연왕(燕王) 주체(朱棣)가 쿠데타를 거행할 때 영왕의 군사를 합병하고 영왕을 데리고 남하하면서 삼위의 몽고 수령들과 약조를 맺어 도독첨사(都督僉事), 도지휘동지(都指揮同知)로 삼고, 그 휘하 두령들에게도 지휘, 천호(千戶), 백호(百戶) 등의 지위를 수여하였다. 삼위를 영왕에게서 떼어내 따로 번부(藩部)로 만들고 해마다 소와 농기구, 종자를 주어 농경에 종사케 하고, 광녕(廣寧) 등지에 호시(互市)를 열도록 허락하였다. 이는 삼위를 북변의 울타리로 삼고, 남경을 공격하기 위해 후방의 근심을 없애기 위해서 취한 조치였다. 이로부터 삼위는 반독립적인 번부가 되었으며, 명나라와 몽고 사이에서 배반과 복종을 반복하면서 북방의 분쟁 지역이 되었다.

만주족 황제는 색목인, 즉 만주족과 한족 이외의 여러 이민족을 차별 없이 등용하여 그 능력을 활용하였다. 중화, 즉 중국 땅에서 생산한 재부를 그들과 공유함으로써 더 이상 이민족이 중국을 침입하지 않게 되어 변경에서는 전란을 경계하지 않아도 되었다. 명초 이래 한족과 이민족의 갈등이 끊이지 않았던 삼위 지역을 비롯하여 드넓은 청 제국의 국경에 평화가 정착된 지 100여 년이 되었다. 이런 실상을 목도하고서도 만주족 제왕의 업적을 인정하지 않을 수는 없었다.

6일(갑신)에는 대릉하를 건너고, 의주성(義州城) 안에서 잤다. 의주성은 50리 평야 가운데에 있고, 대릉하가 성의 동북쪽을 돌아 흐른다. 들을 둘러막은 산봉우리는 아늑하고 고우며, 물은 구불구불 흐른다. 변방의 늠름한 도회이다. 이곳에서는 청조에서 조선사신을 위한 배려가 각별하였다. 서호수는 이날의 여정을 이렇게 기록하였다.

맑음. 고대자(高臺子)에서 밥을 지어 먹고, 묘구참(廟口站)에서 말을 먹이고, 대릉하(大凌河)를 건너 의주성 안에 머물러 묵었다. 이날 75리를 갔다. 주치는 오십리 평야 가운데 있고, 대릉하가 성의 동쪽을 돌아 북쪽으로 성에서 불과 수백 보 떨어져 있다. 들판 밖의 둘러막은 봉우리는 모두 아리땁고 고우며, 물줄기는 구불구불하고, 성가퀴는 빛이 나며 여정(閭井)과 시전(市廛)이 매우 번화하니 실로 변경의 웅부(雄府)이다. 강가에 이르니 큰 배 다섯 척과 예선졸(曳船卒) 100여 명이 정렬하여 기다리고 있었다. 삼사(三使)는 수레에 앉은 채 배에 오르고, 나머지 사람들은 모두 수레에서 내려서 배를 탔다. 물결이 사납고 급하였는데도 잠깐 사이에 편안히 건넜다. 신라, 고려 이래로 우리나라 사신이 여기를 지난 적이 없다. 그래서 성 아래에 이르렀을 때 구경꾼이 담처럼 둘러서서 수레를 끼고 길을 막아 다 수답할 수가 없었다. 대개 처음 한관(漢冠)의 의용(儀容)을 보았기 때문에 먼저 관복(冠服)의 품급(品級)을 물었다. 지주(知州)가 사람을 보내어 관문(官門) 밖의 공관(公館)으로 맞아들이고 일행을 모두 관에서 대접하였다. 삼사(三使)에게는 각각 10여 접시의 음식을 갖추어 대접하였으니 찬품(饌品)도 매우 풍성하고 깔끔하였다. 막비(幕裨) 역관과 종인(從人)에게는 사람 수대로 양식과 돼지, 오리를 주었다.

또 튼튼한 수레 13량에 삿자리를 깔고 각각 건마(健馬) 다섯 필씩을 멍에 씌워 보냈으니 모두 성경(盛京) 공문(公文)의 지휘에 따른 것이다. 심양 부도통이 보낸 짐수레 3량과 백기보(白旗堡)에서 빌린 대거(大車) 2량, 심양에서 빌린 태평거 9량은 여기서 돌려보냈다.

성경에서 열하로 가는 길은 조선사신은 처음 가는 길이다. 그러니 신라 고려 이래로 서호수 일행이 처음 발을 디딘 것이다. 만주족은 정복지 백성들에게는 만주식 복장과 두발을 강요하였다. 산해관을 넘어 북경에 무혈입성하고, 남하하면서 정복한 지역의 한족들에게 "역복체발(易服剃髮)"을 강요하였다. 머리칼을 남겨 두면 목이 남지 않으니 목을 남기려면 머리칼을 남기지 말라고 하였다. 이렇게 중국 천지에서 상투와 소매 넓은 복식이 사라졌다. 그러나 조선 사람들은 여전히 상투 틀고 소매 넓은 옷을 입었으며, 관복은 명나라의 관복과 같았다. 그러니 조선사신들의 복식을 보고 청나라의 한족 백성들은 한관(漢官)의 위의(威儀)를 느꼈고, 조선 사람들은 그 순간 으스댈 수 있었다. 청나라의 한족 관리 가운데 조선사신의 조복을 보고 자기 조상들의 초상에서 본 옷과 같다며 눈물 흘리는 이도 있었다.

이 무렵 요동 지역에는 큰비가 내려 수해가 심하였다.

성 밖에는 농지가 이어졌는데 수수와 기장이 눈길 닿는 데까지 쓰러졌고, 인가가 도처에 무너져서 경색에 마음이 놀란다. 그곳 백성에게 물으니 6월 27일부터 큰비가 오기 시작해서 이달 3일에야 비로소 갰으며, 강물이 넘쳐 떠내려가고 잠긴 집이 100여 호이며, 물에 빠진 사람은 거의 1000여 명이나 되지만 지주(知州)가 성경(盛京)의 공부(工部)에 보고한 것은 떠내려가고 침수된 수를 태반이나 줄여서 원성이 자자하다고 한다.

서호수 일행도 이 비 때문에 고생하였고, 시간도 훨씬 더 걸렸다. 대엿새 큰비가 내려 곳곳에서 물난리가 나서 인명 피해도 컸다. 사신들은 불어난 물을 건너고 끊긴 산길을 메워 가며 열하를 향하여 강행군을 하였다. 와중에 수레꾼을 지휘하는 동가의 횡포에 시달리며 마음고생도 심하였다. 그러나 이 동가의 횡포가 뜻밖의 행운을 가져다주었는지도 모른다. 사흘 뒤 유득공이 그 행운을 알아차린다.

9일은 맑았지만 역시 고단한 일정이었다. 이날은 겨우 40리를 갔을 따름이었다. 조양현(朝陽縣) 관제묘(關帝廟)에서 자면서 온돌의 벽에 우촌(雨村) 이조원(李調元, 1734-1803)이 직접 쓴 시를 보았다. 조양현은 새로 설치한 곳으로서 관부와 시전(市廛)이 웅장하고 지세가 평온하며 인구가 많아 변외의 낙토(樂土)라고 할 만한 곳이었다. 이곳도 수많은 가옥이 물에 떠내려가고 사람이 많이 죽었다.

맑음. 대릉하를 건너서 조양현 관제묘에서 밥을 지어 먹고 머물러 묵었다. 이날은 40리를 갔다. 의주(義州)의 거마를 여기에서 교체해야 하였지만 지현(知縣)이 준비하기가 어렵다고 핑계 대면서 의주의 거마로 계속 전진하게 했다. 삯을 깎고 구량(口糧)과 여물을 공급하지 않아 차부(車夫)들이 죽어도 가지 않으려고 하였다. 내가 정사와 서장관에게 의논하여 각기 노자 약간씩을 내어서 차부들에게 나눠 주니 그제야 비로소 따르기를 원하였다. 지현과 호송통관(護送通官)이 오가며 서로 힐난하는 사이에 날이 저물어 결국 유숙하였다.

열하까지 노정에서 각 지방 관아에서 교통 편의를 제공해야 했지만 사정이 여의치 않았던 모양이다. 그러나 이미 고용한 수레와 차부의 비용을 깎은 데는 분명 꿍꿍이가 있었다. 원래의 대가를 받지 못하게 된 차부들이 더는 못 간다고 버티는 것도 당연하다. 결국 당사자인 조선 사절들이 직접 해결하느라 날이 좋아도 발이 묶일 수밖에 없었다.

대릉하 서북은 수십여 리가 탁 트이고 들을 둘러싼 산이 제법 높았다. 이 때문에 여기에 새로 성을 쌓아 해자가 없고, 관부(官府)와 시전(市廛)의 웅려함은 의주보다는 못하다. 그러나 지세가 안온하고 사람들이 많아서 변외의 낙토라고 하기에 족하였다. 지난달 그믐에 큰비가 온 후로 강물이 터져서 쓸려 간 민가와 빠져 죽은 인구가 의주보다 더 많았다. 무너지고 부서진 담장이 온통 처참하다. 마을의 거리는 여전히 질어서 수레가 다닐 수 없고, 말도 배까지 빠진다.

이 지역에는 6월 27일부터 7월 초3일까지 큰비가 내려 대릉하가 넘쳤고, 조양현의 민가가 물에 떠내려가고, 사람들이 많이 빠져 죽는 참사가 일어났다. 만약 서호수 일행이 길을 서둘렀다면 이 재앙에 맞닥뜨

렸을지도 모른다. 이에 대해 유득공은 조양현에서 시를 한 수 짓고, 그 사연을 기록하였다. 심양에서 사신은 수레를 고용하였고, 수레 주인은 동가(仝哥)라는 사내를 고용하여 어깃장을 놓은 일은 서호수도 이미 말하였다. 아래는 유득공이 조양현에서 시를 짓고, 그 사연을 설명한 『열하기행시주』의 대목이다.

우리 발걸음이 늦고 빠르고는 천운이니 어이하리.
마침 조양현에 이르러 터진 강을 보았노라.
함께 성 남쪽 관제묘로 가서 묵으며
모두 잔에 술을 채워 동가 위해 뿌린다.

吾行遲速奈天何 洽到朝陽看決河
共向城南關廟宿 合將杯酒灌仝哥

동가는 늘 내 수레 앞에 앉아 말을 걸었다. 글자를 대략 알며, 자칭 정황기 소속이라고 말하며 허세를 떨었다. 나지막이 노래를 부르기도 하고, 고개를 떨구고 졸기도 하여 매우 가증스러웠다. 수레꾼들은 모두 그가 턱짓으로 가라고 하면 가고, 서라고 하면 섰다. 5리에 한 번 말을 먹이고, 10리에 다시 말을 먹였다. 빨리 가자고 꾸짖으면 "진흙이 깊어 끌어도 움직이지 않으니 짐승이 불쌍합니다"라고 말하였다. 부채와 약으로 달래도 여전히 못되게 고집을 부려 밤낮을 가도 6, 70리를 못 가기도 하였다. 일행이 매우 궁박하여 부르르 떨었지만 어찌할 수가 없었다. 정사와 부사는 수레를 버리고 가마를 타려 하였지만 가마는 이미 산해관 길로 간 뒤였다. 각자 말을 한 필씩 사서 때때로 단기로 달렸다. 나도 수역의 말을 빌려 달려 따라갔다.

7월 초6일, 의주에 도착하니 대릉하의 누렇고 탁한 물이 크게 불어 하안이 수십 리가 잠겼으며 말의 배까지 차서 왕왕 수숫대를 깔아 겨우 수레가 지날 수 있었다. 성 북쪽 점옥(店屋)은 모두 무너지고. 성 서북문에는 강물이 드나든 흔적이 있었다. 그곳 사람들에게 물으니 지난달 27일부터 큰비가 와서 이달 초3일에 비로소 그쳤으며. 인가 100여 호가 잠기고. 수천 명이 빠져 죽었으며, 모두가 성의 구관대 옆 문으로 올라갔고, 물이 차서 길이 끊겨 다닐 수가 없다고 하였다. 그리하여 성 남문에서 최가구를 거쳐 육대로 나왔다. 초9일에 조양현에 도착하니 현의 절반이 강물에 쓸려 가버렸다. 현에는 옛날 요나라, 금나라 때의 고탑 세 개가 있어 삼좌탑청이라고 불렀다. 몽고말로 삼은 고이판이라고 하고, 탑은 소파이라고 한다. 한인들도 고이판소파이 한성이라고 부른다. 지금에 이르러 탑 하나는 무너지고 두 개만 남았다. 주민들이 얼마나 빠져 죽었는지 그 수를 모르며 의주보다 더 참혹하였다.

이날 현의 관제묘에 묵었다. 관제묘는 요(遼)나라 영감사 옛터이며, 석가불사리탑비가 있다. 태평(太平) 9년(1029), 유성(柳城) 사람 양씨(梁氏) 형제 수기(守奇)와 도린(道鄰) 두 사람이 탑을 세우고, 상서도관 원외랑 요서로전백판관(尙書都官員外郞遼西路錢帛判官) 장사초(張嗣初)가 비명을 지었다. 마당 가운데 꽃과 작약이 나뉘어 줄을 지었고, 수양버들 두 그루가 있어 하늘하늘 날리고 있었다. 밤에 박제가(朴齊家), 이희경(李喜經, 1745-?)과 함께 버들 아래 앉아 달을 보며 잔을 들고 시를 지었다. "이곳은 한나라의 유성이며, 모용씨

(慕容氏)의 용성(龍城)이고, 당나라 영주도독부(營州都督府)이며, 요나라 흥중부(興中府)이니 금년 금월 금일 금야에 우리 세 사람이 나라를 삼천 리나 떠나서 여기서 술을 마실 줄이야 누가 알았으리"라고 탄식하였다. 말이 동가의 일에 이르자 황홀간에 이 말썽꾸러기가 아니었으면 6, 7일 전에 바로 의주와 조양 사이에 도착하여 반드시 대릉하의 홍수를 당했으리라는 생각이 들었다. 이 때문에 놀라서 말이 나오지 않았다. 이 사람은 혹 신선 보살이라서 우리 일행의 목숨을 구한 것인가. 이로써 보건대 사람이 남을 해치려는 자는 꼭 그를 매우 이롭게 하니 은원은 모두 잊을 수 있다. 이 말을 동행한 여러 군자들에게 하니 그렇다고 여기지 않는 이가 없었다.

이해 대릉하 상하 유역의 주현(州縣)은 모두 둑이 터지는 재앙을 입어 백성들이 많이 흩어지고 떠돌아 관외의 큰 변고였다. 지부(知府)와 지현(知縣)들이 재해를 입은 기민의 수를 모두 삭감하여 상주하였으므로 원성이 떠들썩하였다. 점인(店人)과 수레꾼들의 말이 이와 같았다.[13]

어쨌거나 동가가 뭉기적거리며 일행의 발을 묶어 결과적으로는 홍수의 재앙을 피할 수 있었다. 동가 일행은 이미 6일에 돌려보냈으므로 그를 위해 잔에 채운 술을 땅에 뿌렸다. 전화위복 새옹지마는 언제 어디서나 있을 수 있다. 자칫 홍수에 휩쓸려 큰일을 당할 수도 있었으나 현지에서 고용한 동가라는 이가 악의적으로 일정을 방해하여 오히려 화를 면할 수 있었다. 여기에 생각이 미치자 동가를 위해 모두들 술 한 잔씩을 땅에 뿌렸다. 남을 해치고자 한 행위가 결과적으로는 커다란 이익을 주었으니 한때의 은혜와 원망은 오래도록 마음에 담아 둘 일이 못

된다. 유득공의 마음 씀이 대인배답다. 유득공이 본 옛 요나라 영감사의 사리탑과 그 비석에 대해서는 잠시 후에 보기로 한다.

　박제가는 이 밤에 심사가 좀 서글펐던 듯하다.

　　지붕 모서리에 달 뜨니 푸른 구름 차갑고

　　빈 섬돌 마름풀에 초연히 앉았다

　　푸른 산은 예전에 흥중부였다고 하고

　　옛 절에는 아직도 테무르 시절이 남아 있네

　　오리 향로에 향 식어 갓 주렴을 내렸고

　　풀벌레 소리 절절하니 지치도록 설법한다

　　평생 쓸쓸하던 우리 세 사람

　　구변의 반을 떠돌 줄을 누가 알았나

　　月上甋稜淨綠烟 空堦荇藻坐翛然

　　靑山舊說興中府 古寺猶傳鐵木年

　　金鴨香寒縋下箔 艸蟲聲切罷談禪

　　平生寂寂吾三子 誰識行裝半九邊

　구변은 구진(九鎭)이라고도 한다. 명나라 홍치(弘治) 연간 몽고족의 침입을 막기 위해 북방의 변경에 장성을 따라 연이어 설치한 9곳의 군사 중진(重鎭)이다. 요동진(遼東鎭), 계주진(薊州鎭), 선부진(宣府鎭), 대동진(大同鎭), 태원진(太原鎭), 연수진(延綏鎭), 영하진(寧夏鎭), 고원진(固原鎭), 감숙진(甘肅鎭)으로서 지금의 요녕성에서 감숙성까지 만리에 이르는 북방의 방어 요충지이다. 조선 사절단은 요동진과 계주진을 지나니 좀 과장하면 구변의 반을 떠돈다고도 할 수 있다.

일행은 이날 밤 관제묘에서 묵었다. 들어가 보니 벽에는 반가운 글씨가 씌어 있다. 이 뜻밖의 조우 역시 조양의 지현이 업무를 잘 처리하지 못한 덕분이라고 할 수 있다. 서호수는 벽에 쓰인 이조원의 글씨를 보고 15년 전 처음 북경에서 이조원을 만난 일을 회상한다.

나는 정사, 서장관과 함께 걸어서 관제묘(關帝廟)에 들어갔다. 내가 묵은 온돌방의 벽에 우촌(雨村) 이조원(李調元)이 손수 써 놓은 칠언율시(七言律詩)가 있기에 거승(居僧)에게 물으니, 이조원이 수년 전에 직예(直隷) 통영병비도(通永兵備道)로서 여기를 지나면서 벽에 써 놓은 것이라고 하였다. 병신년(1776) 연경(燕京)에 입조(入朝)하여 나는 이조원과 여러 번 왕복하여 친숙한 사이이다. 이조원이 나에게 준 시(詩)에 이런 구절이 있다.

서로 만나 모른다는 말을 마오.
아침 조회 문밖에서 말 달렸으니.

莫道相逢不相識 早朝門外馬駸駸

태화전(太和殿) 조참(朝參) 후 정도문(貞度門) 밖에서 처음 만났다. 하늘가에 떨어져 15년 동안이나 소식이 막막하다가 이제 그가 손수 쓴 시를 보니 나도 모르게 눈이 열렸다. 내가 연경에 도착한 뒤 우촌의 종부제(從父弟)인 정원(鼎元)에게 들으니, 우촌은 함해(涵海)[14] 1부(部)를 지어 새겼으니 모두 185종의 책으로서 그 속에는 양승암(楊升菴)이 지은 40종과 우촌이 지은 40종이 있으며, 그의 시화(詩話) 3권에는 나와 왕복(往復)한 일도 자세하게 기록하였으며, 또 박제가(朴齊家)·유득공(柳得恭)·이덕무(李德懋) 세 검서(檢書)의 아름다운 시구도 실었다고 하였다. 판각이 겨우 끝나자 우촌은 탄핵되어 쫓겨나 각판(刻板)을 가지고 사천(四川)으로 돌아갔다고 하였다.

서호수는 이조원과는 이미 교분이 있었다. 건륭 41년 병신년(1776)에 진하겸사은부사(進賀兼謝恩副使)로 연행하여 다음해에 돌아왔고, 이때 이조원과는 직접 그리고 서신을 통하여 여러 차례 교왕하였다. 건륭 42년 정유년 설날에 태화전에서 황제에게 하례를 올리고 태화문(太和門)의 서쪽 곁문 정도문(貞度門)을 나와서 이조원과 만났다. 이조원은 서호수에게 시를 주었고, 서호수는 이를 계기로 이조원과 적극적으로 교류하기 시작하였다. 당시 이조원은 탄핵 중이었으므로 사신의 신분으로 직접 만나기는 부적절하였으므로 대보름날 그의 처소에 수행원 유금(柳琴)을 보내 서신으로 왕래하였다.[15]

이조원은 이부(吏部)의 고공사(考功司)에 근무하던 병신년 12월에 자신의 독단으로 이미 결재한 문서의 인장을 지워버리는 사건을 저질렀다. 12월 15일에 호북순무(湖北巡撫) 진조휘(陳祖輝)가 유배장(劉培章)을 감리현(監利縣)의 전사(典史)로 보임해 달라고 요청하였고, 고공사에서는 불허하였다. 이조원은 사후에 이미 선례가 있음을 알고 고공사의 불허가

부당하다고 여겨 이전의 화압(畫押)을 지워버려 장인낭중(掌印郎中) 만인(滿人) 영보(永保)의 노여움을 샀다. 이 때문에 경관(京官) 고핵(考劾)—경찰(京察)—에서 경박하고 조급하다는 "부조(浮躁)"로 판정받아 탄핵되었고, 결국 정유년 1월 20일에 해직되었다가 6월에 건륭의 배려로 복직되었다. 서호수가 1차 연행에서 북경에 머물며 그와 교류한 때가 바로 이 기간이었다. 서호수는 설날 하례를 마친 후에 이조원과 우연히 직접 대면하였고, 이후 탄핵 중인 그와 직접 교왕할 수 없어 수행원 유금을 보내 서신으로 왕래하였던 것이다. 이 일은 이조원이 『우촌시화(雨村詩話)』 권16에 기록해 놓았다.[16]

건륭 정유년 대보름날에 나는 서울에 있었다. 문득 조선 사람 유금이 문에 이르러 말하였다. "나는 조선 부사 서호수의 심부름꾼입니다. 호수는 자는 양직, 호는 학산이며 대구 사람입니다. 벼슬은 예조판서 겸 동지경연성균관사이며, 전에는 홍문관 부제학, 집현전학사, 의정부 사인, 호남포정사, 승정원 도승지, 이조참판을 지냈습니다. 유리창 서사에서 대인의 『월동황화집(粤東皇華集)』을 보고 황산곡과 육방옹에게 마음이 없으나 절로 산곡과 방옹에 합치한다고 여겼습니다. 저작이 반드시 이뿐만이 아닐 터이나 이 밖에 또 몇 종이나 더 있는지 알지 못하니 몇 부 주시기를 바랍니다." 간곡히 부탁하기를 그치지 않아 사람을 시켜 주어서 보냈다.

태화전에서 원단 하례를 마치고 나오면서 태화문의 서쪽 협문(夾門)인 정도문 밖에서 서호수와 이조원은 인사를 나누었다. 이때 이조원이 서호수에게 "만나서 모른다는 말을 마오, 아침 조회 문밖에서 말 달렸으니"라는 시구를 주었고, 서호수는 이 시구를 호의로 해석하여 그와 교류를 단행하였다. 이조원의 시구에는 황제를 뵈러 말 달려 온 같은 처지이니 이후 길에서 다시 만나면 교류를 이어 가자는 뜻이 분명히 들어 있다. 이조원의 시구 가운데 앞 구는 그의 『동산시집(童山詩集)』에서 찾을 수 있으나 뒤 구는 보이지 않는다. 앞 구는 건륭 39년 갑오년(甲午年, 1774)에 지은 〈주해객휴금도에 부친 절구 2수[題朱海客攜琴圖二絕句]〉 중 제1수에 들어 있다.[17]

베저고리 짚신에 머리칼은 실 같구려
맨머리로 시원히 노래하는 때를 보고 싶소이다
만나면 모른다 말 마시오
지난밤 이 노인의 시를 읽었으니

蕉衫芒屩髮如絲 想見科頭嘯傲時
莫道相逢不相識 昨宵曾讀此翁詩

시 뒤에는 "해객이 먼저 시집을 보내 왔다[海客先以詩集見投]"라고 밝혀 놓았다. 아직 면식이 없는 주해객이 이조원에게 금을 든 그림과 시집을 보내 왔고, 이조원은 그 그림에 시를 부쳤다. 지난밤에 그대의 시를 읽었으니 이미 교분을 나누었고, 그러니 길에서 만나더라도 모른 척하지 말라는 뜻을 담았다. 이조원은 낯선 사람과의 사귐에 매우 적극적이었던 모양이다. 그의 성격을 증명하는 시가 있다. 이조원의 벗인 축덕린(祝德麟, 1742-1798)은 간명하게 그의 사람됨을 읊었다.

색을 좋아하고 또 책을 좋아하며
일을 처리할 때는 너무 과단하지

好色復好書 遇事太果斷

장유병(張維屛, 1780-1859)은 『청송려시화(聽松廬詩話)』 권10(『국조시인징략(國朝詩人徵略)』 권40에 다시 인용)에서 위 시구를 인용하고, "이 시구는 지당 축덕린이 이조원을 그리워한 시이다. 두 구는 그 사람을 자못 닮았다[此祝芷塘懷李雨村詩也. 二語頗肖其人.]"라고 평하였다. 대규모 유서 『함해』와 『속함해』를 편찬하였고, 고향 집에 만권루(萬卷樓)를 지어 장서를 구축하였으니 책을 좋아하였다는 평은 매우 적절하다. 이조원은 37세 때 첩 만씨(萬氏)를 얻어 함께 북경으로 갔으며 이태 뒤에 만씨가 죽자 다음 해 첩 주씨(周氏)를 얻었다. 43세에 광주의 학정(學政)을 감독하러 가서는 첩 마씨(馬氏)를 얻었고, 47세에는 요씨(姚氏)를 첩으로 얻었다. 51세에 고향 나강(羅江)으로 돌아간 뒤에 또 첩 왕씨(王氏)를 얻었다. 이 밖에 첩으로 또 임씨(林氏)가 있었으니 색을 좋아하였다고 할 만도 하다. 이미 결재한 문서의 인장을 마음대로 지워버렸으니 너무 과단하게 일을 처리하였던 것도 분명하다. 이런 성격이니 처음 만나는 외국인에게도 쉽게 마음을 열었음직도 하다.

이조원은 서호수에게 처음 만난 사이이지만 앞으로도 잊지 말고 교왕하자는 뜻을 담은 근작 시구에다가 마침 조회를 마치고 나오는 길이라 "아침 조회 마치고 문밖에서 말 달렸으니"라는 다소 상투적인 어구를 덧붙여 주었음에 틀림없다. 이조원은 당시 경관 고핵에서 "부조"라는 평가를 받아 탄핵 중이었고, 이 사건의 기저에는 만주족(滿洲族)과 한족(漢族) 사이의 갈등이 도사리고 있었다. 이조원은 조선사신에게서 동병상련의 감정을 느꼈을지도 모른다. 중국학자 양세명(楊世明, 1937-)은 「이조원연보략고(李調元年譜略稿)」에서 이 무렵의 이조원의 생애를 정리하면서 "이조원이 폄적당한 일로부터 당시 조정 안의 만주족과 한족 사이의 갈등을 알 수 있다. 몇 년 후 이조원은 끝내 이 틈새 때문에 관직을 잃었다[由調元受謫事, 可見當時朝中滿漢間之矛盾. 數年後, 調元終因此隙失官.]"라고 평가하였다.[18] 만주족의 천하에서 한족과 조선 사람은 생래적인 동질감을 가지게 되었고, 이런 동질감을 바탕으로 한족 문인과 조선 문인의 교류는 실제로나 정신적으로나 더욱 끈끈하게 전개될 수 있었다.

이조원은 이해 6월 30일 건륭 황제의 특별한 배려로 복직되었고, 8월에는 광주의 학정을 시찰하라는 어명을 받아 11월에 부임하였다. 광주에서 그는 조선 사절과의 교류를 주위 인사들에게 털어 놓았고, 그의 이야기를 들은 누군가가 유금이 이조원의 저서를 구하는 광경을 그림으로 옮겼다. 이 사연도 『우촌시화』에 이어서 실려 있다.

그해(건륭 42, 정유, 1777) 가을, 나는 명을 받들어 광동의 학정을 시찰하러 갔다. 우연히 제생에게 이야기하였더니 문생 순덕(順德)의 여이초(黎二樵)가

〈동해 사람이 근래 지은 책을 구하는 그림[東海人求近著書圖]〉을 그리고, 순덕의 편수(編修) 장금방(張錦芳)이 그림에 서문을 지었다. 장황하여 보관하다가 후에 도둑을 맞았다.[19]

여이초는 이름이 간(簡)이며, 이초는 자이다. 장금방은 자가 약방(藥房)이다. 두 사람은 동갑이며, 광주의 순덕현 출신으로서 광주에서 시문과 서화로 이름을 날린 명인들이다. 여간은 1778년 이조원이 실시한 현시(縣試)에서 장원으로 급제하여 현학(縣學)의 생원이 되었다. 이조원이 그를 '문생'이라고 부른 것은 이 때문이다. 조선 사절과 교유한 일을 듣고서 여간이 그림을 그리고, 장금방이 그 그림에 글을 지어 넣었다. 아마 두루마리로 표구하여 보관하였지만 도둑을 맞고 말았다. 지금 정리된 여간의 그림 목록에 '東海人求近著書圖'라는 명칭은 보이지 않는다.[20]

이조원은 1781년에 광동 학정 감찰 임무를 마치고 북경으로 돌아왔으며 직예통영병비도(直隸通永兵備道)로 발탁되었다. 이듬해 『사고전서(四庫全書)』1부를 성경(盛京)으로 운송하는 임무를 받아 수행하다가 도중에 비를 맞아 책 상자가 젖고 말았다. 이 죄로 그는 신강(新疆) 이리(伊犁)로 유배되었다. 유배지로 가는 도중에 사면받고 평민이 되어 원적지로 돌아가라는 조치를 받았다. 이에 이조원은 귀향하여 문필로 세월을 보내다가 죽었다.

1794년 갑인년에 〈옥계가 나의 〈동해 사람이 근래 지은 책을 구하는 그림〉에 부친 시에 화답하다[和玉溪題余東海人求近著書圖]〉라는 시를 지었다. 옥계는 그의 사위 장회계(張懷桂)이다.

시구가 활집에 무늬로 들어간 사람

성가(聲價)가 계림국에서 높았다 하네

옛날에는 오직 백거이와 매요신이

시로 이름을 먼 나라에 퍼뜨렸다지

아, 내가 어이 그런 사람이리오

좀벌레 바다를 헤아리는 것과 같을 뿐

허명이 옛 현자에게 부끄러우니

녹을 축내며 외람되이 청요직에 있었다네

정유년에 서울 있을 때를 떠올리니

자리 빼앗겨 마음은 가시 같았지

죄를 지어 스스로 혐의를 피하여

선무문 옆에서 타향살이 하였지

이때 국상을 당하여

가슴 치고 발 구르며 아무 힘도 쓸 수 없었네

문 닫고 종일 앉아서

남들이 알아주기를 바라지 않았다

어디선가 심부름꾼이 와서

문 두드리는 소리 바로 잦았네

손에 편지 한 장 들어서

봉투 뜯자 놀라서 눈을 비볐지

나의 『월동황화집』을 달라 하기에

그를 앉혀 푸성귀 밥 대접하였지

하는 말이 조선에서 왔으며

내 이름을 금이야 옥이야 우러르다가

특별히 부사의 명을 받들어

청당에 올라 안색을 뵙는다 하였다

그 간절한 마음이 가여워

책을 주니 천금을 얻은 듯하였지

또한 내 화상을 그려 돌아가서

먼 곳에 모범으로 전하였으며

돌아간 후 다시 편지를 보내고

또 『동산집』 간본을 요구하였네

그때는 하마 성은을 입어

억만이나 되는 죄를 씻고서

광동으로 학정을 시찰하러 간지라

다시는 그리움의 생각도 않았다네

이제 이십 년이 되어서

온갖 시름 가슴을 메우고

문득 책을 구하는 그림 펼치니

줄줄 흐른 먹물이 보이는구나

원거는 언제 오려는가

봉새는 여섯 달을 날고서야 쉬지

하늘 한 쪽씩 떨어져 사니

떨쳐 날고자 해도 날개 없어 한스럽다

字織弓衣人　價重雞林國

古惟白與梅　詩名播絕域

嗟我豈其人　如海以蠡測

虛聲愧昔賢　竊祿忝淸職

丁酉憶在京　被褐心似棘

引罪自避嫌　僑居宣武側

是時遭國喪　蹢躅行無力

屛戶終日坐　面不求人識

何方使者來　敲門聲正亟

手持書一紙　開緘目驚拭

求我皇華詩　留伊蔬飯食

言自朝鮮來　名仰金玉式

特奉副使命　登堂見顏色

憐其心懇誠　贈似千金得

並繪我像歸　一方傳典則

去後復致書　兼索童山刻

時已荷聖明　超雪罪萬億

提學粤海南　不復相思憶

迄今二十年　百憂塡胸臆

忽展求書圖　淋漓見翰墨

爰鷗何時來　鵬搏六月息

生隔天一方　奮飛恨無翼

1777년에 서호수 일행을 만났고, 1794년에 이 시를 지었으니 그 사이 20년 가까운 세월이 흘렀다. 여간이 그린 〈동해 사람이 근래 지은 책을 구하는 그림〉은 이때까지는 잘 지니고 있었다. 사위 장회계가 이 그림을 보고 시를 지었고, 그 시에 장인이 화답하였다. 장회계의 시는 아직 찾지 못했다.

유금은 이조원을 방문한 날 그의 초상을 그려 왔다. 이덕무의 『청비록(淸脾錄)』(『속함해(續函海)』본)과 이조원의 시 〈옥계가 나의 〈동해 사람이 근래 지은 책을 구하는 그림〉에 부친 시에 화답하다[和玉溪題余東海人求近著書圖]〉에 유금이 초상을 그려 갔다고 하였다. 이조원의 생일은 12월 5일이다. 1777년 이날 조선 땅 유금의 집에서는 유금과 이덕무, 박제가, 유득공이 모여 이조원의 초상을 걸어 놓고 잔치를 벌였다. 서호수는 이 잔치에 가지 않고 대신 두 아들 편에 술과 안주를 보냈다. 이 생일잔치의 풍경은 정민 교수가 상세히 재구하였다.[21]

『우촌시화』에는 위 기록에 이어서 이조원이 사천 고향으로 돌아간 다음에도 조선의 문인들이 자신과 신교(神交)한 내막을 계속 들었다고 기술하였다.

여러 해가 지나서 서울에서 온 사람이 해동 사람들이 나를 위해 화상을 걸고 생일을 축하하였으며, 또 『사가시(四家詩)』를 보내 고쳐 주기를 바라므로 베껴 보내 내게 보인다고 하였다.

유금의 시는 이렇다.

오늘밤은 무슨 밤인가

서촉의 벗이 태어난 날이지

벗은 연경에 있으니

한 잔 술로 벗의 초상에 축수한다

이전 연경에서 우러러 보던 날 떠올리니

옛날 단장의 이별과 같았네

아녀자와 같을까 울지는 못해도

돌멩이 같은 것이 가슴을 매우네

길이 이별하여 삼천 리 떨어졌으나

축월 5일은 마음에 기억하지

이날 일찍 일어나 정당을 쓸고

닭 잡고 돼지 사고 탁주도 받아 왔네

어린 아들은 아비의 마음 먼저 알고

깡총깡총 한구석에서 춤을 추고

어린 딸도 아비의 뜻을 알아서

금빛 귤과 향긋한 배로 제호탕을 만든다

병든 아내도 남편의 뜻을 알아

떡을 썰고 탕을 끓이려 부엌으로 들어간다

이덕무, 박제가 여러 사람이 나귀 타고 이르러니

갈기에 각자 술 한 병을 걸었구나

학산대인께서 술잔 든다 말 듣고서

가자미 전복 생선을 서둘러 보내셨네

서씨 집 젊은 도령 벽향춘을 들었고

그 아우 준평은 침향을 사른다

이날 달이 사창에 더디 뜨니

간운루에서 글을 구하던 때와 자못 같구나

벗은 오늘 간운루에 계시며

왼 무릎에 아이 안고 오른손에 술잔 들리라

다만 바라거니 벗은 이때 나비 되어

훨훨 날아 이 방으로 오소서

그만 두자

벗이 어이 이 방으로 들어올 수 있으리

벗이 오지 않으니 마음은 텅 비었네

해마다 해마다 한 잔 술로

이달 이날 멀리서 그대를 축하하리

今夕是何夕 西蜀故人降生辰

故人在燕京 一杯爲祝故人眞

憶昔燕京瞻仰日 有似自古斷腸別

爲近婦人縱不泣 有物如石塞胸臆

長別路隔三千里 丑月五日心中記

是日夙興掃正堂 殺鷄買豬濁醪沽.

稚子先知乃翁意 蹲蹲起舞底一隅

少女亦知乃翁意 金橘香梨作醍醐

病妻亦知丈夫意 截餠作湯親入廚

李朴諸人騎驢至 髻頭各携酒一壺

鶴山大人聞擧觴 鰈鰻鮮魚送忙忙

徐家少年碧香春 厥弟准平然沈香²²

是日月上紗窓遲 頗似雲樓求書時

故人今日在雲樓 左膝抱兒右手厄

但願故人此時化蝴蝶 翃翃飛來入此室

已矣哉 故人那得來入此室中

故人不來心冲冲 歲歲年年一杯酒

此月此日遙祝公

또 유득공의 시는 이렇다.

납월 오일 기하실

주인은 방을 쓸고 손님을 모시네

고기는 남산처럼 백 길 높이 쌓였고

술은 한강 물결처럼 넘쳐 푸르르다

잔 들고 고기 대하니 문득 먹지 못하고

내 그리운 이는 민강 서쪽 잠총국에 계시네

한강이 멀리 민강 흰물결과 이어져도

오직 그 사람은 하늘 위에 계신 듯

날개 돋아 높이 날지 못함이 한스러워

구부리고 재배하여 한 잔 술로 축원한다

초상화 아직 중당 벽에 걸렸으니

오늘 내일 곧 만나기를 바라지는 않고,

다만 원하기는 천만 년 오래 살아서

소요하는 지행선이 되어서

뺨에는 홍조 넘치고 머리칼은 검기를

나도 이때는 처자를 이별하고

삼산십주에서 영약 찾아서

시원히 백일 아래 함께 높이 올라

성명을 둘이서 신선 명부에 남깁시다

주궁 패궐에서 만나서

운학을 불러서 백록을 탑시다

아침에 서쪽을 저녁에는 동쪽 삼한을 놀아서

왔다갔다 순식간에 팔극에 다다른다

상전벽해 변화가 두렵지 않으니

늘 날아오르는 까마귀 토끼 바라본다

어지러운 문자의 인연 툴툴 털고서

당시 괴로이 그리던 일 돌아서 웃으리

그만 두자

미친 사람 헛소리 부질없으니

고개 드니 밝은 달 색깔이 없구나

腊月五日幾何室 主人掃閣延賓客

肉如蠶頭之山百丈高 酒如洌水之波千頃碧

停酒對肉忽不御 我所思兮在岷江之西蠶叢國

洌水遙連江水白 獨有伊人似天上

恨不高飛生羽翼 區僂再拜祝一觴

小照猶挂中堂壁 不願今日明日便相見

但願壽考千萬億 化作逍遙地行仙

頰餘丹砂毛髮綠 我亦此時訣妻子

三山十洲尋靈藥 飄然白日共霞擧

姓名雙留靑案牘 相遇珠宮貝闕間

招呼雲鶴乘白鹿 朝遊西蜀暮東韓

往來轉眄窮人極 不怕滄桑互變移

坐看烏兎長騰擲 陡擺紛紛文字緣

回笑當時苦相憶. 已矣哉

狂生放言徒爾爲 擧頭明月空顏色

박제가의 시는 이렇다.

민산 아미산은 하늘 아래 푸르고

장강 물은 우혈에서 나온다

장경성이 오얏나무를 비추면

그 기운이 호걸을 낳는다네

가슴에 대나무와 돌이 서렸고

문장의 샘물은 천지를 꿰뚫네

멀리 떠날 마음 늘 품었으니

벼슬에 얽매일까

만 리 밖 생일날에

이 세상 납월 오일이라

삶과 죽음이 한 조각 마음에 맺혀

술 한 잔 향 한 대로

청비각에 오르지는 못해도

완릉의 시구를 수 놓고 싶구나

화상에 절하기는 부처에게 절하기와 같으니

나는 황금으로 빚고 싶어라

岷峨碧天下 江水出禹穴[23]

長庚照李樹 閑氣挺豪杰

胸次蟠竹石 詞源貫天地

常存遐擧情 肯爲簪組累[24]

萬里懸弧日 人間臘[25]月五

生死結寸心 酒一香一縷[26]

未登淸閟閣 欲繡宛陵句

拜像如拜佛 我欲黃金鑄[27]

내가 왜 이 사람들에게서 이렇게 칭송받는지 모르겠다.[28]

　조선 선비들이 왜 자신을 이렇게 칭송하는지 이조원은 정말 몰랐을
까. 거꾸로 잘 알았지만 그 까닭을 내놓고 말할 수는 없었다. 그는 만
주족 세상에서 살면서 만주족 관료와의 갈등 끝에 귀향하고 말았다. 멀
리 조선에서는 대명의리를 가슴 깊이 품은 선비들이 모여 그를 위해 생
일잔치를 벌였다. 그가 왜 조선 선비들의 속마음을 몰랐겠는가.

　이조원은 건륭 28년(1763)에 진사 급제하였고, 건륭 46년 신축년 정
월에 직예통영병비도원(直隷通永兵備道員)이 되었다. 통영은 통주(通州)와
산영(山永)을 합쳐 부르는 명칭이며, 산영은 다시 영평부(永平府)와 산해
관(山海關)을 합친 이름이다. 병비도는 명대에 각 성의 중요 지구에 군
사(軍事)를 감독하고 직접 작전에 참여할 수 있도록 설치한 관직이다.
청대에도 이를 따라 그대로 설치하였으며 품계는 정4품이었다. 이해
(1781) 4월 4일에 승덕부(承德府)에 예속된 일곱 주현(州縣)의 추심(秋審)
임무를 맡아서 통주를 출발하였다. 추심은 형의 집행 여부를 결정하기
위해 사형수의 죄상을 다시 심사하는 일이다. 이조원은 이 임무를 마치
고 돌아와 여행기 『출구정기(出口程記)』를 지었다. 그는 4월 13일에 조양
현(朝陽縣)에 도착하였으며, 관제묘에서 묵었다. 관제묘는 옛 영감사(靈
感寺)이며, 건륭 9년에 건립하였다. 14일에는 비가 내려 이곳에 계속 머
물렀고, 관제묘 주지 조발(照鉢)의 요청을 들어 시를 지어 주었다. 이조
원은 이 시를 직접 벽에 썼으며, 근 10년 후 서호수가 관제묘에 묵으면
서 그의 필적을 보았다. 서호수가 이조원을 만난 이래 다시 그의 필적

을 보기까지는 14년이 걸렸다. 눈이 열렸다고 표현하였을 정도로 그의 글씨가 반가웠지만 『열하기유』에 그 시를 옮겨 놓지는 않았다.

이조원은 『출구정기』 4월 14일자 기록에 "이날 승 조발이 시를 지어 달라고 하므로 선당의 산수화에 2수를 부쳤다[是日, 僧照鉢求詩, 爲題禪堂山水畵二首.]"고 시를 지은 동기를 밝혔다. 『출구정기』에는 2수가 모두 실렸고, 『동산시집(童山詩集)』에는 한 수만 실렸다. 『동산시집』에는 제목을 〈비가 내려 조양현에 묵으며 스님 조발의 산수화에 제하다[雨駐朝陽縣題釋照鉢山水畵]〉라고 하였다. 시는 다음과 같다.

한 폭 푸른 산 파란 물 그림은
뜻밖에도 필치가 황정견 소식에 가깝도다
모르겠구나, 산꼭대기 송근사에는
번승이 있어도 도달할 수 있을지

一幅青山綠水圖 居然筆意近黃蘇
不知絕頂松根寺 可有番僧得到無[29]

『동산시집』에 실리지 않은 시 1수는 아래와 같다.

가랑비가 붙잡아 이곳에 머무르니
선당에서 마음은 흰 구름과 더불어 한가롭다
흥중주 밖 조양동은

묻건대 그림 속 산수와는 어떠한가

細雨勾留駐此間 禪堂心與白雲閒

興中州外朝陽洞 試問何如畵裏山

　조발은 건륭 말에서 가경(嘉慶) 초 사이에 관제묘 주지를 지낸 화상이
다. 관제묘에는 그가 만든 철제 향로가 남아 있다. 시의 내용으로 보건
대 그는 선당에 직접 산수화를 그렸고, 이조원에게 그 그림에 시를 지어
주기를 청하였다. 이조원은 조발의 산수화에서 소식(蘇軾)과 황정견(黃庭
堅)의 필치가 보인다고 하였으니 보통 솜씨는 아니었던 모양이다. 서호
수도 분명 그 그림을 보았을 터이나 그림과 시의 내용에 대해서는 언급
이 없다. 조선의 선비로서 불가(佛家)에 대하여 외면했음에 틀림없다.
　유득공(柳得恭)도 『열하기행시주』〈이묵장부당이태사(李墨莊鳧塘二太
史)〉 시의 주에서 이조원의 필적을 보고 칠언 율시 3수를 지어 그에게
보냈다고 하였다.

　구외 조양현을 지날 때 관제묘 벽에서 이조원의 시를 보고 중에게 물었
더니 5년 전에 이조원이 통영병비도로서 순행하며 이곳에 와서 짓고 갔다고
답하였다. 그가 고향으로 돌아갔다는 말을 듣고 붓 가는 대로 칠언 절구 3
수를 지어 묵장에게 부쳐 달라고 부탁하였다.

　물고기 기러기 소식 끊긴 지 12년

한 하늘에 밝은 달 아름다움 함께하였소
가을 버들 여러 줄 늘어 선 조양의 절에서
문득 나강이 벽에 쓴 시를 보았소

엷은 구름 가랑비는 옛 시정
쓸쓸한 사신 수레 만 리를 왔습니다
연경의 사저에서 누가 얘기로 밤을 새우며
쟁반 가득 낙화생을 시름으로 대할까요

동주에 푹 빠져 나그네 시름 삭히지만
한림원의 시사는 끝내 아득합니다
한 줄기 이은 길에 가을 산이 좋으니
우뚝한 사람 우뚝한 고을로 돌아갔군요

魚雁沉沉十二年 一天明月共嬋娟
數行秋柳朝陽寺 忽見羅江宛壁篇
淡雲微雨舊詩情 蕭瑟輶軒萬里行
燕邸何人談竟夕 滿盤愁對落花生
挏酒沈冥緩客愁 翰林詩史竟悠悠
連綿一路秋山好 磊落人歸磊落州

'완벽음'은 우촌 문집의 이름이며, 밤을 새워 얘기하는 일과 낙화생은 모

두 옛 일이 있으니 『병세집(並世集)』에 보인다.[30]

　십 년 넘게 소식이 끊긴 이조원의 필적을 관제묘 벽에서 발견하였다. 건륭 42년 정유년(丁酉年, 1777)까지 이조원과 유득공 등은 연행 사절을 통해 시를 주고받았으며, 그 시는 유득공이 편집한 『병세집』에 실려 있다. 그 이후 오가는 시문이 없었으니 소식 전하는 물고기와 기러기가 다 가라앉은 셈이다. 유득공도 조발이 그린 벽화나 그 벽화에 이조원이 부친 시의 내용은 언급하지 않았다. 그러나 그의 시에서는 그림과 시가 언뜻 보이는 듯도 하다. 엷은 구름 가랑비는 그림과 시에 등장한다. 한 줄기 가물가물 끊긴 듯 이어진 길은 그림 속의 길이요, 이조원이 고향으로 돌아간 길이기도 하리라. 동주는 말 젖으로 빚은 술이다. 열하는 원래 몽고족의 땅이었으니 마유주(馬乳酒)가 흔하다. 그 술로 나그네 시름은 달랠 수 있지만, 멀리 사천으로 가버린 한림원의 시인은 다시 볼 수가 없다. 이조원이 통영병비도원으로서 이 지역을 순행한 때는 1781년 초여름이니 절의 중이 착각했거나 이조원이 고향으로 돌아간 지 5년이 되었다는 말을 잘못 알아들었는지도 모를 일이다.

　밤을 새워 얘기한다는 말과 낙화생을 시름으로 대한다는 말은 『병세집』에 실린 이조원의 〈차유영암운유서(次柳泠菴韻有序)〉의 서문과 〈낙화생운화유혜풍(落花生韻和柳惠風)〉 시에 나온다.

　동국의 영재 유득공은 시인이다. 그의 숙부 탄소가 사신을 따라 연경에 와서 그의 『가상루집(歌商樓集)』을 얻어 볼 수 있었으며, 비평을 하였다. 그리하여 그가 숙부를 전송한 시를 골라 화답하여 부쳐서 이역의 지기로 삼으면 어떠한가. 후일에 혹 중국 땅으로 오면 밤을 새워 얘기하리라.[31]

지금은 유월 불구름이 빛나고
시름 차에 독작하니 더위가 시름이오
눈 안에 열매는 있건만 사람은 어디 있나
그리움에 다만 꿈속의 몸이 가볍군요

是時六月火雲爍　正愁獨酌愁朱明
目中有果人何在　相思但夢身翩輕

유득공의 숙부 유금이 서호수의 1차 연행을 수행하여 북경에 갔을 때 이조원을 방문하였다. 그때 이조원은 술과 안주를 대접했고, 안주로 나온 여러 가지 과일 가운데 유금은 유독 낙화생은 처음 보는 것이었다. 이조원은 그에게 낙화생에 대해 세세하게 설명해 주었고, 숙부로부터 낙화생 이야기를 들은 유득공은 이조원에게 〈낙화생가(落花生歌)〉를 지어 보냈다. 이조원은 유득공의 시에 다시 화답하여 보낸 것이다. 유득공은 조양현에서 이조원이 고향 사천으로 돌아갔다는 소식을 듣고서 이제 연경에 사저가 있더라도 누가 밤새 얘기하며, 쟁반 가득 담은 낙화생을 시름 품고서도 대할 수 있겠느냐고 물었다.

이조원은 그때 관제묘에서 그 당시에 출토된 옛 비석에 관해 자세하게 관찰하고 기록하였다. 『출구정기』의 이날 기록은 다음과 같다.

14일, 비.

조양현에 그대로 머물렀다. 생각건대 장성 밖 고을의 금석문은 당나라, 송나라 이전의 것은 거의 고찰할 수 없다. 오직 관제묘 안에 새로 출토된 비석 하나가 있어 높이는 다섯 자이며 원나라, 요나라 때 세운 것이다. 비석은 사이사이 떨어져 나간 데가 많지만 문자는 단정하여 읊조릴 만하였다. 이제 비문 전부를 여기에 기록한다. 앞 한 줄은 "대요 흥중부 영감사 석가불 사리탑비명병서, 신수상서도관원외랑 요서전백판관 장(이름은 사라졌다)"이라고 씌어 있다. ⋯⋯[32]

이조원은 비문을 모두 옮겨 적었다. 그러나 그가 말한 대로 비석에 떨어져 나간 데가 많아 그가 베낀 비문에는 문맥이 끊긴 데가 있다. 이는 나중에 다시 논하기로 한다. 서호수도 이 비석을 보았고, 간략히 기록하였다.

묘우(廟宇)는 정갈하고 시원하며, 키 큰 소나무와 늘어진 버들이 층계에 그늘을 덮었다. 화분의 꽃이 줄지어 서서 향기롭고 서늘한 바람이 솔솔 분다. 뜰에는 옛 비석이 있어 이름을 "대요 흥중부 영감사 석가불 사리탑비(大遼興中府靈感寺釋迦佛舍利塔碑)"라고 하였고, "상서도관원외랑 요서로전백판관 장사초(尚書都官員外郎遼西路錢帛判官張嗣初)"가 비문을 지었으니 그는 바로 소부소감(少府少監) 장검(張檢)의 아들이다. 비문에는 탑은 유성(柳城)의 양씨 집안 수기(守奇) 도린(道隣) 형제가 출가하여 세웠으며, 천경(天慶) 6년(1116) 병신년(丙申年)에 비를 세웠다고 하였다. 비문에는 본래 탑이 셋이었다고 하였지만 그중 하나는 이미 무너졌고, 지금은 두 개만 남아 있다. 삼좌탑(三座塔)이라는 지명은 여기에서 연유하였으며, 관제묘는 곧 영감사의 옛터이다.

    서호수는 비문의 작자를 쓰고 그의 부친의 이름까지 써 놓았다. 이조원은 『출구정기』에 이 비문을 그대로 옮겨 적으면서 작자의 성만 밝히고, "이름은 사라졌다(失其名)"라고 하였다. 그러나 서호수와 이 비문을 저록한 여러 문헌에는 "嗣初"라는 이름과 그의 부친의 이름 "檢"이 모두 기록되어 있다. 이조원은 "장검"도 역시 성만 쓰고 이름은 비워 두었다. 장사초(張嗣初)와 장검(張檢)이라는 이름은 『요사(遼史)』에 보이지 않는다.[33] 서호수는 비문에서 부자의 이름을 발견하고 옮겨 놓은 것이다. 비문 작자의 이름을 밝히는 것은 당연하다고 하겠지만 사서에서 그 이름이 보이지 않는 아버지의 이름을 밝혀 놓은 이유는 무엇일까? 비문에 따르면 이 탑을 세운 사람은 이 지역의 형제 사문(沙門) 수기(守奇)와 도린(道隣)이다. 유성은 요나라 때 흥중부의 다른 이름이다. 수기와 도린은 장사초의 조모, 즉 장검의 어머니의 백부(伯父)들로서 장사초와는 혈연관계가 있다. 또한 이 두 사문의 제자이자 당시 영감사를 주지하던 통교사(通敎師) 사정(思整)은 장검과는 "생구지애(甥舅之愛)"가 있다고 하였으니 생질과 외숙 사이이다. 이런 인연으로 탑이 준공되었을 때 장검이 비문을 쓰려고 하였으나 갑자기 죽어서 이루지 못하였다. 통교사 사정은 장사초를 만날 때마다 비문을 써 달라고 부탁하여 결국 그가 쓰게 되었고, 서호수는 비문에서 이런 연유를 읽었다. 비문의 작자 장사초와 그의 아버지 장검의 이름을 옮겨 적은 까닭은 2대에 걸쳐 탑과 비문에 얽힌 사연, 아버지가 못다 한 일을 아들이 이룬 "부자유친(父子有親)"에 감명을 받았기 때문이었을 터이다. 이 탑은 요나라 성종(聖宗) 태평(太平) 9년(1029)부터 쌓기 시작하였고, 탑비는 1116년에 세웠다. 관련 연구에 따르면 영감사 사리탑은 미완성이었다고 한다. 비문에 탑이 셋이었다고 하였으니 하나씩 세우다가 일부가 완공된 1116년에 비석을 세웠다. 서호수가 이 지역을 지나갈 때 하나는 사라지고, 둘만 남아 있었으며, 지명 삼좌탑(三座塔)에 세 탑의 흔적이 남아 있다.

이조원은 1782년 5월 『사고전서』를 성경(盛京)으로 운송하는 임무를 맡았고, 노룡(盧龍)에서 여름 장마에 『사고전서』를 담은 상자가 젖었다. 이 죄로 하옥되었다가 1783년에 이리(伊犁)에 충군되었다. 이리로 가는 도중에 사면되어 통주로 돌아왔고, 1785년에 결국 귀향하였다. 『함해』의 초각본인 임인본(壬寅本)은 서적 142종을 수록하였으며 20함(函) 134책으로 1782년에 나왔다. 1784년에 『함해』의 판각이 완성되어 판목을 가지고 고향으로 돌아갔다.

이날 초저녁에 호송통관(護送通官)이 와서 만주어 공문을 전달하였다. 내용은 조선사신이 제 날짜에 열하에 도착하지 못할지라도 독촉하지 말고 열하로 갈지 북경으로 바로 갈지는 스스로 결정하게 하라는 지시였다. 조양현에서 열하까지 600리 길이라 밤낮을 달려도 제 날짜에 도착하기는 불가능하였다. 건륭이 생일잔치의 개막에 참석하지 않아도 좋다고 배려하였으니 사신 일행은 한시름을 놓았다.

10일에는 산길이 험하여 수레에서 내려 말을 탔다. 대영자(大營子)에서 열하에 이르는 동안 낮에는 다 말을 타고 밤에는 수레를 탔다. 이전 7월 2일 신민둔(新民屯)을 지날 때 안마(鞍馬)를 한 필씩 샀던 것이다. 말은 길이 잘 들어 양순하고 걸음걸이도 좋았다. 열하까지 여정 가운데 300여 리 길과 열하와 원명원(圓明園)과 연경의 잔치 출입에도 이 말을 탔다.

열하로 가는 길은 이전에 조선사신이 가 본 적이 없었다. 더구나 홍수가 나서 물이 차고 길이 무너졌으니 길을 잃고 헤매는 이가 나오지 않을 수 없었다. 서호수는 이날 나마구(喇嘛溝)에서 잤고, 유득공은 한밤에 나마구에 도착했지만 이곳에서 머무는 줄 몰라서 밤새 10리를 더 가서 다음날 새벽 행호자(杏胡子)에 닿았다. 유득공은 〈나마구(喇嘛溝)〉시를 짓고 사연을 붙였다.

나마구 나무는 구름처럼 어둡고
풀숲 가 벌레 소리 바로 한밤이로다

변방 나와서 올해 길을 잃었으니
운수 사나운 사람은 또 이장군이로다

喇嘛溝樹暗如雲 草際蟲聲正夜分
出塞今年迷失道 數奇人又李將軍

조양 서쪽으로는 하천과 길이 구불구불하고, 도로가 분명하지 않은 데

다 수레는 빠르고 늦고 하여 왕왕 흩어졌다. 낮에는 바퀴 자국을 보고, 밤에는 등불을 바라보면서 정사와 부사가 먼저 참에 들어가면 나각을 불어 인원을 모았다. 7월 초10일 나마구에 도착하니 밤이 3, 4경이었으며, 풀과 나무가 무성하고 벌레 소리가 사방에서 일고 군뢰도 잠이 들어 나각을 불지 않았다. 나는 나마구를 10여 리 지나쳐 행호자에 닿으니 동방이 이미 밝았으며, 정사와 부사가 계신 곳을 알지 못했다. 굶주림이 심하여 점방에 들어가 국수를 사서 먹었다. 밤에 나마구에서 온 몽고인이 있어 조선 대인들이 거기 있다고 하였다. 잠시 기다리니 정사와 부사가 말을 달려 도착하였다. 나각을 불어 수레를 모으니 이윤암이 보이지 않았다. 군뢰와 마두 1명을 시켜 사방으로 찾게 하였다. 이틀째 되는 날 비로소 왔으니 7, 80리를 돌면서 이틀 밤낮을 굶었다. 길을 잃은 사연을 물으니 수레가 느려 점차 앞의 등불이 보이지 않아 한 마을로 잘못 들어갔으며, 마을 사람들이 몽고 도적으로 여기고 방포하고 많이 모여서 포위하여 밤새 시달리다가 겨우 빠져나왔다고 하였다. 일행들이 이 때문에 크게 웃었다. 내가 구외의 거민들에게 "당신들은 몽고가 두렵지 않소?"라고 물은 적이 있었다. "두렵지 않소"라고 하였다. 내가 무슨 까닭인지 물으니 그 사람이 때리고 묶는 동작을 하며, "두렵지 않아, 두렵지 않다고."라고 말하였다. 대개 몽고의 풍속이 사납고 무치하여 25부가 지금 귀순하였지만 여전히 도적질의 근심이 있다. 대릉하가 얼면 더욱 날뛴다고 한다. 윤암이 포위당한 것도 이 때문이다. 윤암은 노년에 포의로서 막부에 들어왔다. 나는 '李飛將'이라고 그를 놀렸으니 '飛'와 '禪'는 음이 같기 때문이었다.[34]

윤암 이희경은 길을 잃고 이틀을 쫄쫄 굶으며 몽고 도적으로 오인 받아 한인들에게 시달리다가 이틀 만에 겨우 일행과 합류하였다. 정사 황인점(黃仁點)의 자제군관으로 수행하느라 비장(神將) 복장을 차려 입었다. 유득공은 그를 옛날 한나라의 비장(飛將) 이광(李廣)에 비겨 놀렸다. 이광은 흉노(匈奴)와 70여 회 대전하여 혁혁한 공을 세운 명장이다. 한 무제(武帝) 원수(元狩) 4년 기원전 119년에 60이 넘은 나이로 전장군(前將軍)으로 다시 출병하였다가 길을 잃어 싸우지도 못하고 돌아왔다. 이 일로 문책받자 스스로 목숨을 끊었다. 변방에 나가서 운수가 나쁘기는[35] 이광과 이희경이 같다. 길을 헤매다가 몽고 도적으로 오인받아 밤새 포위되어 시달리며 이틀 밤낮을 쫄쫄 굶었으니 재수가 사나워도 이만저만 사납지가 않았던 것이다.

11일에는 야불수(夜不收)라는 별난 이름의 지역에서 묵었다.

아침에는 맑고 저녁에는 흐렸다. 공영자(公營子)에서 밥을 지어 먹고, 야불수에서 묵었다. 이날은 90리를 갔다. 『건륭어제계묘집(乾隆御製癸卯集)』에 따르면 '夜不收'는 명나라 말기에 군영의 정탐인(偵探人)의 속명이라고 한다. 그 시절에 혹 이곳에 사람을 보내 적정을 정탐하게 한바, 밤에는 움직이고 낮에는 숨으므로[夜行晝伏] 후에 마을 이름을 이렇게 불렀다고 한다.

조양에서 여기까지 산세가 자못 험하고 구릉이 구불구불 수려하며, 곳곳이 활짝 트여 민가는 더 조밀하고 농경에 더욱 힘을 쏟아 땅은 개간되지 않은 데가 몇 평도 없고, 마을은 연기가 끊긴 데가 몇 리도 없으니 아마도 열하에 점점 가까워져서 그런 듯하였다. 제왕이 사는 곳에는 조화가 따르니 누가 구외(口外)의 황무지라고 하겠는가. 육대(六臺) 이후로 읍치(邑治)와 도회(都會)에는 상인과 여행객이 모여들고 시장과 점포가 즐비하며, 물과 풀이 풍부한 곳에는 말, 소, 양, 낙타가 수백 마리씩 떼를 지어서 한인, 만주인, 몽고인, 세 나라 사람들이 100여 년을 모여 살면서도 전쟁이 일어나지 않고 농사와 상업과 목축에 거두지 못한 이익이 없으니 어찌 부유하지 않을 수 있겠는가. 몽고인이 가장 많고, 만주인이 그 다음이며, 한인이 또 그 다음이다. 몽고의 습속은 질박하여 아직 혼돈 상태의 마음이 있어 사람과 물건을 대함에 오로지 정성뿐이다. 현자가 그들을 가르쳐 인도하게 한다면 보고 느껴서 변화하여 남방의 여러 번족보다는 나으리라. 옛날 원 세조(世祖)가 노재(魯齋) 허형(許衡)을 국자좨주로 삼고 친히 몽고의 제자를 뽑아서 가르치게 하였다. 노재가 명을 듣고서 기뻐하며 "이는 나의 일이다. 나라 자제들의 순박함이 흩어지지 않았으니 보고 듣기를 전일하게 하고, 훌륭한 무리 가운데 두어서 여러 해 함양하면 장차 반드시 나라의 쓰임이 되리라"라고 하였다. 이 일이 『원사(元史)』에 실려 있어 옛날로 지금을 보니 하늘이 인재를 냄에 진실로 화(華)와 이(夷)를 구분하지 않음이라.

이날 묵은 곳의 이름 '야불수'를 한자로 풀이하면 밤에도 거두어들이지 않는다는 뜻이다. 당나라 시인 두목(杜牧, 803-852)의 〈변상만추(邊上晚秋)〉 시에 쓰인 '야불수'가 그렇다.

흑산 남쪽에는 다시 고을이 없고

말을 사막에 풀어 밤에도 거두지 않네

바람이 외로운 성에 저녁 뿔피리 소리를 실어와

소리마다 나그네 심사에 시름을 넣누나

黑山南面更無州 馬放平沙夜不收

風送孤城臨晩角 一聲聲入客心愁

　사막에 말을 풀어 놓고 밤에도 거두어들이지 않는다. 밤에도 거두지 않으므로 밤에도 쉬지 않는다는 뜻으로도 풀이된다. 명나라 때 군대에서 척후병(斥候兵)에 해당하는 병사를 이렇게 불렀다.『한어대사전(漢語大詞典)』에서 '夜不收'를 "옛날 군대의 정탐병이다. 밤을 새워 밖에서 활동하므로 이렇게 부른다[古代軍隊中的哨探. 因徹夜在外活動, 故名.]"라고 해설하였다. 서호수도 이 지명을 정탐병과 연관하여 이해하였다. '야불수'에 대한 중국인의 이해가 그러하니 서호수로서도 그렇게 이해할 수밖에 없었다. 그러나 지명 '야불수'는 원래 한자어가 아니라 여진(女眞) 몽골 등 이 지역에 살았던 비한족의 언어를 음차한 한자 표기로 보인다. 이곳의 현재 지명은 예보쇼우[葉柏壽] 진(鎭)이다. '葉柏壽' 역시 몽골어 또는 여진어의 음차로 보인다. 그 뜻은 '큰 집'이고, 한자를 풀이하면 측백나무는 오래 산다는 뜻이 된다. 이곳은 원래 몽고의 우량하이[烏梁海, 즉 兀良哈] 족이 살던 곳으로 몽서영자(蒙西營子)였다. 이곳에는 여러 대가문의 주택이 있었으며, 그 주택은 토목 건축물이었으므로 "대방자(大房子)"라고 불렸다. 현대 몽골어로 천막은 '게르(ГЭР)'라고 하며, 집은 '배싱

(БАЙШИН)'이라고 한다. '배싱'은 '不收' '柏壽' '板升' 등으로 음차 표기하였다. '예(葉)'는 현대 몽골어 '익흐(их)'이며, 그 뜻은 '크다[大]'이다. '夜'도 '葉'과 같은 뜻의 음차 표기어이다. 그러니 '야불수'는 '큰 집'이라는 뜻이다. 중국 사람들은 역대로 외국어를 한자로 옮길 때 음차이더라도 의미를 형성하도록 글자를 조합하는 경향이 강하기 때문에 '夜不收' '葉柏壽' 등의 표기가 나왔다. 이런 음차어는 전파되면서 소리가 아닌 뜻으로 해석되기 마련이다. '야불수'에 대한 뜻 풀이도 이런 오해에서 나왔을 뿐이다. 명말 만주족과 전투를 벌인 요동 지역에서 정탐병을 파견한 곳이 여기뿐일 리는 없다. 명말 만주족과의 잦은 전쟁 속에서 몽골어 지명과 정탐병을 뜻하는 한자어가 우연히 일치하여 발생한 오해이다.

정탐병을 뜻하는 '야불수'는 지명 '야불수'와는 또 다른 말이다. 요컨대 지명 '夜不收'는 '夜'와 '不收'가 결합된 어휘이고, 정탐병을 뜻하는 '夜不收'는 '夜不'과 '收'가 결합된 어휘이다. 몽골어를 표기한 한자어 가운데 '牙不', '牙步', '啞步', '啞不', '亞不', '阿卜', '耶步', '野步'는 모두 동일한 몽골어에 대한 음차 표기이다. 이들 한자 조합은 '夜不'과 발음이 같거나 비슷하다. '가다', '걷다'라는 뜻의 현대 몽골어 '야브흐(ЯВАХ)'가 당시에는 이들 한자로 음차 표기된 것으로 보인다.[36] '夜不' 등의 한자로 음차 표기하는 몽고어는 그 뜻을 한자로는 '行' 또는 '走'로 풀이한다. 여진어(女眞語)에서도 '行'이라는 뜻의 어휘는 'jabu'로 표기된다. 또한 여진어에는 '走'의 뜻인 '牙步 ja-bun', '行'의 뜻인 '牙卜受 ja-bu-ʃou'가 더 있다.[37] '夜不收'는 바로 '牙卜受'이다. '夜不' 등의 한자로 표기되는 몽골어와 여진어의 공통 어간(語幹)은 오늘날 몽골어 'ЯВ-'로 표기되며, '걷다', '가다', '달리다' 등의 의미를 가진다. 정탐 등의 임무를 맡은 병사를 이르는 어휘 '夜不收'는 명나라 초기부터 문헌에 등장한다. 이 시기에 한족 왕조와 몽고 여진 등의 민족 사이에 지금의 중국 동북 지역에서 분쟁이 일어나 결국 만주족이 중원을 차지하기에 이르렀다. 금나라, 원나라를 거치면서 북방의 한어에는 여진어와 몽고어가 섞여 들어갔으며, 여러 민족의 혼거(混居)와 분쟁이 언어의 상호 침투를 더욱 촉진하여 여진어 어휘가 한족 군대의 한 병과를 가리키게 되었던 듯하다. 아마 '야불수' 병과의 군병은 말도 이용하였지만 주로 걸으면서 임무를 수행하였기에 이렇게 불렀을 것이다. 송나라 때는 이런 병사를 '급각(急脚)', '급보(急步)', '건보(健步)'라고 불렀다. 비슷한 임무를 수행하는 병사를 명나라 때는 북방에 퍼진 몽골어 여진어 어휘로 '야불수'라고 불렀던 것이다.

원래 음차어였던 '야불수'가 전형적인 한자어로 바뀌는 과정을 추적할 수가 있다. 원대(元代)의 잡극(雜劇)에 상중현(尙仲賢)이 지은 『한고황탁족기영포(漢高皇濯足氣英布)』 제4절에 장량(張良)이 아래 대사를 발화한다. 이 희곡은 원대의 작품이지만 현전하는 문자 텍스트는 명나라 때 정리된 것이다.

장량   저는 벌써 잘 걷고 빨리 달리는 야불수를 정탐하라고 군중으로 보냈습니다.[38]

"能行快走夜不收", 여기서 "能行快走"와 "夜不收"는 각각 한어와 여진어로서 동의어이다. '야불수'에 해당하는 한어는 '探子' 또는 '報子'이다.

역시 정탐병이라는 뜻이다. 몽골어 또는 여진어 차자 표기어 '야불수'가 점차 한자어로 인식되면서 자연히 '夜'와 의미가 연관된다. 명나라 왕제 (王濟, ?-1540)의 전기(傳奇) 『연환기(連環奇記)』 제16척(齣)에 '報子', 즉 '야 불수'가 등장한다.

> **보자** 군정 염탐을 일로 삼아 그 이름은 '야불수'. 낮에는 풀숲에 숨고
> 깜깜한 밤에 거친 언덕을 지난다우. 나는 잘 걷는 탐자올시다요.[39]

"낮에는 풀숲에 숨고 깜깜한 밤에 거친 언덕을 지난다우[日間藏草內, 黑夜過荒坵.]"는 '야불수'를 한자어로 풀이하여 만든 시구(詩句)이다. 이를 다시 줄이면 "밤에 움직이고 낮에는 숨는다[夜行晝伏]"가 된다. 한어 '夜不收'에 정탐병이라는 뜻을 붙이자니 정탐병은 밤에 활동한다고 규정할 수밖에 없다. 그러나 정탐병은 밤낮을 가리지 않으며, '야불수'의 임무 또한 정탐에만 그치지 않는다. 들판 태우기와 기습도 야불수의 임무이다. 외국어 음차어가 점차 고유의 한자어로 인식되면서 한자의 의미로 음차어를 풀이하게 된다. 음차어도 한자의 뜻으로 의미를 가지도록 갖다 붙인다. 수백 년에 걸쳐 몽골어 또는 여진어 "예부쇼우"가 한어 "야불수"로 인식되고 말았다. 한자의 함정이다. 한자어에 이런 예는 적지 않다.

12일 밤에 군기대신(軍機大臣) 화신(和珅)이 종제 군기장경(軍機章京) 아무개를 보내어 16일까지 열하에 도착하라고 재촉하였다. 16일 보름날부터 건륭의 팔순 생일잔치가 시작될 예정이었다. 건륭은 조선사신에

게 험한 길을 서두르지 말고 형편대로 오라고 명하였으나 그 이전부터 자신의 생일잔치에 모든 축하사절이 다 참석하기를 바랐다. 서호수 일행이 열하에 도착하여 통관에게서 건륭이 6월 말부터 조선사신이 언제 도착하는지 세 번이나 물었다는 사실을 들었다. 9일 초저녁에 받은 공문에는 건륭은 조선사신을 독촉하지 말라고 하였지만 내심 제때에 도착해 주기를 바랐던 것이다. 80세 노인의 마음이 그렇다.

15일에 드디어 열하에 도착하였다. 이날은 맑았다.

황토량자(黃土梁子)에서 밥을 지어 먹고, 홍석령(紅石嶺)을 넘어 평대자(平臺子)에서 말을 먹이고, 신시(申時)에 승덕부(承德府) 열하(熱河)에 도달하였다. 이날은 90리를 갔다. 황토량자에서부터는 산이 다 웅장하고 기굴하여 비로소 깎아지른 골짜기를 이루었으며, 가파르고 높은 봉우리는 순전히 층층이 쌓인 돌이라 가로로 무늬가 졌으며, 하나하나가 침단(沈檀)의 색깔이다. 혹은 둥글게 솟아서 대궐 같고, 혹은 에둘러 성곽 같으며, 혹은 부도(浮屠) 같고, 혹은 홀(笏)과 같다. 홍석령에 이르러 우뚝하고 삼엄한 기세가 위로 하늘에 닿으니 "대관석록(大觀石錄)"이라고 할 만하였다.

열하 지역은 지금 중국에서 "단하지모(丹霞地貌, Danxia landform)"라고 부르는 특이한 지형으로 이루어져 있다. 단하지모란 철과 칼슘이 혼합된 홍색 쇄설암(碎屑岩, 주로 역암(礫岩)과 사암(砂岩))이 수직이나 수직에 가까운 각도로 절리되어 있다가 차별 침식과 풍화로 기암절벽이 형

40미터 높이로 솟아 있는 경추봉. ©이창숙

성된 지형을 말한다. 침단향 색깔은 검붉은 바위색을 말하고, 부도 같고 홀 같다는 표현은 바로 이 지역의 독특한 산세를 가리킨다. 그 대표적인 것이 경추봉(磬棰峰)이다. 경추봉은 승덕 시내 무열하(武烈河)의 동안(東岸)에 있으며 석경(石磬)을 연주하는 방망이 모양이라 이런 이름이 붙었다. 300만 년 전에 형성되었으며, 좁고 평평한 산의 암반 정상에서 막대기 모양의 바위가 40미터 높이로 솟아 있다.

"대관석록"이라는 말이 잘 풀리지 않는다. 이규경(李圭景, 1788~1856)이 『오주연문장전산고 · 경석변증설(五洲衍文長箋散稿 · 鏡石辨證說)』에서 "돌 가운데 기괴한 것은 나는 『대관석록』을 본떠 이미 기록한 바가 있다[石之奇怪者, 予倣大觀石錄, 已有所記.]"고 한 말을 보면 문장이나 책의 이름임이 분명하다. 유득공도 홍석령에서 수레를 내려 열하로 걸어 내려가면서 "길가의 큰 돌이 성 같고 탑 같고 누각 같고 홍예문 같아 형용할 수 없으며, 모두 웅황색을 띠어 '대관석록'이라고 할 만하였다[路旁大石, 如城如塔如樓閣如虹霓之門, 不可形狀, 皆帶雄黃色, 可謂大觀石錄也.]"고 감탄하였다. 그러나 "대관석록"이라는 문장이나 책은 보이지 않는다. 중국 사람이 돌에 관해 지은 문장으로는 『수산석기(壽山石記)』, 『관석록(觀石錄)』, 『후관석록(後觀石錄)』이 청나라 초기 거의 같은 시기에 나왔다. 명말청초 사람 변오(卞鰲)[40]가 『수산석기』를 지었고, 그 뒤에 고조(高兆, 康熙 연간 재세)가 『관석록』을 지었으며, 모기령(毛奇齡, 1623-1716)이 그 뒤를 이어 『후관석록』을 지었다. 『수산석기』는 『관석록』 끝에 실려 전한다. 『관석록』은 1668년(강희 7, 戊申)에 지었으며, 『후관석록』은 1688년(강희 26, 丁卯)에 나왔다. 이 세 글은 인장을 새기는 수산석(壽山石)을 감상하고 품평한 글이다. 인장용이니 그 크기는 모두 촌(寸)이나 분(分)으로 따진다. 아래는 『관석록』에 수록된 『수산석기』의 일부이다.

최근 3, 4년 사이에 이익을 좇는 무리들이 손과 발의 재주를 다 부려 산을 파서 널리 찾으니 좋은 돌이 거기서 나왔다. 그 가운데는 옥, 호박, 유리, 대모, 주사, 마노, 물소뿔, 상아 같은 것이 있다. 그 색은 같지 않아서 오색 가운데 짙고 연한 것이 모두 있었다. 따로 담황, 분홍, 광채, 옥색, 푸른색, 쑥색, 검푸른색, 눈썹먹색이 있고, 꿀 같고 간장 같고 누룩곰팡이 같은 색이 있고, 매의 깃털, 나비 가루, 물고기 비늘, 자고새 얼룩 같은 색깔도 있다. 옛날말로는 쑥잎 녹색이 좋다고 하나 지금은 갖가지가 모두 진귀하다. 그 봉우리의 파랑, 주름 무늬와 매끄러운 결은 뚜렷하기도 하고 은은하기도 하여 천태만상을 방불케 한다. 혹은 눈 속의 겹겹 봉우리이며, 혹은 비 온 뒤의 먼 언덕이고, 혹은 희미한 달빛 아래 소리 없이 상강이 한 색이며, 혹은 바람이 세 기세를 도와 양자강에 층층 파도가 일고, 혹은 포도가 갓 익어 알알이 서리 맞았고, 혹은 파초잎이 막 살져 햇빛 아래 펄럭이며, 혹은 오나라 능라가 광채를 날리고, 혹은 촉의 비단이 황혼녘 무늬를 이룬다. 또 혹은 미불이 엷게 구름 한 줄기 그은 듯하고, 또 혹은 서희가 먹 붓과 붉은 가루를 함께 쓴 듯하다. 그 기묘함을 말로 하자니 이루 형용하지 못한다. 아, 역시 기이하도다.[41]

변오 등이 묘사한 수산석을 어마어마하게 확대하면 서호수와 유득공이 묘사한 열하의 기기묘묘한 산봉우리가 된다. 어쩌면 "大觀石錄"을 '大'와 '觀石錄'으로 분리하여 "큰 『관석록』," 또는 "『관석록』을 확대하다"라고 풀어야 맞을지도 모른다. 그러면 "큰 『관석록』이라고 할 만하다" 또는 "『관석록』을 확대하였다고 할 만하다"는 말이 되니 앞뒤 문맥이 훨씬 자연스럽다. 『관석록』에 묘사된 돌 가운데 가장 키가 큰 것이 3촌이니 대략 10센티미터이고, 경추봉의 높이가 40미터이니 그 400배가 된다. 『관석록』의 돌을 수백 배 확대하면 열하의 산봉우리가 된다. 그러니 열하의 여러 봉우리를 모아 기록하면 "큰 『관석록』(大觀石錄)"이 되지 않겠는가.

홍석령에 이르러 우뚝하고 삼엄한 기세가 위로 하늘에 닿으니 "큰 『관석록』" 이라고 할 만하다.

그러면 이규경이 모방한 『대관석록』은 또 무엇인가? 이규경의 말을 따르면 『수산석기』 등 돌에 관한 여러 문장을 아울러서 『대관석록』이라고 불렀는지도 모르겠다. 그러나 문맥상으로는 "큰 『관석록』"이라고 풀면 더 자연스럽다.

열하는 홍석령 아래 서쪽으로 30리 거리이다. 열하의 동쪽 5리 되는 곳 관제묘에 이르러 잠깐 쉬며 차(茶)를 마시니 청나라 통관 서계문(徐啓文)이 나와서 맞이하여 숙소로 들어갔다. 몽고(蒙古)의 여러 부(部)와 회부(回部)의 왕과 패륵(貝勒), 면전(緬甸)과 남장(南掌)의 사신, 대만부(臺灣府) 생번(生番)은 7월 초순 전에 열하에 도착하였고, 안남왕(安南王)과 그 종신(從臣)들은 7월 11일에 도착하였다. 조선의 사절단이 가장 늦었다.

서호수는 열하의 지형과 연혁을 대략 기술하였다.

열하는 지세가 험준하여 여러 산이 금성탕지(金城湯池)를 이룬다. 경추(磬棰), 미륵(彌勒) 등의 여러 봉우리가 읍하듯이 싸안고, 그 가운데에 평평한 골짜기가 수십 리 열렸으며, 난수(灤水)와 열하(熱河)가 좌우를 두른다. 북으로 몽고를 제압하고 남으로 선부(宣府)와 대동(大同)을 굽어보며, 서로는 회부(回部)와 연결되고 동으로 요양 심양과 통하니 실로 변방 밖의 중심이며 천하의 요지이다.

청 성조(聖祖)가 처음 산장(山莊)을 짓고 백성 1만 호를 모집하여 채웠다.(성조의 〈열하시(熱河詩)〉에 "백성을 모아 만 호에 이르렀다[聚民至萬家]"라는 구절이 있다.) 매년 4, 5월에 거둥하였다가 8, 9월에 연경으로 돌아갔다. 고북구(古北口) 안팎 400여 리 사이에 행궁(行宮)과 사냥터가 뒤섞여 서로 바라보인다. 옛날 원

(元) 세조(世祖)는 연경을 대도(大都)로 하고, 개평부(開平府)를 상도(上都)로 하여 4월에 북쪽으로 풀이 푸르러 가면 상도로 거둥하여 피서하고, 8월에 풀이 마르면 대도로 돌아오기를 해마다 상례(常例)로 하였다. (상도는 피서지였으므로 양정(涼亭)이 많아서 동량정(東涼亭), 서량정(西涼亭), 북량정(北涼亭) 등이 있었다.) 산장의 편액을 '피서'라고 한 것은 여기에서 나왔다. 지금 황제가 선제(先帝)의 일과 뜻을 이은 지가 50여 년에 백성이 모이고 이들을 가르쳐서 건물이 즐비하고, 상고가 사방에서 모여 술집과 찻집의 깃발이 10리에 반짝이고, 관현악기 소리가 밤새도록 그치지 않는다. 강희 때의 1만 호가 지금은 몇 배가 되어 사방에서 징집하지 않았어도 이미 수만 명의 정예병을 갖추었으니 또한 물자가 풍부하고 인민이 많다고 할 만하다.

1681년 강희 20년에 몽고의 왕공들이 북경으로부터 북쪽으로 350킬로미터, 승덕(承德)으로부터는 북방 120킬로미터 지점의 목지(牧地) 1만 제곱킬로미터를 강희제에게 바쳤다. 이 지역은 북으로 몽고 초원에 연접한 곳으로서 고산과 구릉, 하수와 초지가 섞여 짐승이 많았다. 강희제는 여기에 대규모 사냥터 목란위장(木蘭圍場)을 건설하였다. '목란'은 만주어 'mulamba'로서 한어로는 '哨鹿'이라고 한다. 숫사슴이 암사슴을 유혹하는 소리를 흉내 내어 사슴을 유인하는 소리이다. 위장은 울타리를 친 사냥터라는 뜻이다. 강희제는 해마다 가을에 왕공대신, 팔기군, 후궁과 비빈, 황족 등 수만 명을 데리고 목란위장으로 가서 사냥하면서 군사 훈련을 실시하였다. 북경에서 목란위장까지 이동을 위해 연도에 행궁 21곳을 지었으며, 열하의 행궁도 그 가운데 하나였다. 그러니 그 행궁들이 서로 바라보이는 거리에 있었던 것이다.

피서산장은 1703년 강희 42년에 건설하기 시작하였다. 호수와 섬을 만들고, 궁실과 정자를 짓고, 담장을 둘러쌓았다. 강희제는 1713년에 공사를 일단락하고 "36경"을 정하여 1경에 4자씩 이름을 붙였다. 건륭제는 1741년 건륭 6년부터 1754년까지 대규모 궁전 원림으로 확장하였다. 할아버지 강희제를 따라서 역시 "36경"을 정하여 1경에 3자씩 이름을 붙였다. 피서산장은 1792년에 마지막 공사를 준공하여 건설에 총 90년의 시간이 걸렸다. 원래 이곳은 그 이전까지는 사람이 살지 않던 산악지대로서 요즘 신도시 건설하듯 행궁 도시를 지었던 것이다.

유득공은 열하를 다음과 같이 읊고 설명을 달았다. 그는 열하와 피서산장이라는 이름에 대해 좀 더 깊이 설명한다.

홍석령 서쪽 난수의 북쪽
산천은 빽빽하여 일만 호를 품었다.
황제의 은밀한 의도는 어디에 있는가.
명백히 피서산장이라고 이름 붙였다.

紅石嶺西灤水陽 山川鬱鬱萬家藏
大家微意知何在 明白題來避暑莊

……『청일통지』에서 말하였다. "열하(熱河)는 세 원천이 있으니 하나는 부의 동북에서 나오며 탕천(湯泉)이라고 하고, 하나는 부의 북계에서 나오며

묵리하(墨里河)라고 하고, 하나는 부의 서북에서 나오며 십팔이태하(十八爾台河)라고 한다. 세 물은 합류하여 남으로 행궁을 돌고 또 남으로 흘러서 난하(灤河)로 들어간다.” 역도원의 『수경주』에서 “유수(濡水)는 동남으로 흐르고, 무열수(武列水)가 이 물로 들어간다.”고 하였고, 『건륭어제집』에서 “난하는 바로 유수이며, 열하(熱河)는 무열수이다.”라고 하였다. 열하의 형승을 가만히 살펴보니 산과 강이 둘러 있고, 들은 퍼졌으며 샘물이 빨리 솟고, 바람이 높고 서늘하다. 북으로 몽고를 누르고, 오른쪽으로는 회회를 끌어들이며, 왼쪽으로는 요녕과 심양에 통하고, 남쪽으로는 이 천하를 거느린다. 이는 강희황제가 고심한 곳으로서 그 이름을 ‘피서산장’이라고 한 것은 특별히 그 함의를 감춘 것이다. ······[42]

피서산장의 동쪽에 무열하(武烈河)가 북에서 남으로 흐른다. 이 강이 바로 열하이며, 열하라는 이름은 이 강에서 따온 것이다. 그런데 피서산장 안에 그리 크지 않은 샘이 있고, 여기에 ‘熱河’라고 새긴 비석을 세워 놓았다. 따뜻한 물이 솟아서 겨울에도 얼지 않는다고 한다. 지금은 이 온천에서 ‘열하’라는 이름이 나왔다고 여기지만, 사실은 무열하가 열하이고, 이 강의 이름을 전체 지역의 이름으로 삼은 것이다. 유득공과 서호수는 이 사실을 잘 인식하였다. ‘피서산장’이라는 이름은 이곳이 가진 전략적 군사적 요충지로서의 의미를 감춘다. 강희제의 작명 의도를 유득공은 ‘미의’라고 표현하였고, 그 ‘미의’는 천하의 두뇌 같은 위치에 자리 잡아 그런 역할을 하도록 또 하나의 도성을 건설하였다고 보았다. 할아버지의 ‘미의’를 손자 건륭이 잘 실현하였다고 보아도 무방하다. 이

강희 연간 피서산장 냉매(冷枚), 〈피서산장도(避暑山庄图)〉, 북경고궁박물원 소장

점은 곧 다시 살펴보기로 한다.

　서호수는 강희제가 피서산장을 건설했던 원래의 목적을 잘 파악하고 있었다. 그러나 그가 열하 현지에서 목격한 건륭의 피서산장 생활은 할아버지 강희제와는 사뭇 달랐다.

　　그러나 성조는 여기에 머무를 때 기무(幾務)가 많았으며, 한가한 날에는 유신 위정진(魏廷珍), 왕난생(王蘭生) 등을 불러 율력(律曆)을 강구하였고, 또 손수 『주자전서(朱子全書)』를 편집하면서 역마를 보내 어려운 것을 웅사리(熊賜履)와 이광지(李光地)에게 물었다. 무력을 느슨히 하지 않았고 또한 문교도 게을리 하지 않았다. 내가 열하에 여러 날 머물면서 단지 우령(優伶)과 각저(角觝)를 일대사(一大事)로 삼는 것만 보았지, 유신(儒臣)을 만난다는 말을 듣지 못하였으니 무슨 까닭일까?

　강희제는 50년 10월에 『서양신법역서(西洋新法曆書)』의 오차를 바로잡기 시작하였다. 다음 해에 열하로 거둥하면서 흠천감(欽天監)의 관리들을 데려갔고, 또 매구성(梅瑴成, 1681-1764)을 피서산장으로 불러들였다. 강희는 이들 신하와 율력을 강구하면서 제자와 스승처럼 문답을 주고받았던 것이다. 52년에는 율려(律呂)와 산법(算法) 서적을 편찬하여 친왕과 황자 및 진후약(陳厚耀, 1648-1722), 위정진(魏廷珍, ?-1756), 왕난생(王蘭生, 1679-1737), 방포(方苞, 1688-1749) 등이 집필 교열하였다. 완성된 원고를 매일 올리면 강3희는 직접 교정하였다. 이리하여 강희 60년에 『율력연원(律曆淵源)』 100권을 완성하였다. 강희제가 손수 편집했다는 『주자전서』는 『어찬주자전서(御纂朱子全書)』이다. 이광지(1642-1718)와 웅사리(1635-1709) 등이 칙명을 받들어 주로 『연감재(淵鑑齋)』에서 작업하였으므로 『연감재어찬주자전서』라고도 한다. 강희 53년인 1714년 내부(內府)에서 간행하였다. 강희제는 피서산장과 목란위장을 건설하고 사냥하면서 군사훈련을 실시하였다. 그 사이 여가에는 문신들을 불러 학문을 강구하였으니 서호수는 문무에 모두 힘썼다고 평가하였다.

건륭제는 할아버지와 달랐다. 피서산장에 커다란 극장을 세우고 매일 연극을 보며 즐겼다. 서호수는 우려스러운 눈길로 바라보았다. 서호수의 혜안이랄까? 이로부터 정확히 반세기가 지난 1840년에 중국은 아편전쟁에 패배함으로써 종이호랑이로 전락하고 만다. 이른바 강옹건성세(康雍乾盛世)의 말기에 망국의 전조(前兆)가 자라고 있었고, 그것을 조선의 선비는 놓치지 않았다. 서호수의 혜안은 북경에서도 다시 빛난다.

서호수는 열하와 승덕, 그리고 피서산장의 연혁을 다시 자세히 기술하였다.

승덕부는 한(漢) 나라 때에는 요양(要陽), 백단(白檀) 두 현(縣)으로서 어양군(漁陽郡)에 속했고, 후위(後魏) 때는 안락(安樂), 밀운(密雲) 두 군(郡)의 변계였으며, 당(唐) 나라 때에는 해(奚) 종족의 땅이었고, 요(遼) 나라는 북안주 흥화군(北安州興化軍)을 두어 중경대정부(中京大定府)에 예속시켰다. 금(金) 나라는 흥주 영삭군(興州寧朔軍)으로 고쳐서 북경로(北京路)에 예속시켰고, 원(元) 나라는 중통(中統) 연간에 상도로(上都路)에 예속하도록 변경하였으며, 명(明) 나라는 타안위(朶顏衛)의 땅으로 하였다. 청나라 때 처음 열하라고 불렀고, 강희

연간에 피서산장을 세웠으며, 옹정 연간에는 승덕주(承德州)를 두었고, 건륭 병신년(1776, 영조 52)에는 승덕부로 승격시켰다.

성의 둘레는 30리이며 안에 사냥터와 행궁이 있다. 성 남쪽의 한 문을 여정문(麗正門)이라고 하는데, 즉 조신(朝臣)들이 일을 아뢰고 외번(外藩)이 들어가 뵙는 길이다. 행궁의 정전을 근정전(勤政殿)이라고 하며 황상이 조회에 임해 일을 보는 곳이다. 또 사자림(獅子林), 여의호(如意湖), 만수원(萬樹園), 빈향반(蘋香泮), 족기랑(簇奇廊), 연산루(延山樓), 수월정사(水月精舍), 천뢰서옥(天籟書屋), 송하실(松霞室), 문진각(文津閣) 등과 같은 여러 좋은 경치가 모두 성 안에 있다.

피서산장은 평원, 호수, 산악으로 구성되어 있다. 피서산장, 즉 열하 행궁의 정문은 여정문이다. 송원(宋元) 때 도성의 내성(內城) 정문 이름을 여정문이라고 하였고, 명나라는 정양문(正陽門)으로 바꾸었으며, 청은 명을 답습하였다. 건륭이 다시 열하 행궁 정문의 이름을 여정문이라고 하여 열하에 도성의 지위를 부여하였다. 『주역(周易)』 이괘(離卦) 단사(彖辭)에 "해와 달은 하늘에 붙어 있고, 백곡과 초목은 땅에 붙어 있고, 거듭 밝음으로써 올바름에 붙어서 천하를 길러서 이룬다[日月麗乎天, 百穀草木麗乎土, 重明以麗乎正, 乃化成天下.]"고 하였다. 이괘는 이(離, ☲)가 상하로 겹친 괘이다. 이는 불이므로 이괘는 '중명(重明)'이라고 하는 것이다. 여정문 정면에 당시 청의 백성을 구성하고 있던 다섯 민족의 문자로 이름을 새긴 석판을 박아 넣었다. 만주, 몽골, 티베트, 위구르의 문자 그리고 한자이다. 이 다섯 민족의 영토를 통치하는 만주족의 웅대한 판도를

만주, 몽골, 티베트, 위구르의 문자와 한자로 쓰인 여정문 편액. ⓒ이창숙

선명하게 보여 준다. 문의 안쪽에는 건륭이 피서산장을 건설하고 여정
문이라는 이름을 붙인 의도를 시로 지어 새겨 넣었다.

바위성 성가퀴는 참으로 금탕성지
가없이 문이 열려 정남방을 향한다
두 글자 새로 이름 지어 다니 여정이라
일통천하 늘 여기서 먼 나라들 모으리

巖城埤堄固金湯 誅蕩門開向午陽

여정문 안 건륭 어제 시판. ©이창숙

兩字新題標麗正 車書恒此會遐方

이 시는 건륭 갑술년(甲戌年), 즉 19년 서기 1754년에 지었다. 박지원
이 열하를 방문한 1780년에 건륭은 70세 생일잔치를 여기서 열었고, 이
잔치에 멀고 가까운 각국의 사절이 대거 참여하였다. 생일 하루 전날
1780년 8월 12일의 『청실록(淸實錄)』에 생일잔치에 참여한 하객의 대강
을 기록해 놓았다.

무오. 황상은 권아승경에 거둥하였다. 판첸라마 에르더니 및 호종한 왕,
공, 대신, 관원, 몽고의 왕, 공, 패륵, 액부, 태길, 두르보드의 칸 마크수르자

푸 등 5인, 토르구트의 칸 체링나무짜르 등 9인, 오량하이의 산질대신 이수 트 등 3인, 회부의 군왕 호지스 등 및 하킴벡 패자 서티바르디 등 11인, 캬슈 카르 4품 카자나치벡 아이다르의 아들 오록 등 3인, 조선사신 금성위 박명원 등 3인, 금천목평선위토사 쟈르찬낭캉 등 44인에게 잔치를 내려 주었다.[43]

서쪽의 티베트와 신강(新疆) 지역의 여러 민족과 동쪽의 조선 사절까 지 멀고 먼 지역에서 열하로 모여 들었다. 건륭이 25년 전에 꿈꾸었던 일통천하가 이루어진 것이다. 그로부터 10년 후 이 꿈은 다시 한 번 열 하에서 현실이 되었다. 서호수 일행이 열하에 도착한 다음날인 7월 16 일의『청실록』은 다음과 같은 기사로 시작한다.

건륭 55년 경술년 7월 갑오. 조선국 정사 황인점, 부사 서호수 등이 입근 하였다. 황상은 권아승경에 거둥하여 불러서 보았다. 호종한 왕, 패륵, 패 자, 공, 대신과 몽고의 왕, 패륵, 패자, 공, 액부, 타이지, 회부의 왕, 공, 벡, 안남국의 왕과 배신, 면전국과 남장국의 사신, 금천의 토사, 대만생번 등과 함께 음식을 내려 주었다. 정유일까지 모두 이와 같이 하였다.[44]

10년 전과 비교하면 티베트의 라마가 빠졌지만 안남(베트남), 면전(미 얀마), 남장(라오스) 등 동남아시아의 나라들과 대만의 생번이 새로이 참여하였다. 건륭의 꿈이 더욱 완전하게 이루어졌다고 하겠다.

피서산장 안에는 강희제가 세운 36경, 건륭제가 세운 36경, 도합 72 경이 있다. 그 가운데 문진각(文津閣)은『사고전서』를 보관하던 서고였다. 1774년(건륭 39)에 절강(浙江) 영파(寧波)의 천일각(天一閣)을 본따 지었으며, 평원 구역 서부에 있다. 1781년(건륭 46) 12월에 『사고전서』의 제1부를 완성하였고, 이어서 3년 가까운 세월에 걸쳐 제2, 3, 4부를 완성하였다. 문연각(文淵閣), 문소각(文溯閣), 문원각(文源閣), 문진각에 각 1질씩 보관하였다. 건륭은 『사고전서』가 완성되기 이전에 이미 이 거질을 보관할 서고를 곳곳에 지었다. 문연각은 북경의 황궁에, 문소각은 심양(瀋陽)의 행궁에, 문원각은 원명원(圓明園)에, 문진각은 열하 피서산장에 지었다. 이 네 서고를 "북사각(北四閣)"이라고 부른다. 이어서 다시 3부를 더 만들어 진강(鎭江)의 문종각(文宗閣), 양주(揚州)의 문휘각(文彙閣), 항주(杭州)의 문란각(文瀾閣)에 보관하였다. 이것이 "남삼각(南三閣)"이다. 『사고전서』는 총 6,752함(函), 36,300책, 79,337권이며, 수록된 서적의 종류는 3,503종, 글자수로는 8억 자이니 한 질을 보관하기 위해서 독립 서고가 필요하였던 것이다. "문진(文津)"이라는 명칭에 대해서는 건륭이 「문진각기(文津閣記)」에서 "지맥을 따라 흐름을 찾아서 그 원천으로 돌아가려면 반드시 먼저 그 나루를 알아야 한다[欲從支脈尋流, 以溯其源, 必先在乎知其津.]"고 그 의의를 부여하였다.

『사고전서』 7부 가운데 3부는 이후 전란의 와중에 완전히 사라졌고, 문연각본(文淵閣本), 문진각본(文津閣本), 문소각본(文溯閣本) 전부와 문란각본(文瀾閣本)의 절반 정도가 남아 있다. 문진각본은 지금은 북경의 중국국가도서관 고적관에 소장되어 있다. 문진각본 『사고전서』는 1914년에 일부를 북경 고궁(故宮)의 문화전(文華殿)으로 옮겼다. 1931년에는 북경의 서안문대가(西安門大街) 의 동쪽 거리 북해(北海) 서안에 새로 경사도서관(京師圖書館)을 짓고, 여기에 문진각본『사고전서』를 모두 옮겨 보관하고, 거리 이름도 문진가(文津街)로 바꾸었다. 이 경사도서관 건물은 현재 중국국가도서관의 고적관(古籍館)으로 쓰고 있다. 문진각본『사고전서』는 건륭이 직접 교정하고 기윤(紀昀)이 다시 교감하여 문연각본의 오자, 탈자 등 오류를 바로잡았고, 보존 상태가 완전하여 현존 사고전서 중에서 가장 우수한 판본으로 인정받고 있다.

熱河紀遊 卷一

[起鎭江城至熱河]

乾隆庚戌八月十三日, 卽八旬萬壽節也. 進賀使昌城尉黃仁點, 副使禮曹判書徐浩修, 書狀官弘文館校理李百亨, 以五月二十七日辭陛. 上引見于誠正閣, 諭曰, 皇帝八旬萬壽節, 比他年尤別. 故差遣卿等進賀, 正當暑雨, 遼瀋道路必然艱險, 愼旃往還, 可也. 臣浩修對曰, 朝野顒祝邦慶之時, 臣以近密之列, 行將半年離闕文陛, 區區下情不勝耿結. 上曰, 今年元正, 福字宸翰頒降, 實屬曠古之典. 卿等到燕後, 如見禮部尙書侍郎, 須以感頌銘鏤之意, 或言及或書示, 俾卽導達於天聽, 可也.

少頃, 領籤李興潤擎御製宣賜. 題曰, 皇帝八旬萬壽節, 特遣專使進賀,拜表日書贈副价. 詩曰, 此路重穿薊柳烟.(乾隆丙申十一月, 臣以謝恩副使赴燕, 丁酉三月復命.) 歸期可趁雁賓前. 人間五福君先數, 有意行參萬壽筵. 繭紙徽墨, 雲漢昭回, 異數也, 至寶也. 到燕京, 裝以錦軸玉籤, 還朝後, 奉安于御書閣.

○順治乙酉, 因勅諭並元朝冬至聖節歲幣爲一行, 名曰冬至使, 每年一遣. 謝恩奏請進賀等使, 隨事差送, 而冬至使以正二品, 副使以正三品擬望. 謝恩等使以正一品, 副使以從二品擬望. 今番則八旬聖節, 不宜循常, 故差送專使進賀, 先具由移咨禮部. 本年三月, 別遣賚咨官張濂. 又乾隆御製詠我國使有云, 禮義國原閑賦詠, 上元帖字句當增, 有云, 觀謁應來能句人. 大臣據此奏請, 進賀副使勿拘常格, 文任中差送. 余以禮曹判書藝文提學, 首擬蒙點.

內閣檢書官朴齊家柳得恭, 皆以能詩名, 余啓請帶去於幕中, 蓋遵李文忠廷龜爲儐使時, 帶去簡易崔笠五山車天輅之例也.

(聖節進賀, 表文咨文各一度. 方物黃細苧布一十匹. 白細苧布二十匹. 黃細錦紬三十匹. 紫細錦紬二十匹. 白細錦紬二十匹. 龍文簾布二張. 黃花席二十張. 滿花方席二十張. 雜彩花席二十張. 獺皮二十張. 白綿紙一千四百卷. 粘陸張厚油紙一十部. 福字宸翰頒降謝恩, 表文咨文各一度. 方物黃細苧布三十匹. 白細苧布三十匹. 黃細綿紬二十匹. 紫細綿紬二十匹. 白細錦紬三十匹. 龍文簾席二張. 黃花席一十五張. 滿花方席一十五張. 雜彩花席一十五張. 白綿紙二千卷. 使臣參宴等謝恩, 有表咨而無方物.)

○六月七日, 到安陵節度使營. 觀德堂有先祖忠肅公儐使時詩版, 先君文靖公以冬至使續題.余於今行, 又敬和刻揭, 三世俱按箕藩, 實稀異, 故聯句及之. 詩曰, 迢迢京國久離羣, 獨上高樓倍戀君. 臨水重關西塞路, 凝霜畫戟朔方軍. 一家玉節三箕域, 十載星槎再薊門. 慙愧棠陰經過地, 敢云繩美答憂勤. ○十一日, 到龍灣.起程以後, 積雨快晴, 千餘里行役, 能免阻水涉危, 寔荷王靈攸曁也. 自十二日, 復成長霖, 三江漲溢不得渡. 一旬滯留鎭邊軒, 愁思悄然, 次李月沙韻, 示兩檢書. 詩曰, 年華滾滾水爭流, 積雨龍灣節近秋. 漢使乘槎迷舊路, 燕都訪客憶前遊. 風沙淅瀝邊聲合, 平楚空濛雁翅浮. 千里觚稜勞遠夢, 北辰高處更登樓. 又曰, 三到龍灣閱幾星, 行人猶慣短長亭. 來旬舊舍迎鬢白, 賀壽新槎指岱青. 節序驚心螢草色, 華夷分界鴨流汀. 應知萬國趨王會, 原濕悠悠不蹔停.

六月

二十二日 辛未

晴. 渡鴨綠江, 暫歇于九連城, 止宿于溫井坪.是日行七十里. ○鴨綠江源出長白山, 西南流二千里, 繞上國吉林, 烏喇之南界, 我國咸鏡平安之北界, 至鳳凰城東南入海, 卽古馬訾水, 或呼靉江. ○九連城, 卽明之鎭江城. 清一統志云, 九連城, 在鳳凰城東. 金史斡魯于合懶甸築九城, 與高麗對, 出戰入守. 今鳳凰城邊外有九連城遺址. 按金史, 高麗出兵曷懶甸, 築九城, 斡魯亦對築九城. 今以金史麗史參證, 尹侍中瓘所築九城, 在咸雄英吉福宜等界, 而咸鏡南道之爲曷懶甸無疑. 然則斡魯所築亦當屬咸鏡南道. 清一統志, 以九連城傳會者誤甚.

○是日午後, 盛京將軍飭行公文又自鳳凰城傳到. 公文曰, 盛京將軍衙門爲飛行嚴催事. 左禮司案呈於本年六月二十日, 准禮部咨, 開爲咨准事, 主客司案呈. 本年安南南掌緬甸等國, 恭祝萬壽貢使, 俱於七月初十日以前, 趕到熱河筵宴所. 有朝鮮國貢使, 前經飛咨盛京將軍, 飭該國貢使務期於七月初十日以前趕赴熱河, 入宴在案. 今恭查上次四十五年皇上七旬萬壽, 該國遣來使臣, 於八月初間始到熱河筵宴. 本年熱河筵宴, 各國使臣定期七月初十日齊到, 恐朝鮮使臣, 此時甫經起程, 若不催趲速行, 屆期倘不能到, 殊於體制有關, 相應再行飛咨盛京將軍, 轉飭該國貢使務須星夜趲行, 刻期於七月初十日以前徑赴熱河, 與各國貢使一體入宴, 切毋遲悞. 併將該使臣等現至何處如何, 令其妥速前赴熱河, 不悞筵宴, 先行咨報本部可也. …… 乾隆五十五年六月二十日.

二十三日 壬申

晴. 暫歇于鳳凰山下, 止宿于柵門內. 是日行五十里. 午前到鳳凰山下,邀致將軍之際, 吉報飛傳, 以六月十八日申時元子誕生. 億萬年景籙, 自今伊始. 一行蹈舞, 懽聲齊騰. 頃刻間, 傳播於柵內, 通官章京輩亦皆顚倒來賀, 可見秉彝之所同然, 無此疆爾界也.

○…… 見公文後, 卽以使臣等六月二十三日入柵, 星夜馳進, 期於二十七八日間抵瀋陽. 自瀋陽取九關台捷路, 七月初旬間得達熱河. 書通于鳳凰城將, 轉報盛京將軍.

二十四日 癸酉

朝霧夕晴. 歷鳳凰城, 炊飯于三臺子, 秣馬于雪裡站, 止宿于黃家庄. 是日行一百五里.

○余與正使書狀賫奉表咨, 簡束行裝, 率幕裨四員, 譯官三員, 寫字官一員, 從人三十名, 越站先進, 取路九關台, 向熱河. 他餘幕裨譯官等領方物所載車及從人刷馬驅人, 按站前進, 取路山海關, 向燕京.

二十五日 甲戌

雨. 炊飯于通遠堡, 止宿于連山關. 是日行八十里. 連山關, 一名鴉鶻關, 羅德憲等棄國書, 卽此地. 清天聰十年四月, 諸貝勒大臣滿漢文武各員奉表言, 皇上承天眷祐, 應運而興, 愛育羣黎, 輯寧諸國, 更獲玉璽, 符命昭然, 請上尊號曰, 寬溫仁聖皇帝. 三請始俞, 乃於四月十一日, 祭告天地太廟. 築壇於德盛門外, 卽皇帝位, 建國號曰大清, 改元崇德. 宣諭羣臣, 皆行三跪九叩禮. 惟我國春信使羅德憲李廓不拜太廟. 諭曰, 朝鮮使臣無禮處, 難以枚擧, 是皆朝鮮有意構怨, 欲朕先啓釁端, 戮其使臣, 加朕以背棄盟誓之名耳. 朕終不肯逞一時之小忿. 兩國爭戰之際, 亦無戮其來使之理, 況朝會乎. 其勿問. 尋遣羅德憲等歸, 答書極其悖慢, 德憲等棄之連山關而來.

二十六日 乙亥

晴. 炊飯甜水站, 秣馬于佟家庄, 而止宿于冷井站. 是日行一百一十里. 邊墻內之冷井以東各堡, 邊墻外之寬永等諸奠, 皆爲鳳凰城守尉專轄, 而不隸府州縣. ○萬曆初, 兵部侍中郞汪道昆閱邊, 李成梁獻議移建孤山堡於張其哈剌佃, 險山堡於寬佃, 沿江新安四堡於長佃長嶺諸處, 仍以孤山險山二參將戍之, 可拓地七百百里, 益收耕牧之利. 道昆上於朝, 報可. 自是生聚日繁, 至六萬四千餘戶. 及萬曆三十四年, 成梁以地孤懸難守, 與督撫蹇達趙楫建議棄之, 盡徙居民於內地. 居民戀家室, 則以大軍驅迫之. 巡按御史熊廷弼奏言, 棄地非策, 帝眷成梁, 留中不下.

二十七日 丙子

晴. 歷觀遼陽廣祐寺, 白塔, 炊飯于東京迎水寺, 止宿于十里河鋪. 是
日行八十里. ○…… 東京城, 在太子河東邊, 離遼陽州城八里, 淸太祖
天命六年建. 週六里十步, 高三丈五尺, 門八. 駐防城守尉一, 防禦八, 巴
里呼佐領一, 驍騎校九, 筆帖式一, 倉官一, 外郎二, 所領滿州蒙古兵共
六百五十六名. 遼陽, 處廣漠之野, 而兼陸海之利. 北控寧錦關外之形勢
相接, 西通登萊南方之商船咸湊. 淸之大統, 實基於天命之先據遼陽, 此
所以爲邊徼必爭之地. 八堡爲遼陽之內衛, 四奠爲遼陽之外屛. 李成梁之
撤去四奠, 失計之大者, 無乃萬曆以後, 遼事將興, 而天使之然耶.

○天命六年, 太祖既拔瀋陽, 以瀋遼唇齒相依, 不可不並取, 遂進兵遼
陽. 淸軍陷城時, 明經略袁應泰登城北鎭遠樓督戰, 見城破, 擧火焚樓而
死. 分守道何廷魁率妻子投井死, 監軍道崔儒秀自經, 總兵朱萬良, 副將
梁仲善, 參將王豸房承勳, 游擊李尙義張繩武, 都司徐國全王宗盛, 守備
李廷幹等, 皆戰歿. 御史張銓, 被擒脅之降, 不屈死.

○自遼陽至燕京, 大路左右夾以楊柳. 霽則爲行人之庇蔭, 潦則亦爲大
路之標識. 靡此商旅之喝焦湇溺者多矣. 自熱河至燕京亦然. 各該地方官
分段守護, 定限保活. 雍正間, 以栽柳勤慢, 屢下勅諭, 載在會典工部, 仁
政之及民遠矣. 近古我國使見之, 反比汴河柳, 觚國若是, 焉用彼專對哉.

二十八日 丁丑

〇自外攘門外至西關門內, 通衢左右皆市廛. 此卽洪學士翼漢, 尹學士集, 吳學士達濟, 丁丑成仁處. 憑式過之, 愀然起敬. 黃石齊所謂綱常萬古, 節義千秋, 天地知我, 家人無憂者, 三學士有之. 時諱嚴密, 迂跡茫昧, 以亭林榕村諸先輩之好獎節義, 亦不曾語到三學士事, 悲哉.

二十九日 戊寅.

晴. 薄暮離發, 到城外十里地塔院止宿. 連日越站, 轎馬疲頓, 勢難早夜趲程, 雇太平車九輛, 三使及幕裨譯官分乘. 盛京副都統成策, 滿洲人也, 送助任車三輛. 故俱載行裝, 雙轎及扶卒驛馬, 直送燕京. 雇車時, 車主覘其急, 呼賈比前十倍. 鳳城將適來瀋中, 欲德色於我, 拘囚九車夫而減其價. 車主銜憾, 募一光棍佟姓漢領九車. 所謂佟漢, 自稱正黃旗下, 言貌極可憎. 九車夫皆聽其頤使, 而行住五里必休馬, 十里必買酒, 到處遲滯. 或叱車夫以快走, 則佟漢替對曰, 泥淖拏不動, 沒奈何, 牲口可憐, 一行莫不絕憤.

七月

一日 己卯.

陰. 炊飯于永安橋, 秣馬于老邊城. 夜渡巨流河, 曉入巨流河堡暫歇. 晝夜兼行爲九十里. 夜二更, 到巨流河東邊, 濃雲四布, 天野渾黑, 仰視雲縫中, 電光燁燁, 句繞如騰龍. 西北風大作, 車燈盡滅, 咫尺不辨所向. 而河只有二船, 屢往來載涉, 艱辛萬端. 因佟漢之爲戲魔, 使一行值此光景, 思之扼腕. ○巨流河城, 清崇德元年所建, 週二里, 門三, 乾隆癸卯重修. 駐防佐領二, 驍騎校二, 所領滿州漢軍兵一百四十名, 隸廣寧. ○到永安橋, 通官寶德來告, 副都統成策送白金五十兩于正副使, 以助行資矣. 余使寶德回報都統曰, 俺等因行在禮部指揮, 擬趁本月旬前後得達熱河. 昨日車馬之惠, 卽致身之具, 固不敢必辭, 而今兹白金近於貨, 嫌於私. 厚意雖可感, 無以領受, 還切不恭之悚, 仍思此等往復易致中間乾沒. 故以回到瀋陽, 當修謝於都統, 言及寶德.

四日 壬午

○自新店後岡正西走小黑山, 爲山海關路, 西北走白臺子, 爲熱河路. 白臺子以後, 遼野始盡, 阜陵漸高. 或數三里, 或五六里, 多有明時烟墩, 戚繼光李成梁之往跡, 想像如昨. 清有天下, 參用蒙回諸部, 朝廷太半是色目人, 以中華之利與外夷共之, 故邊塵之不警, 已百餘年. 見今田疇相連, 雞犬相聞, 晝行夜宿, 毫無戒懼, 三衛百戰之地, 悉變爲樂土, 此歷代所不能得也. 到白子臺, 始入廣寧界. 知縣張凱元, 漢人也, 送章京護行. 義州知州文良, 亦漢人也, 送章京甲軍, 探問入州期, 且致豬羊各一頭, 皆因盛京將軍指揮也.

六日 甲申

晴. 炊飯于高臺子, 秣馬于廟口站. 渡大凌河, 止宿于義州城內. 是日行七十五里. 州治在五十里平野中, 大凌河繞城東北, 距城不過數百步. 野外周遭之峯巒, 皆窈窕明麗, 河流逶迤, 粉堞照耀, 閭井市廛, 極其繁華, 實邊徼雄府也. 行到河濱, 五大船百餘曳船卒整待. 三使坐車而登船, 餘皆下車而上船, 湍勢悍急, 而頃刻穩涉. 自羅麗以來, 我使未嘗過此. 故及到城下, 觀者如堵, 挾轂遮道, 不勝其酬答, 蓋以初見漢官儀容, 先問冠服品級也. 知州送人, 迎入官門外公館. 一行俱官供, 而三使各具十餘器盤飧待之, 饌品甚豐潔. 幕裨譯官及從人, 則給口粮豬鴨. 又備送壯車十三輛, 裝以蘆簟, 各駕健馬五匹, 皆因盛京公文指揮也. 瀋陽副都統所送任車三輛, 白旗堡所雇大車二輛, 瀋陽所雇太平車九輛, 自此還之.

○‥‥‥ 城外連阡陌, 黍稷一望披靡, 人家到處頹壓, 景色驚心. 問諸土民, 自六月二十七日大雨, 至今月三日始霽, 而河水漲溢, 漂溺人口爲百餘戶, 澒沒人口殆千餘名. 知州報聞于盛京工部, 漂溺澒沒之數, 太半剋減, 怨聲嗷嗷云.

九日 丁亥

晴. 渡大凌河, 炊飯, 止宿于朝陽縣之關帝廟. 是日行四十里. 義州車馬, 至此當交替, 而知縣諉以難辦, 使義州車馬仍爲前進, 剋減雇價, 又不給口糧馬柴, 車夫等抵死圖免. 余議于正使書狀, 各出盤纏若干, 分給車夫等, 然後始乃願從. 知縣及護送通官, 往復相詰之際, 日暮遂留宿. 朝陽邑治, 在大凌河西北, 而數十餘里開豁, 環野諸山稍峻拔, 以是新設, 故無城池, 而官府市廛之雄麗, 亦遜於義州. 然地勢蘊藉, 人民繁庶, 足爲邊外樂土. 前月晦大雨後, 河水決溢, 民戶之蕩柝, 人口之澒溺, 殆甚於義州. 頹垣破壁, 滿目慘然, 閭井通衢, 尙今沮洳, 車不得行, 馬亦沒腹. 余與正使書狀皆步入關帝廟, 余所住炕壁有雨邨李調元手題七言律. 問之居僧, 數年前, 李以通永道過此題壁云. 丙申朝京, 余與李屢往復相熟. 李贈余詩, 有莫道相逢不相識, 早朝門外馬駸駸之句, 蓋始遇於太和殿朝參後貞度門外也. 天涯十五年, 魚雁落落, 今見其手題, 不覺眼開. 余到燕後, 聞諸雨邨從父弟鼎元, 則雨邨著刻涵海一部, 凡一百八十五種書, 而中有楊升菴所著四十種, 雨邨所著四十種, 其詩話三卷, 詳記與余往復事, 且載朴齊家柳得恭李德懋三檢書佳句, 刻甫訖, 雨邨因參罷去, 携板歸四川云. 廟宇潔淨蕭灑, 長松垂柳, 庇蔭層垍, 盆花列峙, 香颭裊裊. 庭有古碣, 題曰, 大遼興中府靈感寺釋迦佛舍利塔碑, 尙書都官員外郎遼西路錢帛判官張嗣初撰文, 卽少府少監張檢子也. 碑文稱塔爲柳城梁氏守奇道隣兄弟出家所建, 天慶六年丙申立. 碑本三墖, 其一已頹, 今存二墖. 地名三座墖因此, 而關帝廟, 卽靈感寺舊址也.

十一日 己丑

朝陰夕晴. 炊飯于公營子, 止宿于夜不收. 是日行九十里. 按乾隆御製癸卯集, 夜不收, 在明季爲軍營偵探人之俗名. 其時, 或於此地遣人訪伺敵情, 夜行晝伏, 後遂以名村.

○自朝陽至此, 山勢稍峻而阜陵逶迤秀麗, 處處開豁, 民戶愈稠而耕農益勤, 地無數坪之不墾, 村無數里之斷烟, 想是熱河漸近而然. 帝王所居, 造化隨之, 孰謂口外之荒漠也. 大抵六臺以後, 邑治都會, 則商旅輻湊, 市廛櫛比, 水草豐饒, 則馬牛羊駝, 千百爲羣, 以漢滿蒙三國之生聚百餘年, 不見兵革而農賈畜牧, 擧無遺利, 安得不殷富. 蒙人最多, 滿人次之, 漢人又次之, 而蒙俗質樸, 尙有混沌未鑿底意, 待人接物, 純是誠款, 苟使賢者敎導之, 觀感變化, 常勝於南方諸番. 昔元世祖以許魯齋衡爲國子祭酒, 親擇蒙古弟子, 俾敎之. 魯齋聞命, 喜曰, 此吾事也. 國人子大朴未散, 視聽專一, 若置之善類中, 涵養數年, 將必爲國用. 語載元史, 以古視今, 天之生才, 固不限於華夷也.

十五日 癸巳

晴. 炊飯于黃土梁子, 踰紅石嶺, 秣馬于平臺子. 申時, 達承德府熱河. 是日行九十里. 自黃土梁子, 山皆磅礴奇崛, 始成絶峽, 而峭嶂峻巇, 純是疊石橫文, 箇箇沈檀色. 或穹窿如闕, 或週遭如城, 或如浮屠, 或如圭瑞. 至紅石嶺, 嵯峨森嚴之氣勢, 上薄雲霄, 可謂大觀石錄. …… 熱河形勝, 金湯諸山. 磬錘彌勒諸峯, 廻抱拱揖. 中開數十里平峪, 而灤水熱河左右環繞. 北壓蒙古, 南臨宣大, 西連回部, 東通遼瀋, 實塞外之奧土, 而天下之上游也. 淸聖祖始剙山莊, 募民萬家以實之. (聖祖熱河詩有聚民至萬家之句.) 每四五月駕幸, 八九月駕還燕都. 古北口內外四百餘里間, 行宮獵圍, 錯落相望. 昔元世祖以燕爲大都, 開平府爲上都, 四月迤北草靑, 駕幸上都避暑, 八月草枯, 駕還大都, 歲以爲常. (上都以避暑, 故多涼亭. 有東涼亭, 西涼亭, 北涼亭.) 山莊之扁曰, 避暑, 本於此也. 今皇帝繼述志事五十餘年, 生聚敎訓, 閭井櫛比, 商賈輻湊, 酒旗茶旌, 十里輝映. 彈吹之聲, 撤宵不休. 康熙間萬家, 今爲數倍, 不待四方之徵召, 已藏數萬精甲, 亦可謂富且庶矣. 然聖祖居是幾務多, 暇日召儒臣魏廷珍王蘭生等, 講究律曆. 又手編朱子全書, 馳驛問難於熊賜履李光地. 蓋不弛武剋, 而亦不懈文敎也. 余留熱河屢日, 但見伶優角觝爲一大事, 未聞儒臣之晉接, 何也.

承德府, 漢爲要陽白檀二縣, 屬之漁陽郡. 後魏爲安樂密雲二郡邊界, 唐爲奚地. 遼置北安州興化軍, 屬中京大定府. 金改興州寧朔軍, 屬北京路. 元中統間改屬上都路, 明爲朶顏衛地. 淸初稱熱河, 康熙間, 初避暑山莊. 雍正間, 置承德州. 乾隆丙申, 陞爲承德府. 城週三十里, 內有獵圍行宮. 城南一門曰, 麗正, 卽朝臣啓事, 外藩入覲之道. 行宮正殿曰勤政, 卽皇上臨朝視事之所. 又如獅子林, 如意湖, 萬樹園, 蘋香, 泛籐, 奇廊, 延山樓, 水月精舍, 天籟書屋, 松霞室, 文津閣等諸勝景, 皆在城內.

2권

열하(熱河)에서
원명원(圓明園)까지

7월 16일은 조선사절단이 피서산장에서 건륭 황제의 팔순 만수절 잔치에 참여한 첫날이다. 이날도 비가 내렸다. 사신들은 청조 통관과 관리의 안내를 받아 외교 활동을 전개하였다. 잔치의 주인공 건륭을 알현하고 국왕 정조의 인사를 전하였으며, 연극을 관람하고 안남의 사절과도 만나 대화를 나누었다. 정사 황인점(黃仁點) 등 세 사신은 새벽에 통관 서계문(徐啓文)을 따라 피서산장으로 들어갔다.

새벽에 통관 서계문이 표자(表咨)를 받들고 세 사신을 인도하여 골목을 서너 개 지나 북쪽으로 가서 큰 시가(市街)로 나갔다. 돌을 깐 황도(皇道)가 동서로 가로 뻗어 있고, 궁성은 구불구불 황도의 북쪽에 있다. 성(城)에 궐문(闕門) 3간을 내고 편액(扁額)을 '피서산장(避暑山莊)'이라고 하였다. 성조(聖祖)의 어필이다. 궐 밖 동쪽과 서쪽에는 석사자(石獅子)를 놓았고, 남쪽에는 화표(華表)를 세웠다. 궐문에서 황도를 따라서 동쪽으로 수백 보를 가니 여정문이다. 통관이 우리를 인도하여 문밖 조방(朝房)에 들어가 잠깐 쉬며 차를 마시고, 여명에 여정문을 들어갔다. 동으로 꺾어 수십 보를 가니 또 문이 있고, 안은 수백 간 넓은 뜰로 푸른 막(幕)이 가득 차 있다. 막 위에는 각각 각 부(部)와 원(院)의 이름이 적혀 있다. 우리는 잠깐 예부(禮部)의 막 안에서 쉬었다. 잠시 후 만주인 시랑 철보(鐵保)와 덕명(德明)이 막 앞에 와 섰다.

유득공은 사신들에게 "행궁의 남쪽에 숙소를 주었다[授館於行宮南]"고 하였다. 지금 피서산장 앞의 도로 남쪽 문묘(文廟) 부근으로 추정된다. 골목을 몇 개 지나서 큰 시가로 나갔고, 바로 돌을 깐 황도가 동서로 질러 있다. 이 황도가 지금 여정문 앞을 지나는 도로로 보인다. 서호수의 기록에 따르면 여정문의 서쪽 성벽에 궐문을 내고 강희의 어필 편액 "避暑山莊"을 걸었다. 이 궐문은 현재로서는 확인되지 않는다. "避暑山莊" 편액은 지금은 여정문 안의 오문(午門)에 걸려 있다. 건륭제는 이 궐문의 동쪽에 다시 여정문을 냈다. 궐문 앞에 있던 석사자와 화표는 지금은 여정문 앞에 있다.

이 여정문에서 동쪽으로 300미터 정도 가면 덕회문(德匯門)이 있다. 덕회문을 들어가면 산장의 평원 구역 동쪽 지역이 나온다. 이 지역에 각 관아의 임시 사무소로 사용하는 푸른 천막을 가득 쳐 놓았다. 서호수 일행은 여정문으로 들어가서 이 평원 동쪽 구역으로 이동하였던 것이다. 천막을 지나면 지금은 모두 사라지고 없지만 당시에는 전각이 밀집하여 동궁(東宮)이라고 불렀던 지역이 나온다. 여기에 건륭이 연극을 즐기기 위해 특별히 지은 극장이 있었고, 건륭은 생일잔치에는 매일 연극을 관람하였다. 사신들은 곧 이 극장으로 들어간다.

우리는 이어 두 시랑을 따라 북쪽으로 가서 두 문을 지나서 연희전(演戲殿) 서서(西序) 협문(夾門) 밖에 있는 조방에 이르러 잠깐 쉬었다. 잠시 후 전상(殿上)에서 음악을 연주하자 시랑 철보가 우리에게 따라오라고 하고, 스스로 진하표(進賀表)를 받들고 서서의 협문을 거쳐서 연희전 뜰로 들어갔다. 전은 2층으로 가로 7간이며, 아래층 한가운데 1간이 어좌(御座)로서 남쪽으로 창을 내었다. 좌우의 6간은 조각한 창을 닫아 놓고 유리(琉璃)로 막았다. 보는 사람들로서 비빈(妃嬪)들이 창 안에서 내왕하고, 공급(供給)하는 중관(中官)이 창 밖에 빽빽이 서 있다. 전 동쪽과 서쪽에 각각 서(序) 수십 간이 있으니 곧 반차에 따라 잔치를 차리는 곳이다. 전 남쪽에는 3층 각(閣)이 있어 최상층에는 '청음각(清音閣)', 다음 층에는 '운산소호(雲山韶濩)', 아래층에는 '향협균천(響叶勻天)'이라는 편액을 걸었다. 곧 음악을 연주하고 연극을 연출하는 곳이다. 전의 계단 좌우에는 분화(盆花)와 분송(盆松)을 벌여 놓았고, 계단 남쪽에는 고동(古銅) 화로를 놓아서 침향(沈香) 연기가 오르내리고 있다.

서호수가 도착한 곳은 평원 구역의 동궁으로서 지금은 건물은 모두 사라지고 터만 남아 있다. '연희전'이라고 부른 건물은 삼층대희대(三層大戲臺)인 청음각(清音閣)과 맞은 편의 관람용 2층 전각 및 동서를 둘러싼 부속 건물 일체를 말한다. 서호수의 기록을 따르면 조선사신이 건륭을 알현한 곳은 이 관희전이다. 그런데 앞에 인용한 『청실록』에는 권아승경(卷阿勝景)에서 접견하였다고 기록하였다. 권아승경은 동궁의 북쪽 끝에 있는 전각으로서 연희전과는 100미터 정도 떨어져 있다. 현재 동궁 구역은 빈터로 남아 있지만 권아승경은 유일하게 옛 모습대로 복원해 놓았다. 서호수가 이곳을 기록에서 빠뜨린 것인지 『청실록』의 기록이 잘못인지는 알 수 없다.

사절단이 건륭을 알현한 곳은 극장이다. 이 극장도 지금은 기단만 남아 있다. 황제가 연극을 관람하는 관희전은 북쪽에 있고, 연극을 연출하는 희대(戱臺) 청음각은 남쪽에 있다. 동쪽과 서쪽은 각각 이층 회랑을 지어서 관희전과 희대와 함께 연결되어 전체 건물은 사각형의 폐쇄 공간을 형성한다. 다른 기록에 따르면 삼층대희대의 좌우에는 또 같은 높이의 가산(假山)을 각각 세워 놓았다고 한다.

청나라 궁중에서는 연극 관람이 일상생활의 일부가 되어 있었다. 각종 행사와 절기, 매월 초와 보름에 정기적으로 연극을 상연하였다. 따라서 현대인들이 매일 저녁 텔레비전에서 일일연속극을 시청하듯 청나라의 황제와 황족들은 거의 매일이라고 해도 좋을 만큼 자주 연극을 관람하였다. 해마다 원단이나 1780년과 1790년의 만수절에는 황족 대신과 외국의 사절들이 함께 연극을 관람하였다. 특히 건륭제는 연극 관람을 내치와 외교에 적극적으로 활용하였다. 청대 초기에 궁중 극단으로 남부(南府)와 경산(景山)을 설치하였다가 후에 통합하여 승평서(昇平署)를 만들었으며, 자금성과 원명원 피서산장에는 실내외 극장을 여럿 지었다.

극장 가운데 가장 크고 화려하며 각종 설비를 갖춘 삼층대희대(三層大戲臺)는 청대에 모두 5채가 건립되었다. 이 가운데 3-4채가 건륭 시절에 건립되었다. 원명원(圓明園)의 동락원(同樂院), 피서산장의 청음각(淸音閣), 고궁의 수안궁(壽安宮) 희대와 영수궁(寧壽宮)의 창음각(暢音閣), 이화원(頤和園) 덕화원(德和園) 희대이다. 1726년에 지은 원명원 희대는 1860년 제2차 아편전쟁 때 북경이 함락되어 원명원과 함께 타버렸고, 1754년에서[1] 1757년 무렵에 지은 피서산장의 청음각은 1945년에 불타버렸다. 1760년 건륭이 어머니 황태후의 70세 생일을 맞아 건립한 수안궁 희대는 1799년에 철거하였다. 1776년에 지은 고궁의 창음각과 1891년에 지은 이화원의 희대가 남아 있다.

1   원명원 동락원희대(圓明園 同樂園戲臺), 옹정(雍正) 4년(1726) 건립[2]. 건륭(乾隆) 19년(1754)에 건립되었다고도 한다.[3] 함풍(咸豊) 10년(1860) 영불연합군이 파괴.

2   열하 피서산장(熱河 避暑山莊) 복수원 청음각(福壽園 淸音閣), 건륭 19년(1754)[4] 또는 건륭 21년(1756)에서 22년(1757) 사이에 건립.[5] 1945년 소실.

3   고궁 수안궁 희대(故宮 壽安宮戲臺), 건륭 25년(1760), 황태후(皇太后) 70세 생일을 맞아 건립, 가경(嘉慶) 4년(1799) 철거.

4   고궁 영수궁 창음각(故宮 寧壽宮 暢音閣), 건륭 41년(1776) 건립, 현존.

5   이화원 덕화원 희대(頤和園 德和園戲臺), 광서(光緒) 17년(1891) 건립, 현존.

세 사신은 극장의 마당에서 건륭을 알현하였다. 군기대신(軍機大臣) 화신(和珅)과 복강안(福康安), 왕걸(王杰)의 안내를 받는다.

화신이 나와서 황제(皇帝)의 뜻을 전하기를, '조선사신들은 앞으로 나오라.' 라고 한다. 시랑이 나와 정사와 서장관을 인도하여 전폐 위에 나아가 어좌를 향하여 꿇어앉았다. 황제가 말하였다.

"국왕은 평안하신가?"

세 사신이 머리를 조아린 뒤에 정사가 대답하였다.

"황상의 큰 은혜를 입어 평안합니다."

황제가 말하였다.

"국왕은 아들을 낳았는가?"

세 사신이 머리를 조아린 뒤에 정사가 대답하였다.

"금년 원정(元正)에 특별히 복자신한(福字宸翰)을 내리신 일은 실로 전에 없던 별다른 은전이었습니다. 국왕께서 감격하여 받들고 가슴에 새겨 밤낮으로 송축하더니 과연 6월 18일에 아들을 낳았습니다. 이것은 곧 황상이 주신 바입니다."

황상이 웃으며 말하였다.

"그런가? 매우 기쁘군. 매우 기쁜 일이야."

이어 세 사신의 성명과 작위를 물으므로 화신이 어좌 앞으로 나아가 손가락으로 차례로 가리키며 대답하였다. 황제가 말하였다.

"사신들을 잔치하는 반열에 나아가게 하라."

건륭을 알현하고 삼사는 반차로 나아가 자리를 잡았다. 청나라 황족과 대신, 황제의 생일을 축하하러 온 각국의 군왕과 사절단이 앉은 자리를 자세히 기록하였다.

철 시랑이 우리를 인도하여 각국 사신의 반열에 앉혔다. 수석은 조선사이고 다음은 안남사, 다음은 남장사, 다음은 면전사, 다음은 대만 생번이었다. 반열의 위치는 친왕, 패륵, 패자, 각부 대신들은 동서(東序)에 두 줄로 서쪽을 향해 앉았으며 북쪽이 상석이었다. 친왕, 패륵, 패자는 앞에 있고 대신들은 뒤에 있었다. 몽고, 회부, 안남의 제왕(諸王)과 패륵, 패자 및 각국 사신은 서서(西序)에 두 줄로 동쪽을 향하여 앉았으며 북쪽이 상석이었다. 제왕, 패륵, 패자는 앞에 있고 사신들은 뒤에 있었다.

조선사신은 열하에서 안남왕과 사절을 만났다. 안남왕 완광평(阮光平)은 한 해 전인 1789년에 조카 완광현(阮光顯)을 보내 건륭의 생일을 축하하면서 이듬해, 즉 1790년에는 자신이 직접 입조하겠다고 약조하였다. 그러나 이때 온 안남왕은 가짜였다. 가짜 안남왕이 열하로 오기까지는 안남과 청나라 사이에 매우 복잡한 전쟁과 화해의 사연이 얽혀 있다.

생일잔치에서 가장 큰 행사는 연극 관람이었다. 서호수보다 10년 먼저 1780년에 열하를 방문했던 연암(燕巖) 박지원(朴趾源)도 삼층대희대의 연극을 문틈으로 또 담장 너머로 관람하고 자세한 기록을 남겨 놓았다. 서호수는 열하에 6일을 머물며 날마다 황제와 함께 연극을 관람하고 그 제목과 소감을 세밀하게 남겼다. 유득공의 기록에 따르면 연극의 제목은 인쇄하여 각국 사신들에게 배포하였다. 서호수는 그것을 보고 옮겨 적었음에 틀림없다. 유득공은 삼층대희대와 거기에서 상연하는 연극에 대해 시와 설명을 남겼다.

청음각이 오색구름 사이로 솟아
징과 북 울리며 세 층에 분장한 배우 둘렀다
천자 고개 돌리는 곳 가장 볼 만해
문득 누런 머리칼이 붉은 얼굴로 바뀐다

淸音閣起五雲間 鐃鼓三層粉墨環
最是天家回首處 居然黃髮換朱顔

청음각은 연극을 하는 곳으로 정전의 남쪽에 있으며, 아래 위 층에 모두 악공과 배우가 모여 있다. 배우는 얼굴에 흰 칠 검은 칠을 하고, 복두를 쓰고 포를 입고 띠를 두르고 가짜수염을 걸어서 한관의 위의가 엄연하였다. 대열을 지어 난간을 돌아 걸으며, 혹은 그림축을 들었고, 혹은 수놓은 깃발을 받들었다. 소와 고가 요란하게 울리고, 노래 소리는 시리고 극열하여 하늘 밖으로 멀리 떠돌지만 그 말하는 바를 알 수 없었다. 회회 왕자 중에 연극 제목을 적은 작은 첩자를 가진 이가 있어 가져다 보았더니 모두가 헌수하고 축하하는 말이었다. 그 가운데 『반로환동』이 있으니 희곡 이름이었다. "黃髮換朱顔"은 누런 머리칼의 노인이 가면을 하나씩 바꾸면서 변하여 장년이 되고 동

자에까지 이르는 놀이라는 말이다.[6]

"한관의 위의"는 한나라 관원의 복식과 전례(典禮)를 말한다. 만주족의 천하에서 '한관의 위의'가 가지는 의미는 심장하다. 이는 뒤에 상술하기로 한다. 유득공은 여러 연극 작품 가운데 『반로환동』의 내용을 간단히 요약하였다. 노인이 점차 젊어져 동자가 된다는 것이다. 배우가 얼굴에 쓴 가면을 바꾸면서 점점 젊어지다가 결국 동자가 된다. 사천(四川) 지역의 연극인 천극(川劇) 『백사전(白蛇傳)』에서 요발(鐃鉢)이 얼굴에 쓴 가면을 순식간에 바꾸면서 펼치는 변검(變臉) 연기와 비슷해 보인다. 청나라 궁중 극장에서도 변검이 연출되었는지 자못 궁금하다. 만수절 궁정 극장에서 연출한 연극의 제목을 적은 첩자(帖子)를 미리 나누어 준 듯하다. 서호수는 그 첩자에 적힌 연극에 대해 제목을 모두 옮겨 적고, 일부의 내용을 약술하였다. 또한 처음 본 청나라 궁중 연극의 의의에 대해서도 심상찮게 분석하여 자신의 견해를 선명하게 제시하였다. 아래는 16일의 관극 기록이다.

묘시(卯時) 정(正) 6분(分)에 연극을 시작하여 미시(未時) 정 1각(刻) 5분에 연극을 마쳤다. 제목은 청평견희(清平見喜), 합화정상(合和呈祥), 우감사신(愚感蛇神), 문수봉채(文垂鳳彩), 다수주로(多收珠露), 공상빙륜(共賞氷輪), 수성기취(壽星旣醉), 선려경규(仙侶傾葵), 농조건곤(籠罩乾坤), 인온천악(氤氳川岳), 구거죽마(鳩車竹馬), 단판은쟁(檀板銀箏), 수문언무(修文偃武), 반로환동(返老還童), 분비부단(芬菲不斷), 유구무강(悠久無疆)이다.

묘시 정 6분은 오전 6시 6분이며, 미시 정 1각 5분은 오후 2시 20분이다. 그러니 이날 연극 상연 시간은 총 8시간 14분이다. 하루의 3분의 1을 연극을 보며 보냈다. 연극은 모두 16편을 상연했으니 1편당 30분 남짓 걸렸다. 물론 작품마다 길이의 편차는 있다. 연극을 보며 세 번 밥을 먹었고, 밥을 먹은 다음에는 차나 낙다(酪茶)를 마셨다.

서호수가 피서산장의 극장에서 본 연극은 모두 『구구대경(九九大慶)』에 속하는 작품이다. 『구구대경』은 청나라 궁정에서 황제의 생일을 축하할 때 상연하였다. 단편 작품 81편으로 구성되며, 해마다 구성 작품에는 변동이 있다. 박지원은 『열하일기(熱河日記)』에 「희본명목기(戲本名目記)」라는 제명으로 80편의 제목을 수록하였고, 따로 작성한 『매화포기(梅花炮記)』의 끝에 "모두 81가지 놀이를 매화포로 끝을 맺으며, 이름을 구구대경회라고 한다[大約八十一戲, 以梅花砲終之, 名曰九九大慶會.]"고 하였다. 따라서 『희본명목기』의 80편에 매화포를 더하면 『구구대경』 81편이 된다.[7] 『구구대경』의 완전한 목록은 이 하나뿐이다. 10년 후 서호수가 본 『구구대경』에 박지원이 본 것과 같은 작품은 많지 않다.

조선사신이 열하에 도착하기 전인 7월 9일, 11일, 13일에 이미 세 번 연회를 거행하였으니 연극도 이미 세 번을 상연하였다. 서호수 일행은 16일 네 번째 연회부터 참여하여 19일까지 나흘간 연극을 매일 16장씩 64장을 보았다. 17일 새벽에도 전날처럼 연희전의 연회에 참석하였다. 이날 연극은 묘시 정 3각에 시작하여 미시 초(初) 1각 5분에 끝났다. 6시 45분에 시작하여 오후 1시 20분에 끝났으니 총 6시간 35분 동안 연극을 관람하였다. 극목은 16장으로서 다음과 같다.

도수맥수(稻穗麥秀), 하도낙서(河圖洛書), 전선중역(傳宣衆役), 연간기년(燕衎耆年), 익우담심(益友談心), 소아현채(素蛾絢綵), 민진회침(民盡懷忱), 천무사부(天無私覆), 중역래조(重譯來朝), 일인부덕(一人溥德), 동추우전(同趨禹甸), 공취요준(共醉堯樽), 전명봉선(煎茗逢仙), 수의응후(授衣應候), 구여지경(九如之慶), 오악지존(五嶽之尊).

18일(병신)에는 묘시 정 10분에 연희를 시작하여 미시 정 2각에 마쳤고, 제목은 아래와 같다.

보탑릉공(寶塔凌空), 하상담로(霞觴湛露), 여산여부(如山如阜), 불식부지(不識不知), 천상문성(天上文星), 인간길사(人間吉士), 화갑천개(花甲天開), 홍희일영(鴻禧日永), 오색서화(五色抒華), 삼광여채(三光麗彩), 주련벽합(珠聯璧合), 옥엽금가(玉葉金柯), 산령서응(山靈瑞應), 농정상부(農政祥符), 요지정비(瑤池整轡), 벽락비륜(碧落飛輪).

19일(정유)에는 묘시 정 1각 5분에 연희를 시작하여 미시 정 3각 10분에 마쳤으며, 연희의 제목은 아래와 같다.

수역무강(壽域無疆), 자광유조(慈光有兆), 자기조천(紫氣朝天), 적성익주(赤城益籌), 예상선자(霓裳仙子), 학발공경(鶴髮公卿), 화신습득(化身拾得), 치세여래(治世如來), 제회금궐(齊回金闕), 환향단지(還向丹墀), 해래위봉(偕來威鳳), 불귀여오(不貴旅獒), 효상성문(爻象成文), 조신기취(竈神旣醉), 태평유상(太平有象), 만수무강(萬壽無疆).

서호수는 네 번째 연회부터 참석하였으니 그가 참석하기 전날인 7월
15일부터 『구구대경』을 상연하였고, 하루에 16편씩 닷새에 걸쳐 80편을
상연하였음에 틀림없다. 7월 13일과 14일에는 『구구대경』이 아닌 다른
작품들을 상연하였을 것이다. 서호수는 연극의 내용에 대해서는 16일
자 일기에만 기록해 놓았지만 그 관극기는 19일까지 나흘간 관람한 연
극의 총평이다. 16일자 일기에서 연극의 제목 다음에 바로 이어 연극의
내용을 언급하였다.

신선과 부처로 분장한 자가 있고, 신귀(神鬼)로 분장한 자가 있고, 제왕(帝王)
으로 분장한 자도 있었다. 절주(節奏)와 소리 가락이 장(작품)에 따라 각각 다
르지만 대체로 경사를 맞이하고 축수하는 가사가 많다. 여래(如來)의 장엄한
32상(相)이 연화대(蓮花臺) 위에 가부좌(跏趺坐) 하고, 방편문(方便門)을 열고 항
사계(恒沙界)를 열면 수백 나한(羅漢)이 좌우에 모여 선다. 자금원광(紫金圓光)
을 이고 금수가사(錦繡袈裟)를 걸치고 나계(螺髻)가 서로 붙고, 구슬 눈썹이
서로 비춘다. 구름 사이 묘음과 하늘 끝 법라(法螺)가 범패(梵唄)를 따라 오르
내린다.[8] 계부(桂父)와 모군(茅君)이 무지개 치마를 나부끼며 구름수레를 타
고 현포(玄圃)에 소요한다.. 삼십륙법(三十六法)을 크게 드러내면 황금 정자(頂
子)를 달고 옥띠를 맨 선관(仙官)과 갑옷 입고 칼을 짚은 신장(神將)이 벌여 서
서 모시고 옹위하니 온화하고도 엄숙하여 우아한 모습에 씩씩한 기상을 겸
하였다. 또 선동(仙童) 수백 명이 채색 저고리와 수놓은 치마를 입고 꺾어 돌

며 나아가고 물러간다. 단약을 만들자면 양경(陽鏡)을 감싸서 아홉 번 굽고, 비록(秘籙)을 빌자면 수선(壽扇)을 받쳐들고 층층이 뽑는다. 선계의 아름다운 노래를 제창하고, 생황과 소(簫)로 맞추어 소리가 맑고 명랑하다. 하신(河神)과 해귀(海鬼)가 파도 깃발[9]을 들고 빙빙 돌며 쫓으며 흔들흔들 기세가 용솟음치고, 용을 타고 고래를 몰며 뗏목에 오르고 학(鶴)을 부리는 뭇 신선들이 한가롭게 와서 노니니 용은 비등하고 고래는 뛰며 내뿜는 물보라가 비와 같다. 혹은 명엽(蓂葉)이 돋아나는 세 층계 섬돌에서 봉인(封人)이 요 임금에게 복을 빌고, 오색구름 요지(瑤池)에서 서왕모(西王母)가 주목왕(周穆王)에게 선도(仙桃)를 바친다. 면류관과 곤룡포가 은은하고 번쩍인다.

서호수가 본 연극 가운데 지금까지 극본이 전하는 작품은 많지 않다. 청나라 말기에 승평서에 보관했던 대본이 대부분 흩어졌기 때문이다. 서호수가 본 작품 가운데 박지원의 『희본명목기』에 다시 보이는 것은 『산령서응』, 『중역래조』, 『효상성문』, 『태평유상』, 『조신기취』, 『만수무강』 6편뿐이다. 서호수가 본 작품의 일부는 그 대본이 남아 있다. 오효령(吳曉鈴, 1914-1995) 선생이 평생 수집한 고본(稿本) 초본(抄本) 극본을 북경수도도서관(北京首都圖書館)에 기증하였고, 수도도서관에서는 그 극본을 『수중오씨장초본고본희곡총간(綏中吳氏藏抄本稿本戲曲叢刊)』으로 영인 출간하였다.[10] 여기에 서호수가 본 『청평견희』, 『화합정상』,[11] 『보탑릉공』, 『화갑천개』, 『홍희일영』이 실려 있다. 이 가운데 『청평견희』와 『화합정상』을 소개한다. 먼저 『청평견희』 전편이다.

『청평견희』 전편

(여러 기동(旗童)으로 분장하여 각자 희자기(喜字旗)를 잡고 소희자기(小喜字 旗)를 든 10희신(喜神)을 데리고 복대(福臺), 녹대(祿臺)[12]와 수대(壽臺)에 방위 에 따라 등장한다. 10희신이 노래한다.)

10희신　　【황종조 투곡 취화음(醉花陰)】
　　　　　도당씨(陶唐氏) 태평성세를 만나
　　　　　경복(景福)을 맞이함에 모두가 합당하네.[13]
　　　　　화기가 궁궐에 가득하고
　　　　　단지(丹墀)에 소매 연이어
　　　　　절하며 겹겹 기쁨을 바치도다.

바라보니

　　　　　천안(天顔)이 계시고 근신들 지혜롭다.
　　　　　일만 가지 상서가 참 낙원에 모이고

　　　만년 천자에 만년 맑으며,
　　　한 가지 기쁨이 만 가지 기쁨을 낳는도다.
　　　옥 같은 전각에 구름 개어 맑은 해가 곱고
　　　쌍쌍이 화합하여 승평을 기뻐하네.

우리는 시방희신(十方喜神)입니다. 삼가 성주의 치세를 만나 억조창생이 풍요롭고 황하는 맑으며 바다는 잠잠하며, 비와 바람이 순조로우니 참으로 집집마다 기쁨을 들이고 곳곳에서 상서를 맞아서 인수지향(仁壽之鄕)에 함께 올라 장춘(長春)의 복을 모두 경하합니다. 저희 희신은 아름다운 길상을 감싸 기쁨을 드리는 직책을 맡았습니다. 보십시오. 궁정 안팎에 만국과 구주가 넘실넘실 한 조각 기쁨의 덩어리입니다. 우리는 각자 방위에 따라 큰 기쁨을 퍼뜨립시다.

(복대, 녹대, 선루에서 희신과 기동들이 나누어 퇴장한다. 수대에서 기동, 번동 희신이 희대를 돌면서 달리는 자세를 취한다. 여러 기동, 번동이 여러 희신을 인도하여 수대 상장문으로 등장한다. 10희신이 노래한다.)

10희신　　【황종조 투곡 희천앵】
　　　　　뭉게뭉게 경운(慶雲)이 드리우고
　　　　　양쪽 벽에 희자기를 널리 벌렸네.
　　　　　우리는 본시 길상을 맞이하는 별,
　　　　　문을 나서면 광휘가 보이지.
　　　　　밝고 밝아 기이하게 모여서
　　　　　빛나는 연주(連珠)처럼 자미(紫微)를 받든다네.
　　　　　보전(寶殿) 안에서 대대로 만들어냅니다.
　　　　　커다란 복과 일백 잔 유리잔의 술을.
희신　　　화합선동은 어디 있느냐?

(2화합선동이 수대 상장문으로 등장하여 자세를 취한다.)

2화합선동 신께서는 무슨 분부라도?

희신 지금 겹겹 광명이 모이고, 온갖 상서가 한데 모여 우리와 너희
는 즐거이 청평을 보았으니 너희는 크고 작은 끝없는 기쁨을
만들어 앞서서 화창을 기운을 맞이하거라.

(화합선동이 응대한다. 희신이 노래한다.)

희신 【황종조 투곡 출대자】
쌍쌍이 사이좋게 모였으니
즐거운 얼굴에 기꺼이 턱이 벌어집니다.
나의 이 청평견희를 너는 알아야 하느니
큰 기쁨이 꽃처럼 피어 연리지를 이룬 줄 알거라.
변화는 너희들에게 맡기니 한 번 바꾸거라.

2화합선동 법지를 받들겠습니다. 우리는 변화합니다.(상장문으로 퇴장한다.)

희신 보시오. 두 화합선동이 환호작약하며 갔습니다. 초희사자(招喜
使者)들아, 너희는 희기를 흔들며 마음대로 놀면서 여러 화합선
동을 데리고 경복과 하늘의 기쁨을 인간 세상에 뿌리거라.

(희대 안에서 음악을 연주하고, 기동들이 달리는 동작을 한다. 10희신이 노
래한다.)

10희신	【황종조 투곡 괄지풍】
	기쁘게도 만상(萬象)에 봄이 돌아와 기쁜 기운을 낳는구나.
기동	매우 기쁩니다.
10희신	(노래한다.)
	황도에 경사가 넘친다.
	(희자를 바친다.)
기동	매우 기쁩니다.
10희신	(노래한다.)
	기쁘게도 산천초목이 모두 상서롭구나.
기동	매우 기쁩니다.
10희신	(노래한다.)
	기쁘게도 오래오래 사시도다.[14]
기동	매우 기쁩니다.
10희신	(노래한다.)
	기쁘게도 백성과 만물이 모두 흥성하도다.
기동	매우 기쁩니다.
10희신	(노래한다.)
	기쁘게도 황제의 덕이 우뚝하도다.
기동	매우 기쁩니다.

(희자를 거둔다. 여럿이 화합선동으로 분장하여 각자 하화분(荷花盆)을 들고 수대 상장문으로 등장하여 희대를 돈다. 하장문으로 퇴장한다.)

10희신 과연 참으로 큰 기쁨입니다. (희신이 선루에서 내려가 수대에

이른다. 10희신이 노래한다.)

기쁘게도 저들이 소매 나란히 하여 걷고

어깨 나란히 하여 달리고

쌍을 이루고 짝을 지었구나.

일치감치 반짝반짝 빛나는 구슬

한 꿰미 보주(寶珠) 같구나.

(기동이 10희신을 인도하여 상장문, 하장문으로 퇴장한다.)

다음은 『화합정상』 전편이다.

『화합정상』 전편

(여러 화합선동으로 분장하여 각자 하화분을 들고 복대, 녹대, 선루, 수대의
상장문, 하장문으로 나누어 등장하여 춤을 춘다. 함께 노래한다.)

화합선동 【황종조 투곡 고신장아】

삼태성 태계성이

반짝이며 광채를 뿜으니

우리는 잔잔한 바다 맑은 황하,

편안한 백성 태평한 나라를 봅니다.

환희의 인연을 맺으니 청평 세계입니다.

보시오, 우리들 제제창창 흔연히 기뻐

황제께 절 올립니다.

(여러 화합선동이 나뉘어 퇴장한다. 번동으로 분장하여 각자 희자번을 들고, 기동으로 분장하여 각자 희자기를 들고 10희신을 인도하여 등장한다. 10희신은 희자 소기를 들고 수대의 상장문, 하장문으로 등장한다. 10희신이 노래한다.)

10희신　　【황종조 투곡 사문자】

우리는 상운(祥雲)을 타고 삼산(三山) 밖으로 날아내려

붉은 기를 흔들며 기쁨을 보냅니다.

일천 일만 화합선동 참으로 사랑스럽게

청병(青瓶)을 받쳐들었으니 옥전패(玉篆牌) 같구나.

첩첩이 생기고 줄줄이 열리며

도르래 돌아서 금수(錦繡)가 빽빽하다.

기쁜 기운 무지개 같고, 즐거운 기색 번개 같아라.

도도한 즐거움은 선소곡(仙韶曲)

(상장문과 퇴장문으로 나누어 퇴장한다. 여러 화합선동이 각자 희자운(喜字韻)을 들고 수대의 상장문, 퇴장문으로 등장하여 도열하며 자세를 취한다. 함께 노래한다.)

화합선동 【황종조 투곡 고수선자】

아아아, 비단 글자 배열하였네.

아아아, 비단 글자 배열하였네.

보셔요, 보셔요, 보셔요, 온갖 기쁨이 층층첩첩 왔습니다.

이, 이, 이 경사 단지에 넘치고요,

정, 정, 정말로 기쁨이 천지에 생깁니다.

즐, 즐, 즐겨요 풍성하고 맑은 세계를.

바, 바, 바라보니 복 넘쳐 활짝 웃습니다.

나, 나, 나타났어요, 지금 오색 빛나는 경운(卿雲)이.

가, 가, 같아요, 경성(景星)이 줄지어 건곤의 태평을

(10희신이 수대의 상장문, 하장문으로 등장한다. 모두 노래한다.)

버, 버, 벌써 구층 누대에 기쁨이 넘칩니다.

(희대 안에서 음악을 연주하고, 여러 화합선동이 대열로 돌아간다. 모두 노래한다.)

【경여(慶餘)】

구름 저고리 노을 치마에 선패를 흔들며

해를 그리는 마음을 요 임금의 계단에 바칩니다.

다만 천만 년 유구한 이 태화 원기를 봅니다.

(각자 상장문, 하장문으로 나뉘어 퇴장한다.)

　위 두 편의 내용은 대체로 서호수의 관극평에 부합한다. 서호수는 연극의 가사와 대사를 알아들을 수는 없었겠지만 연극의 내용은 대략 파악하였던 것이다. 『열하기유』와 『열하일기』는 중국연극사에도 소중한 사료가 된다. 서호수는 이날의 관극 기록에 용촌(榕村) 이광지(李光地, 1642-1718)의 『용촌어록(榕村語錄)』 한 구절을 인용하였다.

　장복(章服)은 시대마다 제도가 다르지만 배우(俳優)에게는 (옛 제도를) 금하지 않아서 고역사(高力士)로 분장하는 자는 여전히 자금관(紫金冠)을 썼다. 당(唐)나라의 제도에 중관(中官)은 반드시 자금관을 써야 하고 감히 오사모(烏紗帽)는 쓰지 못하였기 때문이다. 어느 한 왕조(王朝)를 연출하려면 그 왕조의 의관을 사용해야 비로소 명배우이다.

　이 문장은 『용촌어록(榕村語錄)』 권28 「치도2(治道二)」에서 음악과 배우의 가치에 대해서 한 말이다. 해당 원문을 전부 옮기면 아래와 같다.

　음악이 가상 요긴하니 예가 그 안에 있기 때문이다. 예컨대 장복은 시대마다 제도가 다르나 오직 배우들에게는 (옛 제도를) 금하지 않았다. 유우씨(有虞氏)의 의관은 주나라가 망하자 모두 사라져 옛 제도를 회복할 길이 없었으나 『소무(韶舞)』에서는 모두 보존하고 있었다. 벗이 말하였다. "어릴 때 연극을 보니 고력사(高力士)로 분장한 자는 여전히 자금관(紫金冠)을 썼으나 지금은 오사모(烏紗帽)를 쓴다. 당나라의 제도에 중관(中官)은 매우 늙었어도 반드시 자금관을 써야지 오사모는 감히 쓰지 못하였으니 『작중지(勺中志)』에 보인다. 어느 조대의 연극을 하려면 그 조대의 의관을 사용해야 비로소 명배우이다." 나는 대답하였다. "가정(嘉靖) 연간에 예악을 개정하여 완비하였다고 여겼지만, 사실은 이때에 이르러 크게 붕괴되었다. 춤은 오행을 따랐지만 추하여 말할 수도 없다. 옛날의 춤은 결코 이와 같지 않았으니 대체로 지금의 연극이 면류관을 쓰고 대무(大武)를 춤추는 자는 무왕(武王)이며, 강태공(姜太公)이라면 의기가 양양하니 각각 그 모습과 행동을 흉내 내어 사람으로 하여금 당일의 광경을 보게 만드는 것과 같다. 그러므로 '춤을 추어 일을 흉내 낸다.'고 말한다. 그 사람을 흉내 내지 않는 일을 어찌 감히 취할 수 있으리. 또 사람들이 알지 못할까 걱정하여 노래하는 사람이 옆에서 그 공덕은 어떠하며 그 행동은 어떠하다고 알려 주니 이른바 '일창삼탄(一唱三嘆)'이다. 우맹이 손숙오를 흉내 내니 사람들은 손숙오가 살아 왔다고 믿었다. 그러므로 당시의 악공은 모두 용속한 사람이 아니었다."[15]

복식은 시대에 따라서 바뀌기 마련이다. 그러나 연극에서 당나라 인물을 연기하려면 배우는 당나라의 복식을 입고 등장해야 한다. 역사극에 요구되는 고증의 중요성을 제기한 것이다. 과거를 있었던 그대로 보여 주기를 추구하는 사실적 역사극에서 당시의 의복과 물품 등을 충실하게 고증하여 재현하는 일이 중요하다. 중국의 전통극에서도 이런 경향이 뚜렷이 존재하였다.

그러나 위의 언설에서는 현실과 허구가 뒤섞여 있고, 희곡 복식의 역사가 뒤집혀 있다. 오사모는 동진(東晉) 시대부터 관리들이 쓰기 시작하여 당대에 성행하였다. 자금관은 연극에서 왕자(王子)나 젊은 장군(將軍)이 쓰는 모자이다. 자금관이 언제부터 쓰였는지는 알 수 없으나『몽림현해(夢林玄解)』에 자금관에 대해 "공자 왕손의 복식이다. 자금관 꿈은 화를 당하면 길로 바뀌고, 어려움을 만나면 상서가 생기는 조짐이다[公子王孫之服餙也. 凡夢之者爲逢凶化吉, 遇難生祥之兆.]."라고 풀이하였다.『몽림현해』는 북송의 소옹(邵雍)이 짓고("纂"), 명나라 진사원(陳士元, 1516-1597)이 더하고 뺐다고("增刪") 하지만 사실은 위서(僞書)이다.『사고전서총목제요(四庫全書總目提要)』에서『몽림현해』에 붙은 손석(孫奭, 962-1033)의 서문에 대해 "문장의 기세가 가냘프고 속스러우니 아마도 점술가들이 의탁한 글이지만 진사원 등이 구분하지 못하였다[辭氣纖俗, 蓋術家依託之文, 士元等不及辨也.]."고 하였다. 또 왕중민(王重民, 1903-1975) 선생은 "살펴보니 손석은 명도 2년에 죽었고 서문은 경우 3년에 썼다고 적었으니 죽은 지 3년 후이지만 사고전서관의 신하들도 또 구분하지 못하였다[考奭卒於明道二年, 而序署景祐三年, 爲卒後之三年, 則又爲館臣所不及辨也.]."고 고증하였다.『몽림현해』는 명대의 점술가의 손에서 나왔으니 그 내용도 명대의 현실이 상당히 반영되어 있다. 자금관은 연극 무대에서 공자 왕손과 젊은 장군이 쓰는 관모이다. 이것이 거꾸로 현실의 복식으로 오해된 것이다. 환관 고력사의 관모는 원래 오사모였다. 이것이 청나라의 연극 무대에서는 자금관으로 바뀌었다. 이 변화는 이광지의 생애 동안 일어난 듯하다. 이광지와 그의 벗이 어렸던 시절, 즉 명나라 말기에는 고력사 같은 환관은 오사모를 쓰고 등장하였다. 그러나 청나라 시절에는 희곡 무대에서 환관의 관모는 자금관으로 바뀌었다. 그것은 명나라 환관의 복식을 반영하였기 때문이다. 이광지의 벗은 『작중지(酌中志)』에 당나라의 제도에 중관, 즉 환관은 자금관을 써야 하고 오사모는 쓰지 못한다고 하였으나 지금 전하는 『작중지』에는 그런 문구가 보이지 않는다. 오히려 『작중지』에는 명나라 환관들은 자금관을 썼다고 기록하였다. 『작중지·내신직장기략(內臣職掌紀略)』에 종고사(鐘鼓司) 소속 환관들은 "황제가 황태후를 뵙고 돌아올 때, 만수성절과 동지년절에 전에 올랐다가 궁으로 돌아올 때 모두 보홍 철늑을 입고 머리에는 청찬을 쓰고 정수리에 오색 융을 묶고 황제 수레 앞에서 음악을 연주한다[凡聖駕朝聖母回, 及萬壽聖節, 冬至年節, 陛殿回宮, 皆穿有補紅帖裏, 頭戴青攢, 頂級五色絨, 在聖駕前作樂.]"고 하였다. 환관들이 머리에 쓰는 청찬이 바로 속발자금관(束髮紫金冠)이다. 자금관은 원나라 세조가 "상경(上卿)"이라고 불러 예우한 도사 장유손(張留孫)이 썼다. 원나라 진부(陳孚, 1259-1309)는 〈장상경에게 바침[呈張上卿]〉이라는 시에서 "상방에서 칙명으로 자금관을 내리고, 여러 도관의 도사들 통솔하게 명하셨네[向方勅賜紫金冠, 詔領諸仙玉府班.]"[16]라고 읊었다. 명대 이전의 복식에서 자금관이 등장하는 예이다. 이후 자금관은 주로 소설과 희곡 속의 인물들이 쓰고 나온다. 그 대표적인 예가 여포(呂布)이다. 나관중(羅貫中)의 『삼국지통속연의(三國志通俗演義)』「호뢰관삼전여포(虎牢關三戰呂布)」에 여포의 복식을 아래와 같이 묘사하였다.

여포가 철기 삼천을 데리고 나는 듯이 달려와 맞이한다. 왕광 장군이 진

세를 갖추고 군문의 깃발 아래를 볼 제 여포가 진을 나선다. 머리에는 삼차
속발자금관을 쓰고, 몸에는 서천홍금백화포를 걸친 위에 수면탄두련환개
갑옷을 두르고, 허리에는 늑갑영롱사만대를 둘렀다.[17]

또한 경극(京劇) 등 현대의 중국 전통극 연출에서 고력사는 자금관을
쓰고 등장한다. 이런 점으로 보아 『용촌어록』에 언급된 배우 복식은 시
대가 바뀐 듯하다. 즉 명나라 말기까지는 연극 무대에서 환관의 모자는
오사모였으며, 청나라 초기에 자금관으로 바뀌었다.

이어서 서호수는 자신의 견해를 붙였다.

생각건대 이제 천하가 다 만주의 의관 제도를 따르건만 오직 연극에는 여전
히 중화의 제도가 남아 있으니 뒷날 왕자(王者)가 있으면 반드시 이를 본받
을 것이다.[18]

전대의 사서(史書)에 실린 충효절의(忠孝節義) 가운데에서 풍속을 돈후하게 할
수 있는 것을 취해서 그 행적을 조화롭게 꾸며 인심을 감발(感發)시킨다면
금악(今樂)을 통해 고악(古樂)으로 돌아가는 길이 반드시 여기에 없지는 않으
리니 어찌 선불신귀(仙佛神鬼)가 보기에만 아름다운 것에 비하겠는가?

이 발언의 시원은 노가재(老稼齋) 김창업(金昌業, 1658-1721)에게 있다.
1712년(肅宗 37, 康熙 50)에 백형 김창집(金昌集)의 자제군관(子弟軍官)으로
연경에 갔다가 다음해 귀국길에 오른 김창업은 영평부(永平府)에서 중국
희곡을 보고 의상과 관련하여 그 가치를 간파하였다.

그러나 그 상연하는 것은 모두 역사와 소설로서 내용이 선한 것도 있고 악한 것도 있어 사람들에게 보이면 모두 권선징악할 만하고, (연극에 나오는) 옛날의 관복제도(冠服制度)와 중국의 풍속에는 볼 만한 것이 많다. 요새 한인(漢人)들의 후예가 오히려 중화의 제도를 부러워하는 것은 여기에서 비롯된 것이 아니겠는가. 이런 점에서 보면 배우도 역시 없어서는 아니 될 것이다.[19]

이광지와 김창업은 거의 동시대를 살았다. 이들이 살던 시대에 한족은 모두 만주족의 옷을 입고 변발(辮髮)을 해야 했다. 머리칼을 남기면 목이 남지 않고, 목을 남기려면 머리칼을 남기지 말아야 했다. 그러나 희대(戲臺)에서는 달랐다. 배우들은 이전 시대의 인물과 사건을 연출하기 위해서는 이전 시대의 복식을 입을 수 있었다. 만주족 황제는 또 조선 사람들에게는 만주족의 복식과 변발을 강요하지 않았다. 좁은소매 옷을 입고 앞머리를 밀고 변발을 늘어뜨린 한족들은 희대 위 배우들에게서, 멀리 조선에서 온 사절단에게서 조상들의 모습을 볼 수 있었다. 지각 있는 한족은 조선의 옷을 보고 눈물을 흘렸고, 이미 조상의 본모습을 기억하지 못하는 시정의 한족은 조선 사절을 보고 '희자(戲子)', 즉 배우와 같다고 놀렸다. 희대에 등장하는 명대의 한족 복식과 같았기 때문이다. 이런 현실을 목도한 조선의 선비들은 중화를 잃어버린 중국의 현실을 동정하고, 중화의 제도를 배우들에게서 찾을 수 있다고 역설하였다. 박지원은 「자소집서(自笑集序)」에서 이렇게 말하였다.

아! 예를 잃으면 들에서 찾는다. 중원의 남은 제도를 보려면 배우에게서 찾아야 하리라.[20]

이런 인식은 연경을 가는 조선의 선비들은 모두 공유하였다. 서호수는 이런 인식의 바탕 위에 연극의 효용성에까지 생각이 미쳤던 것이다. 서호수의 생각은 전형적인 사대부의 공용적 예술관이다. 위에서 묘사한 대로 온갖 보살과 부처, 신선과 요괴가 날뛰며 돌면서 이목의 즐거움을 제공하기보다는 교육기능을 발휘하자는 발상은 중국에서 연극을 본 조선 사대부의 공통적 생각이다.

연극 관람을 마친 뒤 조선 사절은 안남의 왕과 사신을 만나 문답을 주고받았다. 안남왕 완광평(阮光平)이 정사 황인점에게 조선의 국왕이 북경에 온 적이 있느냐고 물었다.

안남왕 귀국도 천조에 친조(親朝)한 전례가 있습니까?

황인점 우리 동국은 개국 이래로 원래 이런 사례가 없습니다.

안남왕 안남도 예부터 이런 사례는 없었습니다만 과인이 황상의 하늘처럼 높고 땅처럼 두터운 은혜를 받아 뵙고 싶은 정성이 간절하여 만여 리 험로를 꺼리지 않았습니다. 특별한 예우를 입었으니 어찌 특별한 보답이 없을 수 있겠습니까?

안남왕이 건륭의 특별한 은혜를 입었다는 말은 당시 안남과 청나라 사이의 전쟁과 강화, 그리고 조공과 책봉에 얽힌 복잡한 사연을 담고 있다. 이 사연은 서호수가 안남사신과의 대화 후에 자세하게 설명하였으므로 그때 다시 살피기로 한다. 안남왕이 다시 서호수에게 물었다.

안남왕　귀국이 왜국과 이웃이니 거리가 얼마입니까?

서호수　우리나라 서울에서 육로로 남으로 우리나라의 경계인 부산까지 1000여 리이고, 부산에서 해로로 왜국의 대마도(對馬島)까지가 770리이며, 대마도에서 해로로 적간관(赤間關)까지가 1070리, 적간관에서 해로로 정포(淀浦)까지가 1450리, 정포에서 육로로 관백(關伯)이 사는 강호(江戶)까지가 1310리입니다.

안남왕　만력 연간에 평수길(平秀吉)이 전쟁을 일으킨 후로 왜 선린우호 관계를 맺고 있습니까?

서호수　지금의 관백은 원가강(源家康)의 후예로서 평수길의 종자가 아닙니다.

적간관(아카마가세키)은 지금의 시모노세키(下關)이며, 정포(요도우라)는 지금의 오사카 지역이다. 원가강(미나모토 이에야스)은 도쿠가와 이에야스(德川家康)이다. 이어서 안남의 종신(從臣) 이부상서(吏部尙書) 반휘익(潘輝益)이 서호수에게 그로부터 200년 전에 있었던 조선과 안남의 사절이 북경에서 체재했을 때의 교류에 대해 말을 꺼냈다.

반휘익　만력 정유년(1597, 선조 30)에 풍극관(馮克寬)과 이수광(李晬光)이 옥하관(玉河館)에서 시를 주고받은 일은 참으로 천고의 기우(奇

遇)입니다. 이수광에게 시문집이 있습니까?

서호수 지봉(芝峯, 우리나라 사신 이수광의 호)은 문집이 있으며 풍극관의 시와 문답이 많이 실려 있습니다. 의재(毅齋, 안남사신 풍극관의 호)도 시문집이 있습니까?

반휘익 문집이 있습니다. 그의 『만수성절경하시(萬壽聖節慶賀詩)』에는 또 지봉의 서문을 실었습니다.

서호수 "산은 색다른 모양을 내어 상아가 많고, 땅은 영기를 발산하여 용뇌향을 산출하네[山出異形饒象骨, 地蒸靈氣産龍香]"는 지봉의 득의한 시어이고, "혼돈의 기운이 양극으로 쪼개져 위 아래의 땅을 구분하였네[極判洪濛氣, 區分上下堧]"는 또한 의재의 아름다운 구절입니다.

반휘익 지봉은 시의 운치가 순아하며, 의재는 구상이 굳세니 우열을 가리기 어렵다고 하겠습니다. 건륭 경진년(1760, 영조 36)에 귀국의 서장관 이휘중(李徽中) 공과 우리나라의 사신이 주고받은 시가 많아서 아직도 아름다운 글귀가 전합니다. 지금은 무슨 벼슬을 하고 있는지 모르겠습니다.

서호수 이 공의 문사는 우리나라에서도 발군이었습니다. 이미 고인이 되었으며, 벼슬은 시랑(侍郎)에 그쳤습니다. 사서(史書)에 귀국의 교주(交州), 애주(愛州) 두 고을에는 뜻이 크고 기개 있는 사람이 많으며, 환주(驩州), 연주(演州)에는 문학 하는 이가 많다고 하였는데, 지금은 어떠합니까?

반휘익 예전 같지 않습니다.

서호수	귀국의 강역은 동으로는 바다에 이르고 서로는 노과(老撾, 라오스)와 연접하였으며, 남으로 점성(占城, 참파(Champa))과 통하고 북으로는 광서(廣西), 운남(雲南)과 이어졌으니 국내의 성(省)과 부(府)는 얼마나 됩니까?"
반휘익	동서가 1700여 리, 남북이 2800여 리이며 지금 16도(道)로 나뉘어 있습니다.
서호수	귀국의 북극으로 나온 땅이 몇 도(度)나 됩니까?
반휘익	평소에 역상(曆象)을 익히지 못하였습니다.
서호수	귀국은 천정(天頂)이 적도(赤道)에 가까워서 기후는 항상 덥고, 곡식은 1년에 두 번씩 익는다고 하는데 그렇습니까?
반휘익	그렇습니다.
서호수	곽향(藿香), 육계(肉桂)는 귀국에서 생산되는 것이 품질이 좋다고 하는데 그러합니까?
반휘익	곽향은 광서(廣西)에서 나는 것이 품질이 좋고, 육계는 우리나라에서 나는 것이 과연 품질이 좋습니다. 그러나 계피는 반드시 청화(淸化) 지방에서 채취하는데, 근래에는 여러 번 전화(戰禍)를 겪어서 경내의 계림(桂林)이 다 유린돼버렸습니다. 그래서 좋은 산품을 얻기는 매우 어렵습니다.

조선과 안남의 사신은 서로 상대국의 기본적인 정보는 대략 파악하고 있었다. 조선과 안남은 한나라 무제(武帝) 이후 중국을 중심으로 짜인 동아시아의 국제질서 속에서 가장 비슷한 처지의 두 나라였다. 어쩌

면 세계사 속에서 이란성 쌍둥이라고 불러도 좋을 만큼 두 나라의 역사는 중국을 상대하면서 거의 같은 궤도를 달려왔다.

1597년 이수광과 풍극관이 옥하관에 함께 머무르면서 시가를 주고받은 일은 지금까지도 한국과 베트남의 관계를 진전시킨 중요한 사건이다. 이해 6월에 북경 황궁의 황극전(皇極殿), 중극전(中極殿), 건극전(建極殿)이 불에 타버렸고, 이수광은 이를 위로하는 진위사(進慰使)로 뽑혀 두 번째 북경을 방문하였다. 풍극관은 만력제의 생일을 축하하기 위해 전해 7월에 본국을 떠나 이해 8월에 북경에 도착하여 옥하관에 묵고 있었다. 이수광이 북경에 도착한 때는 겨울이라 동지와 원단을 축하하러 온 각국의 사절에다 이미 도착해 있던 성절사와 진위사 등 외교 사절 인원이 일시에 불어 조선과 월남의 사절은 옥하관(玉河館)에 함께 묵게 되었다. 참으로 천고의 기우라고 하지 않을 수 없는 사건이었다. 이수광과 풍극관은 50일을 함께 지내며 시를 수창하고 필담을 나누었으며, 이때 주고받은 두 사신의 시와 문답이 『지봉집(芝峯集)』에 실려 있다. 두 사람은 시를 9수씩 주고받았으며, 이수광은 풍극관에게 「안남사신만수성절경하시집서(安南使臣萬壽聖節慶賀詩集序)」를 써 주었다. 만력제 주익균(朱翊鈞)의 생일은 음력 8월 17일이니 풍극관은 이수광이 북경에 도착하기 전에 이미 만수절 경하시 31수를 지어 놓았고, 이수광과 교분이 쌓이자 서문을 청하였다. 풍극관은 사행에서 지은 시, 이수광의 시와 서문을 모아 『매령사화수택시집(梅嶺使華手澤詩集)』으로 엮었다. 이 시집은 『월남한문연행문헌집성(越南漢文燕行文獻集成)』[21] 제1책에 두 가지 사본(寫本)이 실려 있다. 서호수는 조선과 월남 사신의 교류 내막을 잘 알고 있었다. 서호수가 두 사신의 대표작으로 거론한 시는 이수광의 〈증안남국사신2수(贈安南國使臣二首)〉의 제1수와 풍극관의 〈숙차지봉사공장률10운(肅次芝峯使公長律十韻)〉이다.

이휘중(李徽中, 1715-?)은 서호수의 고모부이다. 영조(英祖) 36년(건륭 25, 1760)에 동지사 서장관으로 연경을 다녀왔다. 이때 정사는 홍계희(洪啓禧, 1703-1771), 부사는 조영진(趙榮進, 1703-1775)이었다. 안남사신은 정사 진휘밀(陳輝淧, 1710-?), 부사 여귀돈(黎貴惇, 1726-1784) 정춘수(鄭春樹, 1704-?)였다. 안남 사절은 부사가 2명이고 대신 서장관이 없었다. 이휘중의 아들 이상봉(李商鳳, 1733-1810)이 자제군관으로 수행하면서 연행을 기록하여 『북원록(北轅錄)』을 남겼다. 『북원록』에 당시 두 나라 사절의 교유가 자세히 기록되어 있다. 섣달 그믐날 조선과 안남의 사신들은 홍려시(鴻臚寺)에 가서 원단 하례 의식을 연습할 때 서로 만나 매우 적극적으로 교류를 진행하였다. 이상봉은 먼저 연습을 마치고 나가는 안남사신의 옷자락을 잡아 세우고 필담을 나누었다. 청나라의 군졸이 곁을 지나가자 안남사신들은 붓을 던지고 수레에 올랐지만, 조선사신들이 연습을 마치고 나와 역관을 보내 초청하여 다시 대화를 나누었다. 조선사신이 안남에서 북경까지의 노정을 묻고, "어느 달에 귀국하시오?(曷月可旋歸)"라고 묻는 말에 그만 돌아가겠다는 말로 오해하고 안남사신들이 일제히 일어서자 다시 그 뜻을 설명하여 앉히고 대화를 이어 나갔다. 헤어진 이후에도 이상봉은 기어코 안남회관(安南會館)을 찾아갔다. 안남회관을 찾아가는 길은 결코 녹록치 않았다. 『북원록』에 기술된 그 과정을 보기로 한다. 홍려시의 홍살문에서 조선과 안남사

신들이 대화를 나누고 작별인사를 한 다음 이상봉은 안남 사절을 따라
간다.

　나는 또 그 뒤를 쫓아 그들의 행동거지를 보고 있을 때 우리 세 사신은
이미 출발하였다. 혜문을 보내 뒤에 남아 안남회관을 보려는 뜻을 가군께
전하게 하고, 그가 돌아오기를 기다려 말을 타고 나오니 안남사신들은 벌써
먼저 가버렸다. 큰길을 따라 서쪽으로 1리를 가서 태청문을 지났다. 문 앞
동서남은 100여 보 안에 나무와 다듬은 돌을 둘러 울타리를 만들었고, 삼면
에 문이 있지만 닫아 놓았다. 울타리에서 남쪽으로 수십 보를 가니 정양문,
즉 도성의 남문이다. 그 구조는 조양문과 같으며 옹성에 세 문이 있고, 가운
데 문은 황제가 출입하는 곳으로서 닫고 열어 놓지 않으며, 동서의 문으로
왕래한다. 나는 서문으로 나와서 3, 40보를 가니 거리에 다리가 있고, 다리
위에 패루가 한 채 있으며 편액에 '정양교'라고 써 있다. 조, 홍 두 벗과 함께
이곳에 이르렀다. 조는 먼저 서사로 가고, 홍은 관소로 돌아갔다. 혜문은 자
기가 정양문 밖의 골목을 모두 안다고 여겼으나 사실 남북조차도 분간하지
못하였다. 돌고 돌아 골목으로 들어간 것이 몇 골목 몇 거리나 되는지 모르
지만 모두가 좌우의 점포 가운데를 지나갔다. 화려한 기물과 빽빽한 인마는
더욱이 성 안이 미칠 바가 아니었다. 안남회관을 물으니 혹자는 멀다 하고
혹자는 가깝다 하며, 혹자는 남쪽이라고 하고 혹자는 동쪽이라고 하여 끝내
정확하지가 않았다. 또 혹자는 자기에게 예물을 주면 길을 인도하겠다고 하
지만 이 역시 거짓말이다. 유리창에 이르니 많고도 아름다운 집물은 또 다
른 곳이 따라올 바 아니었다. 기기괴괴하여 형용할 수 없는 것이 또 몇만 가

지나 되는지 알 수 없다. …… 또 100여 보를 가서 한 큰 대문으로 들어가 서포에 앉아서 혜문을 보내 안남회관을 찾게 하였다. …… 다시 두 번째 서포에 이르렀다. …… 세 번째 서포에 이르러 서첩을 반도 보기도 전에 혜문이 달려와서 알린다. "변(邊) 역관이 정사의 명으로 안남회관에 심부름 가니 빨리 쫓아가야 따라갈 수 있습니다." 말을 채찍질하여 정양문으로 들어가서 이현왕사(怡賢王祠)에 이르니 세팔이 마중을 나와 향도가 되었다. 태청문을 지나 십자로에 이르니 거리에 패루가 서 있고, '장안가'라고 써 있다. 사방이 점포로 둘러 있으니 비단전, 잡화포, 음식점이다. 또 제안문을 지나니 문은 닫혀 있다. 그 오른쪽은 높은 담장이며 누런 기와를 덮었으며 몇 마장 뻗어 있다. 그 안은 황각 10여 간이 담장 위로 솟아 있고, 붉은 난간이며 아름다운 창문이 사람의 눈을 부시게 한다. 황각 뒤에 흙언덕이 있고 높이는 한 길 남짓이니 이는 가산으로서 약간의 화훼를 심어 놓았다. 담장 밖은 대로이며, 폭은 수십 간이고, 수십 보마다 크고 붉은 통 하나씩 놓고 안에는 물을 채웠다. 대내에 가까워 뜻밖의 화재에 대비하기 위함이다. 왼쪽에 작은 거리가 있다. …… 또 패루 하나를 지나니 안팎으로 '첨운'이라고 써 놓았다. 100여 보를 가서 좁은 길을 거의 한 마장을 관통하여 안남회관에 이르렀다.[22]

이상봉은 예부 홍려시에서 나와 남쪽으로 태청문을 나섰다. 태청문은 명나라 때는 대명문(大明門), 중화민국 시절에는 중화문(中華門)이라고 불렀다. 남쪽의 정양문, 북쪽의 천안문과 일직선에 놓여 북경의 중심축을 이룬다. 1954년에 천안문 광장을 조성하면서 철거하였고, 1976년에는 그 자리에 모택동 기념관을 세웠다. 태청문과 정양문 사이는 돌을 다듬어 깔고 울타리를 둘러친 광장이었다. 정양문을 나와서 정양문 패루를 지나 지금의 전문대가(前門大街)로 나갔다. 전문대가는 2008년 올림픽을 개최하면서 1900년 즈음의 모습으로 복원하였으며, 정양문 패루도 다시 세웠다. 그는 유리창 부근 골목을 헤매다가 종복 혜문을 보내 안남회관을 찾게 하고 자신은 서사 몇 군데에서 책 구경을 하였다. 정사 홍계희의 명으로 안남회관으로 심부름 가는 변 역관을 따라가서 결국 안남회관을 찾았다. 안남회관은 지금의 서단(西單)에 있었다. 서단 패루에는 '첨운(瞻雲)'이라는 문구를 써 놓았다. 반대편 동단(東單) 패루에는 '취일(就日)'이라고 써서 모으면 '첨운취일(瞻雲就日)'이 된다. 해는 만물을 비추고 구름은 비를 내린다. 백성들이 임금을 따르고 섬기기를 해와 구름처럼 한다는 뜻이다. 이상봉은 유리창 서사에서 다시 정양문을 지나 북쪽으로 가서 장안가 패루를 지나 천안문 서쪽의 제안문을 나갔으며, 서쪽으로 계속 가서 장안가 패루를 나가 서단(西單)에 이르렀던 것이다. 장안가 패루는 천안문을 중심으로 동서에 하나씩 있었다. 서장안가 패루는 지금 중남해(中南海) 정문인 신화문(新華門)의 서쪽에 있었다. 이상봉은 안남회관을 찾기 위해 적지 않은 시간과 노력을 들였다. 당시 사절이 매우 적극적인 태도로 외국인과 교류하기 위해 애썼음을 보여 준다.

반휘익이 이휘중에 대해 물으니 서호수는 짧게 답하였다. 이휘중은 그의 고모부이다. 재능에 비해 환로가 여의치 않았고, 또 이미 고인이 되었으니 마음이 편치 않았는지 더 언급하지 않았다. 당시 조선과 안남 사절은 몇 차례 시문을 주고받았다. 건륭 26년(辛巳) 1월 7일(1761년 2월 11일) 안남사신들이 조선사신에게 시를 보내자 조선사신이 화답하였고,

1월 14일에 또 안남사신들이 시를 보내 왔고, 조선사신은 화답하였다. 여귀돈은 또 자신의 저서 『군서고변(群書考辨)』과 『성모현범록(聖謨賢範錄)』, 연행 도중에 지은 『소상백영(瀟湘百咏)』에 조선사신의 서문을 부탁하여 받았다. 이에 대한 답례로 1월 14일에 보내 온 여귀돈의 시 2수 가운데 1수는 아래와 같다.

나라 달라도 뜻이 같으면 또한 같은 곳

학술은 예부터 공자를 따랐지요

완전한 복에 함께 기뻐 다섯 상서를 노래하고

빼어난 재능에 유독 부끄럽게 세 재주 없습니다

측리지 백추지를 서로 주고받으며

예복과 홍범을 다투어 빛냈습니다

붓 가는 대로 쓰고 고쳐 끝내 불만스럽지만

우아하고 맑은 평론으로 과찬하셨습니다

異邦合志亦同方 學術從來本素王

完福共喜歌五善 逸才偏愧乏三長

側釐白硾交投贈 端委洪疇競表章

信筆雌黃終歉歉 粲花清論過揄揚

여귀돈은 안남과 조선의 동질성을 강조하고, 그를 바탕으로 두 나라 사절의 우의를 추구하였다. 그는 이전에 보낸 시에서도 중국의 문화를 받아들인 두 나라의 동질성을 지적한 바 있다.[23] '완전한 복'은 건륭 시절의 성세를 말하고, '다섯 상서', 즉 '오선(五善)'은 『서경(書經)·홍범(洪範)』의 다섯 가지 휴징(休徵)을 말하는 듯하다. 다섯 가지 상서로운 징조는 순조로운 비, 햇볕, 더위, 추위, 바람이다. 건륭의 치세는 이렇게 칭송할 수 있다. '빼어난 재능'은 이휘중의 문재를 가리키고, '세 가지 재주'는 사관(史官)이 갖추어야 할 재(才), 학(學), 식(識)을 말한다. 이휘중은 여귀돈의 요청에 따라 그가 편찬한 『군서고변』과 『성모현범록』, 그리고 시집 『소상백영』에 서문을 써 주었다. 여귀돈은 이휘중의 서문을 받고 이 시를 보냈다. 『군서고변』과 『성모현범록』은 사서의 범주에 들어간다. 상대를 높이고 자신을 낮춘 것이다. '측리지'는 안남의 종이이고, '백추지'는 조선의 종이이다. 서로 자국의 종이에 시와 문장을 적어 보냈다. 이 시 뒤에 여귀돈은 "남월에서는 바닷말로 종이를 만든다. 그 결이 비스듬하여 '이지'라고 부르는데 '釐'로 와전되었다. 백추는 조선의 종이 이름이다[南越以海苔爲紙, 其理斜側, 號理紙, 訛爲釐. 白硾, 高麗紙名.]"라고 주를 달았다. '예복'과 '홍범'은 각각 안남과 조선의 문화 수준을 상징한다. 여귀돈은 이전에 보낸 시에서 이미 "육경 이래로 학문이 융성하고, 구주 이후로 문장은 새로워졌습니다[六籍以來多學問, 九疇而後更文章]"라고 하여 안남과 조선이 중국 문명을 근원부터 받아들여 학문과 문장을 발전시켜 왔음을 언급하였다. 이에 대해 이휘중은 "다행히도 같은 문자라 옛 글자를 논하고, 함께 보존한 옛 제도라 옷의 문양을 쓰다듬습니다[差幸同文論古字, 共存前制撫身章]"라고 화답하였다. 이 시구에는 자못 심장한 의미가 들어 있다. 조선과 안남은 모두 한자를 문자언어로 쓰고 있으니 이를 출구(出句)에서 언급하였고, 대구의 '옛 제도'는 당시 청나라에서는 사라진 이전의 복식제도를 가리킨다. 조선과 안남의 관복은 명조(明朝)의 관복이다. 청대에는 한족 관료들도 모두 만주족의 복식을 입어야 했으니 자연히 '옛 제도'가 되어버렸다. 또한 이 '옛 제도'는 유가 문화의 시원인 주나라로 소급된다. 여귀돈은 위 시의 끝에 또 "보내 온 시에 태백이 관복을 입고 오나라를 다스린 일을 거론하였으므로 나도 기자의 구주 고사를 언급하였다[來詩擧泰伯端委治誤故事, 我亦及箕子九疇故事.]"고 설명하였다. 태백은 주나라 고공단보(古公亶父)의 장자로서 아우 계력(季歷)에게 왕위를 양보하기 위하여 동남쪽 오나라로 피신하였다. 후에 자공(子貢)이 오나라 태재비(太宰嚭)와 나눈 대화에 "태백은 관복을 입고 주나라의 예로 다스렸다[大伯端委以治周禮]"는 구절이 있다.[24] 이휘중과 여귀돈은 중국의 문화가 자국으로 유입된 근원을 언급하며 서로의 동질성을 확인하였던 것이다. 마지막 결연에서는 자신의 문장과 시는 자신은 만족하지 못하지만 이휘중은 빛나는 문채로 추켜세워 주었다고 고마워하였다.

이휘중의 화답시는 아래와 같다.

뗏목 띄워 아득히 어디서 오셨나
남쪽 별자리에 따로 왕이 계십니다
안개 젖은 오호에 옷 띠가 느슨해지고
영지 먹는 삼도에 귀밑머리 눈썹이 길었군요
가없이 몸 밖에 산하가 멀고

연이어 꽃 앞에 금수가 빛납니다

돌아가는 짐 불룩하니 모두가 안남의 글

봄바람 부는 연계에 말발굽 날리다

浮槎渺渺自何方 南指星辰別有王

煙濕五湖衣帶緩 芝餐三島鬚眉長

蒼茫膜外山河遠 絡續花前錦繡章

歸橐盎然皆越字 春風燕薊馬蹄揚

'오호'와 '삼도'는 안남과 조선의 사행 노정을 가리킨다. 먼 길을 오느라 살이 빠지고 머리칼과 눈썹이 길었다. 각자의 산하는 멀리 있지만 금수 같은 시가 연이어 도착한다. 사명을 마치고 돌아가는 때는 봄이다. 안남사신의 시고(詩稿)가 가득 든 짐을 실은 말은 봄바람 맞아 나는 듯이 연계를 떠난다.

조선과 안남은 관복이 비슷하다. 1790년의 안남사신은 청나라에서 준 만주족의 옷을 입었다. 서호수는 그 점을 지적한다.

안남사신은 머리칼을 묶어 뒤로 드리우고 오사모(烏紗帽)를 쓰며, 소매 넓은 홍포(紅袍)를 입고, 금과 대모로 장식한 띠를 매고 검은 가죽신을 신어서 우리나라의 의관과 비슷한 데가 많다고 들었다. 이제 보니 그 군신(君臣)이 다 만주의 의관을 따르되 머리는 깎지 않았다. 내가 괴이하게 여겨 반휘익에게 물었다.

"귀국의 의관은 본래 만주와 같습니까?"

반휘익이 말하였다.

"황상께서 우리 임금의 친조를 가상히 여겨 특별히 수레와 의관을 하사하고, 또 배신(陪臣)들에게까지 주셨습니다. 그러나 또한 왕의 말씀을 받들어 경사에서 조회와 제사에 참예할 때는 본국 의관을 사용하고, 본국으로 돌아가면 도로 본국 의관을 착용하기로 하였습니다. 이 의관은 한때 입을 뿐입니다."

말이 자못 또록또록하고, 낯에는 부끄러운 빛이 있었다.

건륭은 안남왕이 직접 입조하여 체면을 세워 주었으므로 만주족의 복식을 주었다. 열하에서 잔치에 참여할 때는 만주옷을 입고, 북경과 본국에서는 다시 본국의 의관을 착용하도록 허락하였다. 이 사실을 하나하나 분명히 밝혀서 조선사신에게 해명하면서도 남의 옷을 입은 부끄러움은 감출 수 없었던 모양이다.

서호수는 이날 일기에 조공 온 각국의 사절과 그 나라의 대략을 기록하였다.[25] 안남에 관한 기록은 다음과 같다.

안남왕 완광평의 초명은 혜(惠)이며, 안남의 세족(世族)이다. 광남(廣南)에 살던 농부로서 여씨가 쇠약해지자 난민을 모아 왕도(王都)를 함락하고 왕을 시해하여 왕위를 찬탈하였다. 세자 여유기(黎維祈)가 그 어머니와 함께 난을 피하여 광서(廣西)에 와서 급변을 알리고 구원을 청하였다. 그 성(省)의 총독 복강안(福康安)이 보고하니 황제가 그 성의 장군 손사의(孫士毅)에게 군사를 동원하여 토벌하라고 명하여 왕도를 수복하였다. 완혜는 패하여 광남으로 달아났다. 〔이정원(李鼎元)이 손중승(孫中丞)의 〈남정시(南征詩)〉에 화답한 시의 주에서 "비적 완혜가 패하고 나서 쇠고기와 술을 바쳐 군사를 위로하니 공이 물러쳤다."고 하였다.〕 이에 여유기를 안남왕으로 봉하고, 손사의에게 철군하라고 조서를 내렸다. 완혜는 관병이 철수하였다는 말을 듣고 다시 크게 군사를 일으켜 왕도를 포위하였다. 여유기가 종묘사직을 버리고 달아나 민간에 숨자 완혜가 들어와 왕도를 차지하고 이름을 광평으로 바꾸었다. 금은주패(金銀珠貝)를 실어다가 복강안에게 먹이니 복강안이 아뢰었다.

"완광평이 성심으로 귀속합니다. 여유기는 유약하여 왕위를 감당할 수 없습니다."

황제가 복강안의 상주를 보고 완광평의 죄를 용서하고 조서를 내렸다.

"안남이 바다 한구석에 치우쳐 있으나 그 흥폐는 또한 천운에 걸려 있다. 여유기는 우유부단하고 게을러 하늘이 싫어하여 버렸다. 짐은 모든 일을 처리함에 하늘에 순응하여 하지 않는 것이 없다. 완광평이 죄를 뉘우치고 귀순하여 언사가 간절하다. 또 명년에는 직접 경사로 와서 만수절을 삼가 축하하겠다고 하고, 전몰한 천조(天朝)의 장병을 위하여 단을 쌓고 제사를 올렸으니 조심하고 공순함을 더욱 알겠다. 여유기는 이미 인(印)을 버리고 몰래 도망하였으니 다시 나라를 세우게 할 도리가 없다."

즉시 관원을 파견하여 조칙으로 완광평을 안남왕에 봉하였다. 또 옛 왕 여유기를 불러 참령(參領)9(무관직 3품)를 제수하고, 친속과 종신(從臣) 도합 90호를 한군기하(漢軍旗下)에 예속시켜 안정문(安定門) 밖에 집을 주어 살게 하였다. 이는 실제로 완광평을 위하여 그의 군신(君臣)들을 금고(禁錮)한 것이다.

여씨는 영락(永樂) 때 책봉을 받아 300여 년 동안 교지(交趾)에 군림하여 혜택이 백성에게 미친 지가 이미 오래다. 여유기가 나라를 잃어버린 것은 쇠약하여 떨치지 못한 것에 지나지 않는다. 완광평의 시역(弑逆) 죄는 왕법으로 반드시 베어야 할 터인데 하루 아침에 종사(宗社)를 바꿔버렸으니 너무도 쉽게 한 일이다. 저 교남(交南) 수천 리 땅에 또한 만력 연간에 여유담(黎維潭)이 막무흡(莫茂洽)을 제거한 것처럼 여씨의 회복을 도모할 충의롭고 강개한 인사가 없다고 어찌 아는가?

금년 3월에 완광평이 안남에서 출발하여 광서(廣西)에 도착하니 황제가 예부시랑 덕명(德明)을 보내 영접하고, 또 내각에 명령하여 안남왕이 상경할 때 연도의 관원이 상견하는 예의 절차를 의논해 정하게 하였다. 7월에 완광평이 신료와 추종(騶從) 184인을 거느리고 열하에 도착하여 순금 학(鶴) 1쌍, 순금 기린 1쌍, 무소뿔 5대(對), 상아 10대, 길들인 코끼리 1쌍, 육계(肉桂) 100근, 침향(沈香) 1000근을 바쳤다. 그 밖의 기이한 노리갯감은 다 기록할 수 없다. 또 안남 악공 수십 인을 올려 연극을 돕게 하니 황제가 크게 포상을 내리고 특별히 예우하였다. 완광평과 그 종신에게 행궁 72경(景)〔성조(聖祖)가 정한 것은 원래 36경이며, 황상이 이어 36경을 정하였다.〕을 자유롭게 구경하게 하였다. 어제(御製) 칠언율시 1수, 큰 글자로 '공극귀성(拱極歸誠)'이라고 쓴 어서(御書) 4자, 『어제집(御製集)』 20함(函)을 하사하였다. 또 친왕의 거복(車服)을 완광평에게 하사하고, 5품관의 조복을 종신에게 하사하였으며, 완광평의 장자 완광찬(阮光纘)을 세자로 봉하였다.〔여씨는 '유(維)' 자를 대대로 이름자로 전하였기 때문에 완씨는 '광(光)' 자를 대대로 이름자로 전하는 것이다.〕

서호수는 열하에서 벌어진 안남과 청나라의 외교 장면을 목도하고 매우 생생하게 기록하였다. 청나라와 안남 사이의 지극히 자애롭고 공손한, 즉 사대자소(事大字小)의 전형처럼 보이는 이런 외교의 이면에는 두 나라 사이 전쟁과 화해의 복잡한 과정이 있다. 1788년에서 1789년 사이에 안남에서는 왕조 교체가 일어났고, 여기에 청나라는 적극적으로 개입하였다. 이 사건은 당시 조선에서도 초미의 관심사였으며, 이 무렵 연행 사절을 통하여 조선의 조정에도 즉각 보고되었으나 세밀한 정보를 얻기 어려워 실상을 정확히 파악하지는 못하였다. 이제 안남의 왕조 교체와 청나라의 군사 개입을 월남사회과학위원회(越南社會科學委員會)에서 편찬한 『월남역사(越南歷史)』에 따라 간단히 정리하면 아래와 같다.[26]

1771년(건륭 36, 양력) 봄, 서산(西山)에서 완악(阮岳)·완려(阮侶)·완혜(阮惠)가 "겁부제빈(劫富濟貧)"의 기치를 들고 봉기하였다. 1787년(건륭 52) 말, 완혜는 북상하여 여씨 왕조를 뒤집었고, 여소통(黎昭統)은 청에 구원을 요청하였다. 1788년(건륭 53) 말, 건륭은 양광총독(兩廣總督) 손사의(孫士毅)를 수장으로 20만 대군과 10만 역부를 동원하여 월남 원정을 명하였고, 11월에 청군은 4로(路)로 나뉘어 월남을 침공하였다. 1788년 12월, 완혜가 즉위하여 연호를 광중(光中)이라 하고, 대군을 이끌고 북상하였다. 1789년(건륭 53[27]) 1월 25일 밤(음력 제석), 안남의 주력군이 승룡성(升龍城, 즉 하노이[河內]) 남쪽 하남(河南)에 진군하였고, 1월 30일 새벽 도독 용(龍)의 군대가 승룡성을 공격하여 손사의(孫士毅)는 도주하고 청군은 와해되었다. 손사의는 부량강(富良江, 즉 홍강[紅河])의 다리를 끊어 서산군의 추격을 막았으나 장병 7,000여 명이 전사하였다.

이 부량강 전투는 베트남이 중국과의 전투에서 거둔 가장 빛나는 승리로 기록되어 있다. 이 전쟁의 경과와 강화, 안남왕 책봉에 관한『청사고(淸史稿)』의 기록을 정리하면 아래와 같다.

건륭 53년(1788) 2월 완혜가 여성(黎城, 즉 하노이)을 공격하자 안남의 왕자 여유기는 청나라 광동으로 도망가 구원을 청하였다. 양광총독 손사의가 안남으로 출병하여 남하하면서 11월 14일(음력, 이하 같음)에는 수창강(壽昌江), 18일에는 시구강(市球江), 21일에는 부량강에서 승리를 거두었다. 11월 22일 여성을 점령하여 여유기를 왕으로 세웠고, 완혜는 광남(廣南)으로 물러갔다. 승전보를 들은 건륭제는 손사의를 모용공(謀勇公)에 봉하고, 회군을 명하였으나 손사의는 따르지 않았다. 건륭 54년(1789) 정월 26일, 완혜가 여성을 탈환하였고, 청군의 제독(提督) 허세형(許世亨), 총병(總兵) 상유승(尙維昇)과 장

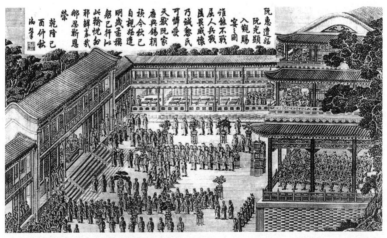

완혜가 조카 완광현을 입근시켜 잔치를 내리는 모습

조룡(張朝龍)이 전사하였다.[28] 27일에 건륭은 손사의를 경사로 소환하고 공의 작위를 삭탈하였으며, 복강안(福康安)을 양광총독에 임명하였다. 또한 안남국왕 여유기가 다시 망명해 왔으므로 광서에 안치하라고 명하였다. 3월 7일, 완혜에게 제독과 총병을 살해한 도적을 묶어 바치라는 격문을 보내라고 복강안에게 명령하였다. 4월 21일, 완혜의 항복을 받아들인다고 공포하고, 5월 3일에는 완혜의 조카 완광현(阮光顯)의 입조를 허락하였다. 6월 22일에는 완혜를 안남국왕에 책봉하고, 이듬해 완광현의 입조를 허락하였다.

손사의는 초전에는 승리하여 여씨 왕조를 회복하였지만 이후 전투에서는 참패하였다. 손사의는 시구강을 건너 패주하였고, 월남군의 추격을 막기 위해 부교(浮橋)를 끊었으며, 그 결과 수많은 장병이 죽거나 포로가 되었다. 건륭은 개전 초의 승리로 손사의에게 내린 작위는 물론

열하희대터(측면). ©이창숙

하사품까지 모두 회수하고 총독직에서도 해임하였다. 이때 쫓겨난 안남왕 여유기도 가솔을 데리고 손사의를 따라 진남관(鎭南關)으로 갔으므로 건륭은 그들을 광서성(廣西省) 남녕(南寧)에 안치시켰다. 완광평은 전투에서는 승리하였지만 곧 청나라에 복속을 표하였고, 1789년 6월 건륭제가 그를 안남국왕에 봉함으로써 약 1년 반에 걸친 두 나라의 분쟁은 평화롭게 막을 내렸다.

청과의 전쟁 중에 완광평은 칭제건원하였지만 곧 청나라에 복속하는 결단을 내린 데는 그럴 만한 사정이 있었다. 당시 완광평은 섬라(暹羅)와도 대결 중이었으므로 청나라와는 다시 조공 책봉 관계를 회복하는 실리적인 외교 노선을 취하지 않을 수 없었던 것이다. 이전에 완혜가 몰아낸 광남왕(廣南王) 완씨(阮氏)의 아들 완복영(阮福映)이 섬라로 망명하여 그 나라의 부마가 되었고, 그는 섬라의 지원을 받아 완혜와 대적할 정도로 세력을 키웠다. 완혜로서는 완복영이 더 큰 위협이었으므로 청나라와 전쟁을 계속할 수는 없었다. 이에 스스로 청의 책봉을 요청하고, 먼저 조카를 입조시키고 이어서 자신도 직접 입조하겠다고 몸을 굽혔다. 건륭으로서는 패전의 치욕을 안겨 준 안남이 항복을 자청하였으니 불명예를 일시에 만회하고, 나아가 월남에 영향력을 계속 행사할 수 있게 되었다. 그야말로 굴러들어온 호박이었던 셈이다.

서호수가 목도한 두 나라의 지극히 화기애애한 외교 장면에는 이런 배경이 깔려 있었다. 그러나 건륭의 80세 생일잔치에 직접 입조한 안남왕은 가짜였다. 청말 서정욱(徐延旭, ?-1884)이 편찬한 『월남집략(越南輯略)』(1877년 출판)에서 이렇게 기록하였다.

(건륭) 55년, 완광평이 축하하러 입조하니 열하 피서산장에서 잔치를 베풀고, 반차는 친왕 아래 군왕 위로 하였으며, 관대를 하사하여 책봉을 받고 돌아갔다. 사실 완광평은 그 아우를 대신 보냈으니 완광평은 감히 직접 오지 못하였던 것이다."[29]

『청사고(淸史稿)』도 이 기록을 그대로 수용하였다. 월남 완조(阮朝)에서 편찬한『대남실록정편(大南實錄正編)』[30] 권1에도 가짜를 보냈다고 기록하였다.

서산의 완문혜가 청나라에 사신을 보내 조공하였다. 애초에 완문혜는 청나라 병사를 물리쳤고, 또 완광평이라고 부르며 청나라에 책봉을 요청하니 청나라 황제가 허락하였다. 다시 입근하겠다고 요청하고, 완문혜는 그의 생질 범공치가 자신과 닮았으므로 그를 대신 보내고, 오문초, 반휘익 등을 함께 보냈다. 청나라 황제는 자신의 패전을 부끄러이 여겨 알면서도 받아들이고 선물을 매우 후하게 내리니 완문혜는 뜻을 이루었다고 여기고 더욱 방자하였다.[31]

국내외 사정으로 청나라에 스스로 책봉을 요청하였지만 결코 진심으로는 복종하지 않은 완광평의 자존심을 엿볼 수 있는 대목이다. 완광평이 보낸 자신의 대역은 그의 아우 또는 생질이었다고 한다. 생질은 범공치(范公治)이며 완광평과 외모가 매우 닮았다고 한다. 최근 중국에서는 이 가짜 입근설(入覲說)을 부정하는 주장도 나왔지만[32] 서호수의 관찰을 빌면 가짜 입근설은 더욱 신빙성을 얻는다. 서호수는 이어서 북경에서 본 안남왕 일행의 거동을 기록하였다.

거가(車駕)가 원명원(圓明園)에 돌아와서 황제가 완광평을 불러서 보면 복강안이 반드시 문밖에서 완광평의 귀에다가 한참 동안 말하여 주대(奏對)하는 절도를 가르쳤다. 전폐(殿陛)에 올라갈 때도 완광평의 옷을 당겨 앉고 서고 꿇고 머리를 조아리는 절차를 가르쳤다. 혹 사사로이 조방(朝房)에서 접촉할 때면 복강안은 서서 말하고 완광평은 꿇어앉아 답하니 비열하게 아첨하는 태도가 못하는 짓이 없었다.

서호수는 완광평의 대역과 복강안의 관계에 무언가 사연이 있음을 놓치지 않았다. 유득공은 안남 임금과 신하 사이의 비정상적인 예의범절을 목도하였다. 『열하기행시주』 '안남왕' 조에 신하가 왕의 행동거지를 조정하는 듯한 낌새를 좀더 자세하게 기록으로 남겼다.

연경에는 완광평이 금은보화를 복강안에게 수레로 바쳐 결국 왕에 봉해졌다는 말이 자자하였다. 내가 중주의 사대부들과 대화하다가 안남의 일에 이르면 모두가 넘어진 것은 엎고 심은 것은 북돋워주는 것이 천도라고 말하였다. 다시 물으면 오늘밤에는 풍월 얘기만 하자 하고 끝내 말을 하지 않았다. 형부낭중으로서 그 이름을 잊어버린 이는 강개한 인사인 듯 조방에서 나와 얘기하다가 안남의 배신이 지나가자 "완광평은 역적이다."라고 욕을 하였다. 역적 완광평이 복강안에게 뇌물을 주었다는 말은 도청도설에 지나지 않지만, 완광평이 열하에 와서 화신과 복장안을 반열에서 만나면 황망히 무릎을 반 꿇는 것은 보지 않은 사람이 없다. 이는 만주의 습속에 천한 사람이 귀한 사람을 섬기는 예이다. 중조의 대신과 대등하게 예를 차리지 못하고 이런 비굴한 태도를 지으니 그가 하지 못하는 짓이 없음을 알겠다.

......

저들이 나라를 떠나 멀리 와서 상국에 주선하더라도 임금과 신하의 구분이 있어야 한다. 매번 잔치 자리에서 그 임금은 앞에 있고, 그 신하는 뒤에 있었는데 경외하는 빛이 거의 없었다. 혹 주고받는 물건이 있으면 임금 옆에 던졌다. 그 임금이 우연히 우리 사신에게 "일본국이 멉니까?"라고 묻고 사신이 답하였다. 그 임금이 다시 말을 하려 하자 반휘익 등이 눈을 부라리며 말리니 매우 놀랄 일이었다.[33]

완광평이 복강안에게 뇌물을 주어 대청 관계를 회복한 일은 당시 공공연한 비밀이었던 모양이다. 당시 사람들은 상상도 못했던 완광평의 대역 입근설도 월남의 사서 『흠정월사통감강목(欽定越史通鑑綱目)』과 『대남정편열전초집(大南正編列傳初集)』의 기록을 합쳐 보면 그 사실이 선명하게 드러난다. 『흠정월사통감강목』 권47 여민제(黎愍帝) 소통(昭統) 3년에 복강안에게 뇌물을 준 일이 실려 있다.

청나라 황제가 각신 복강안을 양광총독으로 삼아 9성의 병마를 이끌고 안남의 일을 처리하라고 명하였다. 2월에 복강안이 광서 태평막부에 이르자 문혜는 곧 그의 신하 오임(吳壬)을 보내 몰래 귀순하고 사죄하였다. 또 복강안에게 뇌물을 많이 주어 자신을 위해 주선해 주기를 간청하였다. 복강안은 뇌물을 많이 받았고 또 그가 일을 일으키지 않음을 다행히 여겨 그대로 허가하여 달라고 주청하니 청나라 황제가 따랐다.[34]

『대남정편열전초집』권30 '완혜(阮惠)' 조에는 대역을 보낸 사실을 뚜렷하게 밝혀 놓았다. "경술년 봄, 복강안이 완혜에게 행장을 준비하라고 재촉하였다[庚戌春, 福康安促惠治裝]"는 구절 뒤에 작은 글자로 협주(夾註)를 달아 다음과 같이 기록해 놓았다.

완혜는 다시 어머니의 죽음을 핑계로 아들 광수를 대신 입근시키겠다고 청하였으나 복강안은 허락하지 않고, 몰래 진남관으로 사람을 보내 세밀하게 지도하여 부득이하다면 모습이 자신과 닮은 사람으로 대신하게 하였다.[35]

완광평의 귀순과 대역의 입근에 이르기까지 복강안이 뇌물을 받고 주선하였던 것이다. 대역이 그 임무를 무사히 마칠 수 있도록 복강안은 행동거지의 하나하나를 세밀하게 직접 지도하지 않을 수 없었고, 대역은 또 그에게 극도의 공경을 표하지 않을 수 없었던 것이다. 안남의 신하들 또한 대역이 임무를 완수하도록 극도로 예민하게 대역의 행동 하나하나를 통제하였다. 이런 장면이 유득공과 서호수의 눈에 그대로 잡혔다. 서호수가 본 복강안과 완광평의 장면, 안남 임금과 신하 사이의 해괴한 예의범절은 왕이 가짜가 아니라면 결코 일어날 수 없는 사건이었다. 서호수는 이어서 안남 군신(君臣)의 인물과 복식에 대해서도 관찰하였다.

나는 잔치 자리에서 안남왕과 그의 종신 이부상서 반휘익(潘輝益), 공부상서 무휘진(武輝瑨) 등과 매일 자리가 이어 있어서 혹 수작도 하였다. 화신(和珅)의 아들로서 황상(皇上)의 열한 번째 액부(額駙)가 된 자가 번번이 나에게 "안남 사람은 결코 깊이 사귀어서는 안 됩니다."라고 말하였다. 또 검서(檢書) 등이 전하는 말을 들으니 형부 낭중(刑部郎中) 아무개가 조방에 있다가 지나가는 안남왕의 종신을 가리키며 "완광평은 정말로 역적이다. 이 무리들은 다 그 패거리이다."라고 욕하였다고 한다. 사대부들의 울분을 알 수 있고, 또 화신과 복강안의 사이가 서로 화합하지 못하다는 것도 추측할 수가 있다.

완광평은 골격이 맑고 준수하며 거동 또한 침착하고 신중하여 교남의 걸출한 인물인 듯하였다. 그러나 종신들은 문자는 조금 알아도 체구가 작고 못났으며, 언동은 교활하고 경박하다. 나에게 여러 번 "새 왕은 본래 광남의 포의로서 여씨에게는 군신의 의가 있지 않습니다."라고 말하였고, 또 "새 왕의 궁실은 다 여씨의 옛 궁궐을 그대로 쓰고 있습니다. 귀국한 뒤에 그 편액을 고치지 않을 수 없습니다."라고도 하였다. 자기들 역시 여씨의 조정에 벼슬한 일이 없으며, 지금의 관작과 품등은 다 새 왕이 내린 것이라고도 말하였다. 말을 조잘조잘 그치지 않으니 아마 마음에 겸연쩍음이 있기 때문이리라.

태화전(太和殿) 하반(賀班)과 석월단(夕月壇) 제반(祭班)에서 그들이 말한 본국 의관을 보았다. 왕은 머리에 망건(網巾)을 두르고 칠량금관(七梁金冠)을 썼으며, 몸에는 붉은색 용포(龍袍)를 입고, 백옥대(白玉帶)를 매었다. 종신들 역시 망건을 둘렀으며 오량오모(五梁烏帽)를 쓰고 망포(蟒袍)를 입었는데 색은 청색이나 자색(紫色)이었다. 금대(金帶)를 매었으며, 포(袍)의 무늬는 어지럽고 괴이하여 배우의 옷과 같아 안남의 옛 제도와는 판이하였다. 또 안남은 예전에 13도(道)였던 것을 지금은 6도로 나누었으니 다 신왕(新王)이 바꾼 것이라 한다.

안남사신들은 열하에서는 건륭이 준 만주족의 옷을 입었고, 북경의 의식에서는 본국의 의복을 입었다. 서호수는 안남의 관복이 배우의 옷과 같았다고 하였고, 유득공은 배우들에게서 빌려온 것이라고 하였다. 『열하기행시주』에는 그들의 의관에 대해 서호수와 비슷한 관찰이 실려 있고, 그 뒤에 "자세히 보니 모두가 배우의 물건들로서 빌려온 것이었다[細察之, 皆戲子物, 貰來者也.]"고 소감을 밝혔다. 당시 안남사신들이 본국의 의관을 두고서 북경 배우들의 옷을 빌렸을 리는 없을 터이다. 청나라 때 한족은 만주족의 옷을 입어야 했다. 그러나 조선과 안남의 사신들은 본국의 의관을 착용하였고, 그 복식은 명나라의 복식이었다. 청나라 때도 배우들은 필요에 따라 이전 한족의 복식을 입고 무대에 오를 수 있었다. 이 때문에 청나라 사람들은 누구나 할 것 없이 조선 연행 사절을 보면 배우와 같다고 하였다. 조선 사절과 비슷한 옷을 입은 안남의 사절 역시 중국인의 눈에는 배우로 비쳤다. 서호수와 유득공은 자신들의 의관은 배우와 비슷하다고는 생각지 못했던 듯하다.

17일에도 전날과 같은 시각에 같은 절차를 거쳐 피서산장으로 들어가 극장에서 연극을 보며 외교 활동을 전개하였다. 조선 사절을 접대하는 예부시랑(禮部侍郞) 철보(鐵保)와 학문적 교류를 전개한다.

예부시랑 철보가 그의 『열하시(熱河詩)』 한 권을 보이면서 평을 청하고, 또 나의 서서를 달라고 청하였다. 여행 중에 달리 휴대한 것이 없었으므로 『혼개도설집전(渾蓋圖說集箋)』 두 권을 보내 주었다.

18일에도 같은 시각에 같은 절차를 거쳐 극장에서 연극을 관람하였다. 이날은 사신 일행이 자리를 잡은 후에 건륭의 어좌 앞으로 가서 대화를 나누었다.

반열에 나아간 후 예부시랑 철보가 나에게 말하였다.
"안남왕과 조선사신을 부르라는 황지(皇旨)가 있으니, 나아가 전폐(殿陛) 아래서 기다려야 합니다."
이어서 우리들을 인도하여 전폐 아래 서쪽가에 세웠다. 먼저 안남왕을 불렀고, 조금 뒤에 물러나왔다. 화신(和珅)이 나와서 황지를 전하였다.
"조선사신은 자리에 오르라."
정사, 서장관과 함께 나아가 전각 안 어탑(御榻) 앞에 꿇어앉았다. 1칸이 채 못 되는 거리에 황상이 상복(常服)을 입고 침향탑(沈香榻) 위에 앉아 있었다. 탑의 높이는 2자 남짓이며, 위에는 담흑(淡黑) 바탕에 꽃무늬를 수놓은 담요를 깔았고, 뒤에는 산수운물(山水雲物)을 새긴 침향병풍(沈香屛風)을 세웠다. 탑 앞에는 짙은 황색 바탕에 채색 꽃무늬 담요를 깔았다. 좌우 탁자 위에는 금축(錦軸) 아첨(牙籤)이 수백 권(卷)이나 있다. 황지(皇旨)에 일렀다.
"너희들은 마침 장마와 더위를 당하여 장성(長城) 밖을 경유하여 오면서 수토(水土)에 익숙하지 않고 도로가 험난하였을 터인데, 어떻게 도달할 수 있었는가?"

나와 정사와 서장관은 머리를 조아린 뒤에 대답하였다.

"황상의 홍은에 힘입어 무사히 도착하였습니다."

황지에 일렀다.

"너희 나라에 만주와 몽고의 말을 하는 자가 있는가?"

정사가 대답하였다.

"배신(陪臣) 등의 일행 중에 데리고 온 자가 있었는데, 다 성경(盛京)에서 바로 연경으로 향해 갔습니다."

황지에 일렀다.

"연희를 마친 뒤에 짐은 환궁할 것이다. 너희들은 먼저 경도로 가서 기다려야 한다."

이어 연반(宴班)에 나아가라고 명령하여 철보가 우리를 인도하여 나갔다.

건륭은 장마철 험로를 뚫고 열하로 온 조선사신에게 호의를 보였다. 당시 만주족의 판도 안에 든 거의 모든 족속이 열하로 모여들었으니 조선사신의 참여는 당연히 생일잔치에 광채를 더하였다. 이 점이 건륭으로서도 고마웠을 터이다. 연극을 보고 나와서는 예부시랑 철보의 숙소로 찾아가서 그를 만났다. 철보의 방에는 차가 끓어서 향기가 맑고, 주렴과 책상이 깔끔하였다. 서가에는 『명시종(明詩綜)』과 『패문운부(佩文韻府)』가 놓여 있었다. 이때 철보는 39세, 서호수는 55세였다. 철보의 사람됨에 대해 서호수는 산뜻한 인상을 먼저 받았다. 서호수는 먼저 사행 업무에 관해서 질문한다.

연회에서 물러나 숙소로 철보를 방문하였다. 차가 끓어서 향기가 맑고, 주렴과 책상이 깔끔하였다. 서가에는 『명시종(明詩綜)』과 『패문운부(佩文韻府)』가 놓여 있었다.

서호수 그저께 화중당(和中堂)이 진하표문(進賀表文)과 봉전자문(封典咨文)을 먼저 어전(御前)에 올렸는데, 혹 황지(皇旨)에 따라 그렇게 하였습니까?

철보 왕중당(王中堂)이 표자(表咨) 몇 통을 벌여 놓고, 무슨 일로 올린 것이라고 아뢰니 황지가 있으므로 진하표와 봉전자문을 가져다 올린 것입니다.

서호수 봉전자문은 곧 소방(小邦)의 지극히 무겁고 큰일인데, 귀부(貴部)에서는 어떻게 황지를 주청(奏請)할 생각입니까?

철보 왕중당이 예부(禮部)를 관리하고 있기 때문에 그저께 이미 면주(面奏)하여 '자문에서 주청한 대로 회답하라.'는 황지를 얻었습니다.

서호수 그렇다면 귀부의 회자(回咨)를 어째서 작성해 보내 주지 않습니까?

철보 회자는 관례에 따라 귀행(貴行)이 출발하기 수일 전에 완성하여 보냅니다.

서호수는 사절 본연의 업무인 문서 전달에 관한 사항을 먼저 물었다. 황제의 생일을 축하하는 진하표문(進賀表文)과 작위를 내려 주기를 청하는 봉전자문(封典咨文)을 바쳤으니 그 답을 받으려고 하였다. 외교 사절로서 임무 완수가 무엇보다 중요하다. 조선으로 돌아가려고 북경을 출발하기 며칠 전에 작성하여 준다는 답을 받았다. 이어서 서호수는 시문과 학술로 화제를 돌렸다.

서호수　전일 밤에 귀하의 글을 대략 보니 기격(氣格)이 굳세고 높으며, 의취(意趣)가 맑고 우아하며, 구법(句法)과 자안(字眼)이 다 자연스러운 성령(性靈)에서 나온 것이었습니다. 어양(漁洋)의 해맑음과 목재(牧齋)의 화려함을 겸하였으니 나 같은 사람의 좁은 소견으로 엿볼 수 있는 바가 아닙니다.

철보　저는 시학(詩學)에 대해 뜻은 부지런하나 재주가 둔합니다. 과연 왕사정(王士禎)과 전겸익(錢謙益)의 시를 좋아하긴 하지만 그 울타리도 밟아 보지 못하였습니다. 그런데 족하(足下)의 추켜세우심이 지나치시니 부끄럽고 부끄럽습니다.

서호수　어제 올린 『혼개도설집전(渾蓋圖說集箋)』은 과연 하자가 없던가요?

철보　나는 사장(詞章)을 약간 이해할 뿐, 율력(律曆)에 대해서는 정말 봉사가 단청 구경하는 격입니다. 어찌 감히 '쟁반을 두드리고 촛불을 만져 보는 것[扣盤捫燭]'과 같은 소견으로 억지 평을 할 수 있겠습니까? 다만 그 그림과 해설을 보니 역시 전문가의 뛰어난 재예(才藝)라고 하겠습니다.

서호수　현재 재상 중에서 율력에 정통한 이는 누구입니까?

철보　각학(閣學) 옹방강(翁方綱), 이연(李演)이 있는데, 옹방강은 현재 성경(盛京)에서 『사고전서(四庫全書)』를 고교(考校)하고 있고, 이연은 경사에 있습니다.

서호수 합하께서는 옹방강과 이연과 다 친분이 있습니까?"

철보 모두 친숙합니다. 그저께 팽 상서(彭尙書)가 물은 『성시(聲詩)』라는
     책이 귀국에 과연 없다면 어째서 중국에 이름이 전해졌을까요?

서호수 『왕어양시화(王漁洋詩話)』에 '조선사신의 말을 들으니 동국(東國)은
     과연 성시(聲詩)를 이해한다.' 한 말이 있습니다. 어떤 이가 이 말로
     인하여 '성시'라는 이름을 억지로 붙인 것이 아닐까요? 강희(康熙)
     연간에 손치미(孫致彌) 공이 우리나라에 왔을 때 동시(東詩)를 뽑아
     올린 일이 있지만, 이 밖에는 따로 시선(詩選)이 없습니다. 『목재집
     (牧齋集)』은 지금 금서(禁書)로 되어 있는데 합하께서는 어디서 보셨
     습니까?"

철보 무릇 금서에 관한 법은 공부(公府)에 소장(所藏)하고 있는 것에 국
     한할 뿐입니다. 천하의 사삿집 장서를 어떻게 다 없앨 수 있겠습니
     까? 목재(牧齋)는 큰 바탕이 이미 이지러졌으니 사람은 실상 볼 것
     이 없지만, 시문(詩文)만은 반드시 후세에 없어지지 않을 것입니다.

철보(1752-1824)는 만주 정황기(正黃旗) 사람으로 자는 야정(冶亭), 호
는 매암(梅庵)이다. 성은 원래 각라(覺羅)였으나 후에 동악(棟鄂)으로 바
꾸었다. 이부상서, 산동순무(山東巡撫), 양강총독(兩江總督), 몽고부도통
(蒙古副都統) 등 요직을 역임하였고, 성친왕(成親王), 유용(劉墉), 옹방강(翁
方綱)과 함께 청대 4대 명필로 꼽힌다. 그는 1772년 건륭 37년에 진사
급제하였으며, 건륭 53년 1789년에 예부시랑으로 승진하였다. 다음 해
이 직책으로 조선사신의 접반을 맡았던 것이다. "저는 시학(詩學)에 대

해 뜻은 부지런하나 재주가 둔합니다."라는 말은 겸양을 갖춘 진솔한 말이다. 그가 열하 임시 숙소에 비치한 『명시종』도 권수가 100권이고 『패문운부』는 정집(正集)만 540권이니 책수도 상당하였을 것이다. 열하에서 업무의 여가에 시작 참고서를 보았을 터이니 시인 철보의 면모가 선명하게 드러난다. 그는 매우 높은 평가를 받는 시인이었다. 유득공은 『열하기행시주』에서 〈철야정시랑(鐵冶亭侍郞)〉 시를 짓고 주를 달았다.

만어 한어 문서 종일 바쁘니
합문 서쪽 돌아 군기방이라네
정황기 아래서 명사를 만나니
옥시랑의 형 철시랑이라네

滿漢文書盡日忙 閤門西轉是機房
正黃旗下逢名士 玉侍郞兄鐵侍郞

야정은 이름이 철보이며, 만주 정황기 사람으로서 예부우시랑이다. 우촌(雨邨) 이조원이 일찍이 그를 칭찬하여 "『순화첩(淳化帖)』을 잘 쓰니 팔기 사람 중에는 이런 사람이 많지 않다"고 하였다. 나는 일찍이 그의 『허한당집』을 보았으며, 야정도 내 이름을 알고 있었다. 열하행궁의 합문 오른쪽에 군기방이 있다. 나는 박제가와 함께 그 안으로 들어가니 내각학사 옥보, 한림 장후, 이번원 시랑 파충, 이번원 원외랑 담윤당, 중서사인 문모, 어모 등 여러 사람이 의자에 기대 앉아 함께 얘기하느라 응접할 여가가 없었다. 여러 중서들은 어떤 이는 문서를 처리하고 어떤 이는 경사에서 온 편지를 열어 읽으며 분잡하여 끝이 없었다. 잠시 후 한 사람이 들어왔으니 바로 철시랑이었다. 대화를 나누니 이전에 알았던 사람처럼 기뻤다. 숙소에 돌아온 후 야정이 시를 보냈다. "관부 연회에 이어 사사로이 만나니 새 사귐 오랜 벗 같구나"라는 구절이 있었다. 나도 화답하여 보냈다. 후에 들으니 철보는 형이고 옥보는 동생이며, 역시 시로 명성이 있다고 하였다. 형제가 모두 사신(詞臣)으로서 황궁에 출입한다. 야정은 또 몽고부도통을 겸하니 총애와 영광이 바야흐로 높다고 한다.[36]

서법에서 철보는 처음에는 "관각체(館閣體)"를 배우고 뒤에 안진경체(顏眞卿體)를 배워 "관각"의 딱딱한 병폐를 고쳤다. 저서에 『유청재전집(惟淸齋全集)』, 『백산시개(白山詩介)』 등이 있다. 박제가도 열하에서 철보와 시를 수창하였으며, 귀국하여서도 그를 그리는 시를 지었다.

19일. 이날도 청음각에서 연극을 보았다. 안남의 이부상서 반휘익, 공부상서 무휘진이 칠언율시를 보내 왔고, 여기에 각각 화답하였다. 무휘진에게 화답한 시는 박제가가 대작하였다.

안남의 이부상서 반휘익과 공부상서 무휘진이 각각 칠언 율시 한 수씩을 보내면서 화작을 청했다. 반휘익의 시는 이러하다.

나라 경계는 바다 동남으로 나뉘었으나

같이 명당을 향해 멀리 말을 몰았습니다
문헌에서 우리의 도 있음을 이미 찾았고
품고 돌보는 황제 은혜 미치기만 오로지 바랍니다
같은 풍속은 천고의 의관 제도요
기이한 만남에 날마다 손으로 얘기합니다
시를 지어 풍극관 이수봉을 뒤따르니
사귀는 정은 진한 술 맛보다 더욱 달군요

居邦分界海東南 共向明堂遠駕驂
文獻夙徵吾道在 柔懷全仰帝恩覃
同風千古衣冠制 奇遇連朝指掌談
騷雅擬追馮李舊 交情勝似飮醇甘

무휘진의 시는 이러하다.

바다의 남쪽과 바다의 동쪽
강역은 다르지만 도맥은 통합니다
왕회에 처음 왔으나 문헌은 나란하고
황장에 지금 와서 뵙기를 함께합니다
의관은 마침 지금 제도를 따랐으나
깊은 우의에 어찌 고풍을 잇지 않으리오
옛날 중국에 온 사신 그 누가 우리처럼

날마다 잔치 자리에서 담소하였을까요

海之南與海之東 封域雖殊道脈通

王會初來文獻並 皇莊此到觀瞻同

衣冠適有從今制 縞紵寧無續古風

伊昔使華誰似我 連朝談笑燕筵中

나는 두 사람의 시에 화답해서 보내고, 각각 부채 10자루와 청심원(淸心元)
10개씩을 보냈다. 반휘익에게 화답한 시는 이러하다.

어느 곳 청산이 태양 남쪽이런가

난양의 가을비에 함께 말을 멈췄습니다

중국에 온 사신은 예전에 우호를 이루었고

성교는 지금 멀리까지 미칩니다

잔치에서 아침 내내 아악을 듣노라고

고상한 정을 청담에 붙일 겨를이 없었지요

새 시를 읽고 나니 풍미가 넉넉하여

문득 안팎이 꿀처럼 단 줄 알겠습니다

何處靑山是日南 灤陽秋雨共停驂

使華夙昔修隣好 聲敎如今荷遠覃

法宴終朝聆雅樂 高情未暇付淸談

新詩讀罷饒風味 頓覺中邊似蜜甘

무휘진에게 화답한 시는 이러하다.

집이 삼한에 있으니 동쪽 또 동쪽이라
태양 남쪽 소식 아득히 통하지 않았습니다
사신이 멀리서 이르니 별이 갓 뜨고
천자가 높이 계시니 사해가 하나로군요
동마주는 참으로 긴 밤을 보낼 만하지만
나는 수레 어이 얻어 긴 바람 거슬러갈까요
알겠군요, 그대 만 리 고향 돌아가는 꿈은
아직 황제 주변에 있는 줄을

家在三韓東復東 日南消息杳難通
行人遠到星初動 天子高居海旣同
洞酒眞堪消永夜 飛車那得溯長風
知君萬里還鄉夢 猶是鉤陳豹尾中

　　조선과 안남의 사신들이 주고받은 시는 대체로 그들의 선배 이수광
과 풍극관의 시와 크게 다르지 않다. 중국을 중심으로 동쪽과 남쪽에
자리 잡은 지리적 차이와 유가 문명을 받아들인 동질성을 언급하고, 현
재 나그네 처지인 자신들의 처지를 서로 동정하고 있다. 반휘익에게 화

답한 시는 유득공이 대작하였고, 무휘진에게 화답한 시는 박제가가 대작하였다. 『영재집(冷齋集)』에 실렸으며, 『정유각집(貞蕤閣集)』에는 〈반휘익 등에게 차운하여 부사를 대신하여 짓다[次韻潘輝益等代副使作]〉라는 제목으로 실려 있다. '동주'는 '동마주(桐馬酒)'라고도 하며 말의 젖으로 만든 술이다.

20일에는 건륭의 명령으로 각국 사신들이 열하의 문묘(文廟)를 배알하였다. 21일에는 열하를 출발하여 25일 북경에 도착하였다. 예부(禮部)에서 제공한 수레를 타고 열하에서 북경 덕승문(德勝門)까지 426리를 가면서 경유지마다 연혁과 현황을 기록하였다. 그가 경유한 곳은 광인령(廣仁嶺), 난하(灤河), 난평현(灤平縣), 왕가영(王家營), 상산욕(常山峪), 황토령(黃土嶺), 청석령(靑石嶺), 양간방(兩間房), 조하(潮河), 조하천 영성(潮河川營城), 화석령(火石嶺), 조하(潮河), 석갑성(石匣城), 밀운현(密雲縣), 회유현(懷柔縣), 남석조(南石槽), 청하참(淸河站)이었다. 덕승문을 통해 북경에 들었으며, 다시 지안문(地安門), 동안문(東安門), 동화문(東華門), 동장안문(東長安門)을 거쳐서 조선사신의 숙소인 남관(南館)에 도착하였다. 그러나 남관에서 쉬지 못하고 바로 정양문을 나와서 원명원으로 출발하였고, 날이 저물어 정양문 밖 여사에서 묵었다.

25일자 일기에 북경의 규모를 자세히 적었다.

경성의 규모와 제도

내성(內城)은 둘레가 40리, 남면의 너비는 2295장(丈) 9척 3촌이고, 북은 2232장 4척 2촌이며, 동은 길이가 1786장 9척 3촌이고, 서는 1564장 5척 2촌이다. 아래는 돌, 위는 벽돌이며 합한 높이는 3장 5척 5촌이고, 성가퀴[堞]의 높이는 5척 8촌이며, 성 발치[趾] 두께는 6장 2척, 정상의 너비는 5장이다. 문루(門樓)는 9개가 있으며, 모두 붉은 기둥과 빨간 벽이며 처마는 3층이다. 처마를 봉(封)하고, 등마루에 벌여 놓은 것은 다 푸른 유리를 썼다. 각루(刻樓)는 4개이며, 모두 사면(四面)의 벽돌 담에 포창(礮窓)을 내었다. 성의 중문(重門)은 9개가 있으며 모두 초루(譙樓)와 투루(鬪樓)가 있고, 그 제도는 각루와 같다. 수관(水關)은 7개이며 다 안팎 삼중(三重)이고 철책(鐵柵)으로 보호하였다. 9문은 이러하다. 정남을 정양문(正陽門), 남쪽 왼편을 숭문문(崇文門), 남쪽 오른편을 선무문(宣武門)이라 한다. 북면의 동쪽을 안정문(安定門), 북면의 서쪽을 덕승문(德勝門)이라 한다. 동면의 북쪽을 동직문(東直門), 동면의 남쪽을 조양문(朝陽門)이라고 한다. 서면의 북쪽을 서직문(西直門), 서면의 남쪽을 부성문(阜城門)이라고 한다. 고루(鼓樓)는 황성(皇城)의 지안문(地安門) 북쪽에 있고, 종루(鐘樓)는 고루의 북쪽에 있다. 기단의 높이는 모두 1장 2척이고, 너비는 16장 7척이 약간 넘고, 세로[縱]는 3분의 1을 감하였다. 위에 문루를 세웠으며, 기둥과 동자 기둥[梲] 서까래[椽題]는 모두 돌로 만들었다.

외성(外城)은 내성을 둘러서 남면은 동서의 각루(角樓)를 감싸며, 둘레가 28리이다. 남면은 너비가 2454장 4척 7촌, 동쪽은 길이 1085장 1척, 서쪽은 1093장 2척이다. 아래는 돌 위는 벽돌이며, 합한 높이가 3장이며, 성가퀴의 높이는 4척이다. 성 발치의 두께는 2장, 정상의 너비는 1장 4척이다. 문루 7개, 각루 6개, 중문이 5개, 동서 편문(便門)에는 중문이 없다. 수관이 3개 있으며 제도는 다 내성과 같다. 7문은 이러하다. 정남문을 영정문(永定門), 남면의 왼쪽 문을 좌안문(左安門), 남면의 오른쪽 문을 우안문(右安門), 동쪽 문을 광거문(廣渠門), 서쪽 문을 광녕문(廣寧門), 동쪽 모서리 문을 동편문(東便門), 서쪽 모서리 문을 서편문(西便門)이라고 한다.

내성은 영락(永樂) 7년(1409, 태종 9)에 창건하였고, 외성은 가정(嘉靖) 32년(1546, 명종 1)에 창건하였다. 내성 해자의 물은 옥천산(玉泉山)에서 발원하여 고량교(高粱橋)를 지나 성의 서북에 이르러 두 갈래로 나뉜다. 한 갈래는 성을 따라 북으로 돌다가 동으로 꺾이어 다시 남으로 흐르고, 한 갈래는 성을 따라 서쪽으로 돌다가 남으로 꺾이어 다시 동으로 흐른다. 그리고 9개의 문을 돌아서 흐르고 9개의 수문을 지나 모여 흘러서 대통교(大通橋)에 이르러 동으로 간다. 양쪽 언덕에는 모두 벽돌과 돌을 쌓았다. 정양문 밖에는 돌다리 3개가 있고, 나머지 8문에는 각각 하나의 다리를 놓았다. 외성 해자 물도 옥천산에서 나뉘어 흐른다. 서각루(西角樓)에 이르러 성을 돌아 남으로 흐르다가 꺾이어 동으로 가서 동각루에 이르러 7문을 돌아 동으로 흘러 운하에 도달한다. 문밖에는 각각 1개의 교량을 가설하였다.

북경(北京) 지역에 도시가 건설된 지는 3000년이 넘는다. 서주(西周) 초에 무왕(武王)이 소공(召公)을 북경의 방산구(房山區) 지역에 봉하고 연(燕)이라고 불렀다. 또 요(堯) 임금의 후예를 북경시의 서부 지역에 봉하고 계(薊)라고 불렀다. 후에 연이 계를 합병하여 북경 지역이 그 중심지였으므로 연도(燕都) 또는 연경(燕京)이라고 불렀다. 그러나 진(秦) 나라가 통일을 이룬 다음 한족(漢族) 왕조에서 이 지역은 줄곧 변방일 수밖에 없었다. 이 지역이 도읍지가 된 것은 요(遼) 나라 때로서 송나라로부터 이 지역을 빼앗아 회동(會同) 원년(938)에 배도(陪都)를 건설하고 남경 유도부(南京幽都府)라고 불렀다. 이후 금(金) 나라 정원(貞元) 원년(1153)에 북경으로 도읍을 옮기고 중도(中都)라고 불렀다. 1215년 몽고군이 중도를 함락하고 연경로 대흥부(燕京路大興府)를 설치하였다. 이후 원(元) 세조(世祖) 지원(至元) 9년(1272)에 제국의 수도로 삼고 대도로(大都路)로 개명하였다. 마르코 폴로의 『동방견문록』에서는 돌궐어(突厥語)로 칸발릭(Khanbalik)이라고 불렀으며, 칸의 도시라는 뜻이다. 주원장(朱元璋)이 홍무(洪武) 원년(1368) 남경(南京)을 수도로 정하고 대도는 북평부(北平府)라고 개명하였다. 연을 봉지로 받은 연왕(燕王) 주체(朱棣, 1360-1424)가 정권을 찬탈하고 즉위하여 영락(永樂) 원년(元年) 북평을 북경으로 삼고 순천부(順天府)라고 개명하였다. 이때부터 각지의 백성을 북경으로 이주시키고 황궁을 건설하여 영락(永樂) 18년(1420)에 천도하였으며, 경사(京師)라고 개칭하였다. 내성의 남쪽에 외성을 쌓았고, 외성의 동서가 내성의 동서보다 길고, 외성의 동서 양단이 내성의 동서 모퉁이를 싸안고 있어 내성과 외성은 "凸" 자 형태를 이룬다.

내성에는 문이 9개가 있었으며, 모두 옹성(甕城)을 만들어 문은 중문이었다. 지금은 정양문과 그 옹성의 문인 전문(箭門), 덕승문(德勝門)의 전문만 남아 있고, 외성의 문은 영정문을 다시 복원하였을 뿐이다. 성벽도 1949년 이후 모두 철거하였고 내성의 남면 동쪽 일부만 남아 있다.

서호수는 이어서 북경 시내의 거리와 구획, 시설에 대해서도 세밀하게 기록하였다.

도성의 가도(街道)는 16개가 있다. 내성에는 숭문가(崇文街), 선무가(宣武街), 안정가(安定街), 덕승가(德勝街), 지안가(地安街)가 있으며, 모두 남북으로 길이 나 있다. 조양가(朝陽街), 부성가(阜成街), 동직가(東直街), 서직가(西直街)가 있으며 모두 동서로 길이 나 있다. 외성에는 정양가(正陽街), 숭문가, 선무가, 좌안가(左安街), 우안가(右安街)가 있으며 모두 남북으로 길이 나 있다. 광녕가(廣寧街), 광거가(廣渠街)가 있으며, 모두 동서로 길이 나 있다. 내성과 외성에는 24방(坊)이 있다. 정양문 밖 정양교(正陽橋)에 있는 것은 다리 이름으로 방에 이름을 붙였다(즉 유리창(琉璃廠). 조양문 밖에서 동교(東郊) 일단(日壇) 신로(神路)에 이르는 방은 경승(景升)이라고 한다. 부성문 밖에서 서교(西郊) 월단(月壇) 신로에 이르는 방은 광항(光恒)이라고 한다. 안정문 밖에서 북교(北郊) 방택단(方澤壇)에 이르는 방은 광후(廣厚)라고 한다. 동서 장안가는 모두 거리 이름으로 방 이름을 붙였다. 대청문(大淸門) 동쪽은 부문(敷文), 서쪽은 진무(振武)라고 한다. 숭문문 안은 취일(就日), 선무문 안은 첨운(瞻雲)이라고 한다. 동대시가(東大市街) 남북은 모두 거리 이름으로 방에 이름을 붙여 동쪽은 이인(履仁), 서쪽은 행의(行義)라고 한다. 서대시가(西大市街)는 동대시가와 같다. 태학(太學) 동서는 모두 성현(成賢), 부학(府學)의 동서는 모두 육현(育賢), 제왕묘(帝王廟) 동서는 모두 경덕(景德)이라고 한다.

이어서 북경 시내의 제단과 관아를 기술하였다.

원구(圜丘)는 정양문 밖 남교(南郊)에 있고, 방택(方澤)은 안정문 밖의 북교에 있다. 태묘(太廟)는 궁궐 왼쪽에 있고, 사단(社壇)은 궁궐의 오른쪽에 있다. 조일단(朝日壇)은 조양문(朝陽門) 밖 동교에 있고, 석월단(夕月壇)은 부성문 밖 서교에 있다. 선사묘(先師廟)는 안정문 안 태학(太學)의 왼쪽에 있고, 당자 (堂子)는 장안좌문(長安左門) 밖 동남쪽에 있다. [황상 어제(皇上御製) 『계묘집(癸卯 集)』 주(註)에, "우리 국가의 전례(典禮)는 당자(堂子)의 제천(祭天)을 가장 중시한다. 세 조(世祖)가 도읍을 정한 이후로 경사에 당자를 세우고 매년 원조(元朝)에 왕공대신을 거 느리고 먼저 당자에 나아가 예를 행하였다. 그 뒤 역대의 임금이 따라 행한다. 또 나라 풍 속에 당자를 세우고 하늘에 반드시 공경으로 절한다."고 한 구절이 있다. 이에 따르면 당 자는 하늘에 제사 지내는 곳이다. 우리나라 사람 중에는 등장군묘(鄧將軍廟)라고 하는 이 가 있다. 대개 요양성(遼陽城) 남쪽에 홍치(弘治) 연간의 도지휘사(都指揮使)였던 등좌(鄧 佐)의 사당이 있는데, 평소에 영험하다고 이름이 나서 요 지역 사람들이 두려워하여 복종 하였다. 요양은 곧 천명(天命) 때의 동경(東京)이다. 그런 까닭에 부회(傅會)한 것일 것이 다.] 종인부(宗人府), 이부, 호부, 예부, 병부, 공부와 한림원, 홍려시, 흠천감, 태의원(太醫院)은 장안좌문 밖에 있다. 형부(刑部), 도체찰원(都體察院), 통정사 사(通政使司), 대리시(大理寺), 태상시(太常寺), 난의위(鑾儀衛)는 장안우문(長安 右門) 밖에 있다. 이번원(理藩院), 첨사부(詹事府)는 어하교(御河橋)의 동쪽에 있 고, 순천부(順天府), 국자감(國子監)은 안정문 안에 있다. 광록시(光祿寺)는 동 안문(東安門) 안에 있고, 태복시(太僕寺)는 정양문 안의 동쪽에 있다. 사역관 (四譯館)은 정양문 밖에 있고, 제독구문(提督九門)과 보군통령서(步軍統領署)는 지안문(地安門) 밖에 있다. 모든 단(壇)과 묘(廟)는 다 누런 유리기와로 덮었 고, 공사(公舍)는 다 동와(甋瓦)로 덮었다. [여염집에는 동와를 금지한다.]

당자는 만주족의 제사 건축물로서 만주족이 북경에 입성한 1644년 장안좌문 밖에 건립하였다. 지금은 북경반점(北京飯店), 즉 북경 호텔 자리이다. 만주족은 원래 심양(瀋陽)에 장대를 세우고 하늘에 제사를 지내다가 북경에 들어와서는 당자를 짓고, 불상과 신상을 안치하여 제사를 올렸다. 등좌는 요동에 주둔하던 명나라의 군대의 도지휘(都指揮)로서 성화(成化) 3년(1467) 2월에 해서(海西) 건주(建州)의 여진족이 아골관(鴉鶻關)을 넘어 불승동(佛僧洞) 등처를 약탈하자 병사 500명을 데리고 쌍령(雙嶺)에서 싸우다가 전사하였다. 『요동지(遼東志)』와 『전료지(全遼志)』, 『사진삼관지(四鎮三關誌)』 등에 그의 죽음과 사후의 신령한 위력을 기록하였다. 그는 여진족 2000명을 맞아 병사 500명을 인솔하여 싸우다가 50인이 남을 때까지 분전하였다. 아래는 이보(李輔) 등이 편찬한 『전료지』에 기록된 그의 최후와 사후의 신통력이다.

등좌는 할 수 없음을 알고 탄식하였다. "하늘이여, 내 힘이 다 떨어졌습니다. 내 어찌 적의 수중에 들어가겠습니까!" 드디어 패도를 당겨 스스로 목을 베었다. 50인 가운데 살아서 돌아간 자가 하나도 없었다. 보고가 도착하기 전에 요 지역 사람들은 멀리서 등좌가 말을 타고 활을 끼고 북과 나팔을 울리며 앞에서 인도하여 동쪽에서 서쪽으로 가는 것을 보았다. 부하들이 모두 나가서 맞이하였으나 끝내 오지 않았다. 등좌의 집에서도 북과 나팔 소리가 들리며 문으로 들어오므로 노소가 놀라 바삐 맞이하였으나 보이지 않았다. 지방관이 그 일을 상주하여 사당을 세워 정표하고 천자의 명으로 제사를 지냈다. 도어사(都御史) 오정(吳禎)이 비기(碑記)를 지었다. 지금까지 무순(撫順)의 이민족 사람들은 역병이 돌 때마다 반드시 중국의 돼지를 사서 기도하고 제사하면 바로 보응이 있다. 그 충절이 현저하기가 이와 같다.[37]

등좌는 여진족을 맞아 용맹하게 싸우다가 전사한 한족 장군이지만 그의 용맹과 충절은 여진족에게도 효력을 발하였다. 당시 조선 사람들이 당자에서 제사를 받는 신격이 등좌 장군이라고 믿었던 데는 근거가 있다. 청나라 양빈(楊賓, 1650-1720)은 『유변기략(柳邊紀略)』에서 봉천(奉天)에 등좌의 사당이 많다고 하고, 그의 사적을 기록한 다음 "지금까지 만주의 굿에서 모두 제사를 지낸다[至今滿洲跳神皆祠之]"고 하였다. 그리고 이 구절의 뒤에 "혹자는 경사의 당자에서 제사를 올리는 사람 역시 장군이라고 한다[或曰, 京師堂子所祀者, 亦將軍云.]"는 주를 덧붙였다. 북경의 만주족이나 한족 가운데서도 당자의 제사 대상이 등좌 장군이라고 생각한 사람들이 있었던 것이다. 이런 오해는 아마도 '당자'와 '등좌'가 소리가 비슷하여 일어난 듯하다.[38] 당시 조선 사람들이 북경 당자에서 제사를 받는 신격이 등좌 장군이라고 생각한 데는 그의 정체성이 크게 작용하였을 것이다. 여진, 즉 만주족에 대항하여 싸우다가 당당하게 전사한 충신이 아닌가. 조선 사람들에게는 당연히 신격이 되고도 남는다.

서호수는 이어서 북경 내외성과 원명원 부근 팔기(八旗)의 거주 지역과 편제에 대해서 서술하였다.

내성의 팔기의 방위. 양황기(鑲黃旗)는 안정문 안에 있고 정황기(正黃旗)는 덕승문 안에 있으며, 모두 북방에 속한다. 정백기(正白旗)는 동직문 안에 있고 양백기(鑲白旗)는 조양문 안에 있으며, 모두 동방에 속한다. 정홍기(正紅旗)는 서직문 안에 있고 양홍기(鑲紅旗)는 부성문(阜成門) 안에 있으며, 모두 서방에 속한다. 정람기(正藍旗)는 숭문문(崇文門) 안에 있고 양람기(鑲藍旗)는 선무문 안에 있으며, 모두 남방에 속한다. 양황기, 정백기, 양백기, 정람기는 좌익 사기(左翼四旗)로서 북에서부터 동에 이르고, 동에서부터 남에 이른다. 정황기, 정홍기, 양홍기, 양람기는 우익 사기로서 북에서부터 서에 이르고, 서에서부터 남에 이른다. 이렇게 사방을 둘러 뭇별들이 북극성을 에워싸듯 황궁을 옹위한다.

내성 9문의 반직(班直)은 문마다 성문령(城門領) 2명, 문천총(門千摠) 2명, 성문리(城門吏) 2명, 효기(驍騎) 260명, 포수(礮手) 18명이다. 외성 7문의 팔기 반직은 문마다 성문령 1명, 문천총 2명, 성문리 1명, 효기, 포수 모두 70명이다. 또 제독(提督), 익위(翼尉), 협위(協尉) 등의 관을 설치하여 팔기보군(八旗步軍)을 통할하고, 기에 따라 경계를 그어서 황궁을 옹위하고 성문을 지킨다. 다 순치(順治) 원년(1644, 인조 22)에 정한 것이다.

청 태조(淸太祖) 신축년에 만주 사람들로 정황기, 정백기, 정홍기, 정람기의 4기를 편성하고, 갑인년에 만주, 몽고, 한군(漢軍)의 여러 사람들로 양황기, 양백기, 양홍기, 양람기 4기를 증설하니 합하여 8기가 되었다. 도통(都統)[청국 글자로 고산액정(固山額貞)], 부도통(副都統)[청국 글자로 매륵장경(梅勒章京)], 참령(參領)[청국 글자로 갑라장경(甲喇章京)], 좌령(佐領)[청국 글자로 우록장경(牛彔章京)] 등의 군관이 있어 8기의 기병(騎兵)을 통솔한다. 옹정(雍正) 2년(1724, 영조 즉위년)에 원명원 팔기호군영(八旗護軍營)을 설치하여 금원(禁苑)을 둘러 수호한다. 영총(營總), 참령 등의 관원이 있어서 호군(護軍) 3800명을 통솔하고 대신이 관할한다. 건륭 14년(1749, 영조 25)에는 건충영(健銃營)을 향산(香山) 실승사(實勝寺)의 곁에 설치하여 운제(雲梯), 마보사(馬步射), 조창(鳥鎗), 가선(駕船), 사풍(駛風)의 여러 가지 기예(技藝)를 익힌다. 익령(翼領), 참령(參領) 등의 군관이 있어 8기의 용기 있고 건강한 자제(子弟) 2000명을 통솔한다. 역시 대신이 관할한다.

북경 내외성 16문의 수비 병력을 상술하고, 이어서 북경 북쪽의 관문인 고북구(古北口)의 수비 병력도 기술하였다. 여기에는 무슨 깊은 의도가 있었을까?

고북구 방수위(古北口防守尉) 소속은 4기(四旗)로서, 만주 영최(滿洲領催) 12명, 효기(驍騎) 188명이 있고, 산해관 부도통(山海關副都統) 소속 8기로서, 만주·몽고·한군 영최(漢軍領催) 40명, 전봉(前鋒) 40명, 조창효기(鳥鎗驍騎) 200명, 효기(驍騎) 440명, 포수(礮手) 80명이 있고, 열하 부도통 소속 8기로서, 만주·몽고의 위전봉교(委前鋒校) 8명, 전봉(前鋒) 92명, 영최(領催) 100명, 조창효기 500명, 효기 1200명, 포수 40명이다. 무릇 산해관 안의 기보주방(畿輔駐防)은, 5진영(五鎭營)의 병마가 있고 또 8기의 병마가 있다. 산해관 밖 성경(盛京) 지방의 주방군(駐防軍)으로는 팔기의 병마(兵馬)가 있을 뿐이다.

26일에는 선무문에서 성 밑을 따라 외성의 서편문(西便門)으로 나가서 내성의 부성문 밖 서직문 밖을 지나 원명원에 도착하였고, 이후 11일까지 원명원의 우관(寓館)에 머물렀다. 선무문을 나서서 원명원에 이르는 연도의 광경을 기술하였다.

선무문에서 성 아래를 따라 외성의 서편문으로 나가서 내성의 부성문을 지나 서직문 밖에서 서쪽을 향해 20리를 가서 원명원의 우관(寓館)에 들어갔다. 원명원에서 황성에 도달하는 어도(御途)에는 다 돌을 깔았으며 너비는 3간 남짓이다. 길 좌우에는 채붕(綵棚)이 이어져 있고, 형형색색의 기암이수(奇巖異樹)와 화각패루(畫閣牌樓)는 이루 다 알아낼 수가 없다. 열하에 비하면 연도에 꾸며 놓은 가설물이 거의 100배나 된다. 구경하는 사녀(士女)들이 길거리를 꽉 메우고 수레바퀴가 서로 걸려 말이 뚫고 지나갈 수가 없다. 정말 천하의 장관이다.

이해 건륭의 생일잔치 행사로 자금성의 동화문(東華門)에서 원명원에 이르는 거리의 양쪽 각종 장식물을 가설하였다. 이 장식물은 단층 또는 2층의 다락형 가건물로서 여러 가지 색채의 비단과 종이 등으로 현란하게 장식하였으므로 "채붕"이라고 불렀다. 장식물은 주로 누대, 정자, 그리고 인공의 돌과 수목이었다. 그 상세한 내용은 나중에 다시 보기로 한다. 서호수는 원명원으로 가는 도중에 마테오리치(Matteo Ricci, 1552-1610)의 무덤에 들렀다. 마테오리치는 중국식 이름이 이마두(利瑪竇)이며 호가 서태(西泰)이다. 이 부분은 『연행기』의 세 사본에는 모두 빠져 있다.

이서태의 묘는 부성문 밖 2리에[39] 있으며 만력제(萬曆)가 장지를 하사하였다.

묘는 벽돌로 쌓아 5층이며, 매층의 높이는 횡서척(橫黍尺)으로 8촌, 너비는 횡서척으로 5척, 길이는 횡서척으로 12척이다. 층과 층 사이는 석회와 기와 가루를 반죽하여 이음매를 둘렀다. 위에는 벽돌로 덮었고 사방으로 처마를 내어서 횡서척으로 3촌이다. 덮개 위는 역시 석회와 기와가루를 반죽하여 만든 긴 반원형체로 눌렀으며 길이와 너비는 각 층과 같고, 반경은 횡서척 1척 2촌이다. 요컨대 무덤의 모양은 처마가 있는 태평거(太平車)와 흡사하다. 자좌오향(子坐午向)이다. 북쪽에는 육면대(六面臺)가 있으며 역시 벽돌로 쌓았다. 가운데는 비어 있고, 위는 궁륭이다. 앞 삼면(三面)에는 각각 홍예문(虹霓門)이 있다. 묘의 남쪽에는 비석이 있어 평평한 받침에 이수(螭首)가 있다. 높이는 횡서척 8척, 폭은 횡서척 3척이다. 전면에 큰 글자로 "야소회사리공지묘(耶蘇會士利公之墓)"라고 썼고, 큰 글자 동쪽에 "이 선생은 휘는 마두(瑪竇), 호는 서태(西泰), 대서양 의대리아(意大里亞) 나라 사람이다. 어려서부터 야소회에 들어가 수련하였다. 명 만력 신사년에 배를 타고 처음으로 중화에 들어와 선교하였다. 만력 경자년에 경사로 들어왔고, 만력 경술년에 졸하였다. 세상에서 59년을 살았으며, 야소회에서 42년을 보냈다." 큰 글자 서쪽에는 서양 글자로 동쪽과 같은 내용을 썼다. 비의 좌우에는 석주가 있고, 운룡(雲龍)을 새겼다. 비 앞에는 석대(石臺)가 있고, 위에는 화문(花文)을 새겼다. 대 앞에는 가로로 석주가 5개 있고, 모두 운룡을 새겼다.

묘 밖은 돌담을 둘렀으며 높이는 1장 2척 남짓이며, 길고 넓어서 안의 넓이가 1000묘는 될 듯하다. 담장 안 정북쪽에는 석단(石壇)이 있고, 위에는 석부도(石浮屠)를 세웠다. 옹정(雍正) 13년에 세운 것이다. 단 아래에는 벽돌을 깔아 정로(正路)를 만들어 담 남쪽의 정문에 이른다. 이서태(利西泰)의 묘를 위

시하여 담장 안 동북쪽에는 나아곡(羅鴉谷, Giacomo Rho, 1593-1638), 등옥함 (鄧玉函, Johann Schreck, 1576-1630), 탕약망(湯若望, Johann Adam Schall von Bell, 1592-1666) 이하로부터 근고의 서일승(徐日昇, Thomas Pereira, 1645-1708), 유송령(劉松齡, Augustin Ferdinand von Hallerstein, 1703-1774) 등 여러 서양 선교사의 묘가 정로 동서에 늘어서 있다. 정로 동쪽에 31개소, 정로 서쪽에 43개소가 있으며, 모두가 자좌오향(子坐午向)이다.

담장 남쪽에는 석문 3개가 있으며, 정문은 구조가 화표와 같고 문짝은 순전히 돌로 만들었다. 동쪽과 서쪽 문의 규모는 조금 작으며 동서 문 안에는 각각 석단이 있다. 동쪽 석단에는 "상생지근(常生之根)", 서쪽 석단에는 "성총지원(聖寵之源)"이라고 써 놓았다. 정문 밖 동서쪽에는 각각 석사자를 놓았으며 그 높이는 2장 남짓이다. 그 다음에 향각(享閣) 3간이 있고, 동서문 밖에는 각각 석회주(石灰柱) 24쌍을 세우고 포도 넝쿨을 올렸다. 구슬 같은 열매는 녹색도 있고 보라색도 있으며 갓 익어서 한 송이를 따서 맛을 보니 매우 달고 시원하였다. 묘지기가 "이것은 서양 품종입니다."라고 하였다.

향각 남쪽에 또 석사자 1쌍을 안치하고 탕약망기은비(湯若望紀恩碑)를 세워 놓았다. 순치(順治) 갑오년(甲午年)에 탕약망에게 장지를 내렸고, 순치 경자년(庚子年) 탕약망이 직접 기문을 쓰고 비를 세웠다. 비 남쪽에 또 석문 3개가 있다. 주이준(朱彝尊)의 『일하구문고(日下舊聞考)』에 "향각 앞에 구석(晷石)을 설치하였고 '아름다운 태양의 그림자 한 마디도 헛되이 보내지 말라, 눈에 보이는 만 가지는 시간과 함께 흘러간다[美日寸影 勿爾空過 所見萬品 與時併流]'는 명문이 있다."고 하였으나 지금은 사라졌다.

『명사(明史)』를 살펴보니 만력 9년 신사(辛巳)에 이마두는 바다를 건너 향산오

(香山澳, 마카오)에 닿았고, 29년 신축(辛丑)에 경사에 들어왔으며, 38년 경술년(庚戌年) 4월에 졸하였고, 서곽 밖에 장지를 내려 주었다고 하였으니 비기(碑記)와 같다.

　지금은 북경행정학원(北京行政學院) 안에 있는 마테오리치의 무덤은 일찍이 박지원이 먼저 찾았고 『열하일기(熱河日記)·앙엽기(盎葉記)』에 그 소감을 남겼다. 그도 건륭의 생일 축하사절로 왔으니 마테오리치 무덤가의 포도가 막 익을 무렵이었다. 마테오리치는 북경에 들어간 최초의 예수회 선교사로서 1610년 5월 11일에 병사하였고, 이듬해 만력제가 북경 평칙문(平則門) 밖 이리구(二里溝)의 등공책란(滕公柵欄)에 장지를 하사하여 장사 지냈다. 당시 중국에서 죽은 서양 선교사는 오문(澳門, 마카오)의 신학원(神學院) 묘지에 안장하는 것이 관례였다. 마테오리치가 죽자 선교사들과 천주교도들은 황제의 윤허를 얻어 그를 북경에 안장함으로써 중국에서 천주교의 합법적 지위를 인정받고자 하였다. 예수회 선교사 디에고 데 판토하(Diego de Pantoja, 龐迪我, 1571-1618)가 만력제에게 장지를 하사해 달라고 상주하였고, 1611년, 서광계(徐光啓, 1562-1633)가 주도하여 남당(南堂)에 안치했던 그의 유해를 이 자리에 안장하였다. 이후 이곳은 서양 선교사들의 묘지가 되어 서호수가 방문했을 때는 80기 정도의 분묘가 있었고, 1832년(순조 32, 도광 12) 김경선(金景善, 1788-1853)이 방문했을 때는 분묘가 100여 기에 달했다.[40] 그 후 1900년 의화단(義和團) 사건 때 분묘와 묘비가 파괴되었다가 1901년 「신축조약(辛丑條約)」에 따라 복구하였다. 중화민국 이후에도 이곳은 천주교 선교사들의 공동묘지가 되어 수백 명이 영면하였다. 1949년 중화인민공화국(中華人民共和國)이 들어서고 외국인 신부와 선교사들이 중국을 떠나면서 1954년에는 묘지 안의 묘비는 이마두, 탕약망, 남회인 세 사람의 것만 국무원(國務院) 종교사무관리처(宗教事務管理處)의 지시로 이곳에 그대로 보존하였다. 문화대혁명(文化大革命) 기간에 이마두의 묘비는 땅 속에 묻혀버렸다. 1978년 10월, 중국사회과학원(中國社會科學院)이 이마두 묘의 복원을 건의하여 화국봉(華國鋒), 등소평(鄧小平), 이선념(李先念) 등의 허가를 얻어 1979년에 수복하였다. 그러나 묘비와 석물 등이 파손되고 사라져 원형과는 거리가 멀다. 위 서호수의 기록이 마테오리치 등 서양 선교사 묘의 원형을 가장 잘 전해 주는 자료이다.

서호수는 마테오리치 등 서양 선교사가 전한 서양의 천문학과 역법을 이미 잘 알고 있었다. 『동국문헌비고(東國文獻備考)·상위고(象緯考)』에서 다음과 같이 말하였다.

신이 삼가 살펴보건대 만력 때에 서양사람 이마두가 …… 중국에 들어가 천문, 역법, 계산, 의기가 옛날보다 절대적으로 뛰어났습니다. 숭정 때에 예부상서 서광계(徐光啓, 1562-1633)와 우참정 이천경(李天經, 1579-1659)이 서양의 방법을 따라서 『일전역지(日躔曆指)』, 『월리역지(月離曆指)』, 『오위역지(五緯曆指)』와 『혼천의설』을 바쳤으니 바로 시헌력의 본원입니다. 김육이 사온 책은 이것인 듯합니다.[41]

이미 서적을 통하여 이마두와 "상우(尙友)"하고 있었던 서호수이니 그 사람의 무덤에 와서 감회가 없을 수 없다. 마테오리치에게 글을 지어 고하였다.

이서태의 묘에 고하는 글

땅이 서로 구만 리 떨어졌고 세상이 200년 후이거늘 어이하여 거류하(巨流河)를 넘고 갈석산(碣石山)을 지나 기주에 옷과 신발만 남은 무덤을 찾았나. 서태의 도는 상제를 부지런히 섬기고 서태의 예는 하늘을 공손히 따르며, 기기는 기자의 나라에 전해지고 책은 학산의 저술에 흘러들었습니다. [기기는 곧 혼개통헌(渾蓋通憲)이고, 책은 곧 『혼개도설집전(渾蓋圖說集箋)』이다.] 제가 『기하원본(幾何原本)』에 내용을 더한 일은 감히 양웅(揚雄)이 『태현경(太玄經)』을 지었다고 하겠습니다. 책과 기기를 안고 완성을 알리며 구중 하늘의 광활함을 우러릅니다.

구만 리나 떨어진 먼 곳, 200년 전의 사람과 책을 통해 교유하고, 그를 자신의 가치체계를 이용하여 정의하였다. 천주교 신부 마테오리치의 신념과 학문을 서호수는 자신의 내면에 체화된 유가 경전의 문구를 통해 정의하였다. "상제를 부지런히 섬긴다"는 말은 『시경(詩經)·대아(大雅)·대명(大明)』의 "昭事上帝, 聿懷多福."에서 따 왔고, "하늘을 공손히 따른다"는 말은 『서경(書經)·요전(堯典)』의 "乃命羲和, 欽若昊天, 歷象日月星辰, 敬授民時."에서 따 왔다.

서호수는 이어서 이마두 등이 중국에 온 일과 그들이 중국에 전한 서양의 문물에 대해서 간단히 개괄하였다.

만력 초에 이마두가 바다 구만 리를 건너 광주(廣州)의 향산오(香山澳)에 닿아 만국전도(萬國全圖)를 만들고 천하에 다섯 대륙이 있다고 말하였다. 첫째는 아세아주(亞細亞洲)이니 그 가운데 100여 나라가 있으며 중국은 그 하나이다. 둘째는 구라파주(歐羅巴洲)이며 그 가운데 70여 나라가 있으며 의대리아(意大里亞)는 그 하나이다. 셋째는 이미아(利未亞洲)이니 역시 100여 나라가 있다. 넷째는 아묵리가주(亞墨利加洲)이니 땅은 더욱 크고 육지가 서로 연결되었으며 남북 2주(洲)로 나뉜다. 마지막으로 묵와랍니가주(墨瓦臘泥加洲)를 얻어서 다섯째가 되었으니 그 영역에서 대지는 끝난다. 그 설이 황당하여 따질 수 없다. 구라파 제국은 모두 천주야소교(天主耶蘇敎)를 믿는다. 야소(耶蘇)는 아세아주의 여덕아국(如德亞國, 유대)에서 태어나 서쪽 구라파로 가르침을 전파하였다. 왕풍숙(王豊肅, Alfonso Vagnoni, 1566-1640),[42] 양마낙(陽瑪諾, Emmanuel Diaz, 1574-1644) 등이 남경과 북경을 왕래하면서 우민을 선동함에 이르러서는 천주교가 드디어 중국에 성행하였다. 대개 그 욕망을 금지하고 윤리를 멸함은 불교와 비슷하고, 정기(精氣)를 아끼고 총명을 멈추는 것은 도가와 비슷하며, 밤낮으로 절하고 머리 조아리며 환하게 비치는 것이 있다고 말하여 사람들이 세계를 경시하고 천당을 중시하게 만드니 바로 또 하나의 백련교(白蓮敎), 무위교(無爲敎)의 수련이다. 이것이 예부낭중(禮部郎中) 서여가(徐如珂, 1562-1626)가 매우 미워하고 통렬히 꾸짖으며 내쫓자는 의론을 일으킨 까닭이다. 그러나 이마두의 상수(象數), 나아곡 탕약망의 역법, 남회인(南懷仁)의 의기(儀器)는 모두 천고의 절예(絶藝)로서 중국의 선비들이 미치지 못하는 바이다. 그러므로 내각대학사 서광계(徐光啓, 1562-1633), 공부도수청리사사(工部都水淸吏司事) 이지조(李之藻) 같은 이들이 발양하고 윤색하지 않은 것이 없으니 이것이 시헌력(時憲曆)의 원본이다.

마테오리치는 1582년 8월에 오문(澳門)에 도착하였고, 1598년 9월에 처음 북경을 방문하였다. 곧 다시 남경으로 돌아갔다가 1601년 1월 24일, 즉 만력 28년 경자년 12월 21일에 다시 북경으로 와서 신종(神宗)의 승인 아래 죽을 때까지 머무르며 서양의 문물과 기독교를 전파하였다. 서광계와 이지조는 그의 가장 유력한 협조자였다. 「만국전도」는 마테오리치가 북경에 온 이듬해 1602년 이지조의 도움을 받아 제작한 「곤여만국전도(坤輿萬國全圖)」이다. 지도 오른쪽 여백에 마테오리치는 서문을 써넣어 "땅과 바다는 본래 원형이며 모여서 하나의 구를 이룬다[地與海本是圓形而合爲一球]"는 "지원설(地圓說)"을 내세우고, 오대주(五大洲)를 열거하였다. 「곤여만국전도」는 조선에 들여와 모사본을 만들기까지 하였으니 서호수도 보았을 것이다. 위 문장에서 서쪽 구라파로 가르침을 전하였다는 구절까지는 『명사(明史)·외국열전(外國列傳)』의 '의대리아(意大利亞를)' 조를 인용하였다.

원명원의 숙소에 이르는 과정을 대강 기록하였다.

원명원은 세종(世宗)이 잠저(潛邸)에 있을 때 성조(聖祖)가 하사한 것이다. 원(園)은 서직문 밖 20리에 있는데, 남으로 해전(海淀)과의 거리가 8리이고, 궁성의 주위는 20리다. 동문, 서문, 남문이 있는데 다 3간씩이다. 각 문밖의 좌우편에는 석사자를 안치하고 앞에는 거마목(拒馬木)[형상은 차(叉) 자와 같고 붉은 칠을 하였다.]을 둘렀다. 남문에 '원명원(圓明園)'이란 편액이 걸렸는데 곧 세종의 어필이다. 남문의 거마목 밖의 동서에는 각각 못이 있는데 가로 세로가 다 수백 보(步)이다. 남쪽은 돌을 깐 황도(皇道)이다. 서지(西池)의 서안(西岸)과 동지(東池)의 동안(東岸)은 다 저자이다. 두 못을 지나니 황도는 꺾이어 동으로 향하였고, 길 좌우는 다 시전(市廛)이다. 왕공 대신들의 정사(亭榭)와 관묘(關廟), 불전(佛殿)이 서지(西池)의 남안(南岸)에 많다. 채색 기와와 아로새긴 담장이 10리를 이어 뻗쳐 해전(海淀, 창춘원(暢春園))에 이르고 있다. 나의 우관은 서지 남안의 시가 안 수관(水關)의 북쪽에 있다. 매일 밤 누워서 여울 물 소리를 듣는 것도 하나의 맑은 운치이다.

熱河紀遊 卷二

[起熱河至圓明園]

七月

十六日 甲午

雨. 留宿熱河. 曉, 通官徐啓文奉表咨, 引三使歷數三衙衙, 向北行出大市街. 布石皇道橫亘東西, 而宮城迤延皇道北. 因城爲闕門三間, 扁曰, 避暑山莊, 聖祖御筆也. 闕外東西, 各安石獅, 南立華表. 自闕門遵皇道東行數百步爲麗正門. 通官引余等入門外朝房, 暫憩啜茶, 黎明入麗正門. 折而東行數十步, 又有門, 內卽數百間廣庭, 而翠幕彌滿, 幕上皆書各部院號. 余等暫憩禮部幕中, 俄而滿侍郞鐵保德明來立幕前.

余等仍隨兩侍郞向北行, 踰二門, 到演戲殿西序夾門外朝房暫憩. 少頃, 殿上樂作. 鐵侍郞使余等隨後, 自擎進賀表, 由西序夾門入殿庭. 殿爲二層而橫七間, 下層正中一間爲御座, 而洞開南牖. 左右六間, 關以雕窓, 障以琉璃. 觀光之妃嬪來往於摠內, 供給之中官簇立於摠外. 殿東西各有序數十間, 卽宴筵排班處. 殿南有三層閣, 最上層扁曰, 淸音閣, 次層扁曰, 雲山韶濩, 下層扁曰, 響叶勻天, 卽作樂設戲處. 殿階左右列盆花盆松, 堦南安古銅大爐, 升沈香烟. 軍機大臣和珅, 福長安王杰, 因召旨趨進. 和珅謂鐵侍郞曰, 表文親呈, 雖有他國已例, 更待皇旨, 親呈爲安. 且導使臣等先進殿庭. 鐵侍郞還傳進賀表於通官, 使等待于西序夾門外, 引余等立于殿陛下西邊, 和珅福長安王杰陛殿內, 侍立于御座東.

和珅出傳皇旨曰, 朝鮮使臣等進前. 鐵侍郞引余與正使書狀進, 跪殿陛上, 向御座. 皇旨曰, 國王平安乎. 三使叩頭後, 正使對曰, 荷皇上洪恩平安矣. 皇旨曰, 國王擧男乎. 三使叩頭後, 正使對曰, 今年元正, 特頒福字宸翰, 實屬曠古之殊典. 國王感戴銘鏤, 日夕頌祝, 果然於六月十八日擧男, 此卽皇上攸賜也. 皇上笑曰, 然乎. 大喜大喜的. 仍詢三使姓名爵秩, 和珅進御前, 手指歷而對. 皇旨曰, 使臣等就宴班. 鐵侍郞引余等坐於各國使臣班, 而首爲朝鮮使, 次爲安南使, 次爲南掌使, 次爲緬甸使, 次爲生番. 班位, 親王貝勒貝子閣部大臣坐於東序重行, 西向北上, 而親王貝勒貝子在前, 大臣在後. 蒙古回部安南諸王貝勒貝子, 各國使臣坐於西序重行, 東向北上, 而諸王貝勒貝子在前, 使臣在後.

卯正六分開戲, 未正一刻五分止戲. 日清平見喜, 日合和呈祥, 日愚感蛇神, 日文垂鳳彩, 日多收珠露, 日共賞氷輪, 日壽星酖醉, 日仙侶傾葵, 日籠罩乾坤, 日氤氳川岳, 日鳩車竹馬, 日檀板銀箏, 日修文偃武, 日返老還童, 日芬菲不斷, 日悠久無疆, 凡十六章. 有扮仙佛者, 有扮神鬼者, 有扮帝王者. 節奏聲調, 隨章各殊, 而大抵多迓慶祝壽之詞. 或如來莊嚴三十二相, 趺坐蓮花臺上, 開方便門, 闢恒沙界, 則數百羅漢左右簇立, 戴紫金圓光, 被錦繡袈裟, 螺髻相聯, 珠眉互暎. 雲間妙音, 天際法蠡, 隨梵唄而上下. 或桂父茅君飄霓裳駛雲車, 逍遙于玄圃. 大闡三十六法, 則頂金帶玉之仙官, 被甲仗劍之神將, 列侍擁衛, 雍雍肅肅, 以都雅之儀度, 而兼雄豪之氣像. 又有仙童數百, 彩衫繡裳, 折旋進退. 還丹則匝陽鏡而九轉. 祈籙則擎壽扇而層抽. 齊唱綠玉黃金之曲, 和笙簫而瀏亮. 或河神海鬼, 執濤旗而環旋, 逐逐搖搖, 氣勢洶湧. 騎龍馭鯨, 乘楂駕鶴之羣仙, 汗漫來遊, 龍騰鯨跳, 噴水如雨. 或冀埒三級, 封人頌嘏于神堯. 瑤池五雲, 王母獻桃于周后. 珠旒山龍, 穆穆煌煌.(榕村李光地語錄云, 章服, 代各異制, 而惟優人不禁. 扮高力士者, 尚戴紫金冠.蓋唐制, 中官必着紫金冠, 不敢烏紗帽也.做那一朝戲, 卽用那一朝衣冠, 方是名優.按今天下, 皆遵滿洲衣冠, 而獨劇演猶存華制, 後有王者, 必取法于此.) 若取前史所載忠孝節義, 可以敦風勵俗者, 扮跡協均, 感發人心, 則由今樂返古樂, 未必不在于此, 寧比仙佛神鬼之徒爲觀美而已哉.

宣饌凡三度, 而第一第三則分御卓(卽皇上朝夕膳)所排, 而撤饌後宣

酪茶. 第二則各具一盤而撤饌後, 宣淸茶. 是月有七筵宴, 而九日十一日
十三日已經三宴, 余等自第四宴始與焉. 退自宴班, 過麗正門內, 見有獵
夫數十, 臂蒼牽黃而僉立. 聞之通官, 則皇上將與宗室親王貝勒, 蒙回諸
王貝勒, 獵于宮圍云. 止戲前, 和珅出取進賀表文邦慶咨文, 進于御前.
良久, 還傳于鐵保曰, 此表咨已經御覽, 他餘表咨, 自行在禮部收送于留
京禮部爲可. 又以表咨展示安南國王阮光平曰, 字畫整齊, 紙品潔精, 朝
鮮於事大之節, 敬謹如此, 宜作他藩之儀式. 安南王亦屢回看過, 稱歎不
已. 吏部漢尙書彭元瑞問于余曰, 貴國有海東祕史東國聲詩二書云, 可得
見乎. 余曰, 小邦本無祕史. 有鄭麟趾高麗史, 金富軾三國史, 而今行適
未携來. 詩類則有康熙間所進東詩選而已, 亦無他選. 或因漁洋王士禎東
士解聲詩之句而傅會歟. 彭曰, 尙書古文眞本, 惟貴國有之云, 然否. 余
曰, 此齊東好怪之言, 荒唐正如日本尙書爾. 今古文源委, 顧亭林辯之極
分曉, 前此諸儒所不能及也. 彭曰, 亭林博學, 果稱近世冠冕, 而經說亦
多考證之精詳處爾. 貴國結負法, 中國頃畝法之同異, 可得聞乎. 余曰, 小
邦田制, 十把爲束, 十束爲負, 百負爲結. 而中國田制, 十步爲分, 十分爲
畝, 百畝爲頃, 是小邦之結負卽中國之頃畝也. 然小邦量尺, 準周尺七尺,
中國弓尺, 準周尺六尺. 故一把爲正方周尺四十九尺, 一步爲正方周尺
三十六尺, 所以結與頃之實積有多少也.

　安南國王阮光平問于正使曰, 貴國亦有親朝天朝之例乎. 正使對曰, 我
東開國以來, 元無此例爾. 王曰, 安南亦自古無此例, 而寡人受皇上天高
地厚之恩造, 誠切觀光, 不憚萬餘里涉險, 苟非常之數, 安得無非常之報.

又問於余曰, 貴國與倭爲隣, 道里幾許. 余曰, 自我國京都從旱路南至我界釜山一千餘里, 自釜山從海路至倭對馬島七百七十里, 自對馬島從海路至赤間關一千七十里, 自赤間關從海路至淀浦一千四百五十里, 自淀浦從旱路至關伯所居之江戶一千三百一十里. 王曰, 萬曆間, 平秀吉搆兵以後, 何爲修隣好. 余曰, 今之關白, 卽源家康之後, 非秀吉之種也.從臣吏部尙書潘輝益又問於余曰, 萬曆丁酉間, 馮李玉河館唱酬, 眞是千古奇遇.李有詩文集否.余曰, 芝峯(我國使李睟光號)有集, 而多載馮詩及問答矣.毅齋(安南使馮克寬號)亦有詩文集否.潘曰, 有集, 而其萬壽聖節慶賀詩, 則又載芝峯序文矣.余曰, 山出異形饒象骨, 地蒸靈氣產龍香, 爲芝峯之得意語, 而極判洪濛氣, 區分上下堧, 亦毅齋之佳句也.潘曰, 芝峯詞致醇雅, 毅齋意匠遒健, 要可爲伯仲爾.乾隆庚辰間, 貴國書狀李公徽重與我國使多有唱酬, 尙傳佳句, 不知今做何官.余曰, 李公文詞, 在東方亦爲翹楚, 已作古人, 而官止侍郎矣.史稱貴國交愛二州多倜儻, 驩演二州多文學, 今如何.潘曰, 不如古也.余曰, 貴國疆域東距海, 西接老撾, 南通占城, 北連廣西雲南, 國內省府爲幾許.潘曰, 東西一千七百餘里, 南北二千八百餘里, 今分爲十六道.余曰, 貴國北極出地爲幾度.潘曰, 素不習曆象矣. 余曰, 貴國天頂近赤道, 氣候恒熱, 穀歲二稔云, 然否. 潘曰, 然. 余曰, 藿香肉桂, 貴國所產爲佳品云, 然否.潘曰, 藿香, 廣西所產乃爲佳品, 肉桂, 我國所產果是佳品. 然採桂, 必于淸化地方, 而近來屢經戎馬, 境內桂林皆成蹂躪之場, 絕難得佳品矣.

曾聞安南使臣束髮垂後, 戴烏紗帽, 被闊袖紅袍, 拖飾金玳瑁帶, 穿黑皮靴, 多類我國冠服, 今見其君臣皆從滿洲冠服而不剃頭. 余怪而問諸潘曰, 貴國冠服本與滿洲同乎. 潘曰, 皇上嘉我寡君親朝, 特賜車服, 且及於陪臣等. 然又奉上諭, 在京參朝祭用本服, 歸國返本服, 此服不過一時權着而已. 語頗分疏, 面有愧色.

各國使臣到京, 例自光祿寺頒給口糧饌物果色, 而行在所無光祿寺. 故各國使臣及從官從人, 皆自內務府具盤殽以送. 饌品極其豐潔, 因皇旨云.

○安南王阮光平, 初名惠, 安南世族也. 居廣南爲田舍生, 因黎氏衰弱, 嘯聚亂民, 攻陷王都, 遂弑其王而簒位. 世子黎維祈, 與其母逃難, 至廣西告急請援. 該省總督福康安以聞, 皇帝命該省將軍孫士毅發兵討之, 收復王都, 阮惠敗走廣南.(李鼎元和孫中丞南征詩注曰, 匪惠旣敗, 奉牛酒犒師, 公却之.) 乃封黎維祈爲安南國王, 詔士毅班師. 惠聞官兵旣撤, 復大擧圍王都, 維祈棄宗社出奔, 匿于民間. 惠入據王都, 改名光平, 輦金銀珠貝, 以啗福康安. 於是康安奏光平誠心歸附, 維祈怯懦不堪. 皇帝覽奏, 赦光平罪, 詔曰, 安南雖僻處海隅, 然其興廢亦關氣運. 黎維祈優柔廢弛, 天已厭棄. 朕辦理庶務, 無不順天而行. 阮光平悔罪投誠, 情詞肫切, 且稱明年親自來京, 恭祝萬壽, 而又爲陣亡天朝將仕築壇奠祭, 尤見小心恭順. 黎維祈已棄印潛逃, 自無復令立國之理. 卽遣官勅封阮光平爲安南國王. 又召舊王黎維祈, 授參領,(武職三品.) 並親屬從臣九十戶, 隸漢軍旗下, 治第安定門外以處之, 其實爲光平錮其君臣也. 黎氏自永樂受封三百餘年, 君臨交趾, 惠澤之入人, 厥惟久矣, 維祈之失國不過委靡不振而已. 光平弑逆之罪, 王法所必誅, 而一朝變置宗社, 太容易. 彼交南數千里, 亦安知無忠義慷慨之士, 圖復黎氏, 如萬曆間黎維潭之除去莫茂洽也. 今年三月, 光平自安南起程, 四月到廣西. 皇帝遣禮部侍郞德明迎之, 又命內閣議定安南王上京時, 沿途官員相見儀注. 七月光平率臣僚騶從一百八十四人, 到熱河, 貢獻純金鶴一雙, 純金麒麟一雙, 明犀五對, 象牙十對, 馴象一雙, 肉桂一百斤, 沈香一千斤, 他餘奇玩不可殫記. 又進安南樂工數十人, 以助劇演. 皇帝大加褒美, 待以殊禮, 命光平及從臣縱觀行宮七十二景.(聖祖所定原爲三十六景, 皇上又續定三十六景.) 御製七言律一首, 御書拱極歸誠四大字, 并御製集二十函, 賜光平. 又以親王車服賜光平, 以五品官朝服賜從臣, 封光平長子光纘爲世子.(黎氏以維字傳世, 故阮氏亦以光字傳世.) 駕還圓明園, 皇帝召見光平, 則福康安必於門外附耳語移時指導奏對. 及陞殿陛, 又牽衣指導坐立跪叩之節. 或私接於朝房, 則康安立語而光平跪答, 諂鄙之態, 無所不爲. 余於宴筵與安南王及從臣吏部尙書潘輝益, 工部尙書武輝瑨等, 每日聯班, 或有酬酢. 和珅之子爲皇上第十一額駙者, 輒謂余曰, 安南人決不可深交. 又聞檢書等所傳, 刑部郞中某在朝房, 指安南從臣之過去者而罵曰, 阮光平眞逆賊, 此輩皆黨與也. 可見士大夫之拂鬱, 而亦可揣和福之間不能相協也.

光平骨, 格頗淸秀, 儀容亦沈重, 似是交南之傑然者. 從臣則雖稍解文字, 而軀材短小殘劣, 言動狡詐輕佻. 屢言於余曰, 新王本爲廣南布衣, 於黎氏無君臣之義. 又言新王宮室皆仍黎氏之舊, 歸國後不可不改其扁額. 又言渠輩亦不仕黎朝, 今之爵秩皆親王所賜. 語刺刺不休, 蓋中有所忸怩也.

太和殿賀班, 夕月壇祭班, 始見其所謂本服, 則其王頭匝網巾, 戴七梁金冠, 身穿絳色龍袍, 束白玉帶. 從臣亦匝網巾, 戴五梁烏帽, 穿蟒袍而色或用靑或用紫, 束金帶, 袍文駁雜詭怪, 類倡優服, 與安南古制判異. 又安南古爲十三道, 而今分爲十六道, 皆新王之所變更云.

十七日 乙未

晴. 留熱河. 曉, 通官引三使到麗正門外朝房, 暫憩. 黎明, 通官引余等入演戲殿西序夾門外朝房, 暫憩. 少頃, 皇上御殿, 通官引余等就宴班. 卯正三刻開戲, 未初一刻五分止戲. 曰稻穗麥秀, 曰河圖洛書, 曰傳宣衆役, 曰燕衎耆年, 曰益友談心, 曰素蛾絢綵, 曰民盡懷忱, 曰天無私覆, 曰重譯來朝, 曰一人溥德, 曰同趨禹甸, 曰共醉堯樽, 曰煎茗逢仙, 曰授衣應候, 曰九如之慶, 曰五嶽之尊, 凡十六章.

○鐵侍郎示其熱河詩一卷求評, 且索余所著書. 行中無他携帶者, 以渾蓋圖說集箋二卷送之.

十八日 丙申

晴. 留熱河. 曉, 通官引三使到麗正門外朝房, 暫憩. 黎明, 通官引余等入演戲殿西序夾門外朝房, 暫憩. 少頃, 皇上御殿, 通官引余等就宴班. 卯正十分開戲, 未正二刻止戲. 曰寶壇凌空, 曰霞觴湛露, 曰如山如阜, 曰不識不知, 曰天上文星, 曰人間吉士, 曰花甲天開, 曰鴻禧日永, 曰五色抒華, 曰三光麗彩, 曰珠聯璧合, 曰玉葉金柯, 曰山靈瑞應, 曰農政祥符, 曰瑤池整彎, 曰碧落飛輪, 凡十六章. 宣饌宣茶, 皆如昨日儀.

就班後, 禮部侍郎鐵保謂余曰, 安南王朝鮮使臣有召旨, 宜進待殿陛下, 遂引余等立於殿陛下西邊. 先召安南王, 少頃而退. 和珅出傳皇旨曰, 朝鮮使臣登筵. 余與正使書狀進跪殿內御榻前, 相距未滿一間. 皇上御常服, 坐沈香榻上. 榻高二尺餘, 上布淡黑質花文氍毹, 後倚沈香屏, 刻山水雲物. 榻前布深黃質彩花紋氍毹, 左右卓上, 錦軸牙籤數百卷. 皇旨曰, 爾等適當潦暑, 由口外來, 不服水土, 道路艱辛, 何以得達. 余與正使書狀叩頭後對曰, 賴皇上洪恩, 無擾得達矣. 皇旨曰, 爾國有滿洲蒙古話者乎. 正使對曰, 陪臣等行中亦有帶來者, 而皆自盛京直向燕京矣. 皇旨曰, 戲畢後, 朕當回鑾, 爾等可先往京都等待. 仍命就宴班, 鐵侍郎引余等出.

○宴退, 訪鐵侍郎于寓館. 茶沸香清, 簾几瀟灑, 架有明詩綜佩文韻府. 余曰, 再昨和中堂先進進賀表文封典咨文于御前, 或因皇旨而然歟. 鐵曰, 王中堂具列表咨幾度, 某事以聞, 有旨取進進賀表封典咨也. 余曰, 封典咨文, 卽小邦至重至大事, 貴部將何以請旨. 鐵曰, 王中堂管理禮部, 故再昨已面奏, 得旨著照咨文所請矣. 余曰, 然則貴部回咨, 何不成送. 鐵曰, 回咨則例於貴行起程前數日完送爾. 余曰, 貴稿前夜略綽看過, 氣格遒雋, 意致醇雅, 句法字眼, 皆出性靈之自然, 以漁洋之清切, 兼牧齋之綺麗, 非

俺等管見所可窺也. 鐵曰, 僕於詩學志勤而才疏, 果好王錢詩而未躡其藩
籬, 足下推獎太過, 愧甚愧甚. 余曰, 昨所奉質渾蓋圖說集箋, 果無疵纇
否. 鐵曰, 僕粗解詞章而已, 至於律歷眞是瞽者之丹靑, 何敢以叩盤而捫
燭之見, 强爲之評乎. 第觀其繪圖立說, 亦可知專門絶藝也. 余曰, 方今宰
相中精於律歷者爲誰. 鐵曰, 有翁閣學方綱, 李閣學演, 而翁則見在盛京
考校四庫全書, 李則見在京裏. 余曰, 閣下與翁李皆有雅分乎. 鐵曰, 俱親
熟矣. 再昨彭尙書所問聲詩, 貴國果無是書, 則何爲傳名於中華. 余曰, 王
漁洋詩話有曰, 記得朝鮮使臣語, 果然東國解聲詩, 或者因此傅會聲詩之
名歟. 康熙間孫公致彌東來時, 選進東詩, 此外別無詩選矣. 牧齋集方爲
禁書, 閣下何從得見. 鐵曰, 凡禁書之法, 止公府所藏而已. 天下私藏, 安
能盡去. 牧齋大質已虧, 人固無足觀, 而詩文則必不泯於後也.

十九日 丁酉

晴. 留熱河. 曉, 通官引三使到麗正門外朝房, 暫憩. 黎明, 通官引余等
入演戱殿西序夾門外朝房, 暫憩. 少頃, 皇上御殿, 通官引余等就宴班.
卯正一刻五分開戱, 未正三刻十分止戱. 曰壽域無疆, 曰慈光有兆, 曰紫
氣朝天, 曰赤城益籌, 曰霓裳仙子, 曰鶴髮公卿, 曰化身拾得, 曰治世如
來, 曰齊回金闕, 曰還向丹墀, 曰偕來威鳳, 曰不貴旅獒, 曰爻象成文, 曰
竈神旣醉, 曰太平有象, 曰萬壽無疆, 凡十六章.

○安南國吏部尙書潘輝益, 工部尙書武輝瑨, 各送七言律一首求和. 潘詩曰, 居邦分界海東南, 共向明堂遠駕驂. 文獻夙徵吾道在, 柔懷全仰帝恩覃. 同風千古衣冠制, 奇遇連朝指掌談. 騷雅擬追馮李舊, 交情勝似飮醇甘. 武詩曰, 海之南與海之東, 封域雖殊道脉通. 王會初來文獻並, 皇莊此到觀瞻同. 衣冠適有從今制, 縞紵寧無續古風. 伊昔使華誰似我, 連朝談笑燕筵中. 余和送二詩, 各致扇十柄, 淸心元十丸. 和潘詩曰, 何處靑山是日南, 灣陽秋雨共停驂. 使華夙昔修隣好, 聲敎如今荷遠覃. 法宴終朝聆雅樂, 高情未暇付淸談. 新詩讀罷饒風味, 頓覺中邊似蜜甘. 和武詩曰, 家在三韓東復東, 日南消息杳難通. 行人遠到星初動, 天子高居海旣同. 衕酒眞堪消永夜, 飛車那得溯長風. 知君萬里還鄕夢, 猶是鈎陳豹尾中.

二十五日 癸卯

○京城規制. 內城週四十里, 南面廣二千二百九十五丈九尺三寸, 北二千二百三十二丈四尺二寸, 東長一千七百八十六丈九尺三寸, 西一千五百六十四丈五尺二寸. 下石上甋, 共高三丈五尺五寸, 堞高五尺八寸, 趾厚六丈二尺, 頂闊五丈. 門樓九, 均朱楹丹壁, 檐三層, 封檐列脊, 用綠琉璃. 角樓四, 均四面甋垣設礮熜. 城闉九, 皆有譙樓闢樓, 制如角樓. 水關七, 皆內外三重, 護以鐵柵. 九門, 正南曰正陽, 南左曰崇文, 南右曰宣武, 北之東曰安定, 北之西曰德勝, 東之北曰東直, 東之南曰朝陽, 西之北曰西直, 西之南曰阜城. 鼓樓, 在皇城地安門北, 鍾樓, 在鼓

樓北, 均趾高一丈二尺, 廣十六丈七尺有奇, 縱減三之一. 上建樓, 柱棁
樣題, 悉制以石. 外城環內城, 南面轉包東西角樓, 週二十八里. 南面廣
二千四百五十四丈四尺七寸, 東長一千八十五丈一尺, 西一千九十三丈二
尺. 下石上甎, 共高二丈, 堞高四尺, 趾厚二丈, 頂闊一丈四尺. 門樓七,
角樓六, 城闉五,(東西便門無城闉.) 水關三, 制皆如內城. 七門, 正南曰
永定, 南左曰左安, 南右曰右安, 東曰廣渠, 西曰廣寧, 東隅曰東便, 西隅
曰西便. 內城, 明永樂七年剙建, 外城, 嘉靖三十二年剙建. 內城濠河, 發
源玉泉山, 經高梁橋至城西北分二支, 一循城北轉東折而南, 一循城西轉
南折而東, 環繞九門, 經九牖匯流, 至大通橋而東, 悉砌甎石於兩岸. 正
陽門外石梁三, 餘八門, 各跨一梁. 外城濠河, 亦自玉泉山分流, 至西角
樓, 遶城南流, 折而東, 至東角樓, 環遶七門, 東達運河. 門外各跨一梁.

○都城街道凡十六. 內城, 曰崇文街, 曰宣武街, 曰安定街, 曰德勝街,
曰地安街, 均南北爲衢. 曰朝陽街, 曰阜成街, 曰東直街, 曰西直街, 均東
西爲衢. 外城, 曰正陽街, 曰崇文街, 曰宣武街, 曰左安街, 曰右安街, 均
南北爲衢. 曰廣寧街, 曰廣渠街, 均東西爲衢. 內外城坊二十四, 在正陽門
外正陽橋者, 以橋名坊.(卽琉璃廠.) 朝陽門外, 達東郊日壇神路者, 曰景
升, 阜成門外達西郊月壇神路者, 曰光恒, 安定門外達北郊方澤壇者, 曰
廣厚. 東西長安街, 均以街名坊, 大淸門東曰敷文, 西曰振武, 崇文門內
曰就日, 宣武門內曰瞻雲. 東大市街南北, 均以街名坊, 東曰履仁, 西曰行
義. 西大市街與東大市街同太學東西, 皆曰成賢, 府學東西, 皆曰育賢, 帝
王廟東西, 皆曰景德.

○圜丘, 在正陽門外南郊. 方澤, 在安定門外北郊. 太廟, 在闕左. 社壇, 在闕右. 朝日壇, 在朝陽門外東郊. 夕月壇, 在阜成門外西郊. 先師廟, 在安定門內太學左. 堂子, 在長安左門外東南. (皇上御製癸卯集註曰, 我國家典禮, 最重堂子祭天. 自世祖定鼎, 建堂子於京師, 每歲元朝率王公大臣, 先詣堂子行禮, 歷代遵行. 又有國俗立堂子, 拜天必以敬之句. 據此, 堂子卽祭天之所, 而東人或謂之鄧將軍廟. 蓋遼陽城南有弘治間都指揮使鄧佐祠, 素著靈異, 遼人畏服. 遼陽卽天命東京, 故傅會之也.) 宗人府吏部戶部禮部兵部工部翰林院鴻臚寺欽天監太醫院, 在長安左門外. 刑部都察院通政使司大理寺太常寺鑾儀衛, 在長安右門外. 理藩院詹事府, 在御河橋東. 順天府國子監, 在安定門內. 光祿寺, 在東安門內. 太僕寺, 在正陽門內東. 四譯館, 在正陽門外. 提督九門步軍統領署, 在地安門外. 凡壇廟皆覆黃琉璃, 公舍皆覆甋瓦.(閭舍禁甋瓦)

○內城八旗方位. 鑲黃旗, 在安定門內, 正黃旗, 在德勝門內, 並屬北方. 正白旗, 在東直門內, 鑲白旗, 在朝陽門內, 並屬東方. 正紅旗, 在西直門內, 鑲紅旗, 在阜成門內, 並屬西方. 正藍旗, 在崇文門內, 鑲藍旗, 在宣武門內, 並屬南方. 鑲黃正白鑲白正藍爲左翼四旗, 自北而東, 自東而南. 正黃正紅鑲紅鑲藍爲右翼四旗, 自北而西, 自西而南. 四周星拱, 環衛宸居. 內城九門, 八旗班直每門. 城門領二, 門千摠二, 城門吏二, 驍騎二百六十名, 礮手十八名, 外城七門, 八旗班直每門. 城門領一, 門千摠二, 城門吏一, 驍騎礮手共七十名. 又設提督翼尉協尉等官, 統轄八旗步軍. 按旗畫界, 環衛皇宮, 防守城門, 皆順治元年所定也.

○淸太祖辛丑, 以滿洲人衆編爲正黃正白正紅正藍四旗, 甲寅, 以滿洲蒙古漢軍諸衆增設鑲黃鑲白鑲紅鑲藍四旗, 合爲八旗. 有都統(淸字固山額貞)副都統(淸字梅勒章京)參領(淸字甲喇章京) 佐領(淸字牛彔章京)等官, 統率八旗騎兵. 雍正二年, 設圓明園八旗, 護軍營, 環衛禁苑, 有營總參領等官, 統率護軍三千八百名, 以大臣管轄. 乾隆十四年, 設健銃營于香山實勝寺傍, 習雲梯馬步射鳥鎗駕船駛風諸技, 有翼領參領等官, 統率八旗, 勇健子弟二千名, 亦以大臣管轄.

○古北口防守尉所屬四旗, 滿洲領催十二, 驍騎百八十八名, 山海關副都統所屬八旗, 滿洲蒙古漢軍領催四十, 前鋒四十, 鳥槍驍騎二百名, 驍騎四百四十名, 礮手八十名. 熱河副都統所屬八旗, 滿洲蒙古委前鋒校八, 前鋒九十二, 領催百鳥槍驍騎五百名, 驍騎千二百名, 礮手四十名. 凡山海關內, 畿輔駐防有五鎭營兵馬, 又有八旗兵馬. 山海關外, 盛京地方駐防, 但有八旗兵馬.

二十六日 甲辰

晴. 由宣武門外遵城底出外城之西便門, 歷內城之阜成門, 到西直門外, 向西行二十里, 入圓明園寓館. 自圓明園達皇城, 御途皆鋪石, 廣可三間, 夾途左右綵棚聯亘. 奇巖異樹, 畫閣牌樓, 形形色色, 不可窮詰. 比之熱河, 沿途之點綴, 殆百倍也. 觀光士女, 塡咽街巷, 車轂相挈, 馬不得穿過, 眞天下壯觀也.

○利西泰墓在阜城門外二里, 卽萬曆賜葬地也. 墓以甎築爲五層, 每層高橫黍尺八寸，廣橫黍尺五尺，長橫黍尺十二尺．各層累接間和勻石灰瓦屑環爲切縫帶，上覆甎蓋，四出簷，橫黍尺三寸．蓋上鎮以長圓半體，亦用石灰瓦屑和勻，長廣如各層半徑，橫黍尺一尺二寸．總言墳制，恰如有簷太平車．坐子向午，北有六面臺，亦以甎築，中空虛而上穹窿．前三面，各有虹霓門．墓南有碑，平趺螭首，高橫黍尺八尺，廣橫黍尺三尺．前面大書曰，耶穌會士利公之墓．大字，東有紀曰，利先生，諱瑪竇，號西泰，大西洋意大里亞國人．自幼入會眞修，明萬曆辛巳，航海首入中華衍敎．萬曆庚子年來都，萬曆庚戌年卒，在世五十九年，在會四十二年．大字，西有西洋字紀，與東紀同．碑左右有石柱，刻雲龍．碑前有石臺，上刻花文．臺前橫列五石柱，皆刻雲龍．墓外繞石墻，高可一丈二尺，長闊可容千畝．墻內正北有石壇，上設石浮屠，雍正十三年所建．壇下鋪甎爲正路，連墻南之正門．利西泰墓爲首，在墻內東北維，而自羅鴉谷鄧玉函湯若望以下，至近古徐日昇劉松齡等諸西士墓，分列于正路東西．正路東爲三十一墳，正路西爲四十三墳，皆子坐午向．墻南爲石門三，正門制如華表而門扇用純石，東西門規模稍殺，而東西門內各爲石壇．東壇書曰，常生之根，西壇書曰，聖寵之源．正門外東西各安石獅，次東次西各豎擎天石柱，高可二丈，次有享閣三間．東西門外各爲石灰柱二十四雙，上架葡萄蔓珠顆或綠或紫 方爛熟，摘噉一叢，恬爽異常．守墓者云，是西洋種．享閣南又安石獅一雙，豎湯若望紀恩碑，順治甲午賜湯若望葬地，順治庚子湯自撰紀立碑．碑南又有三石門，朱彝尊日下舊聞謂，享閣前設晷石，有銘曰，美日寸影勿爾空過，所見萬品與時併流，今亡．按明史，萬曆九年辛巳，利瑪竇汎海抵香山澳，二十九年辛丑入京師，三十八年庚戌四月卒，賜葬地西郭外，與碑記同.

○告利西泰墓文曰, 地之相去九萬里. 世之相後二百年, 胡爲乎逾巨流過碣石, 訪衣履于冀燕. 西泰之道, 昭事上帝, 西泰之藝, 欽若昊天, 器傳于箕子之邦, 書衍于鶴山之編.(器卽渾蓋通憲, 書卽渾蓋圖說集箋) 竊附幾何之增題, 敢曰, 子雲之譚玄. 抱書器而升中, 仰寥廓于九重之圜.

○萬曆初, 利瑪竇汎海九萬里, 抵廣州之香山澳, 爲萬國全圖. 言天下有五洲, 第一曰, 亞細亞洲, 中凡百餘國而中國居其一. 第二曰, 歐羅巴洲, 中凡七十餘國而意大里亞居其一. 第三曰, 利未亞洲, 亦百餘國. 第四曰, 亞墨利加洲, 地更大以境土相連, 分爲南北二洲. 最後得墨瓦臘泥加洲爲第五, 而域中大地盡矣. 其說荒渺莫考. 歐羅巴諸國悉奉天主耶蘇敎, 耶蘇生於亞細亞洲之如德亞國, 西行敎於歐羅巴, 至王豊肅陽瑪諾等往來南北京, 煽惑愚民, 而天主敎遂盛於中國. 蓋其屛嗜慾滅倫理, 似佛氏, 嗇精氣住聰明, 似道家, 曉夜拜稽, 謂有赫然照臨, 使人輕世界而重天堂, 則又一白蓮無爲之焚修. 此徐禮部如珂所以深惡痛斥, 倡議驅逐也. 然利瑪竇之象數, 羅雅谷湯若望之曆法, 南懷仁之儀器, 皆千古絶藝而中國士所未能及. 故如徐閣學光啓, 李水部之藻, 莫不推詡而潤色之, 是爲時憲曆之原本也.

○圓明園, 世宗潛邸時, 聖祖賜. 園在西直門外二十里, 南距海淀八里, 宮城週二十里, 有東西南門皆三間. 各門外左右, 皆安石獅, 前繞拒馬木.(形如叉字朱漆.) 南門扁曰, 圓明園, 卽世宗御筆也. 南門拒馬木外東西各有池, 縱闊皆數百步. 南爲鋪石皇道, 西池之西岸, 東池之東岸, 皆闤闤過二池. 皇道折而東, 夾道左右, 皆市廛. 王公大臣亭榭關廟佛宇, 多在西池之南岸. 彩瓦雕墻, 綿亙十里, 以達海淀, 卽暢春園. 余之寓館, 在西池南岸衚衕內水關之北. 每月夜, 臥聽灘聲, 亦一清致.

3권

원명원(圓明園)에서
연경(燕京)까지

30일에는 건륭제가 원명원에 돌아왔으므로 각국 사신이 모두 나가서 맞이하였다.

새벽에 예부에서 말을 전하였다.

"황상께서 오늘 진시(辰時)에 돌아오십니다. 일찍 지영소(祗迎所)로 가야 급박하지 않을 것입니다."

여명에 나는 정사, 서장관과 함께 공복(公服)을 갖추고 말을 타고 갔다. [원명원에 있는 동안 공행(公行)에는 모두 말을 탔다.] 통관 서계문이 앞에서 인도하여 행궁의 동문 밖 2리 지점에 이르렀다. 경사에 머물고 있는 왕공 대신 이하와 회자·안남·남장·면전의 종신, 사신들이 다 이미 먼저 도착해 있었으며, 오직 생번은 없었다. 들으니 하반(賀班) 연반(宴班) 이외에 거가(車駕)를 영접하고 구경하도록 베풀어 준 곳에는 다 생번은 참석하지 못하게 하였는데, 황지에 따른 것이라고 한다.

나는 말에서 내려서 길가에 앉아 있다가 마침 예부의 한상서(漢尙書) 기윤(紀昀), 만상서(滿尙書) 상청(常靑), 내각 한학사(內閣漢學士) 심초(沈初)와 자리를 마주하게 되었다. 내가 앞으로 나아가 안부를 물으니 다 일어나서 "예가 지나칩니다."라고 답례하였다. 기 상서는 직례(直隷) 헌현(獻縣) 사람으로 호가 효람(曉嵐)이며, 박식하고 고아하기로 명성이 높으며,『사고전서(四庫全書)』를 편찬하고 있었다.

기윤의 문헌 편찬사업에 대해 이미 잘 알고 있었던 서호수는 그가 편찬한 문헌에 대해 질문하고, 기윤은 답한다.

서호수 들으니 공께서는 칙명을 받들어 『명사(明史)』와 『대청일통지(大淸一統志)』를 교정하신다던데, 다 마치셨습니까?

기윤 『명사』속의 잘못된 지명, 인명과 빠진 사실은 다 정정 보충하여 각판(刻板)에 붙였으나,『일통지』는 거질이고 오류도 더 많아서 기필코 철저히 교정하려고 하기 때문에 아직도 시작하지 못하였습니다.

서호수 우리가 이번에 경과한 지방을 가지고 말하자면 합라전(合懶甸)은 『금사(金史)』·『고려사(高麗史)』를 참조해 보니 분명히 우리나라의 함경남도 땅인데,『일통지』에서 구련성(九連城)이라고 부회하였으며, 고북구(古北口)의 조하천영(潮河川營)은 고정림(顧亭林)의 기록으로 고증해 보면 지금의 도리조하영(道理潮河營)으로서 실로 관구(關口) 밖인데, 『일통지』에서는 거꾸로 관구 안에 있는 것으로 거리를 계산하였으니 작은 실수가 아닌 듯합니다.

기윤 이와 같은 잘못은 하나하나 열거하기조차 어렵습니다. 대체로 산경(山經) 지지(地志)는 전해들은 것이 많아서 발로 다니며 눈으로 보면 반드시 서로 어긋남을 면치 못합니다.

서호수 새로 교정한 『명사』를 얻어 볼 수 있겠습니까?"

기윤 이미 간행은 하였으나 아직 나눠 주라는 칙지가 없습니다. 나누어 줄 때를 기다려 1부(部)를 드리겠습니다. 귀국 정인지(鄭麟趾)의 『고려사』는 체제가 잘 잡혀 있으므로 내가 서가에 1부를 간직하고 있습니다.

서호수 그렇다면 『고려사』가 이미 시중에서 번각(翻刻)이 되었습니까?"

기윤 바로 귀국에서 간행한 판본입니다. 귀국 서경덕(徐敬德)의 『화담집(花潭集)』은 『사고전서』 별집류(別集類)에 편입되었습니다. 외국의 시문집이 『사고전서』에 편입된 것은 천년에 한 사람뿐입니다.

서호수 질문 드리고 싶은 것을 갑자기 잠깐 사이에 다 할 수는 없습니다. 경사에 들어간 뒤에 귀댁에 사람을 보내어 가르침을 청하겠습니다. 금례(禁例)에 구애되어 몸소 나아가지 못함이 한스럽습니다.

기윤 나의 집은 정양문 밖, 유리창 뒤의 회동관(會同館) 거리에 있습니다.

이윽고 황제가 도착할 때가 되어 각국 사신은 왕공대신들과 함께 줄지어 기다리다가 건륭을 영접하였다. 서호수는 건륭 행차의 의장을 매우 세밀하게 기록하였지만 여기서는 생략한다.

8월 1일부터 원명원에서 생일잔치가 다시 이어졌다. 잔치는 원명원 동락원(同樂園)의 삼층대희대 청음각(淸音閣)에서 진행되었다. 열하에서와 마찬가지로 새벽에 통관의 안내를 받아 잔치 자리로 나아갔다.

새벽에 통관 서계문이 삼사를 인도하고 거마목(拒馬木) 안의 궁문 밖 조방에 이르러서 조금 쉬었다. 동틀 무렵에 정남의 원명원 문의 동쪽 문을 통하여 궁 안으로 들어갔다. 다시 북쪽으로 가서 어하석교(御河石橋)를 지나 정남으로 출입현량문(出入賢良門)의 동쪽 곁문으로 들어갔다. 또 꺾어서 동으로 가다가 한 문으로 들어가서 근정전(勤政殿) 남문을 지나 방향을 바꿔 동북으로 한 문으로 들어가서 작은 언덕을 넘었다. 또 북으로 꺾어 한 문을 들어가니 곧 어하(御河)의 동남안(東南岸)이다.

어하(御河)의 좌우 연안은 모두 태호석(太湖石)으로 쌓았다. 산은 험준하고 중첩되었으며 돌이 많고 울퉁불퉁한 모습이 천연스럽다. 시내 옆으로 배 두 척이 하안에 대기하고 있었다. 몽고 · 회부의 제왕과 패륵, 안남왕과 군기 제대신(軍機諸大臣)이 함께 한 배에 오르고, 조선 · 남장 · 면전의 사신들과 회자(回子), 안남의 종신(從臣)들이 또 함께 한 배에 올랐다. 흐름을 거슬러 동북을 향해 가니 구릉이 둘러 있고 소나무, 삼나무가 울창하며, 채색한 정자와 조각한 누대가 굽이굽이 숨었다 드러났다 한다. 아름답고 고운 경계에 시원한 맛을 곁들여 참으로 선경(仙境)답다. 장주각(藏舟閣)을 지나니 돌기둥을 물 가운데에 세우고 옆은 목판(木版)을 끼웠으며 위에는 수키와를 덮었다. 방옥

(房屋)은 가로 5칸, 세로 20칸이 될 만하고, 높이는 2장(丈)이나 된다. 각 안에는 용주(龍舟)를 띄워 놓았다. 또 금오옥동교(金鰲玉蝀橋)를 지나니 벽돌을 쌓아 무지개 9개를 만들고 궁륭을 걸친 백옥석(白玉石) 다리이다. 양쪽 가에는 청석(靑石)으로 난간을 꾸몄다. 다리 양쪽 끝에는 화표(華表)를 세웠으니 동쪽은 금오, 서쪽은 옥동(玉蝀)이라고 한다.

배로 몇 리를 가서 북으로 천향재(天香齋) 앞에 이르러 언덕에서 내렸다. 좌우의 조방과 영사(營舍)와 주루(酒樓), 다포(茶鋪)가 완연히 한 도시이다. 동북쪽에 관희전각(觀戲殿閣)이 있으며 제도는 열하의 것과 같다. 정전은 2층으로 동서가 5칸이고, 아래층 한가운데의 1칸이 어좌(御座)이다. 좌우의 각 2칸은 다 유리를 끼운 창이다. 비빈(妃嬪)들은 창 안에서 구경하고, 태감은 창 밖에서 공급한다. 동서(東序)와 서서(西序)는 각각 수십 칸씩이다.

종실 제왕과 패륵, 각부 대신들은 동서에 두 줄로 앉아서 서쪽을 향하니 북쪽이 상좌이다. 몽고·회부의 제왕과 패륵, 안남왕과 조선·안남·남장·면전의 사신과 대만의 생번은 서서(西序)에 두 줄로 앉아서 동향하니 북쪽이 상좌이다. 황상이 내전으로부터 상복(常服)을 입고 견여(肩輿)를 타고 나와 서서의 북쪽 협문을 거쳐 관희전에 들어오니, 연회에 참석한 여러 신하가 나가서 서서의 남협문 밖에 꿇어앉아 거가를 영접한다.

관희전 남쪽이 희각(戲閣)인데 3층이다. 상층을 청음각(淸音閣), 중층을 봉랑함영(蓬閬咸韺), 하층을 춘대선예(春臺宣豫)라고 한다. 희각 안에서 음악을 연주하고 연극을 연출한다. 묘시에 연극을 시작해서 미시에 연극을 마쳤으며, 모두 당승(唐僧) 삼장(三藏)의 『서유기(西遊記)』였다. 전정에는 기화이초를 배열하였고, 향연이 오르내리니 또한 열하와 같았다. 그러나 분에 심은 회나무가 구불구불하여 원숭이, 코끼리, 학, 사슴의 형상을 하고 있어 신기한 기교가 빼어나니 열하에는 없는 것이었다.

원명원은 강희제가 아들 옹정(雍正)에게 주어 건설한 대규모 황실 원림이다. 1860년 제2차 아편전쟁 때 북경을 점령한 영불(英佛) 연합군이 약탈하고 방화하였다. 10월 18, 19일에 영불 군인들이 약탈한 후 방화하여 사흘을 타면서 그 연기가 북경 전역을 뒤덮었다고 한다. 이후 남은 석조물을 중국의 달관귀인(達官貴人)들이 다시 가져갔고, 남은 터를 농지로 일구어 원명원은 이제는 그 흔적만 남아 있다. 깨진 채 곳곳에

원명원 40경의 처음이며, 원명원의 정전인 정대광명전(正大光明殿).
출처: 위키피디아

나뒹굴거나 초목에 묻힌 석조물만이 그때의 자리와 규모를 말없이 전해 준다. 인류사에서 가장 큰 규모로 가장 철저하게 진행한 문명 파괴의 흔적이다. 원명원 파괴를 중국은 근대사의 씻을 수 없는 치욕으로 여기며, 그 현장을 서구 제국주의 침략의 "철증(鐵證)"으로 남기고자 복원하지 않는다. 그렇다면 파괴의 당사자 영국과 프랑스는 이 사건을 지금은 어떻게 바라보고 있을까?

이날 서호수는 원명원의 정문으로 들어가 출입현량문을 지나서 정대광명전(正大光明殿) 앞에서 다시 동쪽으로 꺾어서 근정전을 지났다. 정대광명전은 원명원 40경의 처음이며, 원명원의 정전이다. 근정전 뒤쪽에서 배를 타고 북쪽으로 올라가 금오옥동교를 지났다. 이 다리는 아홉 개의 홍예로 교각을 삼았고, 아래로 배가 지나갈 수 있도록 가운데가 불룩하게 솟아 있었다. 다리 북쪽은 국원풍하(麯院風荷)이다. 천향재는 국원풍하의 바로 서북쪽에 있었던 듯하다. 여기서 배를 내려서 다시 동북쪽으로 걸어서 동락원(同樂園)으로 들어갔다. 삼층대희대와 관희전이 있어서 이곳에서 건륭의 생일잔치를 계속 벌였다.[1] 열하 피서산장의 대희대와 규모와 크기가 거의 같았으므로 서호수는 열하의 것과 같다고 하였다.

이미 지적하였지만 청나라 궁정에서는 일년 사시사철 연극을 즐겼다. 다양한 행사에 다양한 작품을 상연하였다. 예친왕(禮親王) 소련(昭璉, 1776-1829)은 『소정속록(嘯亭續錄)』 "대희절희(大戲節戲)" 항목에서 청궁의 연극을 아래와 같이 요약하였다.

건륭 초에 순황제께서 해내가 승평하자 장조(張照, 1691~1745)에게 여러 극본을 지어 바쳐 악부(樂部)에 비치하여 연습하라고 명하셨다. 무릇 각 절기마다 그때의 전고를 상연하여 『굴자경도(屈子競渡)』, 『자안제각(子安題閣)』[2] 등 여러 일을 음악에 넣지 않은 것이 없었으니 『월령승응』이라고 한다. 내정의 여러 즐거운 경사에는 길상서응을 연출하니 『법궁아주』라고 한다. 만수절 전후에는 여러 신선들의 축수와 노인과 아이들의 함포고복을 연출하니 『구구대경』이라고 한다. 또 목련존자가 어미를 구하는 이야기는 10본(本)으로 나누어 『권선금과(勸善金科)』라고 하며, 세모에 연출하면서 온갖 귀신이 나오니 옛사람들의 구나(驅儺)를 대신하는 뜻이 있다. 당나라 현장(玄奘)이 서역에서 불경을 가져온 이야기는 『승평보벌(昇平寶筏)』이라고 하고, 상원 전후일에 연출한다. 그 곡문은 장조가 직접 지어 사조가 아름답고, 불경을 인용하여 매우 훌륭하다. 그 후에 또 장각친왕에게 촉한의 『삼국지』 이야기에 곡을 붙여 『정치춘추(鼎峙春秋)』라고 불렀다. 또 송나라 정화 연간 양산의 여러 도둑과 송나라, 금나라가 싸우고 휘종과 흠종이 북쪽으로 순수한 여러 이야기에 곡을 붙여 『충의선도(忠義璇圖)』라고 불렀다. 그 곡사는 모두 서울 유객의 손에서 나왔으며 부연하여 문장을 이루고, 또 원나라, 명나라의 『수호의협(水滸義俠)』, 『서천도(西川圖)』 등 여러 극본의 곡문을 베꼈으니 장조에게는 훨씬 미치지 못한다.[3]

청대 궁정 연극의 전체 체제는 건륭 초기에 완비되었다. 궁정극장에서 연출하는 『서유기』는 『승평보벌(昇平寶筏)』이라고 부른다. 처음에는 정월 대보름 전후에 상연하였으나 후에는 만수절에도 상연하였다. 『승평보벌』은 열하에서 상연한 『구구대경』과는 다른 계열의 작품으로서 전편은 10본(本) 240척(齣), 즉 240막이나 되는 장편이다. 이런 작품을 연대본희(連臺本戲)라고 한다. 연대본희에는 소련이 밝힌 대로 『삼국지(三國志)』를 개편한 『정치춘추(鼎峙春秋)』, 『수호지(水滸志)』를 개편한 『충의선도(忠義璇圖)』, 목련존자(目連尊者)가 지옥에서 어머니를 구출하는 이야기인 『권선금과(勸善金科)』와 가경제(嘉慶帝) 때 만든 『소대소소(昭代簫韶)』가 있다. 연대본희는 모두가 한 편이 240척이며, 매달 초와 보름에 정기적으로 연속 상연하였다. 현대 텔레비전의 주말연속극에 비견할 수 있는 장편 작품이다.

이해 생일잔치에는 원명원 청음각 희대에서 8월 1일부터 10일까지 열흘간 하루에 8시간 정도 『승평보벌』을 연속으로 상연하였다. 유득공은 〈원명원(圓明園)〉 시에서 "열흘간 『서유기』를 연출하여 『승평보벌』 잔치를 마쳤네."라고 읊어 열흘 동안 『승평보벌』을 연속 상연하여 마쳤다고 밝혔다. 그러니 아마 하루에 1본 24척씩 상연하였을 것이다. 연극은 매일 묘시에서 미시까지, 즉 새벽 5시에서 시작하여 오후 1시에 끝났으니 8시간 정도가 걸렸다. 척과 척 사이에는 다른 놀이를 연출하기도 하였으며, 음식을 3회 제공하였고, 상연이 끝나면 참석자 모두에게 황제가 매일 선물을 주었다.

2일에도 전날과 같이 대희대에서 연극을 보았다. 그 전에 건륭제가 명하여 월선(月選) 경외관(京外官)을 소견(召見)하는 자리에 외번의 제왕과 패륵, 사신, 종신 등을 다 전폐(殿陛)에 시립시키라는 칙지를 내렸다.

서호수는 월선 제도에 대해 주로 설명을 달았다.

『회전(會典)』을 살펴보니, '문직(文職)의 낭중(郎中), 도부(道部) 이하와 무관(武官)의 참장(參將), 유격(遊擊) 이하를 쌍월(雙月)과 단월(單月)로 나눠 반(班)에 따라 녹봉을 논하여 차례로 선발한다.'고 하였다. 이것이 월선이다. 각 부의 당관(堂官)과 각 성의 독무(督撫)가 구별하여 제보(題保)하되 이부(吏部)와 병부(兵部)에 문의하여 인견(引見)하고 흠정(欽定)하거나 문서로 기록하여 선임한다.

이어서 소견하는 장소인 근정전(勤政殿)으로 이동하는 경로와 소견 광경을 기록하였다.

통관이 세 사신을 인도하고 거마목 안의 궁문 밖 조방에 이르러 잠시 쉬었다. 여명에 삼문(三門)을 지나 근정전의 남문 밖에 도착하니 군기대신 아계(阿桂), 화신(和珅), 복강안(福康安), 복장안(福長安), 왕걸(王杰) 등이 다 근정전 남문 밖 어도(御道)의 남쪽 조방에 모여 있었다. 예부상서 기윤, 상청, 시랑 철보, 이부상서 팽원서는 다 조방 밖에 앉아 있었다. 나는 기 상서, 철 시랑과 잠깐 이야기하였다. 황상이 열하에 행행(行幸)하였을 때 아계와 복강안에게 "경도에 머물러 일을 처리하라."고 명령하였으므로 어제부터 잔치에 처음으로 참석하였다고 한다. 잠시 후에 환관이 왕공 대신 이하를 인도하여 근정전의 뜰에 들어갔다.
근정전은 동서 3간, 남북 2간이고, 옥계(玉堦)는 이중이다. 전 안에는 누런 화반석(花斑石)을 깔았는데 빛이 맑기가 거울 같다. 계단 위에는 청백색 화반석을 깔았다. 황상은 상복(常服)을 입고 강진향탑(降眞香榻) 위에 앉았다. 뒷면에는 『서경(書經)』의 「무일(無逸)」편을 쓴 병풍을 세웠으니 황상의 어필이다.

종실의 친왕과 패륵, 몽고와 회부의 제왕과 패륵, 안남왕은 전 안의 어좌 동쪽에 서서 서향하였는데 북쪽이 상좌이다. 군기제대신과 육부상서, 시랑은 전 안의 어좌 서쪽에 서서 동향하였는데 북쪽이 상좌이다. 각 성의 독무(督撫)와 사도(司導), 몽고와 회부의 태길(台吉)은 전폐 아래에 서서 서향하였는데 북쪽이 상석이다. 조선·안남·남장·면전의 사신들은 전폐 아래에 서서 동향하였는데 북쪽이 상석이다.

내각 대신과 육부의 당관(堂官)들이 각각 전선(銓選)에 응한 사람의 성명을 분패(粉牌)[분패의 제도는 상사분패(賞賜粉牌)의 제도와 같다.]에 써서 황궤(黃櫃)[황궤의 제도는 주독황궤(奏牘黃櫃)와 같다.]에 담아서 어전에 받들어 올린다. 이부와 병부 낭관(郞官)이 각각 문무 전선에 응하는 만주족, 한족 사람들을 인도하여 차례로 나아가 전폐 아래에 꿇어앉힌다. 전선에 응하는 사람은 만주어로 각기 이력과 문벌을 아뢰되 무직은 활을 한 번 당긴 뒤에 이력과 문벌을 아뢴다. 내각 대신과 이부 병부의 당관들이 나아가 어탑 앞에 꿇어앉아서 황제의 뜻에 따라 우러러 대답하고, 황상이 친히 문서에 기록한다. 예를 마친 뒤에 황상은 견여를 타고 안으로부터 설희전으로 가고, 여러 신하는 물러나 어제 배가 대기하고 있던 곳으로 가서 배를 타고 흐름을 거슬러 올라가 천향재 앞에서 배에서 내렸다. 풍악 소리가 울리기 시작하니 황상이 이미 전에 도착한 것이다.

이후 연극을 보는 절차는 전날과 같다. 서호수는 이날 일기에 청나라 신하들이 황제에게 바친 생일선물을 세밀하게 기록하였다.

여러 신하의 만수절 진헌물(進獻物)이 잇달아 들어와 다 서서(西序)의 서쪽 기물을 늘어놓은 곳의 동쪽에 배열하였다. 법서(法書), 명화(名畵)와 기기(奇器), 그리고 골동품(古玩品)들이 궤안(几案)에 빽빽하게 차서 사람의 눈이 어찔하게 한다. 어떤 것은 단향목에 운룡(雲龍)과 산수를 새겨 장병(障屛)을 만들었는데, 높이와 너비가 7척쯤 된다. 앞면에는 수십 개의 작은 칸을 만들고, 칸마다 금불(金佛)을 안치하고 유리로 칸을 막아 주패(珠貝)로 장식하였다. 어떤 것은 높이 2척이 넘는 산호(珊瑚) 그루를 금을 아로새긴 분(盆)에 심어 세우고, 가지에는 공작석(孔雀石)을 꿰어 잎을 만들고, 밀화(蜜華)로 열매를 만들었다. 어떤 것은 단향으로 모난 궤(櫃)를 만들고 사방 벽을 없애고 유리를 끼웠는데, 높이와 너비가 몇 척이나 된다. 그 안에는 8면 12층의 금탑을 만들고 층과 면마다 다 금불을 안치하였으며, 궤의 바닥에서 기계를 조작하면 금탑이 수레바퀴처럼 돈다. 녹옥완(綠玉椀), 백옥배(白玉杯), 백옥여의(白玉如意), 고동정이(古銅鼎彝) 등과 같은 것에 이르러서는 이루 다 기록할 수가 없다.
새벽에 근정전 문 앞에서 내무부의 관원이 어느 순무(巡撫)가 바친 물품의 목록을 펼쳐 읽는데, 30여 종이 다 금옥(金玉)과 기완(奇玩)이다. 끝에는 "노재(奴才) 아무개는 공손히 바칩니다."라고 썼다. 아마 만주의 풍속은 임금과 신하 사이에 '신(臣)'이라고 일컫지 않고 '노재(奴才)'라고 일컫는 듯하다. 또보니 서장국(西藏國)에서 금불 12좌를 바쳐 출입현량문(出入賢良門) 밖에 진열하였고, 성경 장군(盛京將軍)이 바친 80수레의 각종 물품은 원명원 문밖에 진열하여 놓았다.

각성과 각국에서 서로 많고 기이한 것을 자랑하며 이기기에 힘쓰니 백성은 궁핍하고 재물은 고갈되는 것이 이치상 당연하다. 더구나 연로(沿路)에 (채루를) 연이어 가설하여 점철하는 일은 옛날에는 없었다. 양회(兩淮)의 상인들이 은(銀) 200만 냥을 바쳐 채루 가설을 도우려 하자 내무부에서 아뢰었다. 황제가 처음에는 받지 않겠다고 비답하였으나, 거듭 아뢰자 "성심에서 나왔으니 알았노라."라고 비답하였다. 양회가 이와 같으니, 다른 성(省)의 일을 알 만하다. 내각(內閣)의 채붕(彩棚)이 가장 웅장하고 화려하므로, 간사관(幹事官)에게 물으니, 은 6만 냥이 들었다고 한다. 노대(露臺)의 비용에 비교하면 어찌 몇백 배가 될 뿐이겠는가? 한때의 눈을 즐겁게 할 거리를 위하여 1000집 중인(中人)의 재산을 탕진하였으니, 또한 포진(暴殄)에 가깝지 않은가?

건륭제의 80세 생일잔치는 인류 역사상 최대의 잔치였음에 분명하다. 전국 각지에서 각층 신민이 바친 선물이 황궁에 산더미처럼 모이고, 자금성 서화문(西華門)에서 원명원에 이르는 20리 연도의 양쪽에는 임시 건축물을 연이어 설치하였다. 서호수는 신민이 바친 선물의 진열과 연도의 임시 건축물을 모두 '점철'이라고 표현하였다. 즉 빈틈없이 빼곡이 연결되어 있다는 말이다. 연도의 건축물의 그 상세한 내역은 곧 다시 기록하지만 그 이름을 대기조차 힘든 이런 가설 건축물은 내각(內閣), 육부(六部)와 각 부(府), 원(院)과 각성으로부터 거인(擧人), 상민(商民), 폐원(廢員)에 이르기까지 경쟁적으로 세우고 꾸며서 온갖 사치를 다 부렸다. 아무리 위대한 황제라지만 생일잔치에 이렇게 물력을 낭비하였다. 가장 화려한 가설물을 세우는 데 은 6만 냥이 들었다. 당시 보통 사람 1000집의 가산에 해당하는 물력이니 20리 연도의 좌우에 빈틈없이 세우자면 얼마나 많은 물력이 소요되었을지 상상하기도 힘들다. 이렇게 물력을 멸절시킬 정도로 낭비하였으니 이로부터 반세기 후에 아편전쟁의 굴욕을 겪지 않았다면 오히려 더 이상하리라. 서호수의 혜안이 빛난다.

3일에도 문무응선인을 소견하는 자리에 참여하였다가 삼층대희대에서『서유기』를 보았다. 군기대신(軍機大臣) 왕걸(王杰, 1725-1805)이 소대(召對)에서 물러나와 서호수에게 물었다. 왕걸은 자가 위인(偉人) 또는 성원(惺園)이고, 호는 보순(葆淳), 외당(畏堂), 외장(畏掌)이다. 섬서(陝西) 한성(韓城) 사람이며, 건륭 26년(1761)에 장원으로 진사 급제하였다.

왕걸 귀국에『동국비사(東國秘史)』와『동국성시(東國聲詩)』라는 두 책이 있다는데, 이번 사행에 혹 가지고 온 것이 있습니까?

서호수 전일 열하의 잔치 자리에서 팽 상서(彭尙書)도 이 두 가지 책에 대해 물었습니다. 그러나 우리나라에 사서로는 정인지(鄭麟趾)의『고려사』와 김부식(金富軾)의『삼국사기』가 있을 뿐이고, 그 밖에 다른 사서는 없습니다. 시집류로는 강희(康熙) 연간에 손치미(孫致彌) 공이 우리나라에 왔을 때에 우리나라의 시를 뽑아서 올린 일이 있습니다. 이 밖에는 또 다른 시선(詩選)은 없습니다."

왕걸 이곳은 조용하지 않으니, 사람을 보내 왕복하게 하겠습니다.

우관에 돌아오니, 왕걸이 편지로 목은(牧隱), 포은(圃隱)의 두 문집(文集)을 요구하고, 또 조선의 볼 만한 책이 무엇인가를 물었으므로 서호수는 답장하였고, 왕걸도 재차 편지를 보냈다. 다음은 두 사람이 주고받은 서신이다.

서호수   목은은 곧 이색(李穡)의 호이고, 포은(圃隱)은 정몽주(鄭夢周)의 호입니다. 이들은 다 고려 때 사람으로서 지금으로부터 400여 년 전이니 병화를 여러 번 겪어서 전집(全集)은 전하지 않습니다. 우리나라의 서생과 학자들은 발자취가 수천 리 밖을 나가지 못하여 견문이매우 좁으니 저술에 어찌 커다란 볼거리가 있겠습니까? 권근(權近)의 『예기천견록(禮記淺見錄)』이나 한백겸(韓百謙)의 『기전고(箕田攷)』는 내용이 풍부하고 문사가 아름답다는 칭송이 다소 있으나 또한고염무(顧炎武)나 주이준(朱彝尊)의 뒤를 따르기에는 부족합니다.

왕걸   귀국의 평양은 곧 기자(箕子)가 도읍한 곳으로 그 전제(田制)에 반드시 볼 만한 것이 있으리니 동지사행(冬至使行) 편에 『기전고』 1부를 부쳐 주시기를 바랍니다.

왕걸의 거듭된 요청에 서호수는 그 의도를 『사고전서』와 관련지어 짐작하고 요청을 들어 주었다.

대체로 소대에서 물러 나와서 이와 같이 여러 번 간절하게 요구하니, 장차 『사고전서』에 넣고자 하는 황제의 뜻에서 나오지 않았다고 어찌 알겠는가?

돌아와 봉황성(鳳凰城) 변문(邊門)에서 편지로 내각에 보고하여 연석(筵席)에서
아뢰어 전달하고, 『기전고』20본(本)을 인쇄하여 동지사행에 부쳐 각로 왕걸,
상서 기윤, 시랑 철보에게 나눠 주게 하였다.

4일에도 전날처럼 건륭제가 관리를 소견하는 자리에 참여하였다가
삼층대희대에서 『서유기』를 보았다. 이날은 청나라 조정 주요 인물에
대한 품평을 남겼다. 연극이 끝나고 아계(阿桂, 1717-1797)가 황제의 하
사품을 각국 사신에게 나누어 주는 의절을 보고서 화신(和珅)과 비교하
여 그 올바른 체통을 칭찬하고, 나아가 두 사람을 비교 품평하였다.

화신(和珅)이 상품을 나눠 줄 때에는 반드시 손으로 직접 점검하고 입으로 이
름을 불러 주었는데, 아 각로(阿閣老)는 황함(黃函)을 앞에 놓고 낭관(郎官) 통
사(通事) 등을 시켜서 이름을 불러 주게 하였다. 대신의 체통은 실로 이러해
야지, 직접 세세한 절차까지 행하여 스스로를 가볍게 해서는 아니 된다.

아계는 장가씨(章佳氏)이며, 자는 광정(廣廷), 호는 운애(雲崖)이고, 만
주 정람기(正藍旗) 사람이다. 대학사 아극돈(阿克敦)의 아들로서 명장이
었으며, 신강(新疆)에서 전공을 세워 정백기(正白旗)에 편입되었다. 벼슬
은 무영전 대학사(武英殿大學士) 겸 군기대신에 이르렀고, 이리(伊犁), 면
전(緬甸), 대소금천(大小金川)을 평정한 공으로 성모영용공(誠謀英勇公)을
받았다. 군기처에서 영반군기대신(領班軍機大臣)을 맡자 화신과 동열임
을 치욕으로 여길 정도로 강직하였다. 시호는 문성(文成)이다. 서호수는

아계의 사람됨과 그의 역할을 정확하게 간파하였다.

아계는 만각로(滿閣老) 중에서 여망(興望)이 있는 사람이다. 용모가 단아하고 행동거지가 신중하다. 나이가 이제 74세이지만 정신력은 아직 왕성하다. 대금천(大金川), 소금천(小金川)을 평정한 공으로 영용공(英勇公)을 받았다. 황상이 해마다 열하에 행행할 때 매번 아계에게 명하여 경도에 남아서 국사를 처리하게 하니, 그 신임이 높음을 알 만하다.

화신은 권세가 조정을 기울일 만하여, 대신 이하의 관원들로서 따라 붙지 않는 이가 없다. 그러나 나는 여러 번 아 각로가 화신을 대하는 것을 보았지만 조금도 굽신거리는 태도가 없고, 화신도 또한 공손히 대하고 감히 업신여기지 못하였으니 결코 권세를 따라 지위를 유지하는 부류는 아니었다.

대체로 지금의 천하사는 모두 화신, 복강안, 복장안에게서 나온다. 열흘 동안 같은 반열에 있으면서 가만히 그들의 동정을 살펴보니, 화신은 황제에게 영합함으로써 뜻을 얻고, 복강안은 물화를 바쳐 은총을 굳힌다. 그런데 화신은 매우 조급하고 망녕되며, 복강안은 매우 탐욕스럽고 야비하여 하나도 마음에 드는 거조가 없었다. 황제는 이미 노쇠한 나이이고, 국사를 주도하는 대신들이 이와 같으니, 아아, 또한 위태하구나. 백성들의 마음이 의지하여 유지되는 것은 다만 아 각로에 대한 예우가 변하지 않기 때문이니, 이것이 이른바 "한몸에 국가의 안위가 달렸다"는 것인가?

화신(1750~1799)은 건륭 말기에 권력을 농단했던 권신이다. 만주족 정홍기(正紅旗) 사람으로서 유고록씨(鈕祜祿氏)이며, 원명은 선보(善保),

자는 치재(致齋), 호는 가락당(嘉樂堂) 십홀원(十笏園) 녹야정주인(綠野亭主人)이다. 건륭 38년(1773) 23세 때 황제 의장대의 시종이 되었으며 이후 출세 가도를 달려 각종 요직을 두루 역임하였다. 건륭은 그를 총애하여 공주를 그의 장자와 결혼시켰다. 화신은 권력을 장악하면서 정적을 억누르고 재물을 모아 엄청난 부를 축적하였다. 가경(嘉慶) 4년(1799) 정월, 태상황 건륭이 죽고 그달 13일에 가경제가 화신의 죄를 물어 집을 적몰하였을 때 백은(白銀) 8억 냥이 나왔다. 당시 1년 세수가 7천만 냥 정도였으니 화신이 모은 재산은 당시 청나라 조정의 11년치 수입에 해당한다. 서호수는 화신의 이런 면모를 금방 알아차렸다. 뿐만 아니라 건륭 말기에 벌써 속으로는 곪아드는 청나라의 실상과 그런 상황을 아계가 혼신의 힘으로 붙들고 있었음을 서호수는 간파하였던 것이다.

5일에는 『서유기』를 연출하는 사이에 황문희(黃門戲)를 연출하였다. 『승평보벌』을 하루에 24척(齣)씩 상연하고, 어떤 척과 척 사이에는 또 다른 놀이를 연출하였던 것이다. 서호수는 그 실황을 기록하였다.

사이에 황문희를 설행(設行)하였다. 환관 10여 명이 꼭대기가 높은 푸른 건(巾)을 쓰고 소매가 넓은 검은 옷을 입고, 북을 치고 징을 울리면서 돌며 춤추고 복을 비는 가사를 제창하였다. 2장(丈)이 넘는 장신의 남녀가 모두 소매가 넓은 엷은 검은색 옷을 입고, 남자는 푸른 건을 쓰고 여자는 다리[鬆]를 올리고서 너울너울 춤을 추면서 희학질을 한다. 3장이 넘는 붉은 칠을 한 기둥 2개를 전각의 섬돌 아래 세우고 기둥 머리에 나무를 가로 걸쳐서

7, 8세 어린아이가 짧은 적삼을 입고 원숭이처럼 빠르게 기둥을 타고 올라가서 가로 걸친 나무에 발을 걸고 수각(數刻) 동안 거꾸로 매달린다. 천자가 높이 앉아 있고 만국이 조회하러 온 엄숙한 궁정에서 어찌하여 이런 외설스런 짓을 하는가? 사가(史家)의 질책을 기다릴 것도 없이 나는 이미 낯이 붉어진다.

황문희는 내시들이 노는 놀이이다. 후한(後漢) 때부터 황문고취(黃門鼓吹)가 있었으며, 황문관의 자제 가운데 10세 이상 12세 아래인 자들을 뽑아 구나(驅儺) 의식에 진동(侲童)으로 삼았다. 구나는 옛날 세모나 입춘에 역귀(疫鬼)를 쫓는 주술 의식이다. 황문자제와 함께 방상시(方相氏)가 황금빛 네 눈을 달고 검은 저고리 붉은 치마를 입고 곰가죽을 뒤집어쓰고서 창과 방패를 들고 다니며 역귀를 몰아내었다. 청궁 황문희에 방상시는 등장하지 않는다. 내시들이 남녀 사이의 외설스런 놀이를 연출하고, 동자들은 기둥 위에 올라가 묘기를 부렸다. 황제가 자리하고 만국의 사신이 늘어앉은 엄숙한 궁정에서 이런 놀이를 펼쳤다. 어쩔 수 없이 참고 보아야 했으니 뼛속까지 도학자인 조선 선비로서 얼굴이 붉어질 수밖에 없었다.

이날은 연극이 끝난 후 황제의 배려로 각국 사신들과 함께 원명원 여기저기를 구경하였다. 원명원은 지금은 그 화려한 모습을 볼 수 없으니 서호수의 붓을 따라 감상하는 것도 그 의의가 작지 않다.

잔치에서 물러나오니 황상이 군기대신 아계·화신·복강안·복장안에게 명령하여, 몽·회의 제왕·패륵과 안남왕, 조선·남장·면전의 정사와 부사, 안남의 종신(從臣) 2명에게 복해(福海)를 유람시키라고 하였다. 이에 천향재(天香齋) 앞에서 여러 대신이 한 배에 오르고, 각국의 왕과 패륵과 사신, 종신이 한 배에 올랐다. 우리는 금오옥동교(金鰲玉蝀橋)로 가지 않고 바로 동남하(東南河)를 거슬러 올라 복해(福海)에 떠서 봉도요대(蓬島瑤臺)를 거쳐 위주(葦洲)를 뚫고 가서 영훈정(迎薰亭) 앞 물에서 배에서 내렸다. 호수 둘레는 5리 남짓이며 모두 돌로 둑을 만들었다. 태호석(太湖石)을 쌓아 섬 셋을 만들

원명원 40경의 하나인 봉도요대(蓬島瑤臺).
출처: 위키피디아

었으며, 높이는 5장 남짓이다. 섬 꼭대기에는 다 백옥 층대(白玉層臺)를 만들고, 층대 꼭대기에 역시 다 작은 정자를 지었다. 붉은 기둥과 채색한 서까래에 지붕은 누런 유리로 덮었다. 이것이 봉도요대로서 원명원 40경(景)의 하나이다. 또 얕은 물과 모래더미에 갈대를 심어 푸른 줄기가 한 길이 넘게 자라서 뱃길을 100여 보나 끼고 있으니 이것이 위주(葦洲)이다. 호안(湖岸)을 둘러서 흙을 쌓아 구릉과 봉우리를 만들었다. 느릅나무·버드나무·소나무·삼나무가 울창하고 경루(瓊樓)와 화표(華表)가 겹겹이 숨었다가 드러난다. 영

원명원 40경의 하나인 방호승경(方壺勝境).
출처: 위키피디아

훈정(迎薰亭)은 붉은 기둥이 6면에 섰고, 아래는 벽돌을 깔았으며, 위에는 누런 유리기와를 덮었다.

영훈정 뒤로 옥계 50단을 올라가면 바로 의춘전(宜春殿)이다. 전(殿)은 2층이며, 복도(複道)의 조각한 창에는 금빛과 벽색(碧色)이 서로 비쳐 빛나고, 위에는 누런 유리기와를 덮었으며, 편액에는 '방호승경(方壺勝境)'이라고 써 놓았다. 안에는 금불(金佛) 3구(軀)를 안치하고, 고동정이(古銅鼎彝)와 금옥주패(金玉珠貝) 등 기완(奇玩)들을 배열하였다. 금축아첨(錦軸牙籤)이 서가와 책상에 가득하니 이는 다 법서(法書)와 명화(名畫)이다. 전정(殿庭) 좌우에는 각각 고동화로(古銅火爐)를 안치하였으며, 높이는 2장, 지름은 5척 남짓 된다. 의춘전 뒤에는 해란전(譺鸞殿)이 있으며, 제도는 의춘전과 같고, 역시 안에는 금불을 안치하고 금옥 기완을 벌여 놓았다.

해란전에서 동북쪽으로 구불구불 몇 리를 가면 그 사이에는 서양 천주당의 규모를 본따 혹은 모나고 둥글며 혹은 6면, 8면으로 석회와 기와가루를 반죽하여 층루를 지어 놓았다. 꼭대기는 장막을 덮은 것 같고, 벽에는 신선과 조수(鳥獸)를 조각하였다. 창에는 유리 혹은 양각(羊角)을 끼웠고, 누각 앞에는 옥난간과 돌계단이며, 계단 아래에는 모두 둥근 못이 있다. 오동(烏銅)으로 12층의 쌍탑(雙塔)을 섬 가운데에 만들어 놓기도 하였고, 오동으로 원숭이, 학, 코끼리, 사슴 등을 못가에 만들어 놓기도 하였다. 태호석으로 못 가운데에 섬을 쌓고, 섬 위에는 오동으로 원숭이가 일산을 펴고 웅크리고 앉은 형상을 만들어 놓기도 하였다. 누각 위에서 기계를 조작하면 탑 모퉁이와 일산 꼭대기, 짐승의 입과 새의 부리에서 물이 비 오듯 뿜어 나온다. 오동으로 12시(時) 신상(神像)을 만들어 못가에 둘러서 기계를 조종하면 그 시

(時)에 해당하는 신상만이 물을 뿜고, 다른 신상은 뿜지 않는다. 각 누각 안에는 단향(檀香) 어탑(御榻)을 설치하고, 금과 옥으로 만든 기완(奇玩)과 고동정, 유리 병풍 등이 여기저기 벌여 있다. 종이를 뭉쳐서 1자 남짓한 동자(童子)를 만들어서 어탑 좌우 궤안 위에 마주 보게 놓았다. 왼쪽 동자는 천금(天琴)을 끼고 있고, 오른쪽 아이는 옥적(玉笛)을 불고 있다. 기관을 궤안 바닥에 숨겨 두어서 구경하는 사람이 궤안 앞에 이르면 기관을 밟아서 두 동자를 움직인다. 서로 돌아보며 웃으며 천금을 낀 동자는 악보를 따라 현을 두드리니 성률이 맑고 시원하다. 서양 사람의 수리(數理)가 아니면 누가 이것을 만들 수 있겠는가?

원명원은 1860년 제2차 아편전쟁 때 영불 연합군이 철저하게 파괴하고 약탈하여 지금은 그 터만 남아 있고, 일부 건물과 조경을 복원해 놓았다. 지금의 이화원은 원래 원명원의 한 구역이었다. 서호수를 비롯한 각국 사신 일행은 복해를 노닐었다. 복해는 진시황(秦始皇) 때의 방사(方士) 서복(徐福)[5]이 불로초를 찾아 동쪽으로 바다를 건너간 데서 따온 이름이다. 그래서 동호(東湖)라고도 하였다. 호수 모양은 거의 정방형이며, 한 변이 500미터 정도로서 둘레는 2킬로미터 남짓이다. 돌을 다듬어 쌓아 호안(湖岸)을 둘렀고, 호수 한가운데에 발해(渤海)의 삼신산을 본떠 섬 세 개를 만들고 섬마다 누대를 지었다. 이 세 섬을 옹정(雍正) 때는 "봉래주(蓬萊洲)"라고 불렀고, 건륭이 "봉도요대"라고 이름을 바꾸었다. 봉도요대를 지나 복해의 북동쪽 모서리에 다시 수로를 내고 창포와 부들을 심어 위주라고 불렀다. 위주를 지나면 다시 작은 호수가 나

방호승경의 현재 모습. ©이창숙

오고 그 호수 언덕에 영훈정이 있다. 영훈정 뒤 전각이 의춘전이며, "방호승경"이라는 편액을 달았다. 건륭은 "원명원 40경(圓明園四十景)"에 시를 짓고 서문을 달았다. 그 가운데 "방호승경"의 서문은 다음과 같다.

바다의 삼신산은 배가 닿으면 바람이 문득 끌고 가버리니 다만 헛말일 뿐이다. 금과 은으로 궁궐을 지었지만 또한 세상과 무어 다른가 알아야 하리라. 선경에 나아가면 바로 신선이니 나의 방에서 자재하게 지내지 무슨 일로 멀리서 찾을 것인가. 이것이 방호로 집 이름을 삼은 까닭이다. ……[6]

발해에는 봄여름 사이에 신기루가 나타난다. 산동반도의 끝 등주(登

州)에서는 종종 이 신기루를 볼 수 있었다. 삼신산(三神山)은 이 신기루의 신화적 해석이다. 송나라 심괄(沈括, 1031-1095)은 『몽계필담(夢溪筆談)』권21에서 등주의 신기루, '해시(海市)'를 언급하였다.

등주 바다에는 때때로 구름의 기운이 있어 궁실, 대관, 성가퀴, 인물, 거마, 모자와 수레덮개 같은 것이 또렷이 보여 이를 해시라고 부른다. 혹자는 교룡의 숨이 만든 것이라고 하지만 그렇지는 않으리라.[7]

심괄과 같은 시기에 소식(蘇軾, 1037-1101)은 이 신기루를 보고 「등주해시(登州海市)」시를 지었다. 서문에 이 시를 지은 사연을 간단히 적었다.

나는 등주 해시를 들은 지가 오래되었다. 부로들은 봄여름에 나타나므로 올해는 늦어서 다시는 볼 수 없다고 말하였다. 나는 관아에 부임한 지 닷새 만에 떠나야 했으므로 보지 못하여 한이 되었다. 해신 광덕왕 사당에 기도하였더니 다음날 나타났다. 이에 이 시를 짓는다.[8]

황주(黃州)에서 폄적 살이하던 소식은 등주 태수로 임명되어 1085년(신종(神宗) 원풍(元豐) 8) 10월 15일에 현지에 도착하였다. 그러나 곧 5일 만에 다시 예부원외랑(禮部員外郎)에 임명되어 조정으로 들어가야 했다. 오래전부터 해시를 보고 싶어 했던 소식은 해신(海神)에게 기도하여 신기루를 보았다고 하였다. 소식이 정말 신기루를 보았는지는 의견이 갈리지만 그의 시는 명편으로서 후대에 두고두고 회자된다.

동방 구름 낀 바다는 비고 또 비어

뭇 신선이 비고 밝은 데서 출몰한다

흔들리는 뜬세상 만상이 생기니

패궐과 주궁이 숨어 있음인가

보이는 것 모두가 환영인 줄 알거니와

감히 보고 듣고자 신의 솜씨에 폐를 끼칩니다

겨울이라 물이 차서 천지가 닫혔으니

저를 위해 잠을 깨워 어룡을 채찍질하여

층루와 푸른 언덕이 서리 찬 새벽에 나오니

기이한 일 백세옹도 놀래 자빠진다

인간에서 얻는 바는 힘으로 취할 수 있지만

세상 밖에는 사물이 없으니 누가 으뜸인가

갑자기 부탁했어도 나를 거절치 않으니

나는 사람들이 해쳤지 하늘이 곤궁하게 만들지 않았구나

조양태수 한유가 남방으로 쫓겨났다 돌아갈 적에

첩첩 쌓인 석름봉 축융봉을 즐거이 보고서

정직하여 산귀신을 움직였다 말하였으니

조물주가 늙은이를 불쌍히 여긴 줄 어이 알았으리

눈썹 펴고 한 번 웃기가 어이 쉬우리오

신령이 그대에게 보답함이 또한 풍성하도다

비낀 햇빛 만 리에 외로운 섬 가라앉아

연마한 청동처럼 푸른 바다만 보인다

새 시 고운 말을 또한 어디에 쓸까

동풍 따라서 더불어 변하고 사라져버렸네

東方雲海空復空 群仙出没空明中

蕩搖浮世生萬象 豈有貝闕藏珠宮

心知所見皆幻影 敢以耳目煩神工

歲寒水冷天地閉 爲我起蟄鞭魚龍

重樓翠阜出霜曉 異事驚倒百歲翁

人間所得容力取 世外無物誰爲雄

率然有請不我拒 信我人厄非天窮

潮陽太守南遷歸 喜見石廩堆祝融

自言正直動山鬼 豈知造物哀龍鍾

信眉一笑豈易得 神之報汝亦已豐

斜陽萬里孤島没 但見碧海磨靑銅

新詩綺語亦安用 相與變滅隨東風

　소식 이후로도 여러 시인묵객이 등주의 해시를 보고 시문을 지었다. 17세기 초반 명대 말기에 요동 지역을 여진족이 차지하여 북경으로 가는 육로가 막히자 명과 조선의 사절은 해로를 이용하였다. 중국의 산동반도 끝, 즉 등주와 조선의 철산(鐵山)을 왕래하면서 발해의 신기루를 목격하기도 하였다. 그 가운데 1626년 조선을 다녀간 명나라의 강왈광(姜曰廣, 1584-1649)은 등주 봉래각에서 신기루를 목격하고 기록으로 남겼다. 4월 20일과 그 뒤에 한두 차례 더 보았다고 하였다. 그의『유헌기사(輶軒紀事)』에 실린 목격담은 다음과 같다.

관아를 나서니 갑자기 밖에서 바다에 신기루가 나타난다고 알렸다. 나는 달려서 봉래각(蓬萊閣)에 오르니 종관(從官)이 지금 산이 머리를 들고 입을 벌린다고 가리키는 데가 그것이었다. 보니 푸르고 흰 기운이 하늘하늘 흩날리며 형상을 만들었다. 높은 것은 누대이고, 뻗은 것은 성곽이며, 끊겼다 이어졌다 말렸다가 펴졌다가 크고 작게 모이고 흩어지며 언뜻언뜻 하나가 아니었다. 문득 또 동문(洞門)이 열리고, 인마가 무리 짓기도 하고, 기치가 서기도 하고, 기치는 또 뽑히고 바뀌니 구경꾼들은 와자지껄 신기하다고 소리쳤다. 경각 간에 바람이 다소 강해지자 또 갑자기 간 곳을 모르게 되었다. 아아, 세상 일이 눈 깜짝할 사이에 흘러가는 것이 어찌 신기루 하나뿐이랴. 나중에도 한두 번 보았으니 대략 형상에 따라 의미를 맞추었고, 오직 견우도(牽牛島)만 또렷이 분명하니 서복(徐福)이 신선을 칭하며 진시황을 속인 것이 바로 이로써 하였음을 알겠다. 그래서 바라보면 구름 같다고 하고, 또 닿으면 바람에 끌려가버린다고 하는 것이다.[9]

『사기(史記)·진시황본기(秦始皇本紀)』에 삼신산은 "닿기 전에는 이를 바라보면 구름 같고, 닿으면 삼신산은 거꾸로 물 아래에 있다. 굽어보면 바람에 문득 끌려가니 끝내 닿을 수가 없다고 한다."[10]고 하였다. 사람이 배를 타고 삼신산에 접근하면 바람이 불어 배를 끌고 가버리니 결국 섬에 발을 디딜 수가 없다. 삼신산은 실재하는 선경도 아니고, 이무기가 토한 숨이 만든 것도 아님을 송나라의 심괄이 이미 의심하였으니 건륭이 옛 전설을 그대로 믿지 않았음은 당연하다. 진시황을 속인 서복 같은 방사들의 위계를 '헛말'이라고 단정하였다. 삼신산의 궁궐은 황금 백은으로 지었다고 하지만 결국 사람의 상상의 산물이니 인간세상과 무어 다르겠는가. 선경에서 살면 신선이다. 그러니 어리석게 불사약을 찾아 바다를 헤맬 것이 아니라 내 집을 선경으로 만들면 된다. 그래서 선경 원명원을 만들고 그 속에서 유유하게 신선처럼 살았다. '방호승경'은 그런 뜻을 담은 이름이다.

의춘전에는 황제와 황후의 생일선물로 바친 불상을 안치하여서 해마다 모인 것이 2000여 구에 이르렀다고 한다. 의춘전 뒤 가장 큰 전각이

서양루 현재 모습. ©이창숙

원명원 해안당.

홰란전이다. 홰란전 북쪽은 서양루(西洋樓) 구역이다. 그 가운데 해안당
(海晏堂)에 그 유명한 12지신(支神) 두상(頭像) 분수가 있었다. 때가 되면
그 시각의 신상이 물을 내뿜는다. 1860년 영불 연합군이 겁탈할 때 이
12지신의 두상도 사라졌다. 2012년에 소, 원숭이, 호랑이, 돼지 말의 두
상은 중국으로 돌아와 북경의 보리예술박물관(保利藝術博物館)에 소장되
어 있고, 2013년에는 프랑스의 피노(Pinault) 가(家)가 쥐와 토끼 두상을
중국에 기증하였다. 지금까지 12개 가운데 7개가 회수되었다.

　　인류 역사상 원명원만큼 넓고 다양하고 아름다웠던 정원도 없었고,
원명원만큼 철저하게 파괴된 인공물도 없음은 분명하다. 원명원 서양
루 구역의 길가 숲에는 빅토르 위고(Victor Hugo, 1802-1885)의 흉상이
서 있다. 영불 연합군의 방화 약탈 소식을 듣고 빅토르 위고는 버틀
러 대위에게 보낸 편지에서 영국과 프랑스를 강도라고 지목하며, "우

원명원 서양루 구역에 있는 빅토르 위고 흉상 ©이창숙

리 유럽인은 문명인이며, 중국인은 우리 눈에 야만인입니다. 이것이
바로 문명이 야만에게 저지른 일입니다."[11]라고 질책하였다. 이 편지
는 지금 중국의 중학 2년 『어문(語文)』 교과서에 실려 있다. 중국 정부
는 오래전에 원명원 터에 원명원유지공원(圓明園遺趾公園)을 조성하고,
폐허 그대로 보존하여 제국주의 열강 침략의 "철증(鐵證)"으로 삼는다
는 방침을 세웠다. 현재 서양루 구역에서 부분적으로 보호 공사를 진
행하고 있다.

10일이 태조황제(太祖皇帝)의 기신(忌辰)이므로 7일부터 9일까지는 재계(齋戒)하고 연희(演戱)를 설행하지 않았다. 10일에는 구구대경연(九九大慶宴)을 설행하였다.

9일에는 건륭을 따라 지금의 이화원(頤和園) 구역을 구경하였다. 조선 삼사가 새벽에 조방(朝房)에서 황제를 기다리다가 연성공(衍聖公)을 만난다.

새벽에 조방에서 연성공과 온돌을 마주하여 앉았다. 용모가 빼어나고 깨끗하며 행동거지가 단아하여 성인의 후예임을 알 수 있었다. 이름을 물으니 공헌배(孔憲培)이며, 선성(先聖)의 72대손이다. 나이는 35세이고 스스로 자호(自號)는 독재(篤齋)이다. 시에 능하고 글씨를 잘 쓴다는 칭예(稱譽)가 있다. 나는 우관에 돌아온 뒤에 칠언 절구(七言絶句) 두 수를 지어 이튿날 검서(檢書) 유득공(柳得恭)에게 가서 전하게 시키고, 겸하여 청심원(淸心元) 10환(丸), 부채 10자루, 색전(色箋) 40장을 보냈다. 또 '학산견일정(鶴山見一亭)'이란 편액(扁額)을 써 주기를 청했다. 독재는 즉시 차관(差官) 장정회(張廷誨)를 보내어 사의(謝意)를 표하고, "화답하는 글과 편액은 경도에 들어간 뒤에 지어 보내겠습니다."라고 하였다. 장정회는 곧 연성부(衍聖府)의 낭관(郎官)이다. 내 시는 이렇다.

부상의 바다는 구이 동쪽에 넓고
수수의 연원은 만 리에 통합니다

새벽 평상에 이어 앉아 마음 이미 취했고
행단에서 슬 더디 타던 생각은 끝이 없네

扶桑海闊九夷東 洙水淵源萬里通
曉漏聯床心已醉 杏壇希瑟思無窮

또 이렇다.

맑은 가을 관모 수레 갖추어 멀리 경사에 조회하니
기자께서 남긴 풍속 패성에 남았습니다
현인을 만나 작은 소원 채우고
곡부 오랜 가문의 명성을 그리워합니다

清秋冠蓋遠朝京 箕聖遺風尙浿城
御李識韓微願足 依依曲阜舊家聲

10일에는 동락원 청음각 희대에서 『구구대경』 가운데 16장을 연출하였다. 역시 묘시에 시작하여 미시에 끝났으며, 그 작품 목록은 다음과 같다.

팔동신선(八洞神仙), 구여가송(九如歌頌), 상위유징(象緯有徵),
하령무량(遐齡無量), 선자효령(仙子効靈), 봉인축성(封人祝聖),
해옥첨주(海屋添籌), 도산축가(桃山祝嘏), 관발영천(綰綬盈千),

청녕득일(淸寧得一), 백령수백(百齡叟百), 중역인중(重譯人重),

경용림궁(慶湧琳宮), 서정향국(瑞呈香國), 일징십서(日徵十瑞),

도축천령(桃祝千齡)

이날 연성공(衍聖公) 공헌배가 장정회를 시켜 서호수에게 선성행상석
각탑본(先聖行像石刻搨本) 4건(件), 성적도(聖蹟圖) 4권(卷), 성현도찬(聖賢圖
贊) 4투(套) 각 4권, 임묘도(林廟圖) 4건, 당회영향단비(黨懷英香壇碑) 4건,
시초(蓍草) 4속(束) 각 50경(莖)을 보내 왔다. 시초는 선성묘(先聖廟) 앞에
난 것이었다고 한다.

12일에는 원명원에서 북경 성안 남관으로 돌아왔다. 13일 자금성 태
화전에서 열리는 건륭의 생일잔치에 참석하기 위함이었다. 원명원에서
자금성 서화문(西華門)에 이르는 연도 20리에는 각종 채붕이 가설되어
있었다. 원명원으로 가면서 이미 본 적이 있었다. 이날 일기에 더욱 상
세하게 묘사하였다.

원명원 문밖의 동서(東西) 못가에서부터 자금성(紫禁城) 서화문(西華門)까지 20
리 사이에는 채붕(綵棚)이 길을 끼고 멀리 뻗쳤으며, 각각 만들고 관리하는
부서의 황패(黃牌)를 세웠다. 내각, 육부, 각 부(府), 원(院)과 각성으로부터 거
인(擧人), 상민(商民), 면직된 관원에 이르기까지 서로 뽐내느라 갈수록 사치
를 더하였다.
채붕에 이런 것들이 있다. 즉 사산루(斜山樓), 연수루(延壽樓), 만수루(萬壽樓),

축수루(祝壽樓), 여경루(餘慶樓), 봉영심처(蓬瀛深處), 선득월루(先得月樓), 의산루(倚山樓), 오운소(五雲所), 오복루(五福樓), 광명전(光明殿), 천향대(天香臺)라 하는 것은 다 평대(平臺)에 방형 난간이며, 처마는 3층 혹은 2층이다. 또 이런 것도 있다. 즉 영수정(迎壽亭), 만수정(萬壽亭), 원량정(圓凉亭), 방량정(方凉亭), 팔각정, 육각정, 우선정(羽仙亭), 봉황정(鳳凰亭), 오복정(五福亭), 길경정(吉慶亭), 사산유랑(斜山遊廊), 전각유랑(轉角遊廊)이라고 하는 것은 다 평대에 홑처마이며, 난간은 방형이거나 원형, 6각이거나 8각이다. 어떤 것은 비스듬히 기울어서 비낀 산 같고, 어떤 것은 굽히고 꺾어서 모퉁이 같았다. 누대 정랑(樓臺亭廊)에는 모두 처마에 오채양각등(五彩羊角燈)을 달고, 문에는 오채금수(五彩錦繡) 장막을 드리웠으며, 그 안에는 고동정이(古銅鼎彛)와 금옥기기(金玉奇器)를 벌여 놓았다. 뒤에는 유리병장(琉璃屛障)을 세우고 선관(仙官), 신장(神將), 채동(彩童)을 꾸며 놓기도 하였다. 누정(樓亭) 안에서는 생(笙)과 적(篴) 소리가 맑게 높으며, 나발과 징 소리가 시끄럽고 요란하다.

구복성대(九福星臺)라는 것이 있다. 원명원 문밖 동쪽 못 언덕에 방형(方形)의 대(臺)에 굽은 난간을 만들고, 그 위에서 라마승(喇嘛僧) 9인이 소매 넓은 황의(黃衣)를 입고 축사(祝辭)를 제창(齊唱)한다. 또 오방룡주(五方龍舟)라는 것이 있다. 원명원 문밖 서쪽 못 가운데에 용주(龍舟) 5척을 띄우고 뱃머리에는 용두(龍頭)를 새겼으며 선미(船尾)에는 용미(龍尾)를 새겼다. 배 위에는 기치(旗幟)를 설치하였고, 용두(龍頭)에는 서양추천(西洋鞦韆)을 설치하였다. 용신(龍身) 기치의 바탕은 각각 방위색을 나타내었다. 삿대를 저어 왔다 갔다 하니 물고기, 자라가 살아 움직이는 듯하다. 서양정대(西洋亭臺)라는 것이 있다. 방형의 대에 사면에 모두 무지개 문을 만들고, 위에는 굽은 난간을 단 둥근 정자를 설치하여 천주당 같다. 또 조주석교(趙州石橋)라는 것이 있다. 벽돌과 돌로 만든 무지개 다리로서 위에는 행인(行人)과 거마(車馬)를 만들어 놓았다. 무지개 곁의 돌무늬와 다리 가의 옥난간에는 모두 색상(色相)을 꼼꼼하게 입혔다.(『청일통지(清一統志)』에 "조주(趙州) 남쪽 5리 지점 교하(洨河) 위에 돌다리가 있다. 너비가 40보, 길이가 50여 보이고 이름은 안제교(安濟橋)이며, 세상에서는 대석교(大石橋)라고 부른다. 수(隋) 나라 때 세웠고, 당(唐) 나라의 이고(李翺)가 명(銘)을 썼다."고 하였다.)

매화정(梅花亭)이라는 것이 있다. 처마가 2층이고, 붉은 융단(絨緞)과 누런 비단을 매화 모양으로 엮어 덮었다. 어린루(魚鱗樓)라는 것이 있다. 처마가 2층이고, 공작 깃을 물고기 비늘 모양으로 엮어서 덮었다. 만중갑자(萬重甲子)라는 것이 있다. 처마는 2층이며, 금으로 만(卍) 자를 수놓았으며, 붉은 융단으로 기둥과 난간을 장식하였다. 채동 60명이 각각 금으로 쓴 간지(干支) 글자를 받들고 있으며, 둥근 부채가 빙빙 돌면서 송축한다. 만화영채(萬花映彩)라는 것이 있다. 기둥, 난간, 처마, 방옥(房屋)을 다 오채(五綵)의 꽃무늬 융단으로 장식하였고, 안에는 비단을 잘라서 만든 오채(五彩)의 조화(造花)를 벌여 놓았다. 나전소(螺鈿所)라는 것이 있다. 창, 벽, 기둥, 난간을 다 조개껍질로 장식하였다. 만자장(卍字牆)이라는 것이 있다. 대나무를 엮어서 수십 보 길이 담장을 만들고, 다 만(卍) 자 모양으로 장식하였다. 서양추천(西洋鞦韆)이라는 것이 있다. 2개의 붉은 기둥을 세우고 위에 가로로 시렁을 걸치고 도르래를 설치하여 채동이 펄쩍펄쩍 오르내린다. 건주각(建珠閣)이라는 것이 있다. 오색 큰 구슬을 꿰어서 기둥과 난간을 만들고, 또 오색 작은 구슬을 엮어서 처마와 방옥을 만들었다. 만자방(卍字房)이라는 것이 있다. 평평한 처마와 굽은 난간에 당옥(堂屋)은 굽어서 만(卍) 자 형상이다. 서양수법(西洋水法)이라는 것이 있다. 굽이진 못과 층층의 봉우리가 있고, 뒤에 용미거(龍尾車)를 설치하여 물을 쳐서 올리고, 앞에는 폭포가 드리웠다.

점경하지(點景荷池)라는 것이 있다. 네모 못과 둥근 정자가 있고, 연꽃이 만발하였으니 시원함으로써 화려함에 맞서게 하였다. 오악조천(五岳朝天)이라는 것이 있다. 푸른 산봉우리 10여 장(丈)에 굽이굽이에 기화이초(奇花異草), 푸른 원숭이와 흰 사슴이 있다. 앞으로 바닷빛에 임하였으니 구리와 주석에 수은을 발라 파도를 만들었다. 서양장(西洋牆)이란 것이 있다. 어떤 것은 먼 산으로서 푸른빛 한 줄기이고, 어떤 것은 가까운 산으로서 담홍색 석양에 흰 구름이 두 산 사이에 비스듬하다. 운하선축(雲霞仙祝)이라는 것이 있다. 채색 구름과 붉은 노을이 봉우리 사이에 가득 뻗쳐 있고, 여러 신선이 반도(蟠桃)나 영지(靈芝)를 받들고서 구름과 노을 사이에 서 있다. 영지정(靈芝亭)이라는 것이 있다. 처마와 집과 기둥과 난간에 모두 영지 모양을 새기고 금벽(金碧)으로 발랐으며 주옥(珠玉)으로 장식하였다. 광선산(廣仙山)이라는 것이 있다. 깎아지른 벼랑과 첩첩 봉우리에 소나무, 삼나무가 울창하고 누각과 정대(亭臺)가 뒤섞였으며, 여러 신선이 사슴을 타고 학을 부리며 한가로이 와서 놀고 있다.

또 높은 성(城)과 겹겹이 쌓인 궁궐과 연돈(煙墩)과 신발(汛撥) 같은 것은 실물과 꼭 닮아서 진짜인지 가짜인지를 분간할 수가 없다. 생각건대 옛날부터 지금까지 이와 같은 기이하고 지나친 기교는 없었을 것이다. 천하의 재력(財力)이 이러한 일을 하는 데에 다 없어졌으니, 탄식함을 금할 수 있겠는가?

서호수가 북경에 도착한 날 바로 정양문을 나와 민가에서 자고 다음 날 원명원으로 가면서 연도의 가설물에 대해 잠깐 언급한 바 있다. 이 날은 원명원에서 북경 성내로 돌아오면서 목격한 연도의 가설물을 하나하나 상세하게 묘사하였다. 건륭의 80회 생일을 축하하기 위해 육부의 각 관아와 전국의 신민들이 돈을 모아 북경 자금성의 서화문에서 원명원 앞에 이르는 연도 20리 길 좌우에 각종 임시 건축물을 세웠다. 강희제의 육순 생일잔치 때에도 이렇게 한 적이 있었다. 강희제 때의 건축물은『만수성전초집(萬壽盛典初集)』에, 건륭제 80회 생일 때의 건축물은『팔순만수성전(八旬萬壽盛典)』에 각각 그림과 글로써 기록하였고, 따로 채색화를 작성하였다.

서호수는 당시의 가건물을 "채붕"이라고 불렀다. 채붕은 색색 비단으로 장식한 다락 건물을 일컫는 말이다. 가상의 선경 속의 건축물이나 실재하는 건축물을 축소 모형으로 만들어 놓고, 그 안에서 여러 기예인들이 각종 놀이를 설행하여 거리의 행인들에게 볼거리를 제공하였다. 조주석교는 하북성(河北省) 조주에 실재하는 돌다리이다. 수(隋) 양제(煬帝) 대업(大業, 605-618) 초년에 이춘(李春)이 창건하였으며, 길이는 64.4미터, 폭은 양 끝이 9.6미터, 가운데가 9미터이다. 안제교(安濟橋), 천하제일교(天下第一橋)라고도 부르는 이 다리는 중국에서 현존하는 가장 오래된 다리이자 가장 아름다운 다리로 꼽힌다. 당나라 때 장가정(張嘉貞, 665-729), 이고(李翺, 772-844)가 명문을 썼다.[12] 조주석교의 모형을 북경 거리에 만들어 세웠던 것이다.

유득공도 이 채붕을 대상으로 〈결채(結綵)〉 시를 짓고 설명을 붙였다.

복사꽃 버들가지 모두 진짜 같고
공중누각은 거울 속의 봄이로다
서화문 밖에서 서산 가는 길에는
푸른 내음 붉은 향이 사람을 어지럽힌다

桃綬柳絲總亂眞 空中樓閣鏡中春
西華門外西山路 綠臭丹香醉殺人

열하에서 경성에 이르는 400리 길에서 이미 곳곳에 엮은 채붕을 보았다. 서화문에서 원명원까지 30리 길 좌우에는 가루(假樓)를 즐비하게 세우고, 모두 황색, 벽색 유리기와를 덮었다. 또 무늬를 수놓은 비단을 덮고 난간에는 금물을 칠하였으며 여러 색깔의 유소(流蘇)와 그림을 그린 베로 성곽을 만들고 비루(碑樓)를 세웠으며, 무늬 있는 돌과 침향으로 기둥을 만들었다. 또 경각(鏡閣) 수백 보를 만들어 거마가 그 안을 왕래하며 비치고, 또 종모(椶毛)로 집을 짓고 대나무 울타리를 만들어 소쇄함으로써 번화함에 맞서게 하였다. 앞에는 비단으로 복숭아나무, 버드나무를 만들어 무르익은 깊은 봄의 붉고 푸른 내음이 사람 머리를 아프게 한다. 각성(各省) 각부(各部)에서 거인(擧人)에 이르기까지 패를 세워 나누어 관리한다. 또 어떤 희곡의 어떤 노래를 어디에서 시작해서 어디에서 끝난다고 쓴 패를 세웠다. 또 금연패를 세워 사람들이 함부로 담배를 피우지 못하였다. 저자 사람들이 물을 길어와 먼지를 가라앉힌다. 8월 12일에 황제가 원명원에서 경성으로 돌아올 때 좌우 채루에서 수백의 어여쁜 동자들이 분묵(粉墨)을 바르고 비단을 끌며 가마(假馬),

가학(假鶴)을 타고 일제히 노래를 불렀다. 바라보니 왕왕 늙은이들이 등에 "천자만년수(天子萬年壽)"라는 글자를 쓴 보(褓)를 걸고 지팡이를 짚고 헐떡이며 걷는다. 천수연(千叟宴)에 참여하고 살아남은 자들이라고 한다.[13]

자금성 서화문에서 원명원까지 20리 혹 30리 길의 양변에 온갖 기교와 사치를 부린 형형색색의 가건물이 늘어섰다. 이 광경은 『팔순만수성전(八旬萬壽盛典)』에 그림으로 잘 남아 있다. 중앙과 지방의 관서에서, 전국 각지의 신민이 황제의 생일을 축하하기 위해 세운 기념물이다. 잔치가 끝나면 뜯어 버려야 할 것에 돈을 얼마나 들였는지 계산할 수조차 없다. 거리에 세운 가건물 가운데는 희대(戲臺)와 가대(歌臺)가 많았다. 여기서 수백 수천 동자들이 황제의 만수무강을 비는 노래를 부른다. 등이 구부정한 늙은이들도 그 등에 천자가 오래오래 살기를 바라는 문구를 쓴 깃발을 달고 숨을 헐떡이며 걸어간다.

강희와 건륭은 노인들을 대접하여 천수연(千叟宴)을 열었다. 소련(昭槤)의 『소정속록(嘯亭續錄)』에 따르면 강희 계사년(1713) 황제의 육순 때 건청궁에서 천수연을 열어서 1,900여 명이 참석하였으며, 건륭 을사년(1785) 즉위 50년을 맞아 건청궁에서 천수연을 열어 3,900여 명이 참석하였다고 한다.[14] 건륭 50년의 천수연에는 조선에서도 동지 정사 이휘지(李徽之, 1715-1785), 부사 강세황(姜世晃, 1713-1791)이 참석하였다. 건륭은 그 전해에 미리 조선에 사신은 환갑이 넘은 자로 보내 천수연에 참여하라고 통고하였던 것이다. 이휘지를 수행한 김낙서(金洛瑞, 1757-1825)의 『북정록(北征錄)』에 따르면 조선에서는 애초 정사로 무림군(茂林

君) 이당(李塘)을 낙점하였으나 무림군이 출행 전 갑자기 사망하였으므로 이휘지(李徽之, 1715~1785)로 바꾸었다. 강세황은 70이 넘은 나이 덕에 부사로 뽑혀 고생은 하였지만 북경 구경을 하였다. 그 결과 『수역은파첩(壽域恩波帖)』, 『영대기관첩(瀛臺奇觀帖)』, 『사로삼기첩(槎路三奇帖)』 등 화첩을 남겼으니 천수연이 가져다준 뜻밖의 성과라고 하겠다. 이휘지는 연행에서 돌아와 곧 숨을 거두었다. 혹 멀고 고단했던 여정이 고희(古稀) 노인의 건강을 해친 탓이라면 천수연은 역효과를 낸 셈이다. 청나라에서는 건륭이 천수연을 베풀고 5년이 지난 동안 살아남은 노인들이 이날 황제의 만수무강을 빌며 등에 글자를 지고 숨을 가쁘게 몰아쉬면서 거리를 행진하였다.

유득공은 열하에서 북경에 이르는 가로에도 곳곳에 이런 가건물을 세웠다고 하였다. 이해에 길거리에 쏟아 부은 재물이 얼마나 될까. 이로부터 정확히 50년 후, 1840년에 영국의 함포에 속절없이 무너져 내릴 전조(前兆)가 이미 거리에 나타나고 있었다. 서호수의 눈에는 그 미래가 비쳤던 것이다.

『연행기』에는 없지만 『열하기유』에는 이날 천주당을 찾아 서양 선교사 탕사선(湯士選, 1751~1808)과 유사영(劉思永, Rodrigo da Madre de Deus)을 만난 일이 길게 실려 있다.

오는 길에 서양사람 흠천감 우감부 탕사선을 찾아 천주당으로 갔다. 탕사선은 황제를 맞이한 후 아직 돌아오지 않았고, 서양사람 유사영이 맞이하여 정청에 앉히고 다과 여러 가지를 갖추어 대접하였다. 그중에 산사 모과 전

향은 매우 달았다.

서호수가 찾아간 천주당은 선무문 안의 남당(南堂)이다. 유사영이 서호수를 맞이하여 대화를 나눈다.

서호수 우리는 동방에서 대인들께서 역수(曆數, 천문학)에 정통하여 천조에 오셔서 시헌법(時憲法)의 계산과 편찬을 맡았다고 들었습니다. 탕 대인은 원명원 반행으로 가다가 우연히 만나서 조용히 대화를 나누자는 약속을 하였습니다. 그러므로 틈을 내어 왔습니다만 탕 대인께서 아직 돌아오지 않으셨다니 섭섭합니다.

유사영 저와 탕 대인은 건륭 49년 12월에 함께 경사로 왔습니다. 탕 대인은 역상(曆象, 천문학)에 정통하여 흠천감의 직을 받았고, 저는 역학(曆學, 천문학)이 탕 대인에 미치지 못하므로 천주당 안의 사무만 처리합니다. 탕 대인은 어제 성 밖 해전(海淀)으로 가서 오늘 아침 어가를 맞이하고 아직 돌아오지 않았습니다.

서호수 저도 역시 어가를 보낸 후 바로 몸을 움직여 도착하였습니다. 탕 대인도 곧 돌아올 것이니 잠시 머물며 기다릴까 합니다.

유사영 탕 대인이 지난번 원명원에서 돌아와 합하와 만난 광경을 말하였습니다. 그래서 이미 심부름꾼을 보내 합하께서 오신 연유를 탕 대인에게 알렸습니다. 저는 합하께서 전날에 이서태의 묘를 직접 찾아 그가 저승에서 마음 맞는 이를 얻어서 세상에 자신을 알아주는 이가 없다는 감개를 없앴다는 말을 들었습니다. 우리도 깊은 감사의 뜻을 이기지 못합니다. 다만 우리는 구만 리 바다를 건너 온 사람들로서 역상의 작은 재주로 사람들의 이목을 어지럽혀 세 상의 이익을 얻으려는 것이 아니라 실제로는 천하에 야소(耶蘇) 성 교(聖敎)를 전파하려고 합니다. 합하께서도 믿습니까?

서호수 우리가 사는 곳에서 존봉하는 것은 오직 공맹(孔孟)과 정주(程朱)의 도입니다. 마음을 보존하고 본성을 기르는 것은 상제를 섬기는 대 체인 줄은 아나, 이 밖에는 감히 들을 바가 아닙니다. 역상 같으면 서양의 방법이 희화의 진전을 얻은 것입니다. 평생 이서태를 흠복 하는 뜻은 『기하원본』, 『혼개통헌』 두 책에 있습니다.

유사영 나는 측후를 점검하려 하니 합하와 함께 관성대에 올라가 의상을 보고자 합니다.

서호수 바라던 바입니다.

서호수는 유사영의 인도를 받아 천주당을 지나 관상대로 올라가면서 천주당 안을 자세히 관찰하였다. 서호수의 눈길을 따라 남당 내부를 보 자. 이 시절의 남당도 후에 파괴되어 다시 지었다.

유사영이 인도하여 먼저 천주정당을 보았다. 야소상이 북벽에 있고 여러 신 상이 동서벽에 나뉘어 걸려 있다. 의용이 살아 움직이고, 복식이 괴이하여 문득 보니 삼엄하여 말소리가 들리는 듯하니 나도 모르게 송연하였다. 정당 의 규모는 남북 길이가 12간, 동서 폭이 6간이며, 위 궁륭은 장막을 덮은 모 양이고, 기둥과 들보 서까래를 쓰지 않고 모두 석회와 기와 가루를 반죽하여 지었다. 창에는 유리를 끼웠고 문에는 무늬 있는 판을 걸었다. 야소상 앞에 은등 한 쌍을 걸고 검은 기름을 부어 불을 붙여서 밤낮 늘 밝힌다. 정당에 이어서 북쪽에 또 소당이 있어 의복과 기물을 보관한다. 북벽에는 백동병 반체를 붙였고 아래에는 반원형의 손 씻는 대야가 있다. 나선의 못을 백동병 배에 박아서 왼쪽으로 돌리면 못이 빠져 물이 대야로 나오고, 오른쪽으로 돌리면 못이 들어가 물이 그친다. 정당의 남벽 계단을 통해 동쪽대로 올라가면 경사의 전모가 내려다보인다. 경도의 백탑이 서북 모퉁이에 우뚝 솟았고, 매산의 정자와 누각이 정북쪽에서 언뜻언뜻 보이며, 누런 지붕 자색 성벽이 중앙에 길게 뻗었고, 주루와 다루의 깃발이 좌우에 어지러이 섰으니 참으로 장관이었다.

남당은 자금성의 서남쪽에 있다. 남당에서 북을 바라보면 백탑, 경산(景山), 자금성이 모두 보인다. 누런 지붕 자색 성벽은 자금성이다.

유사영이 작은 망원경을 꺼내 나더러 뽑아서 눈에 맞추어 보라고 하였다. 받아서 매산 정자와 누각을 보니 역력히 앞에 나와 수백 보 거리로 당길 수 있을 듯하였다. 이전에는 서양 악기가 정당의 남벽 상층에 있었지만 몇 년 전에 불에 타버려서 이번 겨울에 새로 만들어 가져올 것이라고 한다. 이 악기의 연주법은 『율려정의(律呂正義)』의 운(ut), 레(re), 미(me), 파(fa), 솔(sol), 라(la) 오음의 온음과 반음의 유래라고 하지만 들을 수가 없어서 한스러웠다.

11세기에 이탈리아의 성직자 귀도 다레초(Guido d'Arezzo, 992?~1050?)가 〈성 요한 찬가(Ut queant laxis)〉의 가사에서 한 음절씩 따서 음계명 운(ut), 레(re), 미(me), 파(fa), 솔(sol), 라(la)를 만들었다. 서양 음악의 이론은 포르투갈 선교사 서일승(徐日昇, Thomas Pereira, 1645-1708)이 중국에 소개하였다. 그는 1673년부터 죽을 때까지 강희제의 음악교사로서 서양 음악을 가르치면서 서양 음악 이론을 정리한『율려찬요(律呂纂要)』를 저술하였다. 이『율려찬요』는 강희제의 어명으로 편찬된『율려정의(律呂正義)』의 속편에 편입되었다. 서일승이 소개한 서양 음악의 계명 "운레미파솔라"[15]가 한자 "烏勒鳴乏朔拉"로 번역되었다. 서양 음악의 계명은 6개이지만 "오음(五音)"이라고 한 것은 궁상각치우 5음으로 구성되는 전통음악의 음계 관념을 가졌기 때문이다. 서호수는 관념적으로 "오음"이라고 말하였지만 서양 음계가 온음과 반음으로 이루어져 있음을 잘 알고 있었다.『율려정의』를 통해 서양 음악의 이론도 어느 정도 숙지하고 있었던 것이다. 그는 천주당에서 오르간 연주를 들으면서 이론을 직접 확인하고 싶었다. 그러나 오르간은 1775년에 화재로 사라져버렸다. 건륭제가 은 1만 냥을 내려 건물은 다시 지었지만 오르간은 그해 겨울에나 올 참이었다. 서호수의 서양 음악 소감을 듣지 못하니 오르간 연주를 듣지 못한 서호수만큼이나 아쉽다.

이어서 관성대(觀星臺)에 올라가 여러 가지 관측 기기를 둘러본다.

곧 정당 서문을 통하여 북원으로 들어가 관성대(觀星臺)에 올랐다. 대 위에는 작은 누각을 지어 관측 기기를 보관하였다. 유사영이 차례로 꺼내 보여 주었다. 먼저 상한의(象限儀)와 기한의(紀限儀)를 가리키며 말하였다.

유사영 이 기기의 이치를 아십니까?

서호수 하나는 상한의로서 주천(周天) 360도를 4로 나눈 90도를 이용해 북
극 고도와 태양 고도, 산하와 누대의 거리와 높이를 잽니다. 하나
는 기한의로서 주천 360도를 6으로 나눈 60도를 이용해 두 별 사
이의 경도차와 위도차를 잽니다.

서호수의 관측 기기에 관한 지식에 유사영이 감복한 듯 그는 두 손을
맞잡고 말하였다.

유사영이 두 손을 맞잡고 말하였다. "그렇습니다." 또 천체의(天體儀)와 험시
의(驗時儀)를 가리키며 말하였다.

유사영 합하께서 이미 이치에 밝으니 말할 필요가 없습니다.

서호수 하나는 천체의로서 중국식으로 만든 혼천의(渾天儀)와 혼천상(渾天
象)의 기능을 겸비한 것입니다. 하나는 험시의로서 추가 한 번 가
고 한 번 오는 것이 각각 1초입니다.

유사영 그렇습니다.

상한의는 사분의(四分儀)라고도 하며, 별의 천정(天頂) 거리를 잰다. 0
도부터 90도까지 눈금을 새긴 4분원의 금속고리와 그 중심을 축으로

삼아 연직면 안에서 움직이는 통으로 별을 보고, 통의 위치를 가리키는 눈금이 그 별의 천정 거리이다. 기한의는 거도의(距度儀)라고도 하며, 60도 이내에 있는 두 천체의 각도와 거리를 재는 기구이다. 천체의는 천구 모형이며 험시의는 추시계이다. 이들 천문 관측 기기는 페르디난트 페르비스트(Ferdinand Verbiest, 1623~1688, 南懷仁)가 만들었으며, 그 도형과 용법이 『영대의상지(靈臺儀象志)』에 실려 조선에도 전파되었다. 서호수는 서적을 통하여 이들 기기의 용도를 잘 파악하고 있었다. 유사영은 또 망원경을 내서 시험하게 해 주었다.

또 망원경을 가져와 틀 위에 걸고 먼저 위로 올려 태양에 초점을 맞추고 나에게 보게 하였다. 망원경은 길이가 1장 남짓이며 통은 주석으로 만들었고, 틀은 철로 만들었다. 때가 마침 정오라서 빛줄기가 반짝여서 푸른 유리조각을 대고 보아도 종내 흑점을 찾을 수가 없었다. 병신년(1776)에 관성대에 올랐을 때는 한겨울 석양 무렵이어서 흑점 몇 개를 볼 수 있었다. 지금은 가을 정오라서 한겨울 석양과는 매우 다를 뿐만 아니라 나의 시력도 병신년 때보다 십에 오륙은 줄어들었기 때문이다. 그렇지 않으면 『역인(曆引)』[16]에서 말한 14일 주기를 넘겨 흑점이 모두 태양 뒷면에 있기 때문인가.

서호수는 1776년 처음 북경에 왔을 때 이미 망원경으로 태양의 흑점을 관측한 적이 있었다. 그런데 이번에는 흑점이 보이지 않는다. 원인을 두 가지로 추측한다. 14년 전에는 시력도 지금보다는 훨씬 좋았고, 또 그때는 겨울 석양 무렵이라 햇빛이 강하지 않아서 태양면을 관측하기에 좋은 조건이었다. 지금은 시력도 떨어지고, 가을 햇빛이 너무 강해 망원경 앞에 푸른색 유리를 덧대어도 흑점이 보이지 않았다. 아니면 14일을 주기로 흑점이 태양 뒷면으로 이동한다는 설이 있으니 그 때문인지도 모르겠다. 흑점은 며칠씩 사라지는 때가 있다.

『역인』은 『숭정역서(崇禎曆書)』에 수록된 『역인(歷引)』이다. '曆'을 '歷'으로 쓴 것은 건륭의 이름 홍력(弘曆)을 피하기 위해서다. 『숭정역서』는 서광계(徐光啓, 1562-1633)가 예수회 선교사 등옥함(鄧玉函, Johann Schreck, 1576-1630), 용화민(龍華民, Nicolò Longobardo, 1559-1654), 탕약망, 나아곡(羅雅谷, Giacomo Rho, 1593-1638) 등을 데리고 편찬하다가 죽고, 이천경(李天經, 1579-1659)이 이어서 1634년에 완성하여 진상하였으나 시행되지는 않았다. 청조에 들어서 탕약망은 『숭정역서』를 수정하여 『서양신법역서(西洋新法曆書)』라고 이름을 바꾸어 순치제(順治帝)에게 바쳤다. 서울대학교 규장각한국학연구소가 소장한 『숭정역서』[17]는 중국본으로서 표지는 조선식으로 개장되어 있으며, 표지의 서명은 『서양신법역서』이다. 그러나 내제(內題)는 모두 "崇禎曆書"라고 되어 있다. 즉 이 책은 명나라 때 간행된 『숭정역서』를 청나라가 된 이후 조선에서 표지에만 서명을 "西洋新法曆書"라고 써 넣은 것이다.

『역인』은 현재 두 가지 책이 전한다. 하나는 『숭정역서』에 실렸으므로 『숭정역서역인』이라고도 부르며, 나아곡이 지었다. 또 하나는 탕약망이 『서양신법역서』에 넣은 『신법역인(新法曆引)』이다. 두 책은 모두 역학(曆學)의 핵심 개념을 설명하고 있지만 내용은 사뭇 다르다. 『숭정역서』에 실린 『역인』은 이천경(李天經, 1579-1659)이 "독수(督修)"하고, "원서야소회사(遠西耶蘇會士) 나아곡(羅雅谷)"이 지었고, 탕약망(湯若望)이 정정하였다고 서두에 밝혀 놓았다. 『신법역인』은 탕약망이 "산정(刪定)"하였다고 서두에 명시하였다. 서호수가 본 『역인』은 나아곡의 『역인』이다. 제4장 「일궤(日軌)」에 태양의 흑점과 관련한 문장이 있다.

태양은 모든 빛의 근원이며, 태음과 경위의 뭇 별의 빛은 태양으로부터 받는다. 그러나 망원경으로 태양의 궤도면을 관찰하면 그 위에 '흑자'(흑점)가 있고, 그 숫자와 크기는 (때에 따라) 다르다. 어떤 때는 태양의 동서 지름 위를 운행하다가 14일이 지나면 사라지니 그것이 태양체 밖을 운행하기 때문이다. 흑자는 작은 별인가라고도 여기지만 또한 끝내 무엇인지 알 수가 없다.[18]

태양의 흑점은 사라져 하나도 보이지 않을 때가 있다. 이를 『역인』에서는 흑점이 나타났다가 14일이 지나면 태양의 표면을 벗어나기 때문에 보이지 않는다고 설명하였다. 태양의 흑점에 대한 인식이 아직 정밀하지는 않았던 것이다. 서호수는 태양의 흑점이 보이지 않는 원인이 자신의 낮은 시력 때문이거나 아니면 당시까지 알려진 흑점의 14일 주기 때문으로 돌렸다.

흑점을 보지 못하고 망원경에서 눈을 떼니 탕사선이 돌아왔다고 알린다.

보기를 마치니 유사영의 서기가 와서 탕 대인이 돌아왔다고 알리므로 유사영과 함께 탕사선이 묵는 온돌방으로 들어가니 바로 천주당 서쪽 역국(曆局)의 북쪽 긴 집의 한 방이었다. 이곳은 수선서원(首善書院)의 옛터이다. 실내 북벽 아래가 온돌이며, 동벽 아래 3층 시렁을 설치하여 각종 의기와 기묘한 기기와 서적을 배열해 놓았다. 매 시가 되면 종소리가 사방에서 울렸다. 탕사선이 방 밖으로 나와 손을 잡으며 환영하고, 책상을 마주하여 온돌 위에서 반나절 화기애애하게 얘기하였다.

탕사선이 돌아와 탕사선의 숙소에서 한나절 대화를 나누었다. 탕사선의 숙소는 명대 수선서원(首善書院)의 터이다. 수선서원은 1622년(천계(天啓) 2) 도어사(都御史) 추원표(鄒元標, 1551–1624)와 부도어사(副都御史) 풍종오(馮從吾, 1557–1627) 등 동림당(東林黨) 인사들이 건립하였다. 수선서원을 중심으로 동림당은 당시 정권을 농단하던 엄당(閹黨)을 비판하며 정치를 개혁하고자 애쓰다가 도리어 위충현(魏忠賢, 1568–1627) 등 환관의 역습을 받아 1624년에 철거되고 말았다. 마테오리치는 1601년 북경에 와서 훗날 수선서원의 자리 옆에 거처를 정하였고, 1605년에 작은 교당을 세웠다. 이것이 북경 남당(南堂)의 출발이다. 1650년 요한 아담 샬 폰 벨(Johann Adam Schall von Bell, 1591–1666, 湯若望)이 대규모 교당을 건립하였으며, 이후 몇 차례 화재와 파괴를 거쳐 1904년에 재건한 건물이 지금에 이르고 있다. 탕사선은 서호수의 손을 잡아 방으로 인도하여 화기애애하게 한나절 얘기를 나눈다.

서호수 저는 동방에서 대인께서 역수에 매우 밝다고 이미 듣고서 마음이 절실히 앙망하던 차에 원명원에서 자리가 옆이라 우연히 만나서 또한 숙원을 풀 수 있었습니다. 오늘 온 것은 조용히 묻고 싶어서입니다.

탕사선 저는 대략 역수를 알아서 구만 리를 책과 기기를 안고 왔습니다. 황상께서 써 주신 은혜를 입어 시헌법을 관리하고 있지만 고인의 정심한 경지를 어찌 바라보겠습니까. 지난번에 자리에서 우연히 합하의 안색을 뵙고 오늘 또 광림하시니 실로 마음에 위로가 됩니다. 아침 조회에서 어가를 맞이한 후 일이 있어 이제 왔으니 늦었습니다.

서호수 저는 역상에 대하여 두예(杜預)가 『춘추좌씨전(春秋左氏傳)』에 대해 가졌던 벽이 있어 약관 시절부터 백수가 되기까지도 게을리하지 않았습니다. 그러나 평소 세 가지 의혹처가 없지 않았습니다. 『역상고성』(후편법)에 소륜법(小輪法) 일월의 운행과 교식(交食)에 대해서는 그 계산법과 이론이 모두 자세히 갖추어져 빠진 것이 없습니다만, 오성(五星)에 대해서는 계산법은 다 갖추어져 있지만 이론의 설명은 명쾌하지가 않습니다. 예를 들어 화성 차륜(次輪)의 반경(半徑)을 구하려면 화성과 태양의 본륜(本輪) 전경(全徑)과 화성과 태양의 본천(本天)의 가깝고 먼 거리 차이를 비례로 삼지만, 화성의 차륜 반경이 시시로 다른 원리를 말하지 않았습니다. 또 화성의 차륜 반경이 낮으면(즉 지구에서 가까우면) 작게 보이고, 높으면 크게 보여 시학(視學)과는 상반되지만 그 까닭을 말하지 않았습니다. 상세히 가르쳐 주기기를 바랍니다.

탕사선 화성의 차륜 반경이 작고 큰 원리는 『역상고성후편』의 「월리(月離)」 부문에 (카시니(噶西尼, Giovanni D. Cassini, 1625?-1712)의) 신법에 기술된 타원(橢圓)의 원리로 유추하여 알 수 있습니다.

서호수 『역상고성후편』의 일전과 월리, 교식(交食)은 이미 타원의 방법을 썼으니 오성(五星)의 본천도 타원이라고 보아야 합니다. 그러나 금성, 수성 두 별의 본천과 태양의 본천은 같아서 당연히 일전 타원법(橢圓法)을 따라야 하고, 토성, 목성 두 별은 지구에서 거리가 매우 멀어 본천이 거의 항성 본천과 같으니 타원법을 쓸 필요가 없습니다. 오직 화성(본천)은 혹은 태양의 본천 밖에 있고 혹은 태양의 본천 안에 있어 변동이 무상한데, 화성이 태양의 본천 안에 있을 때 화성과 지구의 거리와 태양과 지구의 거리는 100대 266이 됩니다. 이는 화성 본천이 태양 본천보다 더 낮을 때가 있어서 태의타원법(橢圓法)으로 계산하여 자료 표를 얻을 수 있습니다. 이미 측량한 것이 있는지 모르겠습니다.

탕사선 합하께서는 정심한 경지의 이면까지 보셨습니다. 화성 차륜 반경의 이치는 과연 이해하기 어려우니 그 까닭은 본천이 정원(正圓)이 될 수 없으므로 타원법을 이용하여 자료를 구해야 하지만 아직 추산한 것이 없습니다.

서호수 구법(舊法)의 소륜법(小輪法)에서 토성, 목성, 화성, 금성 네 별의 차륜심(次輪心)은 모두 균륜(均輪)의 최근점(最近點)으로부터 오른쪽으로 배인수(倍引數)의 배를 돌지만, 오직 수성(水星)의 차륜심은 균륜의 최원점(最遠點)으로부터 3배 인수를 돕니다. 『역상고성』(후편)에 그 이치를 밝히지 않은 것은 무엇 때문입니까?

탕사선 구법의 소륜법에서 토성, 목성, 화성, 금성 네 별의 본천은 모두 정원이며, 수성의 본천은 난형(卵形)과 비슷하여 정원이 될 수 없기 때문입니다. 이 이치는 『서양역법(西洋曆法)』에는 모두 보이지만 『역상고성』(후편)에서는 빠뜨렸습니다.

『역상고성(曆象考成)』은 『어제율력연원(御制律曆淵源)』의 일부로서 강희(康熙) 연간 『서양신법역서』의 오류를 바로잡아 편찬한 역서이다. 『어제율력연원』은 1713년(강희 52)에 강희제의 명으로 편찬이 시작되었으며, 『율려정의(律呂正義)』, 『수리정온(數理精蘊)』, 『역상고성』으로 구성되어 있다. 『역상고성』은 하국종(何國宗, ?-1767)이 편찬하여 1722년에 완성되었다. 『역상고성』은 티코 브라헤(Tycho Brahe, 1546-1601, 第谷)의 수정 천동설, 즉 지구가 우주의 중심에 있고 태양이 지구를 공전하며, 다른 행성들은 태양의 주위를 공전한다는 우주 체계를 채택하였다. 서호수는 『역상고성』을 읽으며 명쾌하게 풀리지 않는 의문점 세 가지를 탕사선에게 물었다. 첫째 의문은 화성의 차륜 반경에 관한 것이다. 차륜이란 천동설 체계에서 행성의 역행을 설명하기 위해 고안한 개념으로서 일반적으로 주전원(周轉圓)이라고 한다. 화성, 목성 등 행성은 지구 둘레를 돌기는 하지만 그 중심은 지구가 아닌 다른 중심, 즉 이심(離心)이다. 행성들은 이심을 중심으로 이심원(離心圓) 궤도를 서쪽에서 동쪽으로 순행하다가 동쪽에서 서쪽으로 역행할 때가 있다. 이 현상은 실제로는 지구와 각 행성의 공전 주기가 달라서 생기는 시운동(視運動)이다. 천동설에서는 이 현상을 설명하기 위해 행성이 이심원을 돌면서 또 이심원 궤도를 중심으로 작은 원을 그리며 지구 주위를 돈다고 설명하였다. 이 작은 원이 주전원, 즉 차륜이다.

서호수 　세 가지 질문은 오래도록 풀리지 않아 마음에 꺼림칙하던 것이었는데 지금 가르침을 받아서 모두 환하게 풀렸습니다. 이서태의 혼개통헌의(渾蓋通憲儀)는 하늘 밖에서 하늘을 관측하는 신묘한 기구입니다. 그러나 관측을 시행하는 묘법은 이지조(李之藻)의 『혼개통헌도설(渾蓋通憲圖說)』에서는 인용하였으나 설명하지 않은 곳이 매우 많아서 길을 잃게 만듭니다. 따라서 우리는 오랫동안 힘들여 강해(講解)하고, 『기하원본(幾何原本)』의 여러 명제에 근거하여 『혼개도설집전(渾蓋圖說集箋)』 2권을 편성하였습니다. 이에 보여 드리고, 잠깐 안두에서 이치를 검토하시어 오류를 바로잡아 주시고, 또 서두에 넣을 문장을 지어 주시면 다행이겠으니 어떠신지요?

탕사선 　합하께서는 전문 절예(絶藝)로 이 책을 완성하셨으니 반드시 하자가 없을 것입니다. 그러나 보여 주시니 자세히 검토하여 도움을 얻고자 하는 심후한 뜻에 부합하지 않을 수 있겠습니까. 권두에 이름을 얹는 것은 더욱 즐거우니 며칠 맡겨 주시면 비로소 글을 쓸 수 있겠습니다. 다만 이치 설명이 맞지 않아 대가의 웃음을 살 터이니 어찌합니까?

서호수 　이 책은 잊어버렸을 때 찾아보고자 사사로이 책상자에 넣어 다닐 뿐, 본래 남에게 보여 주려고는 하지 않았습니다. 그러나 대인께서 역리(曆理, 천문학 원리)에 정통하시어 오류의 소재를 여쭙고, 또 대인의 한 말씀을 얻어 그 덕으로 길이 전하고자 합니다. 삼가 가르침대로 며칠 맡길 터이니 조용히 생각해 주십시오.

탕사선 말미를 넉넉히 주시면 힘을 쓸 수 있습니다. 함부로 착수했다가는 반드시 책의 뜻을 밝힐 수 없을 것입니다.

그러고는 『집전』을 펼쳐 보다가 「황도분궁제삼법도(黃道分宮第三法圖)」에 오래 주목하고는 말하였다.

탕사선 지극히 정묘하도다. 이서태라고 하더라도 반드시 합하를 인정하실 것입니다.

수작이 자못 길어져 벌써 저녁 무렵이 되었다. 나는 이에 돌아가기를 청하고, 탕사선과 유사영에게 각각 청심원(淸心元) 10환(丸), 부채 10자루, 왜경(倭鏡) 1면(面), 면포(綿布) 2필, 대호지(大好紙) 2권을 주었다.

탕사선 광림해 주시고 또 예물도 많이 준비하셨으니 후의를 우러러 받들어 삼가 받겠습니다만 고마움과 부끄러움이 함께 일어납니다.

서호수 보잘것없는 물건으로 다만 조그만 성의를 바칠 뿐이니 무어 사례를 하십니까.

드디어 읍을 하고 나왔다. 탕사선과 유사영이 모두 외문까지 나와 손을 잡고 이별하였다.

13일, 드디어 만수절, 건륭의 80회 생일이다. 이 생일잔치는 인류 역사상 가장 화려하고 가장 규모가 큰 잔치였음에 틀림없다. 서호수의 눈과 귀를 따라 이날의 잔치 광경을 관찰하기로 하자.

맑음. 남관에 머물렀다.

새벽에 통관이 세 사신을 인도하고 동장안문(東長安門)의 북협문(北夾門)을 거쳐서 입궐하였다. 외금수교(外金水橋)를 건너고 천안문과 단문(端門)을 지나 오문(午門) 밖 조방에 도착하여 조금 쉬었다. 날이 밝자 오문의 좌액(左掖)을 지나 내금수교(內金水橋)를 건너고 태화문의 정도문을 넘어서 태화전 뜰에 들어갔다. 금빛 처마는 높다랗고, 부시(罘罳)는 햇빛에 빛난다. 옥난간이 주위를 둘렀고, 전자(篆字) 모양의 향연(香煙)이 구름처럼 오른다.

세 사신은 해가 뜨기 전에 출발하여 날이 밝을 때 태화전 뜰에 도달하였다. 금칠을 한 처마, 이 처마를 날짐승으로부터 보호하기 위해 둘러친 그물 부시(罘罳)가 아침 햇살을 받아 빛난다. 태화전을 비롯한 자금성의 전각 기단은 모두 한백옥석(漢百玉石)이라고 부르는 일종의 대리석으로 만든 난간을 둘렀다. 향로에서는 향이 구불구불 피어오른다.

이어서 태화전 주위에 도열한 법가노부(法駕鹵簿) 의장을 묘사한다. 이하 묘사는 『대청회전(大淸會典)』의 규정과 일치한다.

자금성 태화문 앞뜰에서 원단하례를 기다리는 사신단. 요문한(姚文瀚), 장정언(張廷彦) 외,
〈만국래조도(萬國來朝圖)〉, 1761, 322×210cm, 북경고궁박물원 소장.

법가노부(法駕鹵簿)가 좌우에 모여 섰다. 불자(拂子), 화로, 합(盒), 바리[盂], 쟁반[槃], 병(甁)은 태화전 처마의 동서에 있고, 표안(表案)은 태화전 안의 왼쪽 기둥 남쪽에 있다. 의도(儀刀)와 궁시(弓矢)와 표미창과 수극(殳戟)은 단폐(丹陛)의 동서에 있다. 구룡곡병황개(九龍曲柄黃蓋), 취화개(翠華蓋), 자지개(紫芝蓋), 구룡황개(九龍黃蓋), 오색구룡산(五色九龍繖), 오색화산(五色花繖)은 단폐 세 번째 섬돌에서부터 서로 엇섞이며 양쪽 계단까지 도달한다. 계단 아래에는 정편(靜鞭)과 의장용 말이 용도(甬道) 동서에 있다. 자소(紫素), 적소(赤素)의 산선(繖扇)과 당(幢), 번(旛), 정(旌), 절(節), 창(氅), 휘(麾), 둑(纛), 치(幟), 출경기(出警旗), 입필기(入蹕旗), 월(鉞), 성(星), 과(瓜), 장(仗)은 단지(丹墀)의 동서에 있고, 옥련(玉輦), 금련(金輦)은 태화문 밖에 있으며, 오로(五輅)는 오문 밖에 있다. 보상(寶象)은 오로의 남쪽에 있으며, 요가대악(鐃歌大樂)은 보상 남쪽에 있고, 조상(朝象)은 천안문 밖에 있다. 중화소악(中和韶樂)은 태화전 처마의 동서에 있고, 단폐대악(丹陛大樂)은 태화문 좌우에 있다.

법가노부는 황제 의장대의 하나이다. 『청통전(淸通典)』 권55에는 황제의 노부를 대가(大駕), 법가, 난가(鑾駕), 기가(騎駕) 4등급으로 나누어 규정하였다. 법가노부는 경전(慶典)의 조하(朝賀)가 있을 때 태화전 뜰에 배치하였다. 월, 성, 과, 장은 모두 의장용 무기이다. 과는 망치 모양의 타격용 무기로서 입과(立瓜)와 와과(臥瓜)가 있다. 입과는 외의 꼭지 부분에 자루를 박아 외가 세로로 선 모양이며, 와과는 외의 배 부분에 자루를 박아 외가 누운 모양이다. 장은 곤봉으로서 오장(吾仗), 어장(御仗), 인장(引仗)이 있다. 법가노부에 월과 성은 각 6개, 과와 장은 종류별로

각 6개씩 사용한다. 오로는 옥로(玉輅), 금로(金輅), 목로(木輅), 상로(象輅), 혁로(革輅)이다.

이어서 생일을 축하하는 신민과 외국 사절의 반열을 진술하였다.

종실, 각라(覺羅)와 몽·회의 여러 왕공과 문무 백관이 다 조복 차림으로 반열에 나아갔다. 친왕과 세자, 군왕(郡王)과 장자(長子), 패륵과 안남왕이 한 반이고, 패자와 팔분(八分)에 들어간 진국공(鎭國公)과 보국공(輔國公)이 한 반인데, 단폐 위에 있다. 좌익(左翼)은 서면(西面)하였는데 북쪽이 상석이고, 우익은 동면하였는데 북쪽이 상석이다. 이들은 먼저 나아가 자리에 섰다.

"몽회 여러 왕공" 다음에 작은 글자로 주를 달았다.

현조선황제(顯祖宣皇帝)의 본손과 지손을 종실이라 하고, 백숙형제(伯叔兄弟)의 지손을 각라라고 한다. 건륭 어제 『무술집(戊戌集)』을 살펴보면 다음과 같이 말하였다. "장백산 동쪽에 포륵호리(布勒瑚里)라는 못이 있다. 전해 오는 말에, 천녀(天女) 불고륜(佛庫倫)이 못에서 목욕을 하는데 신작(神鵲)이 붉은 과일을 물고 와서 천녀의 옷에다 놓으니 그것을 먹고 임신하여 곧 한 사내아이를 낳았다. 나면서부터 말을 할 줄 알았으며, 모습이 기이하였다. 장성한 뒤에 천녀가 그에게 애신각라(愛新覺羅)라는 성(姓)을 주었다. 이 사람이 만주의 시조이다."

만주 황실의 성은 애신각라(愛新覺羅), 만주어로는 아이신기오로이며,

그 뜻은 황금이다. 『만주실록(滿洲實錄)』에 만주의 원류에 얽힌 신화가 실려 있다.

만주는 원래 장백산 동북쪽 부쿠리산(布庫哩山) 아래 한 못에서 일어났으니 그 이름은 불호리(布勒瑚里)이다. 애초에 하늘에서 세 선녀가 내려와 못에서 목욕을 하였다. 첫째의 이름은 은고륜(恩古倫), 둘째는 정고륜(正古倫), 셋째는 불고륜(佛庫倫)이다. 목욕을 마치고 언덕에 오르니 신작이 붉은 열매 하나를 물어 불고륜의 옷 위에 놓았다. 색이 매우 선연하였다. 불고륜이 좋아하여 차마 손에서 놓지 못하고 결국 입 안에 머금었다. 옷을 입자마자 그 열매가 뱃속으로 들어가 바로 감응하여 잉태가 되었다. 두 언니에게 알려 말하였다. "나는 배가 무거워 함께 올라갈 수 없으니 어쩌죠?" 두 언니가 말하였다. "우리는 일찍이 단약을 복용하였으니 참으로 죽을 리는 없다. 이는 하늘의 뜻이니 너는 몸이 가벼워진 다음에 올라와도 늦지 않다." 드디어 이별하고 갔다. 불고륜은 후에 아들 하나를 낳으니 나면서부터 말을 할 줄 알았다. 어느덧 장성하니 어미가 아들에게 알렸다. "하늘이 너를 낸 것은 실로 너를 시켜 어지러운 나라를 안정시키려 함이니 그곳으로 가서 태어난 연유를 하나하나 자세히 말해 주거라." 그러고는 배를 한 척 주었다. "물을 따라 가면 바로 그곳이다." 말을 마치자 홀연 보이지 않았다. 그 아들은 배를 타고 물 흐르는 대로 내려가 사람들이 사는 곳에 이르렀다. 언덕에 올라 버들가지를 꺾어 앉을 자리를 의자처럼 만들어 혼자 그 위에 걸터앉았다. 그때 장백산 동남쪽 악모휘 땅 악다리 성 안에는 세 성씨가 있어 우두머리가 되고자 다투어 종일토록 서로 해치고 죽였다. 마침 한 사람이 물을 긷다가 그 아들을 보니 행동이 기이하고 상모가 비상하였다. 돌아와 싸우는 곳에 이르러 무리들에게 말하였다. "너희들은 싸우지 말라. 내가 물 긷는 곳에서 한 기이한 남자를 만났는데 범인이 아니다. 하늘이 이 사람을 헛되이 내지 않았을 것이나 왜 가서 보지 않는가." 세 성씨의 사람들이 말을 듣고 싸움을 멈추고 함께 무리지어 가서 보았다. 보니 과연 비상한 사람이었다. 이상히 여겨 물으니 답하였다. "나는 천녀 불고륜의 소생으로서 성은 애신각라이며, 이름은 부쿠우리용손이오. 하늘이 나를 내린 것은 그대들의 어지러움을 안정시키려 함이오." 그러고는 어미가 일러 준 말을 자세히 고하였다. 무리는 모두 놀라고 이상히 여겨 말하였다. "이 사람은 그냥 보낼 수는 없다." 드디어 서로 손을 껴 가마를 만들어 받들어 모시고 돌아왔다. 세 성씨 사람들은 싸움을 그치고 함께 부쿠리용손을 우두머리로 받들고, 백리의 딸을 아내로 주었다. 그 나라는 이름을 만주라고 정하였으니 바로 그 시조이다.[19]

부쿠리용손(布庫哩雍順)의 후손에 애신각라탑극세(愛新覺羅塔克世, 1543-1583)가 나온다. 태조 누르하치의 생부로서 순치(順治) 5년(1648)에 현조선황제로 추존되었다. 그의 성명은 만주어로는 아이신기오로 탁시이다. 이름 탁시는 한자로 "他矢", "塔矢"로도 쓴다. 현조선황제의 직계 후손을 종실, 방계 후손은 각라라고 불러 구분하였다. "팔분"은 청나라 종실의 봉작(封爵) 명호이다. 종실의 봉작을 12등급으로 나누고, 친왕, 군왕, 패륵, 패자 이상은 모두 팔분에 넣고 "팔분공(八分公)"이라고 불렀다. 진국공과 보국공은 팔분에 들어가는 자가 있고, 들어가지 않는 자가 있었다. 팔분에 들어가는 자는 친왕, 군왕, 패자, 패륵과 조회에서 예우가 같았다.

이어서 동서반의 반열 구성에 대해 서술하였다.

동반(東班)은 이부, 호부, 예부, 종인부(宗人府), 통정사사(通政使司), 한림원(翰林院), 첨사부(詹事府), 태상시(太常寺), 광록시(光祿寺), 홍려시(鴻臚寺), 국자감(國子監), 이과(吏科), 호과(戶科), 예과(禮科), 내각(內閣), 중서(中書), 흠천감(欽天監), 태의원(太醫院)으로서 단지 안의 의장 동쪽에 있어 서쪽을 향하였는데 북쪽이 상석이다. 품급에 따라 9반으로 편성하여 자리에 섰다. 서반(西班)은 병부(兵部), 형부(刑部), 공부(工部), 도찰원(都察院), 대리시(大理寺), 난의위(鑾儀衛), 태복시(太僕寺), 중서과(中書科), 병과(兵科), 형과(刑科), 공과(工科), 순천부(順天府), 경현오성병마사(京縣五城兵馬司)와 경영장변(京營將弁), 조선·안남·남장·면전의 사신과 대만의 생번은 단지 안 의장의 서쪽에 있어 동향하였는데 북쪽이 상석이다. 벼슬의 품등에 따라 9반을 편성하여 자리에 섰다.

동서반이 모두 제자리에 정렬하였다. 이윽고 황제가 보좌에 오른다. 이때 먼저 중화소악(中和韶樂)을 연주한다.

때가 되니 중화소악을 연주하고, 금룡황개(金龍黃蓋)가 태화전의 동남쪽 처마를 따라 태화전 문밖 한가운데에 이르렀다. 황상이 예복을 입고 보좌에 오르니 주악이 그쳤다. 계하에서 정편이 세 번 소리를 내었다. 태학사(太學士), 학사, 첨사(詹事), 소첨사(少詹事), 독강학사(讀講學士)는 전의 동쪽 처마 세 번째 기둥에 서서 서면하였는데 북쪽이 상석이다. 좌도어사(左都御史), 좌부도어사(左副都御史)는 전의 서쪽 처마 세 번째 기둥에 서서 동면하였는데 북쪽이 상석이다. 기주관(記注官) 4명은 전 안의 서쪽 세 번째 기둥에 서서 동면하였다. 앞에서 인도하는 대신 10명이 보좌 앞에 있어 동서로 서로 향해 서고, 후면의 호종(扈從)으로는 내대신(內大臣) 2명이 보좌 곁의 좌우에 있다. 첨위표미반시위(僉位豹尾班侍衛) 20명은 보좌의 곁 좌우에서 차례로 섰다.

『율려정의후편(律呂正義後編)』 권45에 궁정 의전의 음악에 대해 "황제가 출입할 때 중화악(中和樂)을 연주하고, 신공(臣工)이 예를 올릴 때는 단폐악을 연주하고, 음식을 내릴 때는 청악을 연주하고, 술을 돌릴 때는 경륭악무를 연주한다[皇帝出入奏中和樂, 臣工行禮奏丹陛樂, 侑食奏淸樂, 巡酒奏慶隆樂舞.]"고 규정하였다. 중화소악은 명나라 궁중에서 제사, 조회, 연향에 쓰던 음악으로서 청나라는 명나라의 제도를 그대로 이어 사용하였다. 청나라 궁정음악 가운데 규모가 컸으며, 악기는 편종(編鐘), 편경(編磬), 건고(建鼓), 금(琴), 슬(瑟), 소(簫), 적(笛), 지(篪), 배소(排簫), 훈(壎), 생(笙), 박부(搏拊), 축(柷), 어(敔) 등을 사용하였다. 제사에 쓴 중화소악의 규모가 가장 커서 악사, 가수, 무용수를 합쳐 204명으로 구성되었다. 조회와 연향에는 가수와 무용수는 쓰지 않고, 악기의 건수를 줄여 40명 정도로 편성하였다. 건륭제가 금빛 용을 그린 누런 가마를 타고 태화전 문 앞에 이르러 내려서 보좌에 올랐다.

이제 종실과 문무백관, 외국의 사절이 하례를 올릴 차례이다. 이때 단폐대악을 연주한다. 24명의 악대가 대고(大鼓), 방향(方響), 운라(雲鑼)와 관(管) 등 네 가지 악기로 서서 연주하고, 이에 맞추어 종친과 신료,

사절이 하례를 올린다.

단폐대악이 연주되자 종실, 각라와 몽·회의 여러 왕공과 문무백관이 배위(拜位)에 나아간다. 친왕이 한 반이고, 세자와 군왕이 한 반이며, 장자·패륵·패자·안남왕이 한 반이고, 진국공·보국공이 한 반이다. 좌익은 서쪽이 상석이고 우익은 동쪽이 상석인데, 다 북면하였다. 문무 정종품관(正從品官)들은 각자 품급산(品級山)에 맞추어 서열대로 의장 안의 동서에 서니 각각 18반씩이다. 동반은 서쪽이 상석이고, 서반은 동쪽이 상석인데, 다 북면하였다.

품급산은 태화전 뜰에 설치한 관원의 위치 표지이다. 진강기(陳康祺, 1840-1890)의 『낭잠기문초필(郎潛紀聞初筆)』 권6에 "태화전 뜰의 품급산은 정일품부터 구품까지 새겨서 문관은 왼쪽, 무관은 오른쪽에 두며, 정과 종을 합치면 4행 36개이다. …… 송나라 사람들의 배반석을 계승한 제도로서 다만 지금은 금속을 산형으로 주조하여서 다르다."[20]고 하였다. 품급산은 구리로 주조한 산봉우리 형태로 높이는 30센티미터 정도이다. 만주어와 한자로 품급을 새겨 태화전 계단 아래 어도의 양옆에 설치하였다. 동서에 각 2열씩 모두 4열이며, 총수는 36개였다. 지금 태화전 뜰에서는 볼 수 없다.

명찬관(鳴贊官)이 '진(進)' 하고 찬(贊)하면 여러 사람이 나아가고, 명찬관이 '궤(跪)' 하면 여러 사람이 꿇어앉는다. 명찬관이 '선표(宣表)'라고 찬하면 선표관

(宣表官)이 전의 왼쪽 문으로 들어와서 표안(表案) 앞에 나아가 표문을 받들고 나온다. 이때 태학사 2명이 함께하여 처마 아래에 이르면, 선표관이 한가운데서 북향하여 꿇어앉고, 태학사 2명이 좌우에 꿇어앉아서 표문을 펴면, 주악을 그친다. 선표관이 표문 낭독을 마치고 표문을 받들어 표안에 도로 갖다 두고 제자리에 돌아가 서고, 주악이 시작된다. 명찬관이 "흥(興)" 하면, 종실 각라 및 몽고 회부의 여러 왕공과 문무 백관이 삼궤구고두(三跪九叩頭)의 예를 행한다. 마치면 주악이 그치고, 제자리에 돌아와 선다. 종실 각라와 몽고 회부의 여러 왕공과 안남왕과 태학사는 전의 좌우문으로 들어가서 북향하여 꿇어앉아 일고두(一叩頭)의 예를 행하고 앉는다. 문무 동서반과 조선, 안남, 남장, 면전의 사신과 대만 생번도 다 제자리에서 일고두의 예를 행하고 앉는다. 황상께 차를 올리면 전 안의 왕공 태학사와 전 뜰의 문무백관이 각각 그 앉은 자리에서 일고두의 예를 행한다. 시위가 앞으로 나아가 전 안의 왕공 태학사에게 차를 선사하면 또한 앉은 자리에서 차를 받고 일고두의 예를 행한다. 다 마시면 다시 일고두의 예를 행한다. 명찬관이 '흥' 하면 모두가 일어선다. 계단 아래에서 정편을 세 번 울리면 중화소악이 연주된다. 황상이 내전으로 돌아가면 주악이 그친다.

명찬관이 만수절 하례를 진행한다. 그의 구호에 따라 신분과 품계에 따라 단폐의 위와 아래에 도열한 종친, 신료, 사절들이 차례로 나아가 예를 올렸다. 서호수는 위 문장에 이어 이날 의식을 미리 규정해 놓은 「예부의주(禮部儀注)」를 기록해 놓았다. 위의 하례 절차는 모두 「예부의주」에서 정해 놓은 것이다. 「예부의주」는 생략한다. 다만 내전에서 이루어진 하례는 서호수가 목격할 수 없었으므로 「예부의주」의 기록을 보기로 한다.

내감이 황상에게 내전에 납시기를 주청하고, 중화소악이 건평지장(乾平之章)을 연주한다. 황상이 자리에 오르면 주악을 그친다. 내감이 비빈들에게 황상 앞에서 육숙삼궤삼배(六肅三跪三拜)의 예를 올리라고 주청하고, 단폐대악이 옹평지장(雝平之章)을 연주한다. 예가 끝나면 비빈들이 모두 물러가고, 주악이 그친다. 내감이 예가 끝남을 아뢰고, 중화소악이 태평지장(泰平之章)을 연주한다. 황상이 자리에서 일어나면 주악을 그치고, 내감이 비빈의 환궁을 주청한다. 황자, 황손, 황증손, 황현손 등이 황상의 앞에 나아가 삼궤구고두의 예를 행한다.

황제가 내전에서 가족들의 하례를 받는 동안 종친 신료 사절들은 연극을 보기 위해 극장으로 이동하였다.

태화전의 행례가 끝난 뒤에 통관이 세 사신을 인도하여 좌익문(左翼門)을 거쳐 동쪽으로 나가 북쪽으로 가서 양성전(養性殿)의 동쪽에 있는 희각(戲閣)에 들어가니, 바로 영수궁(寧壽宮)이다. 정전(正殿)은 2층인데 좌우서(左右序)가 있다. 희각(戲閣)은 3층인데 상층은 창음각(暢音閣), 중층은 도화이태(導和怡泰), 하층은 호천선예(壺天宣豫)라고 한다. 규모와 구조는 한결같이 원명원의 희각과 같으나 조금 좁고 작다. 황상이 내전의 예가 끝난 뒤 즉시 희전(戲殿)으로 나아가고, 연회에 참석한 신하들은 우서(右序)의 협문을 경유하여 들어

왔다. 종실, 친왕, 패륵, 각부 대신들은 두 줄로 내향하여 동서(東序)에 앉았는데 북쪽이 상석이었다. 몽고·회부의 여러 왕과 패륵과 안남왕과 조선·안남·남장·면전의 사신들과 대만의 생번은 두 줄로 동향하여 서서(西序)에 앉았는데 북쪽이 상석이었다.

자금성에는 삼층대희대를 두 채 세웠다. 1760년(건륭 25)에 황태후 70세 생일을 위해 수안궁(壽安宮)에 삼층희대를 건립하였다. 이 희대는 1799년(嘉慶 4)에 철거하였다. 1776년(건륭 41) 영수궁에 창음각(暢音閣)을 건립하였으며, 이 희대는 지금까지 잘 보존되어 있다. 희대 북쪽에 황제 전용의 관희전이 있으며, 동쪽과 서쪽에는 객석용 건물이 있어 극장 전체는 사각형을 이룬다. "暢音閣", "導和怡泰", "壺天宣豫"는 희대의 3층, 2층, 1층 처마 가운데에 걸린 현판의 문구이다. "暢音閣"은 희대의 명칭이며, "導和怡泰"는 화기(和氣)를 불러와 태평을 즐긴다는 뜻이고, "壺天宣豫"는 선경(仙境)에서 평화롭고 즐겁게 지낸다는 뜻이다. 후한 때의 방사 비장방(費長房)은 약을 파는 노인을 따라 항아리 안으로 들어가 옥당(玉堂)에서 술과 안주를 먹고 나왔다.[21] 건륭은 죽기 전에 제위를 물려주고 영수궁에서 여생을 보낼 요량으로 일찌감치 이 극장을 지었다.

황상 어제(皇上御製) 『무술집(戊戌集)』 주(註)에 "짐은 85세에 국정을 돌려주고자 하여 영수궁을 수리하여 국정을 돌려준 후에 살 곳으로 삼았으니, 곧 황극전(皇極殿)의 동북이고 양심전(養心殿)의 동남이다."라고 하였다. 살펴보니 영수궁 안에 양성전(養性殿), 이화헌(頤和軒), 권근재(倦勤齋)가 있어 각각 어제 시판(御製詩版)이 걸려 있다. 그중에 "기무를 다스려 홀연히 43년이 지났으니 국정 돌려주려면 아직 17년이 남았구나[勅幾忽閱冊三載, 歸政猶遲十七年.]"라는 시구가 있다.

위 시는 장가경계(章佳慶桂, 1737-1816)가 편찬한 『국조궁사속편(國朝 宮史續編)』 권59에 실려 있다. 시제는 「성제신정양성전시-무술(聖製新正養 性殿詩-戊戌)」이다.

물러나 살 곳에 미리 양성전 지으니
신하들 일찍 치사하는 것만 못하구나
기무 살펴 어느덧 사십삼 년 흘렀으니
정치 돌려주려면 아직 십칠 년이 남았구나
사람 세상 원래 세월은 흘러흘러
봄빛은 또 기쁘게도 점점 돌아온다
성세에 즐거이 낙성하여 자친 모셔 구경하던 때
고개 숙여 생각하니 다만 서글프구나

豫葺菟裘養性便 輸他臣例早車懸
勅幾忽閱冊三載 歸政猶遲十七年
人世由來特荏苒 春光又喜漸迴旋
昌辰慶落陪慈賞 俯首思量祇黯然

이 시를 지은 때는 건륭 43년, 즉 서기 1778년이다. 이해의 간지는 무술이다. 85세, 즉 즉위 60년을 끝으로 제위에서 물려나려고 이 시절에 벌써 작정하였던 것이다. 자금성 동북쪽 구역인 영수궁 일대를 수리하고, 삼층대희대를 세워 퇴위 후 연극을 보며 여생을 보낼 준비를 이미 다 해 두었다. 제2구 뒤에 건륭은 "나는 85세에 정치를 돌려주려 하니 신하가 70세에 치사하는 예에 비추면 15년이 늦다[予擬於八十五歲歸政, 較之人臣七十致任之例, 已遲十五年矣.]"라고 주를 달았다. 제7구 뒤에는 "영수궁을 낙성할 때 병신년 신정 2일에 삼가 성모를 모시고 잔치를 하였다. 고금을 생각하니 실로 견디기 어렵다[寧壽宮落成時, 曾於丙申新正二日, 恭奉聖母宴賞, 撫今思昔, 實難爲懷云.]"라고 주를 달았다. '성모'는 건륭의 생모 효성헌황후(孝聖憲皇后, 1692-1777) 유호록씨(鈕祜祿氏)이다. 건륭은 즉위 31년인 1766년 병신년에 영수궁을 낙성하고 어머니를 모셔 잔치를 열었고, 이 시를 지은 무술년 바로 전해에 어머니는 세상을 떴다. 이 듬해 정초에 지극한 효자였던 건륭이 이전 어머니를 모셔 잔치하던 때를 생각하니 가슴이 미어졌던 것이다.

이제 80세 생일을 맞아 그곳에서 연극을 본다. 연극 관람 절차는 열하와 원명원의 관극 절차와 다르지 않았다.

진시에 연극을 시작하여 오시에 연극을 그쳤다. 반도승회(蟠桃勝會), 만선집록(萬仙集籙), 왕모조천(王母朝天), 희축요년(喜祝堯年), 승평환흡(昇平歡洽), 낙연중추(樂宴中秋), 만국내역(萬國來譯), 회회진보(回回進寶), 오대흥륭(五代興隆), 오곡풍등(五穀豐登), 가문청길(家門淸吉), 군선대회(群仙大會) 등 모두 12장(章)

이었다. 선찬(宣饌)이 두 차례 있었다. 처음에는 어탁(御卓)에 차린 것을 주었고, 두 번째에는 각각 한 상씩 갖추어 주었다. 음식을 물린 뒤에는 다 낙차(酪茶)를 선사하였다. 연극을 시작할 때 선동 60명이 각각 발발(餑餑)을 받들었는데 선도(仙桃) 형상에 금으로 쓴 수(壽) 자와 채화(彩花)로 꾸몄다. 축사(祝辭)를 노래하고 어좌를 향하니 환관이 섬돌을 내려가서 받아다가 어탁 위에 벌여 놓았다. 잠시 후에 연희에 참석한 여러 신하들에게 나누어 주고, 또 빈과(蘋果), 포도, 복숭아, 임금(林檎) 등을 나눠 주었다.

이날 상연한 연극 12장은 『구구대경(九九大慶)』에 속하는 작품이다. 10년 전 70세 생일잔치를 목격한 박지원(朴趾源)이 남긴 『희본명목기』에 수록된 80편과 일치하는 작품이 없다. 10년 동안 해마다 생긴 변화 끝에 80편이 거의 다 바뀐 듯하다.

14일에는 남관에 머물러 황제가 보낸 음식을 받았다. 또 기윤에게 서신과 선물을 보냈으며, 기윤이 답례로 단계연(端溪硯)과 그림을 보냈다.

예부에서 황제의 뜻을 받들어 어선(御膳), 발발과 빈과, 포도, 복숭아, 임금, 석류, 밀감을 나눠 보내왔다. 상서 기윤에게 편지를 보내어 안부를 묻고, 겸하여 황서필(黃鼠筆) 30자루, 유매묵(油煤墨) 10자루, 채전(彩箋) 30장을 보냈다. 기 상서가 단계연 1개와 묵죽(墨竹) 1축(軸)을 답례로 보내왔다. 벼루의 머리에 "옥정(玉井)"이라는 두 글자를 새기고, 뒷면에는 효람(曉嵐) 자찬명(自撰銘)을 새겼다. "동파의 글은 구슬샘이 만곡이지만, 나는 나의 우물을 파니

논이랑에 물을 대기에 또한 넉넉하네[坡老之文, 珠泉萬斛, 我浚我井, 灌畦亦足.]"
글이 매우 고아(古雅)하여 기뻤다.

기윤은 벼루 수장가로도 유명하다. 그는 서재 이름을 '구십구연재
(九十九硯齋)'라고 붙였고, 벼루에 쓰고 새긴 명문(銘文)은 지금까지도 감
상의 대상으로서 세인의 관심을 끌고 있다. 서호수의 선물을 받고 답례
로 자신이 소장한 단계연 하나를 보냈다. 벼루 이름을 '옥정'이라고 붙
였고, 뒷면에는 위의 명문을 새겼다. 그가 인용한 동파의 글은 「문설(文
說)」이다.

나의 문장은 만곡의 샘물과 같아서 어디서나 다 나올 수 있다. 평지에서
는 도도히 콸콸 흘러 하루에 천 리라도 어렵지 않게 흐른다. 산석과 만나 굽
을 때에는 물체에 따라 형체를 받으니 알 수가 없다. 알 수 있는 바는 가야
할 때는 늘 가고, 멈추지 않을 수 없을 때는 늘 멈추는 것, 이와 같을 뿐이
다. 그 밖에는 나도 또한 알 수가 없다.[22]

소동파의 문장은 과연 솟아나는 샘물이라고 해도 안 될 것이 없다.
평지에서는 콸콸 흐르다가 산에서는 골짜기와 바위가 만드는 지형대로
흐르면서 못도 되고 폭포도 된다. 문장은 정말 작가의 뜻과는 달리 문
장의 논리대로 흘러나오는 때가 있다. 소동파는 이 점을 터득하여 글이
나오면 나오는 대로, 나오지 않을 때는 또 나오지 않는 대로 문세를 따
라 지을 뿐이라고 하였다. 기윤은 소동파를 흠모하였지만 그와는 또 다

른 문장의 세계를 구축하였다. 나는 나의 우물을 파서 나의 밭에 물을 대면 그만이지 고인의 위대한 경지를 굳이 추종하지 않는다. 한 시대에는 한 시대의 정신과 문학이 있기 마련이다. "我浚我井"이라는 말은 훗날 시계혁신(詩界革新)을 주장한 황준헌(黃遵憲, 1848-1905)의 "내 손으로 내 입을 쓴다(我手寫我口)"라는 말의 선성(先聲)으로 들린다. 황준헌은 약관인 1868년에 「잡감(雜感)」 시를 써서 자신의 시론을 피력하였다. 마지막 4연은 다음과 같다.

왼쪽에는 단계연 놓고
오른쪽에 설도전 펴서
내 손으로 내 입을 쓰니
옛날이 어이 구속할 수 있으리오
지금 세속의 말을
내가 서적에 올리면
오천 년 뒤의 사람들이
놀라 알록달록 옛스럽다 여기리

左陳端溪硯 右列薛濤箋
我手寫我口 古豈能拘牽
卽今流俗語 我若登簡編
五千年後人 驚爲古斕斑

스무 살 약관의 황준헌이 복고와 표절에 물든 문단에 던진 외침이다. 시가와 문장에서 새 시대의 정신을 새로운 형식으로 담자는 시계혁명(詩界革命), 문계혁명(文界革命)은 1898년 무술변법(戊戌變法) 시기에 선명하게 주창되지만, 이보다 30년 전에 황준헌이 이미 그 단초를 열었다. 전통을 존중하되 얽매이지 않는 기윤의 정신을 황준헌이 이었는지도 모른다.

서호수를 수행한 박제가와 유득공은 함께 기윤을 만나서 시를 받고 주었다. 청나라 법식선(法式善, 1752-1813)이 『오문시화(梧門詩話)』에 세 사람이 시를 수창한 일을 기록하였다.

조선사신 유득공, 박제가 두 사람이 시로써 효람 선생을 뵈었다. 선생은 각자에게 시 1수씩을 주어 그들의 귀국을 송별하였다. …… 박차수에게 준 시는 이러하다.

조공하러 왕회에 달려오니
시 주머니도 사신 수레 따라왔구나
맑은 자태 바다의 학을 만난 듯
빼어난 말은 하늘의 꽃을 토하네
귀국한다니 조형(晁衡)이 가엾고
나누어 시를 주니 조화(趙驊)의 마음 느낀다
훗날 그리울 때
동쪽으로 붉은 노을 바라보리라

貢篚趨王會 詩囊伴使車

清姿逢海鶴 秀語吐天葩

歸國憐晁監 分題感趙驊

他年相憶處 東向望丹霞

박제가가 화답하였다.

우승유 댁에서 욕되이 시를 주시니

이응의 수레 모는 것보다 빛납니다

부채 펼치니 문사가 놀랍고

시를 드리니 『시경』에 부끄럽습니다

매우 작은 점으로 과녁을 보여 주시니

둔한 발이 어이 천리마를 앞서겠습니까

기쁘게도 내 책 상자 윤이 나리니

돌아가 옥정의 노을을 적시겠습니다

辱題僧孺邸 榮勝李膺車

披扇驚文藻 陳詩愧正葩

蒜心猶示鵠 駑足敢先驊

喜我書廚潤 歸沾玉井霞

글씨가 매우 뛰어나며, 지금 이묵경의 집에 있다.[23]

이 일은 유득공도 『열하기행시주』에 기록해 두었다. 기윤은 조선의 두 젊은 문인에게 옛날 당나라 때 일본 사람과 중국 문인 사이의 교류를 예로 들어 우의를 표시하였다. 조형(698-770)은 일본 나라 시대의 입당(入唐) 유학생으로 일본 이름은 아베 나카마로(阿倍仲麻呂)이다. 717년에 견당사(遺唐使)를 따라 당나라로 가서 태학(太學)에서 공부하고 진사 급제하였다. 좌습유(左拾遺), 좌보궐(左補闕), 시위감(侍衛監) 등을 역임하였으며, 현종이 그에게 조형이란 이름을 주었다. 시문을 잘 지어 왕유(王維, 701-761), 이백(李白, 701-762) 등과 교유하였다. 753년에 견당사 등원청하(藤原淸河)를 따라 귀국하다가 풍랑을 만나 안남까지 표류하였다. 당시 이백은 그가 죽은 줄 알고 〈곡조경시(哭晁卿詩)〉를 짓기도 하였다. 2년 후 다시 장안으로 돌아와서 좌산기상시(左散騎常侍), 안남도호(安南都護) 등을 지내다가 장안에서 죽어 고향에는 돌아가지 못하였다.

조화가 조형을 보내기 위해 지은 〈송조보궐귀일본국(送晁補闕歸日本國)〉 시는 734년에 지었다. 이 전해에 일본의 제10차 견당사가 장안에 도착했고, 이해 귀국할 때 조형도 함께 귀국하기를 청하였다. 이때 조화가 그를 보내는 시를 지었으며, 당시 조형은 좌보궐이었다. 그러나 현종이 그의 귀국을 허락하지 않아 일본으로 가는 배에 오를 수가 없었다. 이후 20년 후에 귀국하는 배를 탔으나 풍랑을 만나 다시 중국으로 돌아가고 말았다. 조화의 송별시는 다음과 같다.

서쪽 중서성에서는 휴가를 즐기다가
동쪽 고국으로 돌아가십니다

와서는 담자의 학문을 일컫더니

돌아가면 월나라 사람 읊조리겠지요

말 위에서는 가을 교외가 멀고

배 안에서는 새벽 바다가 어둑하리다

그대 조정 그리는 줄 알거니와

만 리에 홀로 마음 흔들립니다

西掖承休浣, 東隅返故林

來稱郯子學, 歸是越人吟

馬上秋郊遠, 舟中曙海陰

知君懷魏闕, 萬里獨搖心

    기윤은 조선의 젊은 문인과 이별하면서 옛날 일본인을 떠올렸다. 조화가 조형이 다시 돌아오기를 바란 것처럼 기윤도 박제가, 유득공을 다시 만나고 싶었던 것이다. 그래서 조화의 마음을 느낀다고 읊었다. 박제가는 기윤의 시에 화답하면서 기윤의 거처를 "僧孺"의 저택에 비유하였다. '邸'는 『정유각집(貞蕤閣集)』에서는 '館'이라고 하였다. "僧孺"라는 이름은 남조(南朝) 양(梁) 나라의 왕승유(王僧孺)와 당나라 때의 우승유(牛僧孺, 779-847)가 회자된다. 왕승유는 제(齊) 경릉왕(竟陵王) 소자량(蕭子良)의 서저(西邸)에 들어갔다. 그러나 서저는 그의 저택이 아니니 "승유저"로 기윤의 저택을 비유하기는 적절치 않다. 당나라 우승유는 돌을 좋아하기로 유명하였다. 백거이는 「태호석기(太湖石記)」에서 그의 석벽

(石癖)을 기술하였다. 이 글은 백거이의 문집에는 실리지 않았고, 후대의 『문원영화(文苑英華)』 등에 실려 전한다.

옛날의 달인들은 모두 좋아하는 바가 있었다. 현안(玄晏) 선생 황보밀(皇甫謐)은 책을 좋아하였고, 중산대부(中散大夫) 혜강(嵇康)은 금을 좋아하였고, 정절(靖節) 선생 도연명(陶淵明)은 술을 좋아하였다. 지금 승상 기장공(奇章公) 우승유는 돌을 좋아한다. 돌에는 글도 없고 소리도 없고 냄새도 없고 맛도 없어 세 가지 물건과는 다르지만 공이 좋아하는 까닭은 무엇인가. 모두가 이상히 여기지만 나는 홀로 안다. 옛날 벗 이약이 말하였다. "내 뜻에 맞는다면 그 쓸모는 많다." 참으로 그렇구나, 이 말은. 내 마음에 맞으면 그만일 뿐이다. 공의 좋아하는 바를 알겠도다.

공은 사도(司徒)로서 하락(河洛)을 다스리며 집안 살림에 귀한 재산이 없었고, 몸을 봉양하는 데 좋은 물건이 없었다. 다만 성 동쪽에 집 하나를 장만하였고, 남쪽 교외에 별서 하나를 경영하면서 집을 깔끔하게 지어 빈객을 신중히 선택하였다. 성정에 맞지 않으면 늘 어울리는 사람 없이 지냈다. 놀고 쉴 때에는 돌과 짝하였다. 돌은 종류별로 모으면 태호석이 으뜸이고, 나부석, 천축석 등이 그 다음이다. 지금은 공이 좋아하는 것이 으뜸이다. 이보다 먼저 공의 속리로서 강호를 진수하는 이가 많아 공의 마음이 오직 돌을 좋아하는 줄 알아서 깊은 곳에서 건져 멀리까지 예쁘고 기이한 것을 바쳐 너덧 해 동안 누누이 이르렀다. 공은 이 물건만을 꺼리지 않아 동쪽의 저택과 남쪽의 별서에 늘어 놓았으니 돌은 많기도 하였다.[24]

우승유는 당나라 문종(文宗) 개성(開成, 836-840) 연간 회남절도사(淮南節度使)가 되었으며, 이 기간에 자주 동도(東都) 낙양(洛陽)의 직책을 겸하였다. 『구당서(舊唐書)』 본전에는 이 시절의 우승유에 대해 아래와 같이 기술하였다.

승유는 식견과 도량이 크고 넓어 세사 밖에 마음을 두고 작은 일에는 개의하지 않았다. 낙도에서는 귀인리에 집을 지었다. 회남을 맡았을 때 가목과 괴석을 섬돌과 뜰에 두었으며, 집이 맑고 고우며 대와 나무가 그윽하였다. 늘 시인 백거이와 그 사이에서 음영하며 다시 나아갈 뜻이 없었다.[25]

만년의 우승유는 세외에 뜻을 두고 집 뜰에 돌을 가득 늘어놓았다. 청렴하기로 정평이 난 그였지만 속관들이 바치는 괴석은 마다않고 받았다. 뜰과 섬돌에 태호석을 비롯한 이런저런 돌이 서 있다. 백거이(白居易)는 그의 집을 자주 드나들었으며, 843년에 「태호석기」를 지어 그의 석벽을 세상에 알렸다. 박제가가 본 기윤의 집도 이와 같았다. 기윤의 서재가 "구십구연재"이니 큰 돌은 아니지만 돌 벼루가 방을 가득 메우고 있었다. 그래서 박제가는 기윤의 집을 "승유저(관)"라고 하였다. 그 방에서 기윤이 자신에게 욕되게도 시를 써 주었으니 그 영광은 이응의 수레를 모는 것보다 낫다. 후한의 이응은 '등용문(登龍門)'이라고 불렸다. 훗날 대신이자 대학자로 추앙받는 순상(荀爽)은 이응의 수레를 몰고는 기뻐하였다. 여기서 "어리(御李)"라는 말이 나왔다. 기윤의 시를 받아 보관할 책 상자에도 빛이 나고, 돌아가면 옥정 벼루에 먹을 갈아 노을빛 같은 먹물을 적셔 글을 쓰겠다는 뜻이다. 첫 구에서 괴석을 늘어놓은 우승유의 집으로 기윤의 집을 비유하였고, 끝 구에서 그가 준 단계연 벼루를 언급하였으니 시는 수미가 호응한다. 시 뒤에 아래와 같이 설명을 붙였다.

> 선생에게 옥정이라는 벼루와 명문이 있다. 벼루는 지금 부사 학산에게 귀속되었다.[26]

박제가는 귀국 후 기윤을 그리며 『속회인시(續懷人詩)』〈기효람(紀曉嵐)〉에서 아래와 같이 읊었다.

> 폐백 들고 오래도록 구주를 돌아다녀
> 계림의 제자도 가르침을 구하였네
> 세모라 깜짝 놀라 회인시를 지으니
> 옥정 벼루에 구슬 샘물이 만곡이나 흐르네
>
> 執贄由來遍九州 雞林弟子亦蒙求
> 飜驚歲暮懷人作 玉井珠泉万斛流

땅 넓은 중국에서 벼슬살이 하다 천하를 여기저기 돌아다니기 마련이다. 기윤도 건륭제를 따라 남순(南巡)을 몇 차례 하였고, 이번에도 건륭의 명을 받아 북쪽 열하까지 갔다. 그리하여 서호수가 열하에서 기윤을 만날 수 있었고, 그 만남은 북경에서도 몇 차례 이어졌다. 조선의 젊은 문인과 청나라 대학자의 만남은 당시 "문예공화국"을 형성한 동아시아 지식인 사회의 실상이다. 기윤이 서호수에게 준 단계연 옥정은 조선에서 여러 문인들이 감상하고 사용하였던 듯하다. 박제가가 세모에 옥정 벼루에 먹을 갈아 이 시를 지었을까.

15일은 추분이라 황제가 몸소 석월단(夕月壇)에서 제를 올리므로 각국 사신도 미리 석월단에 가서 황제의 행차를 맞이해야 하였다. 석월단은 바로 월단이다. 제사를 마친 황제를 보내고, 원명원으로 가서 묵었다. 원명원 숙소에 도착하니 이경이 넘었고, 하늘에는 구름 한 점 없이 달빛이 하얀 비단처럼 밝아서 이상하다고 감탄하였다. 이날부터 19일까지 원명원에 머물렀다.

16일에는 원명원으로 행차하는 황제를 길에서 맞이하였다. 조선사신이 황제에게 일고두의 예를 올리자 황제는 손짓하며 고두하지 말고 일어나라고 하였다. 중국의 대신들은 이는 특별 대우라고 입을 모아 말하였다. 이날도 원명원에 머물렀다.

17일에는 예부의 공문을 받았다. 조선에서 올린 진하표문과 사은표문에 대해 칙지가 내려온 것이다. 이로써 사절단은 가장 중요한 사명을 완수하였다.

18일에는 근정전에서 진행된 문무월선관 소견(召見)을 참관하였다.

19일에는 원명원 동락원 희대에서 상연된 구구대경연을 관람하였다. 새벽에 통관이 예부의 지휘 공문에 따라 각국 사신도 구구대경연에 진참(進參)해야 한다고 알렸다. 조선 삼사 등이 통관을 따라 배를 타고 동락원으로 가니 황제는 이미 와 있었다.

희전의 동서와 서서에 들어가니, 황상이 이미 전에 임어하였다. 묘시에 연극을 시작하여 미시에 그쳤다. 연극의 제목은 계향복욱(桂香馥郁), 선악갱장(仙樂鏗鏘), 인안경착(人安耕鑿), 해안경예(海宴鯨鯢), 만방징서(萬方徵瑞), 오악효령(五岳效靈), 요계가상(堯堦歌祥), 우정솔무(虞庭率舞), 무사삼천(武士三千), 천구십이(天衢十二), 해곤온가(海鯤穩駕), 운학편승(雲鶴翩乘), 무정단계(舞呈丹桂), 탑용금련(塔湧金蓮), 분비부단(芬菲不斷), 유구무강(悠久無疆) 등 16장이었다. 참연반열(參宴班列)과 선찬의절(宣饌義節)은 모두 1일과 같았다.

16장 가운데 박지원의 『희본명목기』에 보이는 작품은 『무사삼천』뿐이다. 『탑용금련』은 『희본명목기』의 『지용금련(地湧金蓮)』과 유사해 보인다.

이날 탕사선이 『혼개도설집전』에 서문을 지어 보내 왔다. 이 서문은 『연행기』에는 빠져 있고, 『열하기유』에만 실려 있다. 버클리본 『연행기』에는 이 부분을 잘라낸 흔적이 고스란히 남아 있다. 서문은 아래와 같다.

서양 선비 탕사선이 「혼개도설집전서(渾蓋圖說集箋序)」를 지어 보내고, 아울러

작은 망원경, 규비비례척(規髀比例尺), 만국전도(萬國全圖)를 주었다. 서문은
이러하다.

동국의 대종백 학산 서공은 사명을 받들고 경사에 와서 나에게『혼개도설집
전』2권을 보여 주었다. 나는 서쪽 땅의 말학(末學)으로서 역상을 대략 알아
중화에 귀화하여 외람되이 황제의 거처에 있으면서 공의 불치하문하신 겸광
을 거듭 어겼습니다만 드디어 마음이 도취되어 이 글을 다 지었습니다.
이서태의 신령한 마음과 지혜가 아니면 누가 혼천설로 개천설을 설명하고,
개천설로 혼천설을 증명하겠습니까. 이지조(李之藻)의 박식과 훌륭한 문장이
아니라면 누가 작법을 추론하여 풀고, 용법을 환하게 밝히겠습니까. 공의
하늘에 닿은 마음과 천문에 대한 묘오가 아니라면 누가 팔선삼각(八線三角)
의 수리에 근거하여 홀로 명암사직(明暗斜直)의 비례에 통달하겠습니까. 그의
그림과 표를 보니 이서태의 양자운이라고 할 만합니다. 그러나 육의(六儀)
가 나와 측량이 더욱 정밀해지고, 타원법이 이루어져 추보(推步)는 더욱 정확
해졌습니다. 천도(天度)는 수시로 바뀌니 옛것에 얽매이는 자는 실용의 재능
이 아닙니다. 이 책 안의 황적도절기도(黃赤道節氣圖)를 예로 들면 황도와 적
도의 대거(大距)는 해마다 응입지초(應入之秒)가 있어 교식(交食)을 만나면 미
세하게 달라집니다. 또 책 안의 항성표(恒星表)는 항성이 해마다 황도를 따라
동쪽으로 운행하는 도수이지만 적도의 남북으로 줄고 늘어나는 미세한 차
이는 모두『흠정수리정온(欽定數理精蘊)』과『역상고성(歷象考成)』에 따라 추보
한 연후에야 현재의 점성(點星)이 정확해집니다. 또 계절에 따라 관상대에 올
라 일월성신을 측량한 연후에야 거도(距度)의 멀고 가까움과 행도(行度)의 느

리고 빠름을 알 수 있습니다. 측량하지 않는다면 추보가 정밀해도 역시 공언(空言)일 뿐입니다.

자서(自序)에 이르기를 "정유년에 천주당에 와서 이 기기의 작용을 자세히 알려고 하였지만 서양 선비 가운데 그 사리를 말해 주는 이가 없었다"고 하였습니다만, 감추어서 혼자만 알려고 한 것이 아니라 동방과 서방은 문자가 매우 달라 뜻을 다 표현할 수 없어서 그리 된 것입니다. 삼가 원서를 서공에게 돌려보내고 나의 어리석은 견해를 이와 같이 붙입니다.

건륭 55년 8월 18일 흠천감 우감부 서양 탕사선(欽天監右監副西洋湯士選) 쓰다.

정유년은 서호수가 처음 북경에 왔던 1777년이다. 이때도 천주당을 방문하여 천문 관측기기의 용법을 물었지만 서양 선교사들과 언어 소통의 문제가 있어 제대로 된 답변을 듣지 못했던 것이다.

20일에는 삼사가 원명원 정대광명전(正大光明殿)에서 왕공 대신, 몽고 회부의 여러 왕과 패륵, 안남왕, 안남·남장·면전의 사신들과 함께 연회를 받고, 북경성 안의 남관으로 들어갔다.

새벽에 통관이 세 사신을 인도하여 거마목 안 궁문 밖 조방에 이르러 조금 쉬고서, 여명에 원명원 문의 동쪽 곁문을 거쳐 출입현량문(出入賢良門)의 좌협문(左夾門)을 넘어 정대광명전 뜰에 이르렀다. 전은 동서 9간, 남북 3간이다. 바닥에는 황화반석(黃花班石)을 깔았고, 위에는 누런 유리 기와를 덮었다. 옥계(玉階)는 1층 3급(級)이다. 전 안 한가운데에 침향보탑(沈香寶榻)을 설치하였는데, 높이가 5척이다. 위에는 침향의(沈香椅)를 놓았고, 뒤에는 침향 병풍을 받쳤다. 중화소악(中和韶樂)을 전첨(殿檐) 아래의 동남유(東南維)와 서남유(西南維)에 설치하였고, 편종(編鐘)은 남쪽, 특종(特鐘)은 동쪽에 있다. 편경(編磬)은 남에 있고 특경(特磬)은 서에 있다. 생(笙) 2, 소(簫) 4, 적(篴) 4, 금(琴) 2, 슬(瑟) 2개를 남쪽에 동서로 나누어 놓았다. 대고(大鼓)는 남의 동에 있고, 치미휘(雉尾麾)는 남의 서에 있으며, 순거(筍簴)는 다 황금을 칠하였다. 평장지악(平章之樂)을 현량문 안에 북향으로 설치하였다. 누런 휘장을 전정에 동쪽과 서쪽을 향하여 설치하고, 그 안에 연회에 참석한 신하에게 상으로 내릴 금단(錦緞)을 탁자 위에 놓았다. 꽃무늬 누런 털 담요를 전 섬돌 아래에 설치하여 만국정희소(萬國呈戱所)를 만들었다. 전 안의 보좌 동쪽과 서쪽, 뜰 용도(甬道)의 동쪽과 서쪽에는 탁장(卓張)을 설치하였으며, 다 두 줄이고 북쪽이 상석이다. 한 탁자에 30품(品)씩을 진설하였다. 종실과 몽·회 제왕, 패륵, 안남왕은 전 안의 보좌 동쪽에 자리하고, 연성공(衍聖公)과 문무 만한(滿漢) 대신은 보좌의 서쪽에 자리하고, 각 성(省)의 독무(督撫), 도륵(圖勒), 포특(布特), 토사(土司)는 뜰의 동쪽에 자리하고, 조선·안남·남장·면전의 사신, 종신과 대만의 생번은 뜰의 서쪽에 자리하였다.

이어서 서호수는 내무부에서 만주 문자로 작성한 「의주」의 한문본을 실었다. 그 가운데는 기예(伎藝)에 관한 규정도 있다.

희방(戱祊)에서 한 쌍 한 쌍 포고기(布褲伎)를 바쳤고, 각국의 기예(伎藝)를 연이어 바쳤다.

포고기는 '布庫伎'라고도 쓰며, 포고희(布庫戲)라고도 한다. '포고(布庫, 布褲)'는 몽골 씨름 '부흐(Бөх)'의 음차어이다. 씨름이나 레슬링처럼 두 사람이 힘을 겨루는 종목이다. 정조 6년(1782) 동지사(冬至使)로 연행한 정존겸(鄭存謙, 1722-1794)은 이듬해 1월 12일부터 19일까지 원명원 산고수장각에서 거행된 의전에 참여하여 각종 놀이를 목격하고 『연행일기(燕行日記)』에 기록하였다. 그 가운데 '솔각(捽脚)'이란 기예가 포고기이다. 솔각은 '요각(撩脚)'이라고도 하며, '포고'의 뜻을 옮긴 말이다. 정존겸은 솔각에 대해 다음과 같이 기록하였다.

어좌 앞에 장부 수십 명이 옷을 벗고 나체로 둘씩 짝을 지어 뛰어오르며 들어와 마당에서 치고받는 것이 각저희와 같다. 승자에게는 상이 있다. 5대 혹 4대를 하고 마친다. 만주족의 옛 풍속이다.[27]

청나라 때 몽고족이 주로 열하 피서산장에 입조하여 펼친 놀이로서 원명원에서도 놀았고, 건륭의 80세 생일에는 자금성에서도 연출되었다. 몽골 씨름에 이어 각국의 기예를 이어서 연출한다고 규정하였으니 이날에는 조선을 비롯하여 축하 사절을 보낸 각국의 기예가 건륭 앞에서 펼쳐졌던 것이다.

건륭은 여러 왕들과 대신, 각국의 사절에게 직접 술을 주었다. 조선의 정사 부사도 황제에게서 직접 술을 받아 마셨다. 그 후 건륭은 조선 사신을 불러 국왕에게 직접 안부를 전하게 하였다.

여러 왕과 대신들에게 술을 내릴 때 황상은 특별히 조선의 정사와 부사를 전에 불러 올렸다. 시위한 대신 화신(和珅)이 나와 정사를 인도하여 전 안으로 올라가서 보좌의 서쪽 계단 아래에 세웠다. 황상이 연성공(衍聖公)을 불러 술을 하사하고, 다음에 조선 정사와 부사를 불러 앞으로 나오라고 하였다. 화신이 또 나와 정사를 인도하여 보좌의 서쪽 계단을 거쳐 올라가서 어의(御椅) 앞에 꿇어앉혔다. 황상이 향그론 술이 담긴 청옥배(靑玉盃)를 손에 쥐고 정사를 불러 친히 주었다. 정사는 머리를 조아린 뒤에 일어서서 친히 받아서 꿇어앉아 마셨다. 화신이 잔을 받고, 정사는 머리를 조아린 뒤에 서쪽 계단으로 내려와 제자리에 돌아왔다. 황상이 또 향그론 술이 담긴 청옥배를 손에 쥐고 부사를 불러 친히 주었다. 나는 머리를 조아린 뒤에 일어서서 친히 받아서 꿇어앉아 마셨다. 화신이 잔을 받고, 나는 머리를 조아린 뒤에 서쪽 계단을 거쳐 내려와서 제자리에 돌아왔다. 잠시 후, 황상이 또 조선사신을 불렀다. 화신이 세 사신을 인도하고 전 안으로 올라가서 보좌 앞으로 가 꿇어앉혔다.

건륭 너희들은 짐이 국왕의 평안을 묻는다고 전하라.

세 사신이 머리를 조아린 뒤에 황지를 내렸다.

건륭 짐은 너희들의 국왕이 세자를 얻었다는 자문(咨文)을 본 뒤로 마음이 매우 기쁘다.

세 사신이 머리를 조아렸다.

건륭   반열로 가라.

세 사신은 머리를 조아리고 원위치로 돌아왔다.

건륭이 회궁한 뒤 각국 사신은 황제의 선물을 받았다. 오후에는 예부의 지휘에 따라 남관으로 갔다. 가면서 북경성 안팎의 길가에 연이어 설치하였던 가건물을 차례로 철거하는 광경을 목격하였다. 남관으로 돌아가 시랑 철보에게 오언 율시 1수와 야립(野笠) 1개, 시전(詩箋) 30장, 죽청지(竹淸紙) 100장, 설화지(雪花紙) 2묶음을 보냈다.

21일에는 연성공 공헌배가 서호수의 시에 화답하는 시와 학산견일정(鶴山見一亭) 편액을 써서 보내 왔다. 시는 이렇다.

문장의 성가 해동 하늘에 무겁더니
이날 화답하여 아름다운 마음 통하네
청담은 기억하고 시간 긴 줄 잊었어라
용과 구름처럼 박식하여 막힘이 없네

文章價重海天東 此日賡酬雅意通
記得淸談忘漏永 龍雲博識正難窮

이구산과 패수는 아득히 멀지만

즐겁게도 사신 수레 봉성에 모였도다

기자의 홍범구주(洪範九疇) 아직 남아서

늘 다른 나라보다 앞서 교화를 세운다네

尼岑浿水遠垓京 洽喜星軺集鳳城

猶有箕疇遺範在 常先九譯樹風聲

　서호수는 북경의 연성부(衍聖府)와 그 내력, 그리고 명청 양조에서 연성공에게 베푼 예우를 간략히 서술하였다. 이 부분은『연행기』의 세 사본에는 빠져 있다.

　연성부는 황성 서쪽 옛 태복가(太僕街)에 있다. 명나라 인종(仁宗)이 "사이(四夷)가 진공하면 모두 공관이 있지만 선성의 자손은 민가에 묵으니 존중하는 뜻이 매우 아니다"라고 유시하고, 드디어 저택을 내렸으니 바로 지금의 연성부이다. 연성공은 질(秩)은 2품이고, 대조회(大朝會)의 반열은 1품상이니 신하로 삼지 않는다는 뜻을 보인 것이다. 500호의 장정을 종인(從人)으로 삼아 주었다. 공의 자제는 오경박사(五經博士)를 세습한다. 곡부(曲阜) 공씨 중에서 대대로 곡부령(曲阜令)을 삼고, 구주(衢州) 공씨 중에서 대대로 박사를 삼으니 이는 모두 명나라의 제도로서 청나라가 그대로 따랐다. 선덕(宣德) 연간에 공악(孔諤)이 회시(會試)를 보러 경사에 오니 황상이 불러서 보고 진사출신(進士出身)을 특별히 내리고, 춘방중윤(春坊中允)에 임명하였다. 만력(萬曆) 연간에 연성공이 만수절을 축하하러 오자 빈례(賓禮)로 대우하고 조참에 참여하지 않도록 명하였다. 이 또한 명나라 때 선성의 후예를 우대한 예이다. 청나라 강희 건륭 초에 모두 궐리(闕里)에 행차하여 직접 임묘(林廟)에 제를 올렸다. 지금 연성공의 이름은 헌배이니 또 건륭이 흡사하였다고 한다.

'연성공'은 공자의 후손 가운데 적장자(嫡長子)가 세습하는 봉호(封號)이다. 한나라 고조(高祖) 12년(기원전 195)에 공자의 제8세손 공등(孔騰)을 봉사군(奉祀君)에 봉한 이래 적장자는 작위를 세습하였다. 송나라 지화(至和) 2년(1055) 제45대손 공종원(孔宗愿)을 연성공으로 봉하였으며, 이후 한때 '봉성공(奉聖公)'으로 호칭을 바꾸었으나 곧 다시 연성공이라는 호칭을 회복하였다. 역대 왕조에서 대대로 이 제도를 따랐으며, 1935년 국민정부(國民政府)가 연성공 공덕성(孔德成, 1920-2008)을 대성지성선사봉사관(大成至聖先師奉祀官)에 임명함으로써 연성공은 폐지되었다. 마지막 연성공 공덕성은 1949년 국민당(國民黨) 정부와 함께 대만으로 갔으며, 주로 대만대학(臺灣大學) 중문계(中文系)에서 교수로 학문 연구와 후진 양성에 종사하였다. 안동의 도산서원(陶山書院)을 방문하였으며, 그때 쓴 "추로지향(鄒魯之鄉)"이라는 휘호를 돌에 새겨 도산서원 입구에 세워 놓았다.

공자의 후손은 남송 이후로 북종(北宗)과 남종(南宗)으로 갈렸다. 북종은 원래 터전인 산동성(山東省) 곡부(曲阜)를 지킨 후손이며, 남종은 송나라가 남도(南渡)할 때 고종(高宗) 조구(趙構, 1107-1187)를 호종하여 남송을 세운 일파이다. 건염(建炎) 2년(1128)에 제47대손 연성공 공단우(孔端

友, 1078-1132)가 자손들을 데리고 남도하였다. 건염 3년(1129)에 남송 고종은 공단우에게 절강성(浙江省) 구주(衢州)에 살게 하였다. 이로써 구주에 공씨가 뿌리를 내려 공씨남종(孔氏南宗)이 시작되었다. 공씨 남종은 구주에 가묘(家廟)를 세워 지금에 이르고 있다.

22일에는 천주교 선교사 색덕초(索德超, Joseph-Bernard d'Almeida)에게 편지와 예물을 보냈고, 그가 보낸 답서와 예물을 받았다. 이전 천주당을 방문했을 때는 그를 만나지 못했다. 이 부분 역시 『연행기』 규장각 본과 버클리본에는 빠져 있다.

> 편지로 서양 선비 색덕초에게 안부를 묻고, 아울러 자주(紫紬) 2필, 백면포(白綿布) 2필, 채화석(彩花席) 5장, 후유지(厚油紙) 10장, 설화지(雪花紙) 2속(束)을 보냈다. 색덕초는 병신년에 경사에 왔을 때 친숙해진 자로서 지난번 천주당에 들어갔을 때는 만나지 못해 편지로 대신하였다. 답서가 오고, 서양경(西洋鏡) 2면(面), 빈랑고(檳榔膏) 1합, 서양향(西洋香) 1합, 서양포(西洋布) 2필을 함께 보냈다.

24일에는 공부상서(工部尙書) 김간(金簡, ?-1794)이 죽청지(竹淸紙)를 요구하여 300장과 야립(野笠) 1개, 왜경(倭鏡) 1개, 백주(白紬) 2필, 백면포(白綿布) 2필, 채화석(彩花席) 10장, 설화지(雪花紙) 5묶음, 청심원 30환, 부채 30자루를 함께 주었다. 김간의 조선(祖先) 김덕운(金德雲)은 조선 의주 사람으로서 손자 김상명(金常明)이 청나라에 들어가 상서(尙書)가 되었다. 김간은 김상명(金常明)의 종손이며, 조선 사절의 임무 수행에 적지 않은 도움을 주었다. 김간은 답례로 비단 2필, 춘주(春紬) 2필, 흡연(歙硯) 1개, 호필 2갑, 휘묵 1갑, 조선(曹扇) 1갑, 오색견전(五色絹箋) 1권, 용정차(龍井茶) 2갑으로 보답해 왔다.

김간은 정묘호란 무렵에 후금으로 귀화한 조선인의 후예이다. 그의 누이가 건륭의 귀비가 되었으며, 따라서 김간도 벼슬길이 순탄하였다. 호부상서와 이부상서를 지냈고, 그의 아들이 가경제(嘉慶帝)로부터 김가(金佳)라는 성을 받았으니 청나라에 귀화한 조선인의 후예 중에서 가장 현달한 집안이었다. 김간은 매번 조선 사절이 사명을 잘 완수할 수 있도록 도왔고, 조선 사절도 그를 각별히 대접하였다. 그러나 김간은 무엇보다 목활자의 제작과 이용을 정리한 『무영전취진판정식(武英殿聚珍版程式)』을 저술하여 중국에서 활자 인쇄를 발전시킨 공이 크다. 그는 건륭 38년(1773)에 『사고전서(四庫全書)』에서 일부 서적을 골라 간행하라는 임무를 받아 진행하면서 목활자를 만들어 쓰자고 건륭에게 건의하였다.

이제 들으니 흩어진 책을 안팎으로 수집하여 이미 만 종이나 된다고 합니다. 바로 칙지를 받들어 간행해야 할 것을 골라 모두 판에 새겨 통행시키려 한다니 이는 참으로 황상께서 하늘같은 은혜를 뜻밖에 예림(藝林)에 주시려는 뜻입니다. 다만 앞으로 발간하려 하니 판목이 엄청나게 소요될 뿐만 아니라, 한 부씩 새기는 데도 시일이 걸립니다. 신이 자세히 생각하니 대추나무 활자를 한 조 새겨서 각종 서적을 인쇄하는 것이 가장 좋습니다. 목판에 새기는 것보다 공임이 현저히 절약됩니다. 신이 삼가 『어정패문시운(御定佩文詩韻)』에 따라 세밀하게 선택하여 경전에 자주 나오지 않는 생벽자(生僻字)를 제외하고 간각해야 할 것만 계산하니 약 6천 수백여 자입니다. 여기에는 허자(虛字)와 자주 쓰는 숙자(熟字)를 포괄하여 한 글자마다 10자 또는 100자까지 개수를 달리하여 합계 약 10만여 자가 필요합니다. 또 소주(小註)에 새겨야 할 글자는 대자(大字)와 같이 한 글자마다 10자 또는 100자까지 개수를 달리하여 대략 5만여 자가 필요합니다. 대소 합계 15만여 자에 불과합니다. 모든 서적을 발간할 때는 다만 조판(槽版)을 저본(底本)에 따라 한 번 배열하면 바로 인쇄하여 책을 만들 수 있습니다. 그 사이에 꼭 써야 할 글자가 아직 마련되어 있지 않다면 목자(木子) 2천 개를 예비하여 수시로 새겨 보충할 수 있습니다. 서엽(書葉)의 행간 대소 양식은 통행 서적의 치수에 따라서 목조판(木槽版) 20개를 만들어 그때마다 저본에 따라 정확하게 맞추어서 목조판 안에 배열하여 먼저 1장을 인쇄하여 교간한림처(校刊翰林處)에 주어 상세히 교정하여 착오를 없앤 뒤에 인쇄합니다. 대추나무 활자는 대소 합하여 15만여 개가 필요합니다. 신이 상세히 계산하니 매 100자에 은 8전(錢)이 들어서 15만여 자는 대략 은 1,200여 량이 듭니다. 이 밖에 목조판을 만들고, 공목자(空木子)와 목활자를 저장할 상격(箱格)을 갖추는 등의 항목에 다시 은 1, 2백량이 듭니다. 이미 마련하여 처리하였으며, 이 항목에 은 모두 1,400여 량에 불과한 은이 소요되었습니다. 신이 무영전의 현존 서적으로 따져보니 『사기(史記)』 1부를 예로 들면, 목판 2,675개가 소요되어 배나무 소판(小版) 1개 값이 1전, 합계 은 267량 5전입니다. 쓰고 새기는 글자가 합계 1,189,000자로서 매 100자를 쓰고 새기는 데 공임이 은 1전, 합계 은 1,180

여 량이 듭니다. 이 책 겨우 1부에 이미 공임으로 은 1,450여 량이 들었습니다. 지금 대추나무 활자 1조를 새기는 데 합계 은 1,400여 량에 불과하며, 각종 서적에 모두 쓸 수 있으며, 인쇄를 오래하여 자획이 희미해지면 1조를 따로 더 새기는 데 드는 공임도 또한 이 액수에 지나지 않습니다.[28]

건륭은 김간의 의견이 "매우 좋다(甚好)"라고 허락하고, 다만 "活字"라는 이름이 아름답지 않으니 "聚珍"으로 바꾸라고 하였다. 이리하여 무영전에 목활자를 비치하여 많은 책을 찍어냈다. 사실 무영전에는 강희 시절에 이미 동활자가 구비되어 있었으며, 『고금도서집성(古今圖書集成)』을 찍은 적이 있다. 『고금도서집성』은 5,000책의 거질로서 전통시대에 단일 인쇄사업으로는 아마 가장 방대했을 것이다. 이 활자가 세월이 흐르면서 흩어지고, 건륭 초년에 동전이 모자라자 녹여서 동전을 만들어 없애버렸다. 김간은 활자의 효용을 잘 알고 다시 대추나무로 활자를 만들자고 한 것이다. 대소 활자 1조 15만 자와 활판 인쇄에 필요한 다른 설비까지 갖추는 데 드는 비용이 목판으로 『사기』 1부를 간행하는 비용과 맞먹는다. 활자는 다른 책을 찍는 데 계속 사용할 수 있으니 그 비용의 절감은 쓰면 쓸수록 커지는 것이다. 김간은 과연 조선 사람의 후예답다고 할 것이다.

죽청지에 대해서는 서호수가 북경에 간 1790년에 강세황(姜世晃, 1713-1791)이 남긴 기록이 있다. 경기도박물관에 소장된 「강세황 행초 표암유채(姜世晃行草豹菴遺彩)」 발문에 다음과 같이 썼다.

이 종이의 이름은 죽청지(竹淸紙)로, 우리나라 남쪽 고을에서 생산된다. 비문을 쓰는 사람은 반드시 이 종이를 구하는데, 촘촘하고 얇아서 모각하기에 편리하기 때문이다. 지금 그림을 그리려 해 보니 잘 맞지 않아 마침내 전인(前人)의 가구(佳句)를 써서 이에 응한다. 경술년(1790) 겨울 표옹은 쓴다.[29]

김간은 1769년(건륭 34)에 칙명을 받들어 『교정순화각첩석문(校正淳化閣帖釋文)』을 편찬한 적이 있다. 이 시기에도 비첩(碑帖)과 관련하여 죽청지가 필요하였는지도 모르겠다. 죽청지는 조선 사절이 중국에서 사명을 수행하면서 요긴하게 쓴 물건이었다.

25일에는 각학(閣學) 옹방강(翁方綱, 1733-1818)이 북경 정양문 밖에 머물고 있다는 소식을 듣고, 박제가[30]를 보내 『혼개도설집전』의 오류를 바로잡아 달라고 부탁하였다. 옹방강은 네댓새 빌려서 자세히 보겠다고 하고, 서호수에게 세 가지 질문을 보냈다.

아무개는 지금 『춘추(春秋)』의 사가삭윤표(四家朔閏表)를 찬술(撰述)하고 있는데 두원개(杜元凱)가 정한 『장력(長曆)』이 일행(一行)의 설(說)과 맞지 않아 서로 고정(攷訂)하는 중입니다. 서 부사께서는 어느 설을 옳다고 여기시는지 모르겠습니다.

서공은 일행의 대연력(大衍曆)을 분명 보셨을 것입니다. 옳다고 여기십니까?

아무개가 보내 드리고자 하오니, 서공(徐公)께서 전에 본 춘추삭윤설(春秋朔閏說) 중에서 몇 가지 논설을 써서 보여 주어, 졸저(拙著) 속에 싣는 데 도움이 되게 해 주십시오.

당시 옹방강은 『춘추』에 수록된 연대의 삭윤표를 작성하고 있었다. 그런데 역법 사가 사이에 삭윤이 일치하지 않아서 바로잡고 있던 중 두예(杜預)의 『춘추장력(春秋長曆)』과 일행의 『대연력(大衍曆)』 사이에 괴리가 있음을 발견하고는 어느 설이 맞는지 서호수에게 물었다. 두예는 춘추 240년의 삭일과 윤월을 정리하여 『춘추장력』을 작성하였다. 역법 사가는 당나라의 역법가 4인 부인균(傅仁均, ?-?), 이순풍(李淳風, 602-670), 남궁열(南宮說, ?-?), 일행(一行, 673-727)을 말한다. 옹방강의 물음에 대한 서호수의 답은 아래와 같다.

법 가운데 옛것이 엉성하고 지금 것이 정밀한 것은 오직 역법만이 그러합니다. 서양의 신법은 고법과는 매우 다릅니다. 북극에 남북의 고저가 있어 낮과 밤이 반대되며, 시각에 동서의 조만(早晚)이 있어 절후(節候)가 서로 차이가 납니다. 이것은 땅이 둥글다는 이치입니다. 옛날(고법)에는 하늘은 점점 서쪽으로 가고 세(歲, 즉 동짓점)는 점점 동쪽으로 간다고 하였으나, 지금은 항성(황도를 따라)이 동쪽으로 이동한다고 말합니다. 옛날에는 해[日]에 영축(盈縮)의 손익이 있고, 달[月]에 지질(遲疾)의 손익이 있다고 말했으나, 지금은 해와 달에 궤도[輪]의 크고 작음이 있고 그 운행에도 높고 낮음이 있다고 말합니다. 지금의 원리가 고법과 달라진 것이 아니라 실측해 보니 그런 것입니다. 서력(西曆) 이전에는 오직 곽 태사(郭太史)의 수시력(授時曆)을 가장 정밀하다고 불렀습니다. 대체로 그것은 오직 측량(測量)을 중심으로 삼아 희화빈전(羲和賓餞)의 뜻을 알았기 때문입니다. 한(漢) 나라 태초력(太初曆)은 황종(黃鐘)에서 수(數)를 일으켰고, 당 나라의 대연력(大衍曆)은 시책(蓍策)에서 수(數)를 일으켰으니, 근본을 근본으로 삼고 종횡으로 펴서 벌인 것입니다. 반고(班固) 『한서(漢書)』의 『역지(曆志)』와 『당서(唐書)』의 『역의(曆議)』를 선유들은 매우 칭찬하였습니다. 그러나 삭망이 분명하지 않고, 교식(交食)이 맞지 않아서 마침내 하늘을 공경히 살펴 백성에게 때를 주는 일에 실익이 없었습니다. 대체로 악(樂)과 역(曆), 역(易)과 역(曆)의 이치는 하나로 통하지 않은 적이 없지만, 그 법은 매우 다르니 결코 억지로 갖다 붙여 현혹하여서는 아니됩니다. 태초력(太初曆) 이전에 또 주인(疇人) 자제들이 관직을 잃고 흩어진 때에 역학(曆學)에 어두워 더듬다가 식(食)이 그믐에 있기도 하고, 윤달이 어그러지는 경우가 많게 되었습니다. 『인경(麟經)』 1부(部)는 부자(夫子)께서 구사(舊史)에 따라 그대로 만들었으므로 기록한 삭윤은 반드시 천행(天行)과 앞뒤가 잘 맞습니다.

　서호수는 천문(天文)과 역학(曆學) 방면에서 동양의 전통 학술과 서양 선교사들이 전해 준 서양 천문학에 모두 통달해 있었다. 중국에서도 천문 역학은 끊임없이 발전해 왔지만 서양 천문학이 들어와 근본 체계가 혁신되었다. 중국 전통 역학과 서양 천문학의 차이를 한 마디로 정리하였다. 세차운동(歲差運動)을 중국 천문학에서는 28수(宿)의 별이 중성(中星)이 되는 변화로 설명해 왔으나 서양 천문학에서는 황도에서 항성의 위치 변화로 설명한다. 태양과 달의 궤도 변화도 영축(盈縮)과 지질(遲疾) 등 전통 천문학 개념 대신에 궤도 반경의 크기와 고도라는 서양 개념을 도입하였다. 신빙성이 높다고 인정받는 태초력과 대연력도 삭윤과 교식이 정확하지 않다. 다만 공자가 편찬한 『춘추(春秋)』에 기록된 삭일과 윤달은 공자가 옛 사관의 기록을 따랐으므로 정확하다고 하였다. 서호수는 이어서 『춘추』에 기록된 일식의 날을 예로 들었다.

예를 들면 은공(隱公) 3년 2월의 일식은 간지만 적고 삭일이라고는 적지 않았으며, 환공(桓公) 17년 10월의 일식은 삭일라고만 적고 간지는 적지 않았습니다. 대체로 해와 달이 교회(交會)하여 경(經)과 위(緯)가 도(度)를 같이 한 후에 달이 해를 가려서 일식이 일어납니다. 일식이 일어나고 삭일이 아닐 수는 없으니 간지를 적으면 그날이 삭일임을 알 수 있고, 삭일이라고 적으면 그 간지를 미루어 알 수 있습니다. 또 사서의 체제는 근엄한데, 어떤 때는 쓰고 어떤 때는 쓰지 않은 것은 관(官)의 실수이며, 부자께서는 이를 따랐습니다. 또 희공(僖公) 15년 5월의 일식에는 간지도 삭도 쓰지 않았습니다. 좌씨(左氏)가 관의 실수라고 하였으며, 부자께서 또한 그대로 따랐습니다.

『춘추』은공 3년에 "봄 왕2월 기사일에 일식이 있었다[春王二月, 己巳, 日有食之.]"고 하였고, 환공 17년에 "겨울 10월 삭일에 일식이 있었다[冬十月朔, 日有食之.]"고 하였다. 또, 희공 15년에 "여름 5월에 일식이 있었다[夏五月, 日有食之.]"고 하였고, 『좌전(左傳)』에는 "삭과 날짜를 쓰지 않았으니 관이 빠뜨린 것이다[不書朔與日, 官失之也.]"라고 하였다. 일식은 태양, 달, 지구가 차례로 일직선을 이루어 달의 그림자가 지구를 덮고, 달의 본그림자와 반그림자 안에 있는 지역에서 관찰된다. 그러니 이날은 달이 태양과 지구 사이에 들어왔다가 다시 나가기 시작하는 날, 즉 삭일이 된다. 『춘추』에 일식을 기록할 때 그 날의 간지와 그 날이 삭일임을 모두 밝혀 적은 예가 있으며, 이것이 엄정한 역사 기록의 체제이다. 예를 들면 성공(成公) 16년 "6월 병인일 삭일에 일식이 있었다[六月丙寅朔, 日有食之.]"와 같은 것이다. 공자는 『춘추』를 편찬할 때 이전의 사관이 남긴 사료에 바탕하여 사관이 빠뜨린 기록은 임의로 보충하지 않고 사료 그대로 인용하였다. 따라서 『춘추』에 남아 있는 삭윤의 기록은 하늘의 운행을 정확하게 간직하고 있다는 것이다.

서호수는 이어서 옹방강에게 『춘추』의 삭윤표를 작성하는 올바른 방법을 일러 준다.

원개가 정한 것이나 일행이 추산한 것은 또한 적년(積年)을 맞추어 놓은 수에 불과하니 모두가 구반문촉(扣槃捫燭)의 견해일 뿐입니다. 신력(新曆)에서 통적(通積)을 구하는 방법을 쓰고 기응(氣應)을 감하여 지나간 옛날을 소급하여 상고한다면 춘추 삭망의 간지가 곧 거기에 있을 터이니 꼭 원개와 일행의 우열을 비교할 필요는 없습니다. 『서양역지(西洋曆指)』 속에 『고금교식고(古今交食考)』가 있어서 『춘추(春秋)』 이래 치윤(置閏)과 측식(測食)의 잘못을 자세히 기재하였고, 『흠정역상고성(欽定曆象考成)』의 『월리편(月離篇)』에는 회(晦), 삭(朔), 현(弦), 망(望)의 원인을 밝혔으니, 이 두 책을 참조하면 원개와 일행의 잘못을 바로잡는 데 유익할 듯합니다.

두예나 일행의 방법은 장님이 코끼리 만지는 식이라고 일갈하였다. 서호수는 서양 천문학의 개념과 방법을 이용하면 먼 옛날의 날짜와 일 월의 식을 정확하게 계산할 수 있음을 알았다. 이를 모르고 옛 방식에 만 골몰하던 옹방강에게 친절하게 참고서적까지 알려 주었다. 『고금교 식고』는 이천경(李天經)이 지었으며, 『숭정역서』에 들어 있다.

27일에는 시랑 철보로부터 '학산견일정(鶴山見一亭)' 편액, 대련(對聯) 3 축(軸)과 함께 휘묵(徽墨) 1갑, 공연(貢硯) 1개, 난전(蘭箋) 4묶음을 받았다. 철보의 필법이 '창건(蒼健)'하여 매우 마음에 든다고 하였다.

지난 21일에 연성공 공헌배로부터 학산견일정 편액 글씨를 이미 받 았다. 이전 병신년의 연행에서도 이조원에게서 학산견일정 글씨를 받은 적이 있다. 그때 이조원은 글씨를 써 주고 시 〈부사 서호수의 견일정을 시로 지어 부친 2수 병서(寄題徐副使浩修見一亭二首并序)〉까지 지어서 보냈 다. 이 시의 서문에 서호수가 말한 견일정이라고 이름 붙인 뜻을 밝혀 놓았다.

부사가 와서 말하였다. "저는 벼슬은 높지만 뜻은 임천에 있어 서울에서 백 리 떨어진 곳에 백학령이 있고 언덕과 골짜기가 자못 아름다워 새로 정 자 하나를 짓고 견일정이라고 이름을 붙였습니다. '숲속에 어찌 한 사람이라 도 보이리요'라는 뜻을 취한 것입니다. 이를 대상으로 시를 지어 주시면 가 지고 돌아가서 원림의 볼거리를 화려하게 꾸미고자 합니다." 차마 그 마음 을 저버리지 못하여 2수를 지었다.

급류에서 용퇴하는 이는 예부터 찾기 어렵지만

과연 훌훌 옛 숲으로 돌아가는 이를 보았도다

예부터 시인은 거짓말이 없으니

지금 이 말은 진심이리라

세상에는 구양수의 『귀전록』이 전하고

손은 한유가 묘비명 지어 주고 받은 돈을 뺏었지

구절양장 벼슬길은 끝없이 험하다 들었건만

기미 보고 일찍 벼슬 버리는 이는 누구인가

오솔길 거친 들 전원으로 돌아갈 수 있을까

소나무 삼나무 점검하면 열 배나 굵으리

술 거를 두건은 아직 있지만

도조 독촉하는 편지는 아예 없다네

사슴은 눈 산을 헤매다 나무꾼을 만나고

물고기는 연파를 내던지고 낚시꾼에게 오겠지

방옹은 너무 방탕했으니 배우지 마시오

집집마다 부채에 그림으로 그릴 테니

急流勇退古難尋 果見飄然返故林

自古詩人無假語 如今若箇是眞心

世傳永叔歸田錄 客奪昌黎諛墓金

聞道羊腸無限險 見幾誰是早投簪

得歸三徑就荒無 點檢松杉十倍麗

尚有頭巾堪漉酒 絶無手簡問催租

鹿迷雪崦逢樵叟 魚擲烟波訪釣徒

莫學放翁太顚劇 家家團扇畫成圖[31]

"견일정"이란 이름은 당나라 불승(佛僧) 영철(靈澈, 746-816)의 시구에서 따 왔다. 영철은 여산(廬山) 동림사(東林寺)에서 홍주자사(洪州刺史) 위단(韋丹)과 수창한 시 〈동림사에서 자사 위단에게 수창하다(東林寺酬韋丹刺史)〉에서 다음과 같이 읊었다.

늙어 마음 한가하니 세상 일이 없고

삼베옷 풀자리도 몸이 편안해

만나면 모두 벼슬 버리는 게 좋다 하지만

숲 아래 언제 일찍이 한 사람인들 보았던가

年老心閑無外事 麻衣草座亦容身

相逢盡道休官好 林下何曾見一人

위단 같은 벼슬아치들은 입만 열면 벼슬을 버리고 전원으로 돌아가겠다고 말하지만 그 말을 실천하는 사람은 하나도 보지 못하였다. 서호수는 이 시구에서 전원에 지은 정자 이름을 따와 붙이고 반드시 귀은하겠다는 의지를 보였다. 이조원은 서호수의 의지를 인정하였다. 구양수가 은거하면서 지은 『귀전록』은 지금도 세상에 전하지만, 한유가 남에게 비문을 지어 주고 받은 돈은 문객 유의(劉乂)가 가져가버렸다. 벼슬길은 구절양장(九折羊腸) 꼬불꼬불 험하기만 하다. 그런 기미를 미리 알고 관모(冠帽)를 벗어 던진 이 누구 있었던가.

이조원의 두 번째 시는 자신의 이야기로 읽힌다. 방옹은 남송의 애국시인으로 이름 난 육유(陸游, 1125-1210)의 호이다. 육유는 1172년 사천선무사(四川宣撫使) 왕염(王炎, 1115-1178)의 막부에 들어가 북벌(北伐)을 준비한다. 그러나 곧 왕염은 임안(臨安)으로 소환되고 막부는 해체되어 버렸다. 이후 사천 지역에서 지방관을 역임하다가 1175년(淳熙 2)에 성도부권사천제치사(成都府權四川制置使) 범성대(范成大, 1126-1193)를 보좌한다. 이때 그는 북벌의 희망이 꺾여 폭음하면서 광인(狂人)처럼 행동하였다.[32] 『송사(宋史) · 육유전(陸游傳)』에 이 시절의 육유에 대해 "범성대가 촉을 통솔하면서 육유는 참의관이 되어 문자로 교유하였으며, 예법에 얽매이지 않아 사람들은 그가 방탕하다고 비난하였다. 그리하여 스스로 호를 방옹이라고 하였다[范成大帥蜀, 遊爲參議官, 以文字交, 不拘禮法, 人譏其頹放, 因自號放翁]."고 평가하였다. 송나라 나대경(羅大經, 1196-1252 이후)은 『학림옥로(鶴林玉露)』에서 "대평(臺評)", 즉 어사대(御史臺)의 탄핵을 받았다고 하였다. 그의 주정뱅이 행동은 주화파(主和派)의 공격을 받았고, 육유는 아예 호를 '방옹'이라고 지으면서 자신의 신념을 굽히지 않았다. 그의 이런 모습은 유명한 절명시(絶命詩) 〈시아(示兒)〉에 그대로 나타난다.

죽으면 만사가 헛일인 줄 원래 알지만

다만 하나 된 구주를 보지 못해 슬프구나

왕의 군사 북으로 중원을 평정하는 날

집안 제사에 네 애비에게 알리기를 잊지 말거라

死去元知萬事空 但悲不見九州同

王師北定中原日 家祭無忘告乃翁

　육유는 이렇게 여진족(女眞族)에게 뺏긴 나라 반쪽을 찾지 못한 한을 품고 죽었다. 서호수의 귀은(歸隱) 의지에 대해 이조원은 초부(樵夫)와 어옹(漁翁)의 삶을 살되 육유처럼 내면의 분노를 표출하지 말라고 권하였다. 이는 곧 자신에 대한 다짐이다. 만주족 치하에서 한인 관료가 생존하는 한 방편이다. 한족(漢族) 문인 관료는 조선의 문인 관료에게서 묘한 동질성을 느꼈음에 틀림없다. 이조원은 환로(宦路)에서 만주족 관료와의 갈등에다가 자신의 잘못이 겹쳐 결국 1782년 귀향하고 말았다. 그는 학산견일정에서 자신의 앞날을 미리 보았던가.

　28일에는 관소에 머무르며 서적을 구입하였다. 이날 구입한 서적은 『십삼경주소(十三經註疏)』, 『주역절중(周易折中)』, 『시서휘찬(詩書彙纂)』, 『대청회전(大淸會典)』, 『성경통지(盛京通志)』였다. 그런데 『연행기』 세 사본에는 이날에는 『십삼경주소』, 『주역절중』, 『시서휘찬』만 구입하였다고 하고, 『대청회전(大淸會典)』과 『성경통지(盛京通志)』는 다음날인 29일에 구입하였다고 썼다. 『열하기유』에는 29일자에 음악에 관한 긴 문장이 실려 있다.

29일에는 직접 보고 들은 청나라의 음악에 관한 견해를 피력하였다. 황궁의 생일잔치에 참여하여 청궁의 악기를 직접 목도하였고, 그 소리도 들었다. 당시 악률에 박식하다고 이름이 난 모기령(毛奇齡, 1623-1716)의 문집을 구해 그의 악률을 검토한 결과 엉터리임을 발견하고, 그를 논박하는 글을 지었다. 이 문장은『연행기』의 세 사본에는 모두 수록되지 않았다.

나는 율려에 벽이 있어 악서를 두루 보았지만 오직『율려정의(律呂正義)』에만 심취하고 정신을 쏟았지만 아직 그 소리를 듣지 못하여 한이 되었다. 이번 사행에서 중화소악(中和韶樂)을 태화전의 축하 반열과 정대광명전 잔치에서 들었다. 종은 삼합동(三合銅)을 사용하였고, 경(磬)은 우전옥(于闐玉)을 사용하였으며, 모두 개수를 늘리며 삼분손익법으로 만들었다. 관악기의 용적 계산과 음공 간격 결정, 현악기 줄의 굵기와 휘(徽) 간격의 결정은 하나같이『율려정의』에 쓴 대로이니 참으로 선진(先秦) 이후의 아름다운 제도이다. 다만 그 소리의 조율은 너무 높아 불만스러웠다. 아마 황종(黃鐘)의 길이는 채원정(蔡元定)『율려신서(律呂新書)』의 횡서(橫黍) 9촌을 따랐지만, 글자 소리의 높고 낮음과 늦고 빠름은 서양 음악을 많이 취하여 대성악(大晟樂)의 부드럽고 느림을 고쳐서 그리 되었는가.

지난번에 역국(曆局)에 들어가 탕사선에게 오선(五線)으로 음정을 구분하고 반음의 차이가 계명을 바꾸는 이치를 물었다. 답하였다. "기호와 음정의 구분은 눈으로 보면 알 수 있으나 소리의 조율과 계명의 소리는 결국 귀로 결정합니다. 천주당의 옛 악기는 이미 불에 타버렸고, 새 악기는 이번 겨울의 진공선(進貢船)으로 부칠 것입니다." 내가 그 악기를 살피고 그 소리를 확인한다면 반드시 『율려정의』의 연원을 개발하고 천명하는 바가 있을 것이다. 이는 주자(朱子)가 말한 "천고에 한 번 시원한 일(千古一快)"이니 내가 어찌 이를 쉽게 얻을 수 있겠는가.

상서 기윤이 누차 모기령(毛奇齡)의 악론(樂論)이 엄박하다고 말하길래 『서하집(西河集)』을 유리창에서 빌려 며칠 자세히 읽었다. 이른바 『경산악록(竟山樂錄)』은 주권(朱權, 1378-1448)의 『당악적색보(唐樂笛色譜)』를 아음(雅音)이라고 착각하여 부회한 것이다. 이른바 『성유악본해설(聖諭樂本解說)』은 강희제가 지름과 원주를 논한 몇 마디를 가지고 잘 모르면서도 마구 지은 것이다. 반드시 율수를 아는 척 하려고 입을 열면 주재육(朱載堉, 1536-1611)과 채원정을 비방하였으니 『성유악본해설』이 『경산악록』보다 심하였다. 나는 그 망령되이 이치에 어긋남이 싫어 빨리 돌려주고, 드디어 「성유악본변(聖諭樂本辨)」을 지었다. 대체로 율려의 학문은 세상에서 궁구하는 이가 드무니 모기령이 궤변을 구사하여 촌부자(村夫子)를 홀리기에 족하기 때문이지 내가 변론하기를 좋아함이 아니다.

서호수는 음악의 이론과 실제에도 분명 조예가 깊었다. 음악 이론서를 두루 보았으며, 『율려정의』를 최고의 이론서로 평가하였다. 『율려정의』는 상(上), 하(下), 속(續), 후(後) 4편(編)으로 구성되어 있다. 앞 3편은 강희의 칙찬(勅撰)으로서 1713년(강희 52)년에 완성되었고, 후편은 건륭 칙찬으로서 1746년(건륭 11)에 완성되었다. 상하편에는 악률(樂律)과 관현의 율제(律制), 악기의 구조와 특징 등을 다루었으며, 속편은 포르투갈 선교사 서일승(徐日升)과 이탈리아 선교사 덕리격(德理格, Theodorico Pedrini, 1671-1746)이 전한 서양 음악이론과 오선보, 음계명 등을 실었다. 후편은 청나라의 전례음악과 무보(舞譜), 곡보(曲譜)를 수록하였다. 서호수가 청궁에서 목도한 악기는 『율려정의』에 기술한 대로 제작되었으며, 다만 음정이 높아 마음에 들지 않았다. 그 원인은 서양의 음악으로 중국의 전통 음악을 교정한 탓으로 여겼다. 8월 13일 천주당에서 탕사선을 만났을 때 서양 음악의 이론을 물었으나 천주당의 오르간이 불에 타버려 그 소리를 직접 들으면서 확인하지 못하였다. 악기 소리를 들으면서 이론을 궁구하였더라면 주희가 『율려신서』를 읽으며 느꼈던 "천고에 한 번 시원함(千古之一快)"을 느꼈을 터이나 아쉽게도 그렇지는 못하였다. 주희는 채원정의 『율려신서』에 서문을 썼다. 서문의 끝에 채원정이 또 따로 악서를 저술하고자 하고, 또 여력이 있으면 제갈량의 육십사진도(六十四陣圖)를 해설하고, 소옹(邵雍)의 『황극경세(皇極經世)』의 역수(曆數)를 정리하여 일가의 학설을 이루겠다는 계획이 있음을 말하고, 늙고 병든 자신이 그 결과를 볼 수 있다면 "또한 천고에 한 번 시원함이 아니겠는가[亦豈非千古之一快也哉]"라고 기대하였다. 서호수도 주희와 같은 기대를 품었지만 이루지는 못하였다.

모기령이 악론에 밝다고 기윤이 누차 칭찬하자 유리창 서사에서 그의 문집을 빌려다 며칠 검토하였다. 모기령은 명말청초의 학자로서 경전에 관한 저술을 많이 남겼다. 그는 음악에도 관심이 있어 『경산악록』과 『성유악본해설』을 지었다. 『경산악률』에서 한위(漢魏) 이래 오성(五聲)을 오행(五行), 오색(五色), 오사(五事)에 대응시켜 온 관념적 경향을 비판하고, 음악은 소리를 중심으로 이론을 세워야 한다고 주장하여 음악의 본질에 접근한 공로가 있다. 단 소리와 악기 및 수자의 관계를 부정하여 음악의 본질을 제대로 파악하지 못한 단점도 있다. 서명 '竟山'은 부친 모경(毛鏡)의 자이며, 아버지가 전해 준 음악 이론을 자신이 전술하였다는 뜻을 담았다. 『성유악본해설』은 강희제가 강희 31년 정월 초4일에 건청문에 대신들을 모아 놓고 율관(律管)의 지름이 1이면 그 관의 둘레는 3이 되고, 8음(옥타브)을 주기로 음계가 반복되는 원리를 궁구하라고 지시한 칙유에 대한 답변서라고 할 수 있다. 강희제의 성유에 대해 대학사 이상아(伊桑阿)가 「논악본소(論樂本疏)」를 올렸고, 모기령은 이를 다시 조목별로 해설하여 『성유악본해설』을 지었다. 강희 31년에 완성하고 바치려 했으나 허락을 받지 못하였다. 강희 38년 강희제가 남순할 때 가흥(嘉興)에서 바쳤다.

서호수는 모기령의 음악 이론을 매우 통박하였다.

따져 말하노라. 강희 31년 봄 정월, 황제가 건청문에 나가 유신들에게 말하였다. "지름이 1이면 원주가 3인 것은 옛날의 소율(疎率)이고, 지금은 1척이면 원주는 3척 1촌 4분(分)하고 조금 더 된다. 8도 간격으로 생기는 것은 음정을 구분하는 방법이고, 관현의 소리가 8도에 이르면 첫 소리가 곧 반복된다. 송유(宋儒)들은 율려를 논할 때 이 두 가지 정의에는 궁구하여 미치지 못하였다. 짐은 유신들과 밝히려 함이지 함부로 가벼이 따지려는 것이 아니다." 선철(先哲)이 이에 위정진(魏廷珍), 왕난생(王蘭生), 매구성(梅穀成) 등에게 창춘원(暢春園)에 들어와 악기를 만들고 소리를 분별하게 명하고, 태학생(太

學生), 이광지(李光地)에게 경사(經史)에서 증거를 찾고 고금의 변화를 살피게 하여 『율려정의(律呂正義)』 원편, 속편 6권을 편찬하였다. 자는 주재육의 종서(縱黍), 횡서(橫黍)의 길이를 사용하고, 율려의 장단과 지름 원주는 채원정의 『율려신서(律呂新書)』를 사용하고, 관현의 길이를 나눠 내는 소리는 서일승(徐日昇)의 신설(新說)을 사용하였으며, 그 승제(乘除)와 손익(損益)은 선면체(線面體) 정율(定率) 비례를 따랐다. 대체로 중국과 서방의 장점을 모으고, 지금 악기에 근거하여 옛날의 소리로 돌아갔으니 선진 이래의 악서 가운데 이와 비길 만한 것이 없다.

당시 모기령이란 자가 있어 명나라의 유민으로서 청나라에 들어와 한림검토(翰林檢討)가 되어 스스로 음악을 안다고 말하며, 성유에 아부하고 칭송하는 소를 올려 말하였다. "사상과 이팔은 음악의 날줄이라는 말은 지름이 1에서 부족하면 원주가 3이 좀 넘으니 즉 4 이상이라는 뜻이며, 8도를 넘어 상생하여 8에 이르러 되풀이하니 8이 둘이 되는 것입니다." 이 말은 멍청이와 미치광이가 해를 놓고 다투는 말투로서 방자하게 단폐에서 아뢰다가 그 문구가 삭제되고 쫓겨나기에 이르렀음에도 오히려 문집 안에 실었으니 그 몰염치가 얼마나 심한가. 『대초(大招)』에서 말한 "이팔접무(二八接舞)"는 바로 가곡이며, "사상경기(四上競氣)"는 바로 문자 악보이다. 이것과 상생의 원리, 지름과 원주의 수는 참으로 연나라와 월나라처럼 아무 상관이 없다. 옛날부터 지금까지 16을 넘어 상생하는 소리가 어이 있으며, 또 지름이 1이 되지 않지만 원주가 4 이상인 비율이 어이 있겠는가. 모기령은 애초에 율수(律數)가 무엇인지도 몰랐고, 음악의 근본('樂本')에 무지하였다. 그리하여 꼭 율수를 아는 척하려고 음악을 말하여 허위를 꾸며 졸렬함을 가려서 천하를 속일 수 있다고 여겼다. 그리하여 감히 채원정(蔡元定)의 『율려신서(律呂新書)』를 공박하여 "다만 술수를 자랑하여 조세 걷는 서리들이 그가 모르는 바를 무시하도록 만들었다"고 하였고, 또 "태사공의 『율서(律書)』는 바로 『역서(曆書)』로서 역률과 악률은 같지 않으나, 채원정은 역률이 악률이라고 잘못 알았습니다"라고 하였다.

대개 소리는 악기에서 생기고, 악기는 율에서 결정되므로 소리와 악기가 갖추어지면 음악이라고 하니 율려의 음악에 대한 관계는 눈금과 추가 저울에 대한 관계와 같다. 지름과 원주, 표면적과 체적의 비율은 역수(曆數)의 한 부분으로서 율려를 얻는다. 월(月)에 따라 절기(節氣)를 살피는 방법은 역리(曆理)의 한 부분으로서 율려에 짝한다. 이는 율은 역에 의거하는 바가 있지만 역은 율과 관계없음을 뜻한다. 율은 황종(黃鐘)에서 응종(應鐘)까지 12관(管)이 있을 뿐이다. 무엇이 역률이고, 무엇이 악률이며, 역률과 악률이 다른 까닭은 과연 어디에 있는가. 영륜(伶倫)이 해곡(嶰谷)에서 대나무를 잘라 율관(律管)을 만든 이후로 역과 율의 논의가 있음을 듣지 못했고, 희화(羲和)의 역에 율을 한 마디도 언급하지 않았으며, 후기(后夔)의 율에 역을 한 마디도 언급하지 않았다. 태사공이 『율서(律書)』와 『역서』를 나누어 2책으로 만든 것은 참으로 까닭이 있다. 모기령은 어디서 살피고 근거하여 이 말을 얻었는가. 수에 밝고 소리를 아는 선비가 어찌 모기령에게 속아 미치는 자가 있으랴만, 혹자는 그의 경설(經說) 여러 편이 박식하다고 칭송한다. 나는 경술을 익히지는 않았지만 한 모퉁이를 들어 보이면 세 모퉁이는 미루어 알 수 있으니 그의 경설이 악설과 같지 않을 줄을 어찌 알겠는가. 그의 문집을 빨리 불에 태워서 학식이 옅은 학구들을 그르치지 않도록 해야 하리라.

『청강희실록(淸康熙實錄)』에 강희 31년 정월 초4일 건청문에서 신하들과 악률에 관해 나눈 대화가 실려 있다.

4일(갑인), 주상께서 건청문에 납시어 대학사와 구경(九卿) 등을 어좌 앞으로 불렀다. 주상은 『성리대전(性理大全)』을 펼쳐 보시고, 태극도(太極圖)를 가리키며 신하들에게 말하였다. "여기서 말한 바는 모두 일정한 이치이니 의심하여 따질 것이 없다." 또 오성팔음팔풍도(五聲八音八風圖)를 가리키며 말하였다. "고인들은 12율이 정해진 뒤에 8가지 악기에 입히면 8가지 악기의 소리(八音)가 어울리고, 하늘과 땅에 연주하면 8풍(八風)이 어울려 여러 가지 복을 가져오는 사물과 부를 수 있는 상서가 함께 오지 않는 것이 없다. 그 말이 악률과 관련된 것이 이렇게 크거늘 12율의 근원은 그 뜻을 알지 않으면 안 된다. 『율려신서(律呂新書)』에서 말한 셈의 수는 오로지 지름이 1이면 원주는 3이 된다는 법만을 사용하였다. 이 법이 맞으면 셈한 바가 모두 맞고, 이 법이 틀리면 틀리지 않은 것이 없다. 짐이 보기에 지름 1 원주 3의 법은 사용하면 반드시 맞을 수가 없다. 지름이 1척이면 원주는 당연히 3척 1촌 4분 1리(厘) 하고도 남음이 있다. 만약 누적하여 100장(丈)에 이르면 그 차이는 14장하고 남음이 있기에 이른다. 같은 비율로 늘이면 그 어그러짐을 말로 할 수 있겠는가." 그러고는 방원(方圓)의 여러 그림을 들어 여러 신하들에게 가리켜 말하였다. "소위 경1 위3은 육각형의 수를 계산할 수 있을 뿐이다. 원주는 반드시 남음이 있다. 그 이치가 모두 눈앞에 있으니 매우 뚜렷하다. 짐이 팔선표(八線表) 중 반경구고(半徑勾股)의 법을 보니 매우 정미하였다. 무릇 원은 제곱근으로 계산할 수 있으니 제곱근을 구하는 법은 바로 여기서 나왔다.

하나씩 검산하면 들어맞지 않는 것이 없다. 황종(黃鍾)의 관(管) 길이가 9촌이고 공위(空圍; 관의 내원 원주)가 9분이면 체적은 810분이고, 이것을 율본(律本)으로 삼으니, 이는 구설이다. 그 분촌(分寸)을 척으로 말하면 고금의 척제(尺制)가 같지 않으니 짐이 보기에 천지의 도수(度數)를 기준으로 삼아야 한다. 8의 간격으로 상생한다는 설은 성음(聲音)의 고하가 순환하면서 상생하여 본음(本音)으로 돌아오니 반드시 8을 간격으로 삼는다. 이는 일정한 이치이다."
이어서 악공에게 적(笛)과 슬(瑟)을 가지고 차례로 음을 감정하게 하니 제8음에 이르러 역시 본음으로 돌아왔다. 주상이 말하였다. "이것이 8을 간격으로 상생한다는 뜻이 아니겠는가. 이치로 미루어 보면 반드시 이와 같다."[33]

"황종 관의 길이 9촌, 내원 원주 9분, 체적 810분[黃鍾之管九寸, 空圍九分, 積八百一十分.]"은 채원정이 『율려신서』에서 제시한 황종관의 수치로서 모든 음정의 기준이다. 1촌은 10분이다. 그러므로 810분이라는 수치는 관의 길이 90분과 관의 내원 면적을 곱하면 나온다. 그런데 채원정이 황종관의 체적을 구한 방법은 원전술(圓田術)이라는 중국 전통의 방법이고, 이 원전법에서는 "원주 30보, 지름 10보[周三十步, 徑十步.]"[34]를 예시하여 원주율을 3으로 잡았다. 강희제는 이 점을 지적하여 "지름 1 원주 3(徑一圍三)"이라고 하였고, 이는 정밀하지 않으므로 원주율을 3.141까지는 적용해야 한다고 보았다. 그가 보기에 관의 내원 원주가 9분이므로 내원의 지름은 3분이다. 원주는 지름에 원주율(π)을 곱하여 구한다. 면적이 9이고, 중국에서 전통적으로 원주율을 3으로 잡았기 때문이다. 이에 대해 강희제는 더 정밀하게 계산하여 오차를 줄여야 한다는 견해를 밝혔다. 관악기의 음정은 길이와 내경에 반비례하므로 그 척도가 정밀해야 정확한 음정을 얻을 수 있다. 기장 100알을 세로로 배열하여 얻은 길이를 1척으로 삼으면 횡서척(橫黍尺), 가로로 배열하여 얻은 길이를 1척으로 삼으면 종서척(縱黍尺)이다. 종서척은 후대에 영조척(營造尺), 횡서척은 율척(律尺)이라고 하였다. 횡서척 1척은 종서척 8촌 1분에 해당한다.

삼분손익법(三分損益法)에 따라 높고 낮은 음을 만들어 차례로 배열하면 12음이 나오고, 이 가운데 7음을 골라 한 음계를 구성한다. 그러면 7음 다음의 음, 즉 제8음은 삼분손익법의 계산에 따르면 최초의 음이 된다. 삼분손익법은 여러 문헌에 실려 있지만 『여씨춘추(呂氏春秋)·음률편(音律篇)』에 12율을 모두 만들어 놓았다.

황종은 임종을 낳고, 임종은 태주를 낳고, 태주는 남려를 낳고, 남려는 고선을 낳고, 고선은 응종을 낳고, 응종은 유빈을 낳고, 유빈은 대려를 낳고, 대려는 이칙을 낳고, 이칙은 협종을 낳고, 협종은 무역을 낳고, 무역은 중려를 낳는다. 삼등분하여 만드는데 삼분의 일을 더하여 위를 낳고 삼분의 일을 빼서 아래를 낳는다. 황종, 대려, 태주, 협종, 고선, 중려, 유빈은 위이고, 임종, 이칙, 남려, 무역, 응종은 아래이다.[35]

위의 방법대로 구체적인 계산 순서를 보자. 첫음 황종의 길이를 9촌으로 잡는다. 이후 삼분손익법으로 계산한 수치는 소수점 아래 다섯 자리에서 반올림한다.

(1) 9 × 2/3 = 6, 임종(林鍾).

(2) 6 × 4/3 = 8, 태주(太簇).

(3) 8 × 2/3 = 5.3333, 남려(南呂).

(4) 5.3333 × 4/3 = 7.1111, 고선(姑洗).

(5) 7.1111 × 2/3 = 4.7407, 응종(應鐘).

(6) 4.7407 × 4/3 = 6.3209, 유빈(蕤賓).

(7) 6.3209 × 4/3 = 8.4279, 대려(大呂).

(8) 8.4279 × 2/3 = 5.6186, 이칙(夷則).

(9) 5.6186 × 4/3 = 7.4915, 협종(夾鐘).

(10) 7.4915 × 2/3 = 4.9943, 무역(無射).

(11) 4.9943 × 4/3 = 6.6591, 중려(仲呂).

(12) 6.6591 × 4/3 = 8.8788, 황종(黃鐘).

마지막 중려를 이용해 얻은 황종은 애초의 황종과 0.1212(9−8.8788)의 차이가 나지만 무시할 수 있다. 위 12율 가운데 7음으로 한 음계(옥타브)를 구성하므로 8도를 주기로 같은 음이 반복된다고 말한다. 이 원리는 강희제도 그대로 인정하였다.

강희제가 제시한 "徑一圍三"과 "隔八相生"에 관한 모기령의 해석은 억지에 가깝다. 원의 지름과 둘레의 비율인 원주율을 대략 3으로 잡으면 각종 계산이 정밀하지는 않지만 편리해진다. 강희제는 정밀한 계산을 추구하여 "徑一圍三"의 부정확성을 말하였다. 음계가 8도를 단위로 반복된다는 악론에 대해서 강희제는 동의하였다. 모기령은 이 두 주제에 대해 멀리 초사(楚辭)『대초(大招)』에서 유사한 어구를 따와 자신의 생각을 내놓지만 억설일 뿐이다. 그는『경산악록』과『성유악본해설』에서 자신의 억설을 펼쳤으며,『성유악본해설』의 어조가 더 강하여 서호수가 그 점을 지적하였다. 모기령은 초사『대초』에 "二八接舞", "四上競氣"라는 문구가 있음을 떠올리고는 이 "二八"과 "四上"으로 "隔八相生"과 "徑一圍三"을 설명한다. 즉 "二八"은 "二其八"로 풀어서 16이라고 하였다. 그는 "人聲十六"이라고 하여 사람의 목소리에는 16음정이 있다고 보았다. 또한 "四上"은 명(明) 나라 영헌왕(寧獻王) 주권(朱權, 1378-1448)의『당악적색보(唐樂笛色譜)』에서 악보 부호로 사용했다는 "四, 乙, 上, 尺, 工, 凡"의 "四"와 "上"으로 간주하여 다시 그 순서대로 "四"는 "一", "上"은 "三"으로 대체한 것이다. 따라서 "四上"은 "一三"이 되며, 이를 또 "徑一圍三"에 적용하였다. "四上"을 "一三"으로 풀이하고, 또 "四上" 원래의 뜻을 더하여 "지름이 1보다 작으면 원주는 3에 남음이 있으니, 즉 4 이상이다[徑一不足而圍三有餘, 則四以上也.]"라는 해괴한 논리를 전개하였다.『당악적색보』는 주권이 당나라 때 적(笛)의 악곡을 채록하였다고 하지만 지금은 전하지 않는다. 모기령은 이 책에서 악보 부호 "四, 乙, 上, 尺, 工, 凡"을 사용하였다고 하였지만 확인할 수는 없다. 중국에서 악곡을 기록한 역사는 선진시대부터 시작되지만 공척보(工尺譜)가 확립된 것은 대체로 명대부터이다. 송나라 때 주희(朱熹)와 강기(姜夔)가 사용한 속자보(俗子譜)가 공척보 부호의 원류라고 한다.[36] 그러므로 당나라 때 "四"와 "上" 등을 악보 기호로 사용하였는지는 확인할 수 없다. 그러니 적어도 강희제가 제시한 "徑一圍三"과 "隔八相生"에 관한 모기령의 해설은 전혀 뚱딴지같은 억척에 불과할 뿐이다. 서호수가 그의 문집을 태워버려야 한다고까지 논박한 데는 그 이유가 충분하다.

모기령은 유가의 경전에 대해서도 많은 해설서를 지었다.『서하합집(西河合集)』에는『중씨역(仲氏易)』,『고문상서원사(古文尚書冤詞)』,『시전시설박의(詩傳詩說駁義)』,『백로주주객설시(白鷺洲主客說詩)』,『춘추모씨전(春秋毛氏傳)』,『사서색해(四書索四)』등 경전에 관한 저작이 40여 종 들어 있다. 서호수는 악론의 오류를 보건대 경전에 대한 그의 학설도 믿을 수 없다고 평가하였다.

서호수가 모기령의『성유악본해설』을 논박하여 지은「성유악본변」은 서호수의 음악에 대한 이해 및 조선 후기 조선 문인의 악론의 수준을 보여 주는 진귀한 자료임에 틀림없다.

9월 1일에 예부로부터 조선사신은 9월 4일에 귀국하라는 말을 들었다. 8월 20일 정대광명전에서 연회를 베풀었으므로 하마연과 상마연은 따로 베풀지 않는다고도 하였다.

9월 2일에는 옹방강이「혼개도설집전발어(渾蓋圖說集箋跋語)」를 지어 보냈다. 그 문장은 아래와 같다.

건륭 경술년(1790, 정조 14) 가을 8월에 박 검서(朴檢書)가 부사 서공(徐公)이 지은『혼개통헌도설집전(渾蓋通憲圖說集箋)』4책을 내게 보여 주었다. 그중 상(上) 2책은 명나라 인화(仁和) 사람 이지조(李芝操)의 원서(原書)이고, 하(下) 2책은 서공의 집전(集箋)이다. 나는 천문과 역법의 추산(推算)에는 이전에 궁리한 적이 없고, 범사에 그 시말을 깊이 탐구하지 않은 사람이라 감히 바로 서뭉을 쓰지 못한다. 다만 그 풀이를 보니 구면과 평면이 상응하는 까닭을 두루 밝혀서 도표와 문장으로 설명하여 남김이 없으니 그 마음씀의 부지런함에 깊이 탄복할 뿐이다. 이에 별지(別紙)에 써서 구구히 겸양하고 삼가며 감히 서라고 부르지 못하는 뜻을 보인다. 북평 옹방강.

이 발문은 옹방강의 문집 『복초재집(復初齋集)』과 『복초재서발(復初齋序跋)』에는 실려 있지 않다. 서호수는 이 발문에 대해 평을 달았다.

기 상서와 철 시랑이 모두 옹 각학은 역상(曆象)을 깊이 공부하였다고 말하였으나 나는 애초에 그가 춘추삭윤(春秋朔閏)에 힘쓴다는 말을 듣고 그가 팔선삼각(八線三角)의 방법을 모르는가 이미 의심하였다. 이제 발어를 보니 더욱 그 엉성함을 징험하겠다. 대체로 지금 중국의 사대부들은 한갓 성률과 서화를 명예를 낚고 승진을 매개하는 디딤돌로 삼을 뿐, 예악(禮樂)과 도수(度數)는 잘라버리는 머리털처럼 본다. 실학(實學)에 조금 힘쓰고자 하는 자도 정림(亭林)이나 죽타(竹坨)가 남긴 오라기를 주워 모으는 데 지나지 않을 따름이다. 용촌(榕村)과 같이 순수하고 독실하며, 물암(勿菴)과 같이 정밀하고 투철함은 세대를 걸러 한 번씩 나올 뿐이요, 많을 수 없음을 비로소 알겠다. 흠천감 정(欽天監正) 희상(喜常)과 서사(西士) 안국령(安國寧)이 모두 역상에 명성이 있다고 하나 방문하지 못하여 한스럽다.

옹방강은 일전에 서호수에게 편지를 보내어 『춘추』의 삭윤표를 작성하고 있는데 두예(杜預)의 장력(長曆)과 당나라 때 역학가 일행(一行)의 학설이 맞지 않으니 어쩌면 좋으냐고 물었다. 이 질문을 받고서 서호수는 옹방강이 『신법역서』를 전혀 모르는 것은 아닌지 의심하였다. 이제 이 발문을 보니 옹방강은 역학의 새로운 지식에 무지함을 확인하였다. "八線三角"은 『연행기』 3종에는 모두 "新法"이라고 표기하였다. 당시 중국의 지식인들이 칭찬해 마지않던 옹방강이 천문과 역학에 전혀 무지함을 확인하고는 중국 지식인들이 실재와 실용을 추구하는 실학에는 큰 관심이 없음을 개탄하였다. 실학의 한 범주인 고거학(考據學)이 극성했던 이 시절에도 전대의 이광지(李光地, 1642-1718)나 매문정(梅文鼎, 1633-1721)처럼 수학과 과학에 밝은 학자는 드물었던 것이다. 흠천감 정 희상과 포르투갈 출신 선교사 안국녕(Andre Rodrigues)이 역상의 전문가이지만 만나지 못해 아쉬워하였다. 안국녕은 1759년부터 1796년 사이에 청나라에 머물렀다.

3일에는 『황청개국방략(皇淸開國方略)』에 실린 삼학사(三學士) 관련 기록을 입수하였다.

내가 들으니, 무영전(武英殿)에서 『황청개국방략(皇淸開國方略)』을 새로 간행하였는데, 병자년, 정축년 사이의 사실이 자세히 실려 있다고 하여 무척 구입하고 싶으나 숨기고 가림이 엄밀하여 어찌할 수가 없었다. 박제가가 마침 유리창 서사(書肆)에 갔다가 장정하지 않은 한 질(秩)이 책 매는 곳에 있어서 몇 줄을 베껴 왔으니 삼학사(三學士)가 의(義)를 지킨 사적이었다. 강(綱)에 "숭덕(崇德) 2년(1637, 인조 15) 3월 갑진일에 조선국 신하 홍익한(洪翼漢) 등을 처형하였다."라고 하였고, 목(目)에는 이렇게 썼다. "태종(太宗)이 맹약을 깨뜨린 주모자 두어 신하를 묶어 보내라고 유시(諭示)하자, 조선에서 '대간 홍익한(洪翼漢), 교리(校理) 윤집(尹集), 수찬(修撰) 오달제(吳達濟)가 일찍이 소를 올려 척화(斥和)하였습니다.'라고 아뢰고, 이들을 성경(盛京)으로 압송하였다. 홍익한, 윤집, 오달제를 저자에서 목을 베어 그들이 명나라를 지지하자는 논의를 선도하여 맹약을 깨뜨리고 전쟁을 일으킨 죄를 바로잡으라고 명령하였다."

생각건대, 삼학사가 의를 이룰 때에 장경(章京) 등이 우리나라 사람이 외양문(外攘門) 밖으로 나가지 못하도록 엄금하였기 때문에 이후의 일은 아직도 까마득히 모른다. 공사(公私)의 기록이 다 그 종말을 모른다고 하였고, 심지어는 황당한 이야기도 나왔다. (혹자는 '청나라는 삼충신을 죽이지 않았다. 홍 충정(洪忠正)은 남쪽 끝으로 유배되어 오삼계(吳三桂)의 군중에 들어갔고, 윤 충정(尹忠貞), 오 충렬(吳忠烈)도 모두 먼 곳으로 유배되었다.'고 하였다. 『홍충정유산기(洪忠正遊山記)』를 위작한 자까지 나오기에 이르렀다.) 국사(國史)에 쓴 것이 이와 같으니 백세(百世)에 증거가 되기에 족하다. '창의단명(倡議袒明)'이라는 한 구절은 바로 삼학사의 실적에 맞는 찬문(贊文)이다. 배신(陪臣)이 목숨을 버려 종주(宗主)의 나라를 높인 일은 일월과도 빛을 다툴 만하니 역사 편찬자가 필법에 미의(微意)를 실은 것이 아니겠는가.

삼학사를 처형할 때 조선 사람들은 외양문 밖으로 나가지 못하도록

엄금하였기 때문에 그 최후를 목격한 조선 사람은 없었다. 주검도 찾지 못하고 초혼만 하여 돌아왔다. 이후 삼학사의 생사 여부에 대해 이런저런 이야기들이 떠돌았다. 삼학사가 심양으로 간 지 약 40년 후 1675년(숙종 1, 乙卯), 송시열(宋時烈, 1607-1689)이 진천(鎭川) 길상사(吉祥寺)에 있을 때 문인 김간(金幹, 1646-1732)과 삼학사의 종적에 관해 나눈 문답이 김간의 「우재선생어록(尤齋先生語錄)」(『후재선생별집(厚齋先生別集)』권3)에 실려 있다.

간이 여쭈었다. "병자년 척화 삼학사가 북쪽으로 간 후 그 생사를 모르다가 요사이 지금 아직도 살아서 오왕의 군중에 있다고 들었습니다. (오삼계가 오랑캐에게 항복하여 운남에 봉해졌다가 이때에 군사를 일으켜 대명 부흥을 명분으로 삼았다.) 과연 그렇다면 참으로 기이한 일입니다만 허실을 알지 못합니다." 선생께서 말씀하셨다. "근자에 들으니 오왕이 함께 원수로 삼아 도적을 토벌하자는 뜻으로 왜에 격문을 보냈고, 왜는 또 그 뜻으로 우리나라에 격문을 보냈다고 한다. 그때 오달제와 윤집 두 사람이 생년월일과 자를 적어서 일본에서부터 보내 왔으나 주상께서 그 말이 누설될까 두려워 연회 자리에서 비밀히 명령하시기를 '이 말을 누설하는 자는 같은 죄로 다스리라'고 하셨으므로(대개 북쪽 사람들을 걱정하여 왜의 격문을 숨긴 것이다.) 조정에서 숨겼다."

또 말씀하셨다. "근자에 영안위(永安尉)의 아들이 보러 왔길래 내가 이 일을 물었더니 답하기를 '이전에 이 일을 역관 장현(張炫)에게 물었으나 일체 숨겼습니다. 그 후에 장현이 그때 전대(專對)한 사람의 집에 가서 이 말은 내 입에서 나오지 않았으나 이렇게 전파되었으니 필시 대감으로부터 나온 것이오 라고 힐난하였다고 합니다. 만약 모두가 허언이라면 장현의 말은 이와 같지는 않았을 것입니다.'라고 하였네. 이제 두 이야기가 남과 북에서 와서 이와 절로 합치는 것을 보니 이로써 미루어 보건대 이른바 생존설은 맞는 듯하다."

또 말씀하셨다. "내가 일찍이 「삼학사전(三學士傳)」을 지으면서 그때의 문서를 수집하여 세밀히 고찰하였다. 홍익한은 한이(汗伊)라는 자가 직접 '네가 유독 척화를 주장하는 까닭이 무엇이냐? 또 내가 어이하여 천자가 될 수 없다고 여기느냐?'라고 국문하자 대답하였다. '너는 대명의 도적인데 어이하여 천자라고 칭하느냐.' 한이가 대노하여 실컷 욕을 하고 데리고 나가 참수하라고 하니 무사가 바로 칼을 가지고 끌고 갔다. 홍익한은 생각건대 그때 해를 당하였다. 오달제와 윤집은 용골대(龍骨大)와 마복탑(馬福塔) 두 오랑캐가 나와서 국문하면서 소현세자(昭顯世子) 궁의 관리들을 불러 함께 듣게 하였다. 두 오랑캐가 오달제와 윤집에게 물었다. '너희 나라에 있는 너희들의 처자식을 내가 불러서 너희들에게 주면 너희들은 내 땅에서 살겠느냐?' 윤집은 '나의 처자식은 생각건대 난리 중에 모두 죽었음에 틀림없으니 불러올 바가 없다.'고 말하였고, 오달제는 '나는 본래 처자식이 없다.'고 말하여 모두 굽히지 않았다. 두 오랑캐가 사람을 시켜 끌고 나가게 하였다. 지금 그들을 어디에 두었는지 모르지만 오달제와 윤집은 죽음을 당하지는 않았을 것이다."

또 말씀하셨다. "홍익한은 병신년 생이고, 윤집은 정미년 생이고, 오달제는 기유년 생이니 당시에 해를 당하지 않았다면 오달제와 윤집의 나이는 지금 늙어서 죽지는 않았을 것이다."[37]

『인조실록(仁祖實錄)』 인조 15년 정축(丁丑, 1637년, 숭정 10) 7월 4일자 기사에 심양을 다녀온 사은사 이성구(李聖求, 1584-1644)가 삼학사의 소식을 전하였다.

서문 밖에 사람을 죽이는 곳이 있는데 뼈가 쌓여 있는 가운데에서 주검을 찾을 길이 없으므로 그 종을 시켜 초혼하여 왔습니다.[38]

처형 현장을 목격한 사람도 없고, 시신도 찾지 못하여 시간이 흐르면서 삼학사의 종적에 대해 황당한 이야기가 돌아다녔던 모양이다.

『황청개국방략』은 아계(阿桂), 양국치(梁國治), 화신(和珅) 등이 1774년(건륭 39)에 시작하여 1786년에 완성하였다. 1583년 누르하치(努爾哈赤)가 군사를 일으킨 때부터 1644년(순치 원년) 세조(世祖) 복림(福臨)이 북경에서 즉위하기까지 청나라의 개국 과정 61년간의 역사를 기록하였다. 박제가가 베껴 오고, 서호수가 인용한 문장은 권24에 있다.

숭덕 2년 3월 갑진 조선국 신 홍익한 등이 처형당하다.
먼저 조선국왕이 여러 번 글을 올려 항복을 청하니 태종(太宗)은 맹약을 깨뜨리자고 처음 모의한 서너 신하를 묶어 보내서 국법을 바로잡아 후인들을 경계하라고 명하였다. 조선국왕이 아뢰었다. "헛된 논의를 처음 시작한 대간 홍익한은 대군이 국경에 이르렀을 때 평양서윤(平壤庶尹)으로 삼아 그날로 전진하라고 독촉하였으니 혹 전군(前軍)에게 잡혔거나 또는 사잇길로

부임하였는지 전혀 알 수 없습니다. 지금 논의에 부화한 홍문관 교리 윤집, 수찬 오달제를 군진 앞에 보내 처분을 기다립니다." 이어서 다시 홍익한을 성경으로 압송하였다. 이날에 이르러 홍익한, 윤집, 오달제를 저자에서 베어서 그들이 명나라를 지지하자는 논의를 선도하여 맹약을 깨뜨리고 전쟁을 일으킨 죄를 바로잡았다.[39]

성경(盛京) 성은 여느 성처럼 사각형이며, 동서남북에 각각 문이 2개씩 있다. 외양문은 서쪽 성벽의 북쪽 문이며 소서문(小西門)이라고도 한다. 이 문 밖에 처형장이 있었다. 죽은 지 150년이 지나서 청나라의 역사서에서 삼학사의 최후에 대해 신빙성 있는 기록을 확인하였다.

유득공도 박제가가 베껴 온 글을 읽었다. 두 사람은 돌아가는 길 심양성에서 삼학사를 조문하는 시를 지었다. 유득공의 〈심양(瀋陽)〉 시와 그 주는 아래와 같다.

오호라, 숭덕 2년 봄
간지도 잊지 않아 갑진일이라
귀국길 심양성 밖 길에 이르러
외로운 구름 가을 풀에 삼학사를 애도하노라

嗚呼崇德二年春 牢記干支是甲辰
歸到瀋陽城外路 斷煙秋草吊三臣

이전에『사고전서간명목록(四庫全書簡明目錄)』을 보았더니『만주원류고(滿洲源流考)』와『황청개국방략(皇淸開國方略)』두 책이 있어 볼 만하리라 여겼다. 연경에 들어가 구하니 서사에는 없었다. 박차수가 각자방(刻字房)에서『황청개국방략』을 보았는데 내판(內版)이며, 삼학사의 사적에 대해 "명나라를 지지하자는 의론을 선도하고 맹약을 깨뜨리고 전쟁을 일으켰다[倡議⁴⁰祖明, 敗盟構兵.]"라고 썼으며, 숭덕 2년 3월 갑진일에 화를 당하였다고 하였다. 차수가 작은 종이에 베껴 와서 등심지를 돋우고 함께 보니 머리칼이 곤두섰다. 오호라, 거기에 쓴 8자는 천하 만세에 부끄러움이 없도다. 귀국길에 심양성에 도착하니 죽의여(竹如意)로 바위를 치는 감회를 더욱 금할 수 없었다. 왕사정(王士禎, 1634-1711)의『지북우담(池北偶談)』에 청음(淸陰) 김상헌(金尙憲) 선생의 조천시(朝天詩)를 많이 채록하였고, 또『감구집(感舊集)』에도 실었으니 그 뜻이 완곡하다. 이확(李廓)과 나덕헌(羅德憲)이 심양에 사신 가서 굽히지 않은 일이 무술년(戊戌年)의『어제전운시』에 나온 이후 명백하게 드러났고, 삼학사의 우뚝한 큰 절개가 이제 또 믿을 만한 사서를 얻었다.⁴¹

심양성 소서문, 즉 외양문에 이르니 삼학사의 절개가 사무친다. 원나라 때 사고(謝翺, 1249-1295)가 문천상(文天祥, 1236-1283)을 애도하며 지은「등서대통곡기(登西臺慟哭記)」에 죽여의로 돌을 치며 문천상의 혼을 불렀다.

구름이 남쪽에서 와서 뭉게뭉게 뭉치며 수풀 나무를 덮치니 슬픔을 돋우는 듯하였다. 이에 죽여의로 돌을 두드리며 초가를 지어 초혼하였다. "혼은 아침에는 머나 먼 곳으로 가서는 저녁에 돌아오니 관새가 어둡도다. 주작이 되었구나, 부리가 있어도 어이 먹을까." 노래를 마치자 죽여의와 돌이 모두 부서졌으므로 서로 바라보며 한탄하였다.[42]

삼학사가 의를 이룬 곳에는 가을 풀이 처량하고 외로운 구름만 떠 있다. 몽고족 치하에서 당나라 안진경(顔眞卿)을 빌려 문천상을 애도한 사고의 심정이 바로 유득공의 심정이다. 박제가는 〈심양잡절7수(瀋陽雜絕七首)〉 중 제6수에서 삼학사에 대한 애도를 공적으로 드러내지 못하는 현실을 슬퍼하였다.

서문에는 거마가 누런 먼지 일으키고
시정은 번화하여 세상 바꿔 새롭구나
어느 곳 찬 구름에 푸른 피를 묻었나
여기는 삼학사 애도할 곳도 없어라

西門車馬漲黃塵 市井繁華隔世新
何處寒烟埋碧血 此間無地弔三臣

박제가는 이어서 나덕헌과 이확, 삼학사의 사적이 실린 서적을 구입한 일을 읊었다. 정보가 제대로 전달되지 않아 오히려 역적으로 몰린 열사의 행적이 실린 서적, 최후의 행적을 몰라 갖가지 억설이 나돌았던 삼학사의 행적이 선명히 적힌 서적을 자신이 청나라에서 구입해 왔다.

나덕헌 이확의 몰랐던 행적을 이전에 밝혔고
삼학사 목숨 바친 날을 다시 증명하였네
나는 새 책 좋아하기를 색 좋아하듯 하니
사람들은 자주 연경 들어간다 웃기만 하네

曾明羅李難明案 復證三臣致命辰
我愛新書如好色 時人還笑入燕頻

　무술년, 즉 1778년에 사은사 채제공(蔡濟恭)을 따라 연경에 가서『어제전운시』에 실린 나덕헌과 이확의 행적을 확인하였고, 이번 연행에서는 다시『황청개국방략』에서 삼학사의 최후를 확인하였다. 새로 나온 책을 여색 밝히듯이 좋아하여 귀중한 정보를 얻어 오지만 남들은 연경을 자주 들어간다고 비웃는다. 당시 청나라에 대한 조선 지식인의 두 상반된 시각을 보여 준다.

　4일 드디어 남관을 출발하여 귀국길에 올랐다. 여느 사행과 마찬가지로 통주를 나와 산해관을 거치는 경로로 돌아왔다.

熱河紀遊 卷三

[起圓明園至燕京]

七月

三十日 戊申

晴. 留圓明園. 曉, 禮部送言, 皇上今日辰時旋蹕, 早向祗迎所, 然後可免窘束. 黎明, 余與正使書狀具公服, 騎而行.(在圓明園, 公行俱用騎.) 通官啓文前導, 到行宮東門外二里地, 留京王公大臣以下及回子安南南掌緬甸從臣使臣, 皆已先至, 惟生番不在. 蓋聞賀班宴班以外, 如接駕賜遊等處, 皆令生番勿參, 因皇旨云. 余下馬坐路傍, 適與禮部漢尙書紀昀,滿尙書常靑, 內閣漢學士沈初對席. 余進前請安, 皆起答曰, 毋庸過禮.
紀尙書, 直隸獻縣人, 號曉嵐, 以博雅有盛名, 編纂四庫全書. 余問曰, 聞
公奉勅校正明史大淸一統志云, 已完工否. 紀曰, 明史中地名人名之差舛
者, 事實之疎漏者, 皆已訂補付剞. 一統志, 則秩巨而訛謬尤多, 必欲徹
底校正, 故尙未就緒爾. 余曰, 且以俺等今行所經地方言之, 合懶甸, 以
金史麗史參互, 明是小邦咸鏡南道界, 而一統志以九連城傅會. 古北口潮
河川營, 以亭林所記證今之道里, 潮河營實在口外, 而一統志計程, 反在
口內, 恐非細失. 紀曰, 如此等誤難以枚擧. 蓋山經地志, 多屬傳聞, 及其
足躡目覩, 必不免相左爾. 余曰, 新校明史, 可得見乎. 紀曰, 雖已付剞,
姑未有頒行勅旨, 待頒行, 當以一部奉呈也. 貴國鄭麟趾高麗史, 極有體
段, 僕藏庋一部矣. 余曰, 然則高麗史已翻刻於坊間乎. 紀曰, 卽貴國板
本也. 貴國徐敬德花潭集, 編入四庫全書別集類. 外國詩文集之編者四庫,
千載一人而已. 余曰, 所欲奉質者, 非猝乍可盡. 當於入京後, 送人門屛請
敎. 禁例所拘, 無以躬進, 可恨. 紀曰, 弊廬在於正陽門外琉璃廠後, 會同
館衙衙矣.

八月

一日 己酉

晴. 留圓明園. 曉, 通官徐啓文引三使至拒馬木內宮門外朝房, 少憩. 黎

明，由正南圓明園門之東旁門入宮內，北行逾御河石橋，入正南出入賢良門之東旁門，折而東入一門，過勤政殿南門，轉而東北入一門逾小岡。又折而北入一門，卽御河東南岸。沿河左右岸悉築以太湖石，崚嶒磈礧天然。溪澗之側有二船，艤待于河岸。蒙回諸王貝勒安南王軍機諸大臣同上一船，朝鮮南掌緬甸使回子安南從臣同上一船。溯流向東北行，阜陵週遭，松杉蓊鬱，彩亭雕榭，曲曲隱映，以佳麗之境，兼蕭灑之趣，眞是仙區也。歷藏舟閣，豎石柱於河中，傍嵌木版，上覆瓶瓦。屋橫可五間，縱可二十間，高可二丈，浮龍舟于閣內。又歷金鰲玉蝀橋，甄築爲九虹霓，跨穹窿白玉梁，兩邊飾靑石欄干。兩頭立華表，東曰金鰲，西曰玉蝀。船行數里，北至天香齋前，下岸。左右朝房營舍酒樓茶鋪，宛如一都市。東北有觀戲殿閣，而制度與熱河一般。正殿二層，東西五間。下層正中一間爲御座，左右各二間，皆嵌琉璃窓。妃嬪觀光於牕內，太監供給於牕外。東西序各數十間，宗室諸王貝勒閣部大臣，坐於東序重行，西向北上。蒙古回部諸王貝勒安南王，朝鮮安南南掌緬甸使臺灣生番，坐於西序重行，東向北上。皇上自內殿御常服，乘肩輿出，由西序北夾門入戲殿。參宴諸臣出，跪西序南夾門外迎駕。殿南爲戲閣三層，上層曰淸音閣，中層曰蓬閬咸蹀，下層曰春臺宣豫。作樂扮戲於閣中，卯時始戲，未時止戲，而皆演唐僧三藏西遊記。殿庭排列奇花異草，升沈香烟，亦如熱河，而以盆檜盤屈，爲猿象鶴鹿形。柯葉靑新，神巧絕等，熱河所無也。

二日 庚戌

晴. 留圓明園. 曉, 禮部逵言, 今日皇上召見月選京外官, 有旨外藩諸王
貝勒使臣從臣, 皆令侍立殿陛.(按會典, 文職郎中道部以下, 武則參將游
擊以下, 分雙月單月按班論俸, 次第選補, 是爲月選. 各部堂官各省督撫,
甄別題保, 咨吏兵部, 引見欽定, 或注册簡用.) 通官引三使至拒馬木內官
門外朝房, 少憩. 黎明, 踰三門至勤政殿南門外. 軍機大臣阿桂和珅福康
安福長安王杰等, 皆會殿南門外御道南朝房. 禮部尙書紀昀常靑, 侍郎鐵
保, 吏部尙書彭元瑞, 皆坐於朝房外. 余與紀尙書鐵侍郎暫話. 皇上幸熱
河時, 命阿桂福康安留京辦事, 故自昨日宴筵始參云. 俄而中涓引王公大
臣以下, 入勤政殿庭. 殿東西三間, 南北二間, 玉墀二成. 殿內鋪黃花斑
石, 色瑩澈如鏡, 階上鋪靑白花斑石. 皇上御常服, 坐降眞香楊上. 後倚無
逸屛, 皇上御筆也. 宗室親王貝勒, 蒙回諸王貝勒安南王, 立於殿內御座
東, 西向北上. 軍機諸大臣, 六部尙書侍郎, 立於殿內御座西, 東向北上.
各省督撫司道蒙回台吉, 立於殿陛下, 西向北上. 朝鮮安南南掌緬甸使臣,
立於殿陛下, 東向北上. 內閣大臣, 六部諸堂, 各以應選人姓名書于粉
牌,(制如賞賜粉牌) 盛于黃櫃,(制如奏牘黃櫃) 擎進御前. 吏兵部郎官各
引滿漢文武應選人, 以次進跪殿陛下. 應選人以滿洲話各奏踐歷門閥, 武
則抨弓一番, 然後乃奏. 內閣大臣, 吏兵部諸堂, 進跪御楊前, 隨皇旨仰
對. 皇上親注册禮訖. 皇上御肩輿, 自內詣設戲殿, 詣臣退至昨日艤船處
上船. 溯流, 下船于天香齋前, 樂聲始動, 皇上已御殿.

○……諸臣萬壽節進獻各種陸續而來, 皆排列于西序之西, 點綴之東.
法書名畫, 奇器古玩, 充牣几案, 使人目眩. 或以檀香刻雲龍山水爲障,
高廣可七尺餘, 前面爲數十小格, 每格皆安金佛, 隔以琉璃, 飾以珠貝. 或
以珊瑚株高二尺餘者, 安植鏤金盆上, 枝頭綴孔雀石爲葉, 蜜華爲顆. 或
以檀香爲方櫝, 通四旁, 嵌琉璃, 高廣可數尺, 內設八面十二層金塩, 每
層每面, 皆安金佛. 自櫝底挑機, 則金塩旋轉如輪. 至如綠玉椀白玉盃白
玉如意古銅鼎彝等屬, 不可殫記. 曉, 於勤政殿門外, 內務府官展讀某巡
撫進獻目錄, 凡三十餘種, 皆金玉奇玩, 而下書奴才某恭進. 蓋滿洲俗君
臣之間, 不稱臣而稱奴才也. 又見西藏國進金佛十二, 列于出入賢良門
外. 盛京將軍進各種八十車, 列于圓明園門外. 各省各國, 誇多衒異, 互爲
務勝, 則民窮財竭, 理所必至. 況沿路點綴, 古未有也. 兩淮商人等獻銀
二百萬兩, 以助點綴, 內務府奏之. 皇帝初批不受. 再奏, 批曰, 出於誠心,
知道了. 兩淮如此, 他省可知. 內閣彩棚最壯麗, 故問之幹事官, 用銀六
萬兩云. 較諸露臺之費, 奚啻幾百倍. 爲一時悅目之資, 糜千家中人之產,
不亦近於暴殄乎.

三日 辛亥

宴班, 軍機大臣王杰退自召對, 問于余曰, 貴國有東國祕史, 東國聲詩
二書云, 今行或有携來者否. 余曰, 向於熱河宴班, 彭尙書亦問二書, 而小
邦史記, 鄭麟趾高麗史, 金富軾三國史以外, 更無他史. 詩類, 則康熙間

374

孫公致彌東來時, 選進東詩, 此外更無他選矣. 王曰, 是處不從容, 當送人往復. 及宴退歸館, 王閣老書求牧隱圃隱二集, 又問我國可觀書籍. 余書答曰, 牧隱, 卽李穡號, 圃隱, 卽鄭夢周號, 此皆高麗時人, 去今四百餘年, 多經兵燹, 全集不傳. 小邦經生學子足跡, 不出數千里, 見聞極其謏寡, 所著述安能備大方之觀. 如權近禮記淺見, 韓百謙箕田攷, 稍稱博雅, 然亦不足步武於亭林竹坨之後塵爾. 王回報曰, 貴國平壤, 卽箕子所都, 其田制必有可觀, 幸於冬至使行, 付示箕田攷一部. 蓋退自召對, 如是屢求懇切, 安知非出於皇旨, 將欲編入四庫全書耶. 還到鳳凰城邊門, 書報內閣, 陳達筵席印箕田攷二十本, 付諸冬至使行, 分送于王閣老杰, 紀尙書昀, 鐵侍郎保.

四日 壬子

○和珅之頒賞, 必手自點檢, 口呼名授之. 阿閣老, 則置黃函于前, 使郎官通官等, 呼名授之. 大臣之體, 固當若是, 不可親細節以自輕也. 阿是滿閣老中有興望者, 儀容端雅, 動止凝重, 年今七十四, 精衛尙旺, 以平定大小金川功, 封英勇公. 皇上歲幸熱河, 輒命阿桂留京辦事, 可知其倚任之隆也. 和珅勢傾朝著, 自大臣以下, 莫不趨附, 而余屢見阿閣老之與和相對, 少無媚屈之態, 和亦敬待不敢侮, 決非浮沈持位者流也. 大抵目今天下事, 皆出於和珅福康安福長安, 而一旬聯班默察其動靜, 則和以迎合得志, 福以進獻固寵, 而和則極躁妄, 福則極貪鄙, 一無可意底舉措. 皇帝已耄期, 而當局之大臣如此, 吁亦危哉. 人心之賴以維持, 獨因阿閣老之不替眷遇. 是所謂以一身而係國家休戚者歟.

五日 癸丑

間設黃門戲. 黃門十餘人, 戴高頂靑巾, 着闊袖黑衣, 擊鼓鳴鉦, 廻旋而舞, 齊唱祝禧之辭. 或二丈餘長身男女, 俱着闊袖淡黑衣. 男戴靑巾, 女戴髢髻, 翩躚狎嬲. 或豎三丈餘朱漆雙柱于殿階下, 柱頭爲橫架, 七八歲小兒着短衫, 緣柱而升, 捷如猱, 掛足橫架, 倒垂數刻. 天子高居, 萬國來朝, 而肅肅宮庭, 胡爲此淫褻. 不待史氏之譏, 余已騂顏.

宴退, 皇上命軍機大臣阿桂和珅福康安福長安, 蒙回諸王貝勒安南王, 朝鮮南掌緬甸正副使, 安南從臣二人, 並賜遊福海. 乃於天香齋前, 諸大臣上一船, 各國王貝勒使臣從臣上一船, 不向金鰲玉蝀橋, 直溯東南河, 泛福海, 過蓬島瑤臺, 穿葦洲, 下船於迎薰亭前海. 週五里餘, 悉砌以石, 築太湖石爲三島, 高五丈餘. 島巔皆爲白玉層臺, 臺頂皆搆小亭, 丹楹彩檐, 覆黃琉璃, 是爲蓬島瑤臺, 圓明園四十景之一. 種蘆葦於淺水堆沙, 靑莖茁長丈餘, 夾船路百餘步, 是爲葦洲. 環繞海岸, 累土爲阜陵峯巒, 榆柳松杉, 蒼翠蓊鬱, 瓊樓華表, 重重隱映. 迎薰亭丹楹六面, 下鋪甎, 上覆黃琉璃. 由亭後登玉階五十級, 卽宜春殿. 殿爲二層, 而複道雕窓金碧照耀, 上覆黃琉璃, 扁曰方壺勝境. 內安三金佛, 排列古銅鼎彝金玉珠貝等奇玩, 錦軸牙籤, 充牣架几, 皆法書名畫. 殿庭左右, 各安古銅大鑪, 高可二丈, 徑可五尺. 宜春殿後有喊鸞殿, 制如宜春, 而亦內安金佛, 排列金玉奇玩. 由喊鸞殿, 迤東北數里間, 倣西洋天主堂規度, 或方或圓或六面八面, 皆以石灰瓦屑和勻爲層樓, 頂如覆幔, 壁雕神仙鳥獸, 牕嵌琉璃或羊角. 樓前皆爲玉欄石堦, 堦下皆有圓沼. 或爲烏銅十二層雙堨於沼中, 或列烏銅猿鶴象鹿於沼邊, 或以太湖石築島於沼中. 島上以烏銅爲老猴張傘蹲坐形, 自樓上挑機, 則由堨角傘頂獸吻鳥喙噴水如雨. 或以烏銅十二時神匝于沼邊, 挑機則惟値時之神噴水, 他神否. 各樓內皆設檀香御榻, 錯列金玉奇玩, 古銅鼎彝, 琉璃屏障. 或糊紙爲童子, 長尺餘, 對峙御榻左右几上. 左童挾天琴, 右童橫玉笛, 藏機于几底, 觀者到几前則踏機, 而動二童皆顧眄而笑. 挾琴之童按譜扣絃, 聲律淸越, 非西士之數理, 孰能辨此.

九日 丁巳

○曉於朝房與衍聖公對炕而坐, 儀容秀潔, 動止端雅, 可知爲聖人之後也. 問其名, 卽孔憲培, 而爲先聖七十二代孫, 年今三十五, 自號篤齋, 有能詩善書之稱. 余歸館後, 唫成七言二絕, 翌日使柳檢書得恭往傳, 兼伴淸心元九丸, 扇十柄, 色箋四十葉, 又請鶴山見一亭扁額. 篤齋卽遣差官張廷誨謝之, 且云, 和章及扁額, 當於入京後成送. 張卽衍聖府郎官也. 詩曰, 扶桑海闊九夷東, 洙水淵源萬里通. 曉漏聯床心已醉, 杏壇希瑟思無窮. 又曰, 清秋冠蓋遠朝京, 箕聖遺風尙浿城. 御李識韓微願足, 依依曲阜舊家聲.

十日 戊午

卯時始戲, 未時止戲. 曰八洞神仙, 曰九如歌頌, 曰象緯有徵, 曰遐齡無量, 曰仙子效靈, 曰封人祝聖, 曰海屋添籌, 曰桃山祝嘏, 曰縮紵盈千, 曰淸寧得一, 曰百齡叟百, 曰重譯人重, 曰慶湧琳宮, 曰瑞呈香國, 曰日徵十瑞, 曰桃祝千齡, 凡十六章.

十二日 庚申

自圓明園門外東西池邊, 至紫禁城西華門二十里間, 綵棚夾路綿亙, 各豎管造黃牌. 自內閣六部各府院各省, 至舉人商民廢員, 互爲務勝, 轉益侈靡. 其制有曰, 斜山樓, 延壽樓, 萬壽樓, 祝壽樓, 餘慶樓, 蓬瀛深處, 先得月樓, 倚山樓, 五雲所, 五福樓, 光明殿, 天香坮, 皆平臺方欄, 而檐或三層或二層. 有曰, 迎壽亭, 萬壽亭, 圓涼亭, 方涼亭, 八角亭, 六角亭, 羽仙亭, 鳳凰亭, 五福亭, 吉慶亭, 斜山遊廊, 轉角遊廊, 皆平臺單檐, 而欄或方或圓, 或六角或八角, 或欹迤爲斜山, 或屈折爲轉角. 凡樓臺亭廊, 皆檐縣五彩羊角燈, 門垂五彩錦繡帷, 內列古銅鼎彝, 金玉奇器. 後倚琉璃屏障, 或扮仙官神將彩童. 于樓亭內笙簫淸越, 蠡鉦喧轟.

有日九福星臺, 圓明園門外東池岸爲方臺曲欄. 上有喇嘛僧九人, 着闊袖黃衣. 齊唱祝辭. 有日五方龍舟, 圓明園門外西池中汎龍舟五, 船頭刻龍頭, 船尾刻龍尾, 船上設旗幟. 龍頭設西洋鞦韆, 龍身旗質各尙方色. 盪槳沿洄, 鱗甲活動. 有日西洋亭臺, 方臺四面, 皆爲虹霓門. 上設曲欄圓亭, 倣天主堂. 有日趙州石橋, 甄虹石梁, 上設行旅車馬, 虹旁石文, 梁邊玉欄, 皆曲盡色相. (淸一統志云, 趙州南五里, 石橋跨洨河, 廣四十步, 長五十餘步, 名日安濟橋, 俗稱大石橋. 隋建, 唐李翶銘.) 有日梅花亭, 檐二層, 編覆赤絨黃錦爲梅花形. 有日魚鱗樓, 檐二層, 編覆孔雀翎爲魚鱗形. 有日萬重甲子, 檐二層, 以金繡卍字赤絨飾棟欄. 彩童六十, 各擎金字干支, 圓扇廻旋頌禧. 有日萬花映, 彩棟欄檐屋皆絳, 以五彩花文絨, 內列翦錦五彩花. 有日螺鈿所, 窓壁棟欄, 皆飾以螺殼. 有日萬字牆, 編竹爲牆數十步, 皆飾以卍字形. 有日西洋鞦韆, 植二彤柱, 上有橫架, 施輾轤, 彩童翩躚上下. 有日建珠閣, 貫五色大珠爲棟欄, 絡五色小珠爲檐屋. 有日卍字房, 平檐曲欄, 堂屋屈折爲卍字形. 有日西洋水法, 曲沼層巒, 後施龍尾車, 激水升之, 前垂懸瀑. 有日點景荷池, 方塘圓亭, 荷花爛開, 以蕭灑敵綺麗. 有日五岳朝天, 碧巒十餘丈, 曲曲有奇花異草, 靑猴白鹿, 前臨海色, 以銅錫塗汞爲波濤. 有日西洋牆, 或爲遙山一抹碧色, 或爲近山夕照淡紅色, 白雲橫斜兩山間. 有日雲霞仙祝, 彩雲丹霞, 彌亘峯巒間, 羣仙或擎蟠桃, 或擎靈芝, 立于雲霞中. 有日靈芝亭, 檐屋棟欄, 俱刻爲靈芝形, 塗以金碧, 飾以珠玉. 有日廣仙山, 懸崖疊巘, 松杉蒼鬱, 樓亭錯落, 羣仙騎鹿馭鶴, 汗漫來遊, 又如高城重闕, 烟墩汛撥, 皆酷肖, 不可辨其眞假.

從古以來，想無此等奇巧淫技，天下財力，盡於是舉矣．可勝歎哉．

歷訪西士欽天監右監副湯士選于天主堂，湯則接駕後姑未還，西士劉思永迎坐正廳，具茶果諸品待之，就中山查木瓜煎香恬異常．余問曰，吾們在東聞僉大人精于歷數，來賓天朝治理時憲法．湯大人，則向于圓明園班行，偶然相逢，有從容對討之約，故偷隙而來，湯大人未還云，可悵．劉曰，俺與湯大人，乾隆四十九年十二月偕進京師，而湯則精通歷象，已受監職，俺則歷學不及于湯，只料理堂內事務爾．湯於昨日往城外海淀，今早接駕，姑未歸矣．余曰，俺亦送駕後，隨即起身來到，湯大人想必未久還，次請少留待．劉曰，湯大人向自圓明園回說到與閣下會面的光景，故已專伻報閣下來臨緣由于湯．俺聞閣下頃日躬尋利西泰衣履之藏，使泉下有知得無曠世知己之感，俺等亦不勝銘謝．但俺等九萬里汎海而來者，非以歷象小藝炫人耳目希世利祿，實欲傳耶穌聖教於天下，閣下亦尊信否．余曰，吾們地方所尊奉，惟洙泗洛閩之道而已．存心養性，即昭事上帝之大者，外此非所敢聞爾．若歷象則西法得羲和之眞詮，平生敬服利西泰，在于幾何原本渾蓋通憲二書也．劉曰，俺管檢測候，請與閣下同上觀星臺看儀象．余曰，是所願．劉乃前導，先看天主正堂耶穌像在北壁，諸神像分揭東西壁，儀容活動，服飾詭異，驟看之森嚴，若承聆咳唾，自不覺悚然．堂制，南北長十二間，東西濶六間，上穹窿如覆幔，不用棟樑榱桷，皆以石灰瓦屑和勻築成，窓嵌琉璃，門關文板．耶穌像前懸銀燈一雙，灌漆點火，晝夜恒明，聯正堂北又有小堂，貯衣服器用．北壁附白銅瓶半體，下設鑑盤半圓，以螺旋釘固瓶腹，左旋而拔釘，則水注盤，右旋而納釘，則水止．由正堂南壁層梯上東臺俯瞰京師全面，瓊島白塔屹峙於西北維, 煤山亭閣隱映於正北, 黃屋紫城橫亘中央, 酒旗茶旌錯列左右, 眞壯觀也. 劉出小遠鏡, 使余抽合目力而眺之. 取看煤山亭閣, 歷歷前對, 可攝數百步之遠. 舊有西洋樂器在正堂之南壁上層, 年前燬于火, 今冬當新造携來云. 此法卽律呂正義烏勒鳴乏朔拉五音全半之所本而未得聞之, 可恨. 乃由正堂西門入北園, 登觀星臺, 臺上建小閣藏儀象. 劉次第出示, 先指象限儀紀限儀, 曰, 知此理乎. 余曰, 一是象限儀, 卽周天三百六十度, 四分一用以測極高日高及山河樓臺之遠近高深也. 一是紀限儀, 卽周天三百六十度 六分一用以測兩星相距之經緯度也. 劉拱手曰, 是是. 又指天體儀驗時儀曰, 閣下必已明理, 不須言. 余曰, 一是天體儀, 卽中法渾天儀渾天象二制之兼收並用者也. 一是驗時儀, 以墜子之來一番往一番, 各爲一秒也. 劉曰, 是是. 又携遠鏡掛之架上, 先自游移仰窺納日體于鏡中, 然後使余仰窺. 鏡長一丈餘, 筒用錫, 架用鐵. 時當正午, 光芒閃鑠, 雖加靑片鏡而窺之, 終未尋黑子所現. 丙申登臺, 値深冬夕照, 能見數點黑子, 而今番則不但秋陽正午, 與深冬夕照迥異, 余之目力比丙申殆損十之五六也. 抑已過歷引所謂十四日之限而黑子皆在日體之後歟. 觀止, 劉之書記來告湯大人已還, 遂與劉偕進湯所住炕, 卽天主堂之西曆局之北長閣中一室, 是爲首善書院舊基也. 室內北壁下爲炕, 東壁下安三層架, 排列各種儀象及奇器書籍. 每時至, 鐘聲四起. 湯出室外, 執手歡迎, 對案炕上半日穩話. 余曰, 俺在東已聞大人深明曆數, 心竊傾嚮, 于圓明園班聯偶爾相逢, 亦足以愜宿願. 今日之來, 蓋欲從容質疑也. 湯曰, 俺粗曉曆數, 九萬里抱書器而來, 荷皇上擢用, 管理時憲法, 然何敢望古人之精深. 向於班行偶見閣下顏色, 今又光臨, 實慰素心. 早朝接駕後, 因有些事此來, 未免稽遲爾. 余曰, 俺於歷象有杜元凱左氏之癖, 自弱冠至于白首, 猶不懈. 然平日不無數三疑晦處, 歷象考成小輪法躔離交食, 則法與理皆詳備無餘蘊, 而五星則法未嘗不備, 然釋理終欠曉暢, 如求火星次輪半徑以火星太陽本輪全徑與火星太陽本天高卑大差爲比例, 而不言火星次輪半徑時時不同之所以然. 又火星次輪半徑卑則見小, 高則見大, 與視學相反而不言其故. 願賜詳敎. 湯曰, 火星次輪半徑小大之故, 可照月離新法橢圓之理推解. 余曰, 新法躔離交食既用橢圓立法, 五星亦宜以本天爲橢圓, 然金水二星之本天與太陽本天等, 當仍日躔橢圓法, 土木二星距地甚遠, 本天幾與恒星等, 不必用橢圓法, 惟火星或在太陽上或在太陽下變動無常, 而新法火星在太陽下, 則火星距地與太陽距地若一百與二百六十六, 是火星本天有時比太陽本天尤卑 當依太陰橢圓法推得立成, 未知已有測量者否. 湯曰, 閣下見到精深的裏面矣. 火星次輪半徑之理果難曉, 而其故專在本天不得爲正圓, 宜用橢圓法立表, 然姑未有推步者爾. 余曰, 小輪舊法, 土木火金四星之次輪心, 皆自均輪㝡近點右旋行 倍引數而惟水星次輪心自均輪㝡遠點右旋行三倍引數, 考成不著其理, 何也. 湯曰, 小輪舊法, 土木火金四星之本天皆爲正圓, 而水星本天彷彿卵形, 不得爲正圓故也. 此理見於西洋曆法, 而考成遺之爾. 余曰, 三條奉質, 乃是宿昔疑晦之耿耿者, 今承指敎儘有開發之益矣. 利西泰渾蓋通憲, 卽天外觀天之神器, 而行測之妙法, 李水部圖說引而不發處甚多, 使人迷於津梁. 故吾們積費講解, 根據幾何諸題編成渾蓋圖說集箋二卷, 兹以奉覽, 望須留之案頭詳覈理致, 批正差謬, 且爲弁卷之文而還之則感幸, 當如何. 湯曰, 以閣下專門絕藝成此書, 必無疵病. 然既蒙賜示, 敢不細加檢閱以副求助之盛意. 至

於托名卷首, 尤所樂爲請, 留得幾天然後方可構成, 但恐說理不眞貽笑,
大方奈何. 余曰, 此篇不過備遺忘私巾衍, 本不欲掛他眼, 而大人深明歷
理, 故奉質差謬所在, 且希得大人一言, 賴以不朽, 謹當如戒, 留置幾日,
願從容入思. 湯曰, 寬限然後, 方可致力. 若使浮粗從事, 必不能闡揚書旨
爾. 因披玩集箋良久, 注目於黃道分宮第三法圖, 曰, 極精極妙, 使利西泰
而亦必許與於閣下矣. 酬酢頗長, 日已向暮. 余乃請歸, 贈湯劉各淸心元
十丸扇十柄倭鏡一面綿布二疋大好紙二卷. 湯曰, 旣荷光顧, 更頒多儀,
仰承厚誼, 謹此拜領而感與愧並爾. 余曰, 不腆之物, 祗效微誠而已, 何
謝之有. 遂揖而出. 湯劉皆隨至外門, 執手而別.

十三日 辛酉

晴. 留南館. 曉, 通官引三使由東長安門北夾入闕. 渡外金水橋, 踰天安
門端門, 到午門外朝房, 少憩. 平明, 由午門左挾渡內金水橋, 踰太和門之
貞度門, 入太和殿庭. 金檐巍峨, 罘罳映日. 玉欄週繞, 篆香升雲. 法駕鹵
簿, 簇立左右, 拂鑪盒盂槃餠, 在殿檐東西, 表案, 在殿內左楹南. 儀刀弓
矢, 豹尾槍, 殳戟在丹陛東西. 九龍曲柄黃蓋, 翠華蓋, 紫芝蓋, 九龍黃
蓋, 五色九龍繖, 五色花繖, 自丹陛三成, 相間達於兩階. 階下靜鞭倀仗馬
在甬道東西. 紫素赤素繖扇及幢幡旌節氅麾纛幟出警入蹕鉞星瓜仗, 在
丹墀東西. 玉輦金輦在太華門外, 五輅左午門外, 寶象在五輅南, 鐃歌大
樂在寶象南, 朝象在天安門外, 中和韶樂在殿檐東西, 丹陛大樂在太和門

左右. 宗室覺羅蒙回諸王公(顯祖宣皇帝本支爲宗室, 伯叔兄弟之支爲覺羅. 按乾隆御製戊戌集. 長白山東有池, 日布勒瑚里. 相傳天女佛庫倫浴於池, 神鵲銜朱果, 置天女衣中, 遂吞之, 有身, 尋產一男. 生而能言, 體貌奇異. 及長, 天女錫姓日, 愛新覺羅. 是爲滿州始祖.)文武百官咸朝服就班. 親王世子郡王長子貝勒安南國王一班, 貝子入八分鎮國公輔國公一班, 在丹陛上, 左翼西面北上, 右翼東面北上, 先就立位. 東班, 吏部戶部禮部, 宗人府通政使司翰林院詹事府, 太常寺光祿寺鴻臚寺國子監, 吏科戶科禮科內閣中書, 欽天監太醫院, 在丹墀內儀仗東, 西向北上, 隨品爲九班成立位. 西班, 兵部刑部工部, 都察院大理寺鑾儀衛太僕寺, 中書科兵科刑科工科, 順天府京縣五城兵馬司京營將弁, 朝鮮安南南掌緬甸使臣臺灣生番, 在丹墀內儀仗西, 東向北上, 隨品爲九班成立位. 時至, 中和韶樂作. 金龍黃蓋, 自循太和殿東南檐至殿門外正中, 皇上御禮服, 陞寶座, 樂止. 階下靜鞭三聲, 太學士學士詹事少詹事讀講學士, 立於殿東檐第三柱, 西面北上, 左都御史左副都御史, 立於殿西檐第三柱, 東面北上. 記注官四人立於殿內西三楹東面, 前引大臣十人在寶座前東西相向立. 後扈內大臣二人, 在寶座旁左右, 僉位豹尾班侍衛二十人, 在寶座旁左右序立.

丹陛大樂作, 宗室覺羅蒙回諸王公文武百官, 乃就拜位. 親王一班, 世子郡王一班, 長子貝勒貝子安南國王一班, 鎮國公輔國公一班, 左翼西上, 右翼東上, 皆北面. 文武正從各依品級山序立于儀仗內, 東西各十有八班, 東班西上, 西班東上, 皆北面.

鳴贊官贊進, 衆進, 贊跪, 衆跪. 贊宣表, 宣表官入殿左門, 詣表案前, 奉表出. 太學士二人同至殿檐下, 宣表官正中北面跪, 太學士二人左右

跪, 展表, 樂止. 宣表官乃宣訖, 奉表還於案, 復位立. 樂作, 鳴贊官贊叩
興, 宗室覺羅蒙回諸王公文武百官行三跪九叩禮, 畢. 樂止, 復位立. 宗
室覺羅蒙回諸王公安南國王太學士, 由殿左右門入, 北向跪, 行一叩禮,
坐. 文武東西班, 朝鮮安南南掌緬甸使臣臺灣生番, 皆於本位跪行一叩禮,
坐. 皇上進茶, 殿內王公太學士, 殿庭文武百官, 各於坐次, 行一叩禮. 侍
衛進前, 賜殿內王公太學士茶, 亦於坐次受茶, 仍行一叩禮. 飲畢, 復行一
叩禮. 鳴贊官贊興, 衆興. 階下靜鞭三聲, 中和韶樂作. 皇上還內, 樂止.

　　禮部儀注曰, …… 內監奏請皇上御內殿, 中和韶樂作, 奏乾平之章. 皇
上陞座, 樂止. 內監奏請妃嬪於皇上前行六肅三跪三拜禮, 丹陛大樂作,
奏雝平之章. 禮成, 妃嬪俱退, 樂止. 內監奏禮成, 中和韶樂作, 奏泰平之
曲. 皇上起座, 樂止. 內監奏請妃嬪還宮, 皇子皇孫皇曾孫皇玄孫等, 詣皇
上前, 行三跪九叩禮.

　　太和殿禮成, 通官引三使由左翼門出, 東北行到養性殿東戲閣, 卽寧壽
宮也.(皇上御製戊戌集註云, 朕擬於八十五歲歸政, 葺治寧壽宮爲歸政後
所居, 卽皇極殿之東北, 養心殿之東南也. 按宮內有養性殿, 頤和軒, 倦
勤齋, 各揭御製詩版. 有勑幾忽閱卅三載, 歸政猶遲十七年之句.) 正殿二
層, 有左右序. 戲閣三層, 上層曰暢音閣, 中層曰導和怡泰, 下層曰壺天
宣豫, 規制一如圓明園戲閣而稍窄小. 皇上內殿禮成, 卽詣戲殿. 參宴諸
臣由右序夾門入, 宗室親王貝勒閣部大臣, 坐於東序重行, 西向北上. 蒙
回諸王貝勒安南王, 朝鮮安南南掌緬甸使臣臺灣生番, 坐於西序重行, 東

向北上. 辰時始戲, 午時止戲. 曰蟠桃勝會, 曰萬仙集籙, 曰王母朝天, 曰喜祝堯年, 曰昇平歡洽, 曰樂宴中秋, 曰萬國來譯, 曰回回進寶, 曰五代興隆, 曰五穀豐登, 曰家門清吉, 曰羣仙大會, 凡十二章. 宣饌二度, 而第一宣御卓所排, 第二各具一盤. 撤饌後, 皆宣酪茶. 始戲時, 仙童六十名, 各奉餑餑象仙桃, 飾以彩花金壽字. 歌祝辭, 向御座, 內監下階受之, 列置御卓上. 少頃, 頒于參宴諸臣, 又頒蘋果葡萄桃檎.

十四日 壬戌

晴. 留南館. 禮部因皇旨, 頒送御膳餑餑蘋果葡萄桃檎榴柑. 書問紀尙書勻, 兼致黃鼠筆三十枝, 油煤墨十笏, 彩箋三十葉. 紀答以端硯一方, 墨竹一軸. 硯首刻玉井二字, 背刻曉嵐. 自撰銘曰, 坡老之文, 珠泉萬斛. 我浚我井, 灌畦亦足. 詞甚古雅可喜.

十九日 丁卯

入戲殿東西序, 皇上已御殿. 卯時始戲, 未時止戲. 曰桂香馥郁, 曰仙樂鏗鏘, 曰人安耕鑿, 曰海宴鯨鯢, 曰萬方徵瑞, 曰五岳效靈, 曰堯堦歌祥, 曰虞庭率舞, 曰武士三千, 曰天衢十二, 曰海鯤穩駕, 曰雲鶴翩乘, 曰舞呈丹桂, 曰塭涌金蓮, 曰芬菲不斷, 曰悠久無疆, 凡十六章. 參宴班宣饌儀節, 皆如十日.

○西士湯士選製送渾蓋圖說集箋序, 兼惠小遠鏡規髀比例尺萬國全圖. 序曰, 東國大宗伯鶴山徐公奉使到京, 示余渾蓋圖說集箋二卷. 士選西土末學, 粗識歷象, 歸化中華, 猥隨杜史, 重違公不恥下問之謙, 光遂醉心, 卒業于斯編, 非利西泰之靈心慧智, 孰能以渾詮蓋, 以蓋證渾, 非李水部之博識宏文, 孰能推衍作法闡明用法. 非公之心接蒼垠竗悟玄象, 又孰能根據八線三角之理數, 獨達明暗斜直之比例. 覽其繪圖立表, 亦可謂西泰之子雲也. 然六儀出而測量尤密, 橢圓成而推步尤精. 天度隨時變改, 泥古者非實用之才, 試如編內黃赤道節氣圖, 因黃赤大距每歲有應入之秒, 遇交食而微差. 又編內恒星表, 因每歲有循黃道東行之數, 而赤道南北加減微差, 總宜遵欽定數理精蘊歷象考成推步, 然後時下點星乃準也. 又須隨節登臺測量日月星辰, 然後可以知距度之遠近, 行度之遲疾. 倘無測量, 縱使推步精密, 亦空言也. 自序云, 丁酉來堂詳究是器之作用, 而西士未有言其故者, 非敢秘而私之, 東西文字迥殊不能畢陳意致也. 謹以原編歸之徐公, 附余愚見如此云爾. 乾隆五十五年八月十八日, 欽天監右監副西洋湯士選書.

二十日 戊辰

晴. 入南館. 曉, 通官引三使到拒馬木內宮門外朝房, 少憩. 黎明, 由圓明園門之東旁門, 踰出入賢良門之左夾, 至正大光明殿庭. 殿, 東西九間, 南北三間, 下鋪黃花班石, 上覆黃琉璃瓦, 玉階一層三級. 殿內正中設沈香寶榻, 高五尺, 上安沈香椅, 後倚沈香屏. 設中和韶樂於殿檐下東南維西南維, 編鐘在南而特鐘在東, 編磬在南而特磬在西. 笙二, 簫四, 篴四, 琴二, 瑟二, 分東西在南. 大鼓在南之東, 雉尾麾在南之西. 筍簴, 皆黃金漆. 設平章之樂於賢良門內北向. 設黃帷於殿庭東西向, 內安參宴諸臣賞賜錦緞于卓上. 設花文黃氍毹於殿階下, 爲萬國呈戲所. 設卓張於殿內寶座東西. 殿庭甬道東西, 皆重行北上, 一卓排三十品. 宗室蒙回諸王貝勒安南王班于殿內寶座東, 衍聖公文武滿漢大臣班于寶座西. 各省督撫圖勒布特土司班于殿庭東, 朝鮮安南南掌緬甸使臣從臣臺灣生番班于殿庭西.

戲刦呈閱布褲伎一對又一對, 呈閱接連各國伎藝.

諸王大臣賜酒時, 皇上特召朝鮮使副使陞殿, 侍衛大臣和珅引余與正使陞殿內, 立于寶座西級下. 皇上召衍聖公賜酒, 次召朝鮮使副使進前. 和珅又引余與正使, 由寶座西級陞進跪御椅前. 皇上手執青玉盃香醞, 召正使親授. 正使叩首後起立親受跪飲, 和珅接盃. 正使叩首後, 由西級降還原位. 皇上又手執青玉盃香醞, 召副使親授. 余叩首後起立親受跪飲, 和珅接盃. 余叩首後, 由西級降還原位. 少頃, 皇上又召朝鮮使臣, 和珅引三使陞殿內, 進跪寶座前. 降皇旨曰, 爾等以朕言歸問國王平安. 三使叩首後, 皇旨曰, 朕自見爾國王得世子之咨文, 朕心大以爲喜矣. 三使叩首後, 皇旨曰, 就班. 三使叩首還原位.

二十一日 己巳

晴. 留南館. 衍聖公和送贈詩, 書送鶴山見一亭扁額. 詩曰, 文章價重海天東, 此日賡酬雅意通. 記得淸談忘漏永, 龍雲博識正難窮. 又曰, 尼岑淇水遠垓京, 洽喜星軺集鳳城. 猶有箕疇遺範在, 常先九譯掛風聲. 奎文閣典籍姜恩永來傳, 卽衍聖府郞官也. ○衍聖府在皇城西舊太僕街. 明仁宗諭, 四夷來貢, 皆有公館而先聖子孫乃寓民舍, 殊非尊尙之意, 遂賜府第, 卽今之衍聖府也. 衍聖公, 秩二品而大朝會班一品上, 以示不臣, 許蔭五百戶丁爲從人. 公之子弟世襲翰林五經博士. 曲阜孔氏中世擧爲曲阜令, 衢州孔氏中世擧爲博士, 是皆明制而淸因之. 宣德間, 孔諤會試至京, 上召見特賜進士出身, 拜春坊中允. 萬曆間, 衍聖公來賀萬壽, 命待以賓禮, 勿與朝參, 是又明之優異聖裔也. 淸康熙乾隆初, 皆幸闕里, 親祭林廟. 今衍聖公之名曰, 憲培, 又乾隆欽賜云.

二十二日 庚午

晴. 留南館. 書問西士索德超, 兼紫紬二疋, 白綿布二疋, 彩花席五張, 厚油紙十張, 雪花紙二束. 索是丙申朝京時親熟者, 而向進天主堂未逢, 故以書替之. 答來, 伴惠西洋鏡二面, 檳榔膏一盒, 西洋香一盒, 西洋布二疋.

二十四日 壬申

陰. 留南館. 工部尙書金簡求竹淸紙, 以三百葉送副, 且伴野笠一頂,
倭鏡一面, 白紬二疋, 白棉布二疋, 彩花席十張, 雪花紙五束, 淸心元三十
丸, 扇三十柄. 金之先德雲, 我國義州人也. 德雲之孫常明內附爲尙書, 簡
卽常明之從孫, 而前後效勞於我國事甚多, 故不得不加意也. 金報以錦二
疋, 春紬二疋, 歙硯一方, 湖筆二匣, 徽墨一匣, 曹扇一匣, 五色絹箋一
卷, 龍井茶二匣.

二十五日 癸酉

微雨. 留南館. 聞翁閣學方綱爲參萬壽賀儀, 自盛京來留正陽門外, 送
檢書朴齊家質正渾蓋圖說集箋. 翁請借四五日看詳, 因問某現在撰春秋四
家朔閏表, 以杜元凱所定長曆與一行之說不合, 正在互相攷訂, 不識徐副
使以某家之說爲是. 又問徐公自然見過一行大衍曆, 以爲是否. 又問某意
欲求轉致徐公, 將夙日所見春秋朔閏之說, 略寫數論見示, 以便載於拙著
內. 余書送答語曰, 法之古踈今密, 惟歷爲然. 西洋新曆與古法絕異. 北
極有南北之高低, 而晝夜反對. 時刻有東西之早晚, 而節候相差. 此地圓
之理也. 古謂天差而西, 歲差而東, 今則日恒星東行. 古謂日有盈縮損益,
月有遲疾損益. 今則日輪有大小, 行有高卑. 非今之故爲異於古, 實測卽
然也. 西曆以前, 惟郭太史授時歷, 最號精密. 蓋因其專主測量, 而得羲

和賓餞之義也. 漢之太初, 起數於黃鐘. 唐之大衍, 起數於蓍策. 原原本本, 鋪張縱橫. 班史之歷志, 唐書之歷議, 先儒亟稱之. 然朔望不明, 交食不合, 竟無益於欽天授時之實. 大抵樂與歷, 易與歷, 理未嘗不貫而法自迴殊, 決不容傅會而眩耀也. 自太初以上, 又當疇人子弟失官分散之際, 歷學直茫昧摸索. 食或在晦, 閏多歸終. 麟經一部, 夫子仍舊史而修之, 則所書朔閏, 必與天先後.(如隱三年二月日食, 書干支而不書朔.桓十七年十月日食.書朔而不書干支.蓋日月交會, 經緯同度, 然後月掩日而日爲之食. 未有日食而不在朔者, 書干支則可知其爲朔, 書朔則可推其干支. 然史例謹嚴而或書或不書者, 官失而夫子因之也. 又如僖十五年五月日食, 不書干支, 又不書朔. 左氏以爲官失而夫子亦因之.) 元凱之所定, 一行之所推, 亦不過遷就積年之數, 均爲扣盤捫燭之見而已. 如用新歷求通積法減氣應溯考往古, 則春秋朔望之干支卽在于是, 不必較優劣於元凱一行也. 西洋歷指中有古今交食考, 備載春秋以來置閏測食之失.欽定歷象考成月離篇. 詳著晦朔弦望之所以然. 參驗二書, 則似有益於訂正元凱一行之誤矣.

二十七日 乙亥

晴. 留南館. 鐵侍郞書送鶴山見一亭扁額及對聯三軸, 且伴徽墨一匣, 貢硯一方, 蘭箋四束, 筆法蒼健極可愛.

二十八日 丙子

朝晴夕陰, 夜雷雨. 留南館. 購十三經註疏, 周易折中, 詩書彙纂, 大清會典與盛京通志.

二十九日 丁丑

晴. 留南館. 余癖于律呂, 遍觀樂書. 而獨心醉神注于一部正義, 嘗以未聞其聲爲恨. 今行始聞中和韶樂于太和殿賀班, 正大光明殿宴筵. 蓋鐘用三合銅, 磬用于闐玉, 而皆以倍體損益相生. 管樂之容積乘除孔分折取, 絃樂之絲綸巨細徽分全半, 一如正義所著, 洵先秦以後美制也. 第其均調尙嫌過高. 豈黃鐘之長遵蔡氏新書橫黍九寸, 而聲字之淸濁遲速, 多取西樂以矯大晟嘽緩而然歟. 向進曆局, 問五線界聲半分易字之理于湯士選, 答曰, 形號度分固可目會, 而均調聲字終須耳決. 在堂之舊器已燬, 新器當付今冬貢舶. 使余察其器而覈其音, 則應有開發闡明于正義之淵源者. 此朱子所謂千古一快, 余安能容易得之也. 紀尙書屢稱毛奇齡樂論之淹博, 乃借西可集于琉璃廠, 看詳數日, 所謂竟山樂錄, 以矓仙唐笛譜謬爲雅音而傅會之, 所謂聖諭樂本, 以康熙論徑圍數句, 强其范昧而杜撰之, 必欲外數而言律呂, 開口輒詆毀朱蔡, 而樂本甚于樂錄. 余厭其妄悖而亟還之, 遂著聖諭樂本辨. 大抵律呂之學, 世所罕究, 而奇齡之飾詭聘辭, 足以誆惑村夫子. 余非敢好辨也.

○辨日, 康熙三十一年春正月, 帝御乾淸門論儒臣等曰, 徑一圍三, 古之疎率, 徑一尺圍當三尺一寸四分有奇也. 隔八相生, 所以審音, 管絃之音, 至第八而首音乃復也. 宋儒論律呂, 究未及此二義. 朕欲與儒臣講明, 非敢輕議. 往哲乃命魏廷珍王蘭生梅殼成等入暢春園, 製器審音, 使太學生李光地稽證經史, 通變今古, 編成律呂正義原續六卷. 蓋尺用朱端淸縱黍橫黍之度, 律呂之長短徑圍, 用蔡元定新書, 管絃之取分生聲, 用徐日昇新說, 至其乘除損益, 一依線面體定率比例. 大抵集中西之長, 而因今器返古聲, 先秦以來樂書, 莫與之倫也. 時有毛奇齡者, 以明之遺民入淸, 爲翰林檢討, 自稱知樂, 上疏頌諛聖諭曰, 四上二八, 樂之經也. 徑一不足而圍三有餘, 則四以上也. 隔八相生, 而至八而復, 則二其八也. 此獸子狂竪鬪日之口氣, 而肆然進于丹陛, 以至抹句見黜, 而猶載之集內, 何其沒恥之甚也. 夫大招所謂二八接舞. 卽歌曲也. 四上競氣, 卽字譜也. 其與相生之理, 徑圍之數, 眞是燕越之不相涉也. 古往今來, 焉有隔十六相生之音也. 又焉有徑一不足, 而圍四以上之率也. 奇齡初不識律數爲何許物事, 范昧於樂本, 故必欲外律數, 而言樂以飾虛護拙, 謂天下可欺, 乃敢詆斥西山. 新書曰, 徒矜術數, 使徵租胥吏得以傲其所不知. 且曰, 太史公之律書卽曆書, 律曆與樂律不同, 而西山誤以曆律爲樂律. 夫聲生於器, 器定于律, 聲器備而謂之樂, 則律呂至于樂, 猶星權至于衡也. 徑圍冪積之率, 以曆數之一端而求律呂也. 按月候氣之術, 以曆理之一端而配律呂也. 是律有資於曆而曆无事于律也. 律惟黃鐘至應鐘十二管而已. 孰爲曆律, 孰爲樂律, 而曆律與樂律不同之致, 果何在乎. 溯自伶倫取竹嶰谷以後, 不聞有曆律之論. 羲和之曆, 未嘗一言及乎律. 后夔之律, 未嘗一言及乎曆.

太史公分律曆爲二書, 良有以也. 奇齡何處考據而得此言乎. 明數知音之士, 豈有爲奇齡所誑惑者, 而或稱其經說諸篇之淹博, 愚雖不嫻經術, 以一反三安知其經說不與樂說同也. 亟宜火其集, 勿誤兔園學究, 可也.

九月

二日 己卯

○翁閣學方綱書送渾蓋圖說集箋跋語, 日, 乾隆庚戌秋八月, 朴檢書以副使徐公所著渾蓋通憲圖說集箋四冊見示. 其上二冊, 明仁和李水部原書, 其下二冊, 則徐公集箋也. 愚於推步之學, 夙未究心, 凡事不深探其原委者, 則不敢輒爲之序. 第觀其演繹, 周晰於渾平相應之所以然, 具於表說, 闡發無遺, 深服其用心之勤而已. 爰爲筆諸別紙, 以見區區謙愼, 不敢言序之意. 北平翁方綱. 紀尙書鐵侍郞, 皆謂翁閣學邃於曆象, 而余始聞致力於春秋朔閏, 已疑其不解八線三角, 今見跋語, 益驗其空疎. 大抵目今中朝士大夫, 徒以聲律書畫爲釣譽媒進之階, 禮樂度數, 視如弁髦. 稍欲務實者, 亦不過掇拾亭林竹垞之緖餘而已. 乃知榕邨之純篤, 勿菴之精深, 間世一出而不可多得也. 欽天監正喜常, 西士安國寧, 俱有盛名於曆象云, 而未及訪之可恨.

三日 庚辰

晴. 留南館. 余聞武英殿新刊皇淸開國方略, 丙子丁丑間事實詳備云, 甚欲購得而祕諱嚴密, 無可奈何. 朴齊家適往琉璃廠書肆, 見不粧一秩在册工處, 膽來數行, 卽三學士取義之跡也. 綱曰, 崇德二年三月甲辰, 誅洪翼漢等. 目曰, 太宗諭令縛送首謀敗盟二三臣, 朝鮮奏言, 臺諫洪翼漢, 校理尹集, 修撰吳達濟, 曾陳疏斥和, 並解送盛京, 命誅洪翼漢尹集吳達濟于市, 以正其倡議袒明, 敗盟搆兵之罪. ○按三學士取義時, 章京等切禁我人出外攘門, 以後事跡尙今茫昧, 公私紀載皆云, 不知所終. 甚至有悠謬之談.(或傳淸不殺三忠, 洪忠正流南裔, 入吳三桂軍中.尹忠貞吳忠烈, 亦皆流遠方, 至有僞爲洪忠正遊山紀者.) 國史所書如此, 足以徵信於百世. 倡議袒明一句, 便是三學士之實贊. 陪臣之舍生尊周, 可與日月爭光, 無乃編史者寓微意於筆法歟.

주석
참고문헌

해제

1 이때 대사간은 조영진(趙英鎭)이다.
2 고서연구가 박철상 선생의 견해이다.

1권

1 첫 구 뒤에 주로 밝혔다. 乾隆丙申十一月, 臣以謝恩副使赴燕, 丁酉三月復命
2 『藥峯遺稿』卷一. 이 시는 오준(吳竣)의 『죽남당고(竹南堂稿)』 권4에도 〈차안주관덕당운(次安州觀德亭韻)〉이라는 시제로 실려 있다.
3 장염은 이전 해에 동지사의 수역(首譯)으로 연행하여 수본을 올려 청나라의 상황을 보고한 바 있다. 귀국하자마자 만수절에 진하사절을 파견한다는 자문을 전달하러 다시 재자관으로 북경에 파견되었다.

4 "則移反" 즉 "지"로 읽으라고 주를 달아 놓았다.

5 상홍규(商鴻逵, 1907~1983) 등이 편찬한 『청사만어사전(淸史滿語辭典)』에 '鴨綠'을 "만문으로 yalu[jalu]이다. 한어 뜻은 사람이 (짐승을) 타게 하다, 변경 지역이다[滿文爲yalu[jalu]. 漢義爲令人騎(牲口).地邊.]"라고 풀이하였다. 그런 다음 "강 이름. 압록강은 장백산에서 발원한다[江名. 鴨綠江發源于長白山.]"고 하여 강 이름으로 쓰인 예를 들었다. 商鴻逵, 劉景憲, 季永海, 徐凱 編著, 淸史滿語辭典(上海: 上海古籍出版社, 1990), p.213.

6 丁卯/申時, 元子誕生于昌慶宮之集福軒, 綏嬪 朴氏誕生也. 是日曉, 禁林有紅光燭地, 日卓午虹起太廟井中, 成五釆, 民爭觀之日: "此異瑞也." 莫不踊躍喜悅. 번역은 국사편찬위원회에서 제공하는 번역문을 참고하였고, 원문은 동위원회에서 제공하는 원문을 그대로 인용하였다.

7 嘉義大夫行三道統制使贈資憲大夫兵曹判書兼知義禁府事五衛都摠府都摠管謚忠烈李公神道碑銘幷序.

8 한국고전번역원, 신호열 · 김명호(공역), 2004.

9 八旗.

10 崇禎九年丙子, 滿洲使英兒阿代馬福塔來遺書, 辭甚悖慢, 所望非前日者. 臺閣及太學諸生交章請斬其使, 函首奏天子. 英兒阿代等大恐跳出館, 奪馬馳去, 棄國書道中. 是時, 士大夫皆避使瀋中, 乃以公充回答使, 持書追至龍灣. 時春信使羅德憲先公發, 方留灣上, 遂偕行入瀋陽. 汗見公等, 益慢不肯受幣, 迭使館中誦謊十餘事. 汗將郊天, 先使鄭命壽誘脅萬端. 公拔佩刀, 授命壽日, 持我頭去. 明日, 滿洲數十騎衝門入大呼日, 朝鮮使趙整服. 公歎日, 今日死得所矣. 遂與羅公東向四拜, 遙辭國, 手自裂袍, 踏壞紗帽, 以示不復服. 自解髻, 騈首交縮, 兩相抱持臥. 汗遣壯士挾持公等, 驅至壇下. 其卽八固山番子等皆班立, 蒙古騎數十萬環壇而陣. 汗衣柘黃袍, 執圭升壇, 受尊號日, 寬溫仁聖皇帝, 建有國之號日, 大淸, 改元崇德. 壯士擁公立, 公輒擲身伸脰臥. 壯士爭前執其臂股, 抑首揭尻, 四擧而覆之地. 公則大呼翻身背臥, 有近前者, 臥輒踢其面, 鼻潰血濺. 是日, 觀者駭惡不忍視, 遂倒曳鎖于舘. 明日, 復祀東郊, 又擁公等去, 公等益暴抗裂眦大罵, 眞悖戾不可當, 滿洲群臣請釁鼓威衆. 汗日, 彼方自求殺, 今殺之, 反適其願. 且有殺使名, 不如赦還. 遂爲書置裝中, 使百餘騎押公, 馳至鴉鶻關而去. 公等始檢裝, 果得汗書, 驚日, 書封新印, 其中可知. 萬一發書, 有不中舊式者, 將奈何. 遂置書店中, 馳還脫出柵. 邊上譁言, 公等拜跪敵庭. 觀察使洪公命喬馳啓, 請梟示境上. 於是三司及太學生交章請誅, 金文正公尙憲力言, 兩使不驗問, 奈何獨先斬之, 得末減. 公謫宣川, 羅戍白馬城. 久之, 朝廷得都督沈世魁奏天子手本, 始知公等抗義狀, 兩司姑停梟首之啓. 然言者猶謂沈帥詐報天朝, 及馬福塔以店中所棄書, 至盛怒言皇帝郊天, 使臣當執禮惟恭, 乃廓等悖亂, 廷辱天子, 何不殺是賊, 以謝大國. 於是從行譯官申繼愔等, 始發舒鳴冤, 釋公等謫.

11 太宗旣受尊號, 宣諭群臣, 皆行三跪九叩禮, 惟朝鮮使臣羅德憲李廓不拜. 太宗諭曰, 朝鮮使臣無禮處, 難以枚擧, 是皆朝鮮國王有意搆怨, 欲挑先啓釁端, 戮其使臣, 加朕以背棄盟誓之名耳. 朕從不肯逞一時之小忿, 如此瑣屑, 卽兩國已成仇敵, 戰爭之際, 以事遣人, 亦無卽戮其來使之理, 況朝會乎. 其勿問. 尋遣其使臣歸, 以書詰責朝鮮王, 復諭其使臣曰, 爾王若自知悔罪, 當送子弟爲質. 不然, 朕卽擧大軍以臨爾境, 雖悔何及乎.

12 通典曰, 隋煬帝大業初, 發河南諸郡男女百餘萬開通濟渠, 自西苑引縠洛水達于河, 又引河通于淮海. 大業拾遺記曰, 煬帝將幸江都, 命雲屯將軍麻祜某澹黃河入汴堤, 使勝巨艦, 所謂隋堤是也.

13 佟哥每坐余車前打話, 略識字, 自稱正黃旗下, 作抨弓狀, 或微吟唱曲, 或垂頭而睡, 甚可憎. 衆車夫聽其頤使, 行則行, 住則住, 五里一喂馬, 十里再喂馬, 叱令快走, 則曰泥深拉不動, 牲口可憐. 誘以扇藥, 依舊頑惡, 兼晝夜而行, 或不過六七十里. 一行大窘扼腕, 無奈何. 正副使欲棄車而乘轎, 則轎已向山海關路矣. 各買一馬, 時或單騎馳走. 余亦借首譯馬馳及之. 七月初六日, 到義州, 大凌河黃濁大漲, 河岸沮洳數十里, 沒至馬腹, 往往布蜀黍莖, 僅能過車. 城北店屋盡壞, 城西北門有河水出入之痕, 問諸土人, 則自去月二十七日大雨, 至今月初三日始霽, 漂沒人家百餘戶, 渰死數千人, 皆乘城仇關臺邊門, 水衝寇斷不可行云. 故從城南門歷崔家口由六臺出. 初九日, 到朝陽縣, 縣治之半爲河水所蕩洗. 縣舊有遼金時古塔三, 類三座塔廳. 蒙古話三爲古爾板, 塔爲蘇巴爾, 漢亦號古爾板蘇巴爾漢城, 至是一塔壞, 只有二塔. 居民渰死, 不知其數, 慘於義州. 是日, 宿縣之關帝廟. 廟卽遼靈感寺舊址, 有釋迦佛舍利塔碑. 太平九年, 柳城人梁氏兄弟守奇道鄰二人與塔像, 尙書都官員外郞遼西路錢帛判官張嗣初撰銘. 庭中花藥分列, 有垂柳兩株, 涼飀裊裊. 夜與次修綸庵坐柳下對月擧觴賦詩, 嘆曰, 此爲漢柳城, 慕容氏龍城, 唐營州都督府, 遼興中府, 孰料今年今月今日今夜吾三人者, 去國三千里, 在此飮酒哉. 話及佟哥事, 怳然而覺非此戲魔, 則六七日前洽到義州朝陽之間, 必及於大淩河之厄矣. 爲之咋舌. 其人者或是神仙菩薩, 以救吾一行之命耶. 由此觀之, 人之所以欲害之者, 適所以利之悠悠, 恩怨都可忘矣. 擧以言於同行諸君, 莫不以爲然. 是歲, 大淩河上下流傍州縣擧被潰決之患, 民多蕩析流離, 關外之大變也. 知府知縣開奏被災旗民率皆減削, 嗟怨嗷嗷, 店人車夫輩言之如此.

14 函海의 오자.

15 이조원과 조선 사절의 교류에 대해서는 정민 교수의『18세기 한중 지식인의 문예공화국』(문학동네, 2014) 제15화부터 제19화까지 자세히 서술되어 있다.

16 『우촌시화(雨寸詩話)』는 세 가지 판본이 있다.『함해(函海)』에 수록된 2권본, 건륭60년(1795)에 출간한 16권본, 가경(嘉慶) 6년(1801)에 편찬한 4권본『우촌시화보유(雨村詩話補遺)』이다. 이 가운데 서호수와의 교왕에 관한 기록과 조선 문인들의 시는 16권본의 제16권에 실려 있다.

17 『동산시집』권16, p.222.

18 『南充師院學報(哲學社會科學版)』1980年02期, p.20.

19 是年秋, 余奉命視學廣東, 偶爲諸生言. 門生順德黎二樵爲畫東海人求近著書圖, 順德編修張錦芳題弁, 裝潢藏之, 後爲人竊去.

20 "동해인구근저서"라는 말은 당나라 시인 육구몽(陸龜蒙)의 시구이다. 신라의 홍혜상인(弘惠上人)이 피일휴에게 영취산(靈鷲山) 주(周) 선사(禪師)의 비문을 부탁하였고, 피일휴는 2000자가 넘는 비문을 써 주었다. 이 일을 두고 육구몽은 〈습미의 겨울날 서재에서 일을 맞아 지은 3수에 화답하다 – 편마다 1운을 쓰다(和襲美寒日書齋即事三首, 每篇各用一韻)〉의 마지막 시의 함련에서 이렇게 읊었다. "서도 손이 일찍이 부를 이루었나 물었고, 동해 사람이 근래 글을 지어 달라 하였지.(西都賓問曾成賦, 東海人求近著書.)"

21 정민(2014), 앞의 책,「제21화 가장 빛났던 순간에 대한 회상」, pp.362–77 참조.

22 原注: 鶴山二子

23 정유각집작所自出. 禹穴[yǔ xué] 在我国被称之禹穴的有二处 : 其一在四川北川县九龙山下, 相传大禹降生于此 ; 另一处位于浙江省绍兴市东南6公里的会稽山麓, 据『墨子』『史记』等籍载, 是古代治水英雄——禹的墓穴所在. 二地相距数千公里, 同为禹穴, 正是生于斯死也于斯.

24 정유각집에는 이 구 뒤에 "前日遇吾友, 片言輸眞意. 中外卽一家, 羣議不足道. 鷄林一卷詩, 木瓜瓊瑤報. 詩中有知己, 珍重一言付. 小照來颯爽, 迢迢鴨水渡."가 더 있다.

25 『정유각집』에는 '해당한자'로 되어 있다.

26 『정유각집』에는 '해당한자'로 되어 있다.

27 『정유각집』에는 '해당한자'로 되어 있다.

28 閱數年, 有人自京來, 言東海人爲余畵像作生, 并寄四家詩求質, 譽寄示余. (중략) 不知余何以見賞于諸君若是也.

29 『李調元詩注』, 成都(巴蜀書社, 1993), p.470.

30 過口外朝陽縣絀時, 關廟壁上, 見雨村詩, 問於居僧, 答五年前李以通永道巡到題過. 及聞其歸田, 信筆書七絕三首, 托墨莊寄去. 魚雁沉沉二十年, 一天明月共嬋娟. 數行秋柳朝陽寺, 忽見羅江浣壁篇. 淡雲微雨舊詩情, 蕭瑟轓軒萬里行. 燕邸何人談竟夕, 滿盤愁對落花生. 㛏酒沈冥緩客愁, 翰林詩思竟悠悠. 連綿一路秋山好, 磊落人歸磊落州. 浣壁吟, 雨邨集名, 竟夕談落花生 皆有舊事, 見並世集中.

31 東國柳泠菴, 詩人也. 其叔彈素遁使臣來燕, 得閱其歌商樓集, 旣批定之. 因和其送叔詩選, 寄以當異地知己, 何如. 他日或來中土, 當作竟夕談也.

32 十四日, 雨, 仍駐朝陽. 按口外州縣金石文, 唐宋以前多不可考, 惟關帝廟內有新出土碑一座, 高五尺, 係元遼時所建. 碑石間多剝落, 而文字端楷可誦. 今將全碑備錄於此. 前一行書大遼興中府靈感寺釋迦佛舍利塔碑銘幷序, 新授尙書都官員外郞遼西路錢帛判官張(失其名). ……

33 '張檢'은 『요사』에 보이지 않지만, '張儉'(962-1053)이라는 이름은 보인다. 또한 이 張儉의 아들 가운데 '嗣甫'와 '嗣宗'이 있다. 이로 보아 張檢과 張儉은 형제일 가능성이 높다. 65자에 달하는 張儉의 묘지명에는 "……상주국 진왕 식읍 이만오천호……청하장왕묘지명(……上柱國陳王食邑二萬五千戶……淸河張王墓志銘)"이라고 하였고, 영감사 사리탑 비명에 적힌 張檢의 묘지명에는 "특진청하현개국남식읍삼백호(特進淸河縣開國男食邑三百戶)"라고 하였다.

34 朝陽以西川路紆回, 徑路不明, 車有遲疾, 往往分散, 晝看轍跡, 夜望燈光. 正副使先入站, 則吹角而聚之. 七月初十日, 到喇嘛溝, 夜已三四更, 草樹荒雜, 蟲聲四起, 軍牢睡不吹角. 余過喇嘛溝十餘里, 至杏胡子, 東方已曙, 不知正副使所在處. 飢甚, 入店房, 買麵而食. 有一蒙古夜自喇嘛溝至者, 曰高麗大人在彼. 遲待少頃, 正副使馳馬而至. 吹角聚車, 不見李綸庵, 急令軍牢及馬頭一名四向探覓, 第二日始來, 迂回七八里, 不食兩晝夜矣. 問失道狀, 則云, 車遲漸失前燈, 誤入一村, 村人以爲蒙古賊, 放炮大集, 圍困終夜, 始得脫歸, 一行爲之大笑. 余嘗問於口外居民曰, 爾不怕蒙古乎. 曰, 不怕. 余曰, 何故不怕. 其人作打之縛之狀曰, 不怕. 不怕. 蓋蒙古之俗, 獷猂無恥, 二十五部, 今雖歸順, 尙有剽竊之患. 大凌河冰合, 則豨突益甚云, 綸庵之被圍以此. 綸巖以老布衣入幕, 余以李飛將戱之. 飛與裨, 音相類故也.

35 시어 중의 '數奇'는 '삭기'로 읽어 '자주 패하다'고 풀이할 수도 있다.

36 몽골어 표기와 한글 표기는 유원수의『몽골어 첫걸음』(파주: 삼지사, 2014)을 따랐다.

37 유원수 지음, 『New Start 몽골어 첫걸음』(파주: 삼지사, 2014.), p.20.

38 方齡貴 著, 元明戲曲中的蒙古語(上海: 漢語大詞典出版社, 1999), p.256-8. 方齡貴 著, 古典戲曲外來語考釋詞典((上海: 漢語大詞典出版社, 2001), p.271-3. 金啓孮 編著, 女眞文辭典(北京: 文物出版社, 1984.), p.21, p.64, p.86.

39 (張良云) 貧道已曾差能行快走夜不收往軍打探去了.『원곡선(元曲選)』

40 (報子上) 打探軍情事, 名爲夜不收. 日間藏草内, 黑夜過荒坵. 某乃能行探子是也. 청대 사본.『明清抄本稿本戲曲叢刊』제7책, 457면.

41 호는 이제(二濟).

42 邇來三四年, 射利之徒盡手足之能, 鑿山博取, 而石之精者出焉. 間有類玉者琥珀者玻璃代瑅朱砂瑪瑙犀若象焉者. 其爲色不同, 五色之中, 深淺殊姿. 別有緗者縓者綺者縹者蔥者艾者黝者黛者, 如蜜如醬如鞠塵焉者, 如鷹褐如蝶粉如魚鱗如鶪鳩斑焉者. 舊傳艾綠爲上, 今種種皆珍矣. 其峰巒波浪, 縠紋膩理, 隆隆隱隱, 千態萬狀, 可彷彿者. 或雪中疊嶂, 或雨後遙岡, 或月澹無聲, 湘江一色, 或風强助勢, 揚子層濤, 或葡萄初熟, 顆顆霜前, 或蕉葉方肥, 轓轓日下, 或吳羅颺彩, 或蜀錦彎文. 又或如米芾之淡描雲煙一抹, 又或如徐熙之墨筆丹粉兼施. 言夫奇幻, 有不勝形, 噫, 亦異矣.

43 …… 清一統志云, 熱河有三源, 一出府東北, 曰湯泉, 一出府北界, 曰墨里河, 一出府西北, 曰十八爾台河, 三水會流而南繞行宮, 又南流入灤河. 酈道元水經註曰, 濡水東南流, 武列水入焉. 乾隆御制集云, 灤河卽濡水, 熱河爲武列. 竊觀熱河形勝, 山河周匝, 野衍而泉駛, 風氣高涼, 北壓蒙古, 右引回回, 左通遼瀋, 南制此天下. 此康熙皇帝之苦心, 而其曰避暑山

404

莊者, 特諱之也. ……

44 戊午. 上御卷阿勝境. 賜班禪額爾德尼及扈從王公大臣, 蒙古王公貝勒額駙台吉, 杜爾伯特
汗瑪克蘇爾紮布等五人, 土爾扈特汗策凌納木紮勒等九人, 烏梁海散秩大臣伊素特等三人,
回部郡王霍集斯等, 及阿奇木伯克貝子色提巴爾第等十一人, 喀什噶爾四品噶匝納齊伯克
愛達爾之子烏魯克等三人, 朝鮮使臣錦城尉朴明源等三人, 金川木坪宣慰土司嘉勒燦囊康等
四十四人宴. 『대청고종법천륭운지성선각체원립극부문분무효자신성순황제실록(大
淸高宗法天隆運至誠先覺體元立極敷文奮武孝慈神聖純皇帝實錄)』卷1113.

45 乾隆五十五年. 庚戌. 七月. 甲午. 朝鮮國正使黃仁點, 副使徐浩修等入覲. 上御卷阿勝境召
見. 同扈從王貝勒貝子公大臣, 蒙古王貝勒貝子公額駙台吉, 回部王公伯克, 安南國王及陪
臣, 緬甸國南掌國使臣, 金川土司, 臺灣生番等, 賜食. 至丁酉皆如之. 『대청고종법천륭운
지성선각체원립극부문분무효자신성순황제실록(大淸高宗法天隆運至誠先覺體元立極
敷文奮武孝慈神聖純皇帝實錄)』卷1,359.

2권

1 　戴雲, 『勸善金科研究』(北京: 北京師範大學出版社, 2006), p.160.

2 　朱家溍, 丁汝芹, 『淸代內廷演劇始末考』(北京: 中國書店, 2007), p.19.

3 　俞健, "淸宮大戲臺與舞臺技術", 『藝術科技』, 1999年第2期, p.9.

4 　戴雲, 『勸善金科研究』(北京: 北京師範大學出版社, 2006), p.160.

5 　廖奔, 『中國古代劇場史』(鄭州: 中州古籍出版社, 1997), p.139.

6 　淸音閣者, 扮戲所也, 在正殿之前, 上下層俱貯伶人戲子. 戲子塗粉墨, 幞頭袍帶懸假鬚, 儼然漢官威儀, 逐隊繞欄而行, 或擧畫軸, 或捧繡旛, 簫鼓嘲轟, 歌唱酸嘶, 悠泛空外, 莫知其所謂也. 回回王子有持戲目小帖者, 取見之, 都是獻壽祝喜之辭. 其中有返老還童, 戲曲名. 黃髮換朱顏, 其戲黃髮老人, 漸換假面, 變爲壯年, 以至童子.

7 　매화포는 불꽃놀이이므로 극장이 아닌 다른 장소에서 설행하였다.

8 　唐 李白『舍利佛』詩: "雲間妙音奏, 天際法蠡吹."

9 　물결을 그린 깃발로 강이나 바다를 나타내는 연출 도구이다.

10 　北京: 學苑出版社.

11 　서호수는 "合和呈祥"이라고 기록하였다. 같은 작품으로 보인다.

12 　"仙樓" 2자를 더하라는 교정 표시가 있다.

13 　『詩·小雅·天保』: "罄無不宜, 受天百祿."

14 　『詩·大雅·行葦』: "壽考維祺, 以介景福." 鄭玄注: "祺, 吉也."

15 　樂最要緊, 禮卽存於其中. 卽如章服, 代各異制, 惟優人不禁. 有虞氏之衣冠, 至周衰, 必蕩盡無復舊制, 而韶舞則全存之. 友曰, 曩年看劇演, 見扮高力士者, 尙戴紫金冠. 今則爲烏紗帽矣. 唐制, 中官雖極老, 必戴紫金冠, 不敢烏紗帽, 見勺中志. 做那一朝戲, 卽用那一朝衣冠, 方是名優. 曰, 嘉靖改定禮樂, 以爲大備, 其實到此乃大崩壞. 舞按五行, 醜不可言. 古舞斷不如是, 大率卽如今劇演. 冕而舞大武者, 卽武王. 尙父則發揚蹈厲. 各肖其形容行事, 令人想見當日光景, 故曰, 舞以象事. 不肖其人焉敢哉. 又恐人不曉, 歌者却從旁贊其功德若何, 行事若何, 所謂一唱三歎也. 優孟之似孫叔, 人卽以爲眞. 故當日樂工, 皆非庸俗人也. 『榕村語錄』 권28, 〈治道二〉, 上, 50.

16 　『진강중시집(陳剛中詩集)·옥당고(玉堂藁)』.

406

17 呂布帶鐵騎三千, 飛奔來迎. 王匡將軍馬列成陣勢, 勒馬門旗下看時, 見呂布出陣. 頭戴三叉束髮紫金冠, 體掛西川紅錦百花袍, 身披獸面吞頭連環鎧, 腰系勒甲玲瓏獅蠻帶.

18 『용촌어록』에서 인용한 문장과 이 문장은 소자양행(小字兩行)으로 주문(注文)으로 처리되어 있다. 그러나 "생각건대"부터는 다음의 본문과 논지가 바로 연결된다.

19 然其所演皆前史及小說, 其事或善或惡, 使人見之, 皆足以勸懲, 而前代冠服制度中國風俗, 可觀者多. 如今日漢人之後生猶羨慕華制者, 不由於此. 以此觀之, 戲子亦不可無也. 『노가재연행일기(老稼齋燕行日記)』 권7, 국역 연행록선집, 4, 一四四하우一좌.

20 嗟乎. 禮失而求諸野, 欲觀中原之遺制, 當於戲子而求之矣.

21 中國 復旦大學文史研究院, 越南漢喃研究院 合編, 復旦大學出版社.

22 仍告揖而罷. 余又踵其後觀其擧止之際, 三行已發靷矣. 送惠文以落後觀安南會館之意轉達于家君, 待其還, 跨馬以出, 南使先已去矣. 走於大街西行一里, 過太淸門, 門前東西南各限百餘步環樹撚石爲柵, 三面有門而閉. 自柵南去數十步爲正陽門, 都城之南門也. 其制一如朝陽而甕城有三門, 中則皇府所出入, 閉不開, 以東西門通往來. 余從西門出三四十步, 當街有橋, 橋上有牌樓一座, 額曰, 正陽橋. 趙洪二友與之俱至此. 趙友先詣書肆, 洪友還館, 惠文自以爲盡諳門外衚衕而其實則南北亦所不辨. 回回引入衚里舳, 不知其幾巷幾口而皆從左右舖肆中過, 器用之奇麗, 人馬之駢闐, 尤非城內可及, 詢以安南會館, 或以爲遠或以爲近, 或曰南或曰東而終無指的. 又或云倘寄我以面幣, 當先路, 此亦謾辭也. 至琉璃廠, 什物股麗, 又非他處可埒. 奇奇怪怪, 不可名狀者, 又不知爲幾萬種. 路逢一胡兒…… 又行百餘步, 從一大門入坐於書舖, 送惠文尋安南館. …… 又至第二舖 …… 至第三舖閱籤未斑, 惠文奔告曰, 邊譯以正使命伻於安南館, 須火趨然後可及, 遂策馬從正陽門入, 至貽賢王祠, 世八來迎爲嚮導, 過太淸門至十字街. 當街立牌樓, 書曰, 長安街, 四面環以肆市, 錦彩之躔, 雜貨之舖, 飲食之店也. 又過齊安門, 門閉. 其右高墻覆以黃瓦, 亘數馬場, 其內黃閣十餘間甍出牆上, 朱欄綺牖耀人目. 閣後有土岸, 高可丈許, 此造山也. 蒔以若干花卉, 牆外大路也, 廣可十數間, 每數十步置一大朱桶, 盛水於中, 爲近大內故, 所以備不虞之火也. 左有小巷, …… 又過一牌樓, 題內外曰, 瞻雲. 行百餘步, 穿過小巷口幾一馬場, 至安南館.

23 金玲竹, 〈北轅錄의 1760년 北京기록―子弟軍官과 동아시아 지식인 만남의 재구성〉, 大東文化硏究, 제90집, 2015-6.

24 『춘추좌전(春秋左傳)』 애공(哀公) 7년.

25 유득공도 같은 기록을 남겼다.

26 원서는 월남사회과학출판사(越南社會科學出版社)에서 1971년에 출판하였고, 중국 인민출판사(人民出版社)에서 1977년에 중역본을 출판하였다. 위는 요서의(幺書儀)의 〈熱河乾隆觀劇圖의 史事〉(『尋根』, 2003年 02期에 실린 내용을 요약한 것이다.

27 음력으로는 건륭 53년이다.

28 실제 전투는 정월 초에 벌어졌지만, 이 날짜에 패보를 듣고 조치를 취하여 시차가 있는 듯하다.

29 五十五年, 阮光平來朝祝釐, 宴熱河山莊, 班親王下郡王上, 賜冠帶受封歸. 其實, 阮光平遣其弟冒名前來, 光平未敢親到也. 張明富, 〈乾隆末安南國王阮光平入華朝覲假冒說考〉(『历史研究』, 2010(3). pp.60-67.)에서 재인용.

30 서명은 "大南寔錄"이다. 성조명명황제(聖祖明命皇帝)의 황후를 기휘하여 "實錄"을 "寔錄"으로 표기하였다.

31 西山阮文惠使人朝於淸. 初, 惠旣敗淸兵, 又稱爲阮光平, 求封於淸, 淸帝許之, 惠以其甥范公治貌類己, 使之代, 令與吳文楚潘輝益等俱, 淸帝醜其敗, 陽納之, 賜賚甚厚, 惠自以爲得志, 驕肆益甚.

32 張明富, 〈乾隆末安南國王阮光平入華朝覲假冒說考〉, 『历史研究』, 2010(3). pp.60-67.

33 燕中藉藉言光平輦輸金銀寶貨於康安, 遂得封王. 余與中州士大夫言, 及安南事, 皆傾者覆之植者培之, 此天道也. 更問之 則曰今夕只可談風月, 終不肯言. 刑部郞中忘其姓名 似是忼慨之士 在朝房中與余言 見安南陪臣過去寫日, 阮光平逆賊, 逆賊光平賂康安之說不過塗聽, 而光平之來熱河也, 遇和珅福長安於班行, 則惶忙半膝跪, 無人不見, 此滿洲俗賤事貴之禮也, 不敢與中朝大臣抗禮, 作此鄙諂之態, 可知其無所不爲.

......

渠雖離國遠來, 周旋於上國, 宜有君臣之分. 每於宴班, 其君在前, 其臣在後, 略無敬畏之色. 或有授受之物, 投之於其君之側, 其君偶問本國使臣曰, 日本國遠近, 使臣答之. 欲復言, 則輝益等瞅眼而禁之, 殊可駭也.

34 淸帝命閣臣福康安爲兩廣總督, 提督九省兵馬料理安南事. 二月, 康安至廣西太平幕府, 文惠隨使其臣吳壬潛往歸降謝罪, 又多以金賂懇康安爲之主張. 康安旣得厚賂, 又幸其無事, 奏請因而許之, 毌開邊釁, 淸帝從之. 張明富, 『欽定越史乾通鑑綱目』福康安得厚賂奏請罷

兵安南說辨正〉(『文獻』2010年1月第1期)에서 재인용.

35 惠復托言母死, 請以子光垂代己入覲, 康安不可, 密使人往關上委曲誘掖, 如不得已, 須以
狀貌類己者代之. 『大南正編列傳初集』卷30, 39면 우.

36 冶亭, 名鐵保, 滿洲正黃旗人, 禮部右侍郎. 李雨邨嘗稱之云, 善書淳化帖, 旗下人不可多
得. 余曾見其虛開堂集, 冶亭亦聞余名. 熱河行宮閣門之右有軍機房, 余與次修入其中, 有
內閣學士玉保, 翰林章煦, 理藩院侍郎巴忠, 理藩院員外郎湛潤堂, 中書舍人文某魚某諸人,
據椅而坐與之語, 應接不暇. 諸中書, 或治文書, 或接京信開讀, 擾擾未已. 少焉, 有一人入
來, 卽鐵侍郎, 敍話歡若平生. 歸寓後, 冶亭贈詩有日, 公讌仍私覿, 新交似舊游. 余亦和
贈. 後聞之, 則鐵兄而玉弟, 亦有詩名. 兄弟俱以詞臣出入近密. 冶亭又帶蒙古副都統, 寵榮
方隆云.

37 佐知不可爲, 乃嘆曰, 天乎, 吾力竭矣. 吾豈可入賊手乎. 遂引佩刀自刎. 五十人無一生還
者. 報未至, 遼人遙見佐乘馬挾弓鼓吹前導, 自東而西, 僚屬皆出迎, 竟不至. 佐家亦聞鼓吹
聲入門, 老少驚惶迎之不見. 守臣奏其事, 立祠旌表論祭. 都御史吳禎爲撰碑記. 至今撫順
夷人, 凡有疫厲必易中國豬禱享乃應. 其忠節顯著如此.

38 청나라 사신행(查愼行)의 『입해기(人海記)』에는 등장군은 만력(萬曆) 때의 부총병(副
總兵) 등자룡(鄧子龍)이라고 하였다.

39 부성문 밖 이리구(二里溝)에 있다.

40 『연원직지(燕轅直指)』

41 臣謹按, 萬曆時西洋人利瑪竇…入中國, 天文曆法布籌運儀, 絕勝於古. 崇禎時, 禮部尙書
徐光啓右參政李天經, 按西法, 進日月五星曆指及渾天儀說, 乃時憲曆之本原, 金堉所購
書, 抑或此歟.

42 고일지(高一志).

1 1890년부터 광서제(光緒帝)가 자희태후(慈禧太后)를 위하여 원명원 남쪽에 이화원(頤和園)을 조성하면서 삼층대희대를 한 채 지었다. 지금 이화원 안 덕화원(德和園)의 대희가 이것으로서 서호수가 연극을 본 희대는 아니다.

2 『굴자경도』는 굴원(屈原)을 기려 용주 경주를 한다는 이야기로 단오절에 상연하며, 『자안제각』은 왕발(王勃, 650-676)이 「등왕각서(滕王閣序)」를 지은 이야기를 연출하며, 중양절에 상연한다.

3 乾隆初, 純皇帝以海內升平, 命張文敏製諸院本進呈, 以備樂部演習. 凡各節令皆奏演其時典故, 如屈子競渡子安題閣諸事, 無不譜入, 謂之月令承應. 其於內庭諸喜慶事, 奏演祥征瑞應者, 謂之法宮雅奏. 其於萬壽令節前後奏演群仙神道添籌錫禧, 以及黃童白叟含哺鼓腹者, 謂之九九大慶. 又演目犍連尊者救母事, 析爲十本, 謂之勸善金科, 於歲暮奏之, 以其鬼魅雜出, 以代古人儺祓之意. 演唐玄奘西域取經事, 謂之升平寶筏, 於上元前後日奏之. 其曲文皆文敏親制, 詞藻奇麗, 引用內典經卷, 大爲超妙. 其後又命莊恪親王譜蜀漢三國志典故, 謂之鼎峙春秋. 又譜末政和間梁山諸盜及宋金交兵, 徽欽北狩諸事, 謂之忠義璿圖. 其詞皆出日華遊客之手, 惟能敷衍成章, 又抄襲元明水滸義俠西川圖諸院本曲文, 遠不逮文敏多矣.

4 一旬演出西游記, 完了昇平寶筏筵.

5 서불(徐市)이라고도 한다.

6 海上三神山, 舟到輒風引去, 徒妄語耳. 要知金銀爲宮闕, 亦何異人寰. 卽境卽仙, 自在我室, 何事遠求. 此方壺所爲寓名也. ……

7 登州海中, 時有雲氣, 如宮室臺觀城堞人物車馬冠蓋, 歷歷可見, 謂之海市. 或曰, 蛟蜃之氣所爲, 疑不然也.

8 子聞登州海市舊矣. 父老云, 嘗出於春夏, 今歲晚不復見矣. 子到官五日而去, 以不見爲恨. 禱於海神廣德王之廟, 明日見焉. 乃作此詩.

9 出署, 忽外白海欲市. 子疾馳上蓬萊閣, 從官指示今山抬頭張口者, 是也. 見靑白氣飄揚裊形成象, 高者樓臺, 橫者城郭, 斷續卷舒, 大小聚散, 閃閃不一, 欻又闢洞門, 或簇人馬, 或標旗幟, 旗幟又或拔易, 觀者嘖嘖稱奇. 頃風力少勁, 又忽不知所往矣. 嗟嗟世事轉盼流遷,寧獨一蠡哉. 嗣後一再見之, 大約象以意會, 惟牽牛島了了分明, 因悟徐生稱神仙欺秦皇帝者, 卽以此. 故一日, 望之如雲, 一日, 至則爲風攝去也.

10 未至, 望之如雲; 及到, 三神山反居水下. 臨之, 風輒引去, 終莫能至云.

11 我們歐洲人是文明人, 中國人在我們眼中是野蠻人. 這就是文明對野蠻所幹的事情.

12 九津九星橫河中, 天下有道津梁通, 石穹隆兮與天終.

13 自熱河至京城四百里, 已見處處結彩. 自西華門至圓明園三十里, 左右排比起假樓, 悉覆黃碧琉璃瓦, 或冒以文錦繡闟欄楯塗泥金, 結雜彩流蘇畫布爲城郭建碑樓, 作紋石沈香柱狀, 或爲鏡閣數百步, 車馬往來映其中, 或爲棕毛屋竹籬, 以瀟灑敵繁華. 前彩爲桃柳爛然, 深春丹綠之臭, 令人頭冬. 各省各部以至擧人立牌分掌, 又立牌書某戱某曲, 自某處起到某處止. 又立禁煙牌, 人莫敢煙. 市人昇水淨塵. 及至八月十二日, 皇帝自圓明園入京城, 左右彩樓中, 千百妖童塗粉墨曳羅穀騎假馬假龍, 一齊唱曲, 而望之往往見癃老之人, 背懸天子萬年字袗(衣+普), 扶杖喘喘而行, 云是千叟餘存者.

14 康熙癸巳, 仁皇帝六旬, 開千叟宴於乾淸宮, 預宴者凡一千九百餘人; 乾隆乙巳, 純皇帝以五十年開千叟宴於乾淸宮, 預宴者凡三千九百餘人, 各賜鳩杖. 丙辰春, 聖壽躋登九旬, 適逢內禪禮成, 開千叟宴於皇極殿, 六十以上預宴者凡五千九百餘人, 百歲老民至以十數計, 皆賜酒聯句.

15 '웇'은 발음하기가 어려워 후대에 '도'로 바뀌었다.

16 『숭정역서역인(崇禎曆書曆引)』. 이 책의 이름은 서울대 국사학과 문중양 교수가 알려 주었다. 이외에 『신법역인(新法曆引)』도 있으며, 두 책의 내용은 매우 다르다.

17 표지명은 『서양신법역서』이다.

18 太陽爲萬光之原, 太陰經緯諸星之光, 咸稟受焉. 然以遠鏡窺日軌之面, 上有黑子, 其多寡大小不等. 或時而行于太陽東西徑上, 十四日而盡, 以其行在日體之外. 或疑以爲小星, 然亦究竟不知何物也.

19 滿洲原起於長白山之東北布庫哩山下一泊, 名布勒瑚里. 初, 天降三仙女, 浴於泊. 長名恩古倫, 次名正古倫, 三名佛庫倫. 浴畢上岸, 有神鵲銜一朱果置佛庫倫衣上, 色甚鮮妍. 佛庫倫愛之不忍釋手, 遂銜口中. 甫著衣, 其果入腹中, 卽感而成孕. 告二姊曰, 吾覺腹重, 不能同昇, 奈何. 二姊曰, 吾等曾服丹藥, 諒無死理, 此乃天意俟. 爾身輕上昇未晩, 遂別去. 佛庫倫後生一男, 生而能言, 笶爾長成, 母告子曰, 天生汝, 實令汝以定亂國, 可往彼處. 將所生緣由一一詳說, 乃與一舟, 順水去, 卽其地也. 言訖, 忽不見. 其子乘舟順流而下, 至於人居之處. 登岸, 折柳條爲坐具, 似椅形, 獨踞其上. 彼時, 長白山東南鄂謨輝鄂多理內有三姓, 爭爲雄長, 終日互相殺傷. 適一人來取水, 見其子, 擧止奇異, 相貌非常. 回至爭鬥之處, 告衆曰, 汝等無爭. 我於取水處遇一奇男子, 非凡人也. 想天不虛生此人, 盍往觀之. 三姓人聞言, 罷戰, 同衆往觀. 及見, 果非常人, 異而詰之. 答曰, 我乃天女佛庫倫所生, 姓愛新覺羅, 名布庫哩雍順. 天降我定汝等之亂. 因將母所囑之言詳告之. 衆皆驚異曰, 此人不可使之徒行, 遂相揷手爲輿, 擁奉而回. 三姓人息爭, 共奉布庫哩雍順爲主, 以百里女妻之. 其國定號滿洲, 乃其始祖也.

20 太和殿墀品級山, 鑄正一品至九品, 文左武右, 合正從計之, 爲行四, 爲數三十有六. ……卽宋人排班石遺制, 惟今範金爲山形, 爲差別耳.

21 『후한서(後漢書)·비장방전(費長房傳)』.

22 吾文如萬斛泉源, 不擇地皆可出. 在平地, 滔滔汩汩, 雖一日千里無難. 及其與山石曲折, 隨物賦形, 而不可知也. 所可知者, 常行於所當行, 常止於不可不止, 如是而已矣! 其他, 雖吾亦不能知也.

23 鮮使臣柳朴二君, 以詩謁曉嵐先生. 先生各贈一詩, 送其歸國. 贈柳惠風云, 古有鷄林相, 能知白傅詩. 俗原嫻賦泳, 汝更富文詞. 才謝三都賦, 言慚一字師. 惟應期再至, 詩說小姑祠. 贈朴次修云, 貢籍趨王會, 詩囊伴使車. 淸姿逢海鶴, 秀語吐天葩. 歸國憐晜監, 分題感趙驊. 他年相憶處, 東向望丹霞. 次修和云, 辱題僧孺邸, 榮勝李膺車. 披扇驚文藻, 陳詩愧正葩. 蠹心猶示鵠, 驚足敢先驊. 喜我書廚潤, 歸沾玉井霞. 書甚工秀, 今存伊墨卿家.

24 古之達人, 皆有所嗜. 玄晏先生嗜書, 嵇中散嗜琴, 靖節先生嗜酒, 今丞相奇章公嗜石. 石無文無聲, 無臭無味, 與三物不同, 而公嗜之, 何也? 衆皆怪之, 我獨知之. 昔故友李生約有云:"苟適吾志, 其用則多." 誠哉是言, 適意而已. 公之所嗜, 可知之矣. 公以司徒保釐河洛, 治家無珍產, 奉身無長物, 惟東城置一第, 南郭營一墅, 精葺宮宇, 愼擇賓客, 性不苟合, 居常寡徒, 遊息之時, 與石爲伍. 石有族聚, 太湖爲甲, 羅浮、天竺之徒次焉. 今公之所嗜者甲也. 先是, 公之僚吏, 多鎭守江湖, 知公之心, 惟石是好, 乃鉤深致遠, 獻瑰納奇, 四五年間, 累累而至. 公於此物, 獨不謙讓, 東第南墅, 列而置之, 富哉石乎.

25 僧孺識量弘遠, 心居事外, 不以細故介懷. 洛都築第於歸仁里. 任淮南時, 嘉木怪石, 置之階廷, 館宇淸華, 竹木幽邃. 常與詩人白居易吟詠其間, 無復進取之懷.

26 先生有玉井研銘, 研今歸鶴山副使.

27 御坐前數十健夫脫衣裸體, 兩偶成敵, 距躍而入相搏於庭, 如角觝之戲. 勝者有賞. 五隊或四隊而罷. 蓋滿人舊俗也.

28 今聞, 內外彙集遺書已及萬種, 現奉旨擇其應行刊刻者, 皆令鐫版通行. 此誠皇上格外天恩, 加惠藝林之至意也. 但將來發刊, 不惟所用版片浩繁, 且逐部刊刻亦需時日. 臣詳細思維, 莫若刻做棗木活字套版一分, 刷印各種書籍, 比較刊版工料省簡懸殊. 臣謹按御定佩文詩韻, 詳加選擇, 除生僻字不常見于經傳者不收集外, 計應刊刻者, 約六千數百餘字. 此內虛字以及常用之熟字, 每一字加至十字或百字不等, 約共需十萬餘字. 又豫備小註應刊之字, 亦照大字, 每一字加至十字或百字不等, 約需五萬餘字, 大小合計不過十五萬餘字. 遇有發刻一切書籍, 只須將槽版照底本一擺, 卽可刷印成卷, 倘其間尚有不敷應用之字, 豫備木子二千個, 隨時可以刊補. 其書頁行款大小式樣, 照依常行書籍尺寸, 刊作木槽版二十塊, 臨時按底本, 將木字檢校明確, 擺置木槽版內, 先刷印一張, 交與校刊翰林處詳校無誤, 然後刷印. 其棗木子大小共應用十五萬餘個. 臣詳加核算每百字工料, 需銀八錢, 十五萬餘字, 約需銀一千二百餘兩. 此外成做木槽版, 備添空木子以及盛貯木字箱格等項再用銀一二百兩, 已敷置辦是此項需銀通計不過一千四百兩. 臣因以武英殿現存書籍核較, 卽如史記一部, 計版二千六百七十五塊. 按梨木小版例價銀每塊一錢, 共該銀二百六十七兩五錢, 計寫刻字一百一十八萬九千零, 每寫刻百字工價銀一錢, 共用銀一千一百八十餘兩. 是此書僅一部已費工料銀一千四百五十餘兩. 今刻棗木活字套版一分, 通計亦不過餘常者不收集外計應刊刻, 用銀一千四百餘兩, 而各種書籍皆可資用, 卽或刷印經久, 字畫模糊, 又須另刻一分所用工價, 亦不過此數.

29 此紙名竹淸紙, 出於我東之南邑, 寫碑文者, 必求是紙, 以其緊薄而便摹刻也. 今欲作畵則不相宜, 遂書前人佳句以應之. 庚戌冬豹翁書. 『한국민족문화대백과사전』.

30 『연행기』 규장각본과 버클리본에는 "柳檢書得恭"이라고 하였고, 『열하기유』와 『연행기』 오사카본에는 "朴檢書齊家"라고 하였다.

31 寄題徐副使浩修見一亭二首并序. 副使來啓云, 僕官雖淸華, 志在林泉, 去京百里之地有白鶴嶺, 頗有邱壑之勝, 新建一亭, 名曰見一亭, 取林下何曾見一人之意也. 乞題詩攜歸以侈園林之觀, 不忍辜其意, 爲題二首. 急流勇退古難尋, 果見飄然返故林. 自古詩人無假語, 如今若簡是眞心. 世傳永叔歸田錄, 客奪昌黎誤墓金. 聞道羊腸無限險, 見幾誰是早投簪.

『동산집(童山集)』詩集卷十九, 淸乾隆刻函海道光五年增修本.

32　朱基平, 『陸游詩歌硏究』(서울대학교대학원박사학위논문, 2005), p.32.

33　甲寅, 上御乾淸門, 召大學士九卿等至御座前. 上取性理展閱, 指太極圖謂諸臣曰, 此所言
　　皆一定之理, 無可疑論者. 又指五聲八音八風圖曰, 古人謂十二律定而後被之八音, 則八音
　　和, 奏之天地, 則八風和, 而諸福之物, 可致之祥, 無不畢至. 其言樂律所關, 如此其大, 而
　　十二律之所從出, 其義不可不知. 如律呂新書所言算數, 專用徑一圍三之法, 此法若合, 則所
　　算皆合. 此法若舛, 則無所不舛矣. 朕觀徑一圍三之法, 用之必不能合. 蓋徑一尺, 則圍當三
　　尺一寸四分一厘有奇. 若積累至於百丈, 所差至十四丈有奇. 等而上之, 其爲舛錯可勝言耶.
　　因取方圓諸圖, 指示諸臣曰, 所言徑一圍三, 止可算六角之數. 若圍圓, 則必有奇零. 其理具
　　在目前, 甚爲明顯. 朕觀八線表中半徑勾股之法, 極其精微. 凡圓者可以方算, 開方之法, 卽
　　從此出. 逐一驗算, 無不吻合. 至黃鍾之管九寸, 空圍九分, 積八百一十分是爲律本, 此舊說
　　也. 其分寸若以尺言, 則古今尺制不同, 自朕觀之, 當以天地之度數爲准. 至隔八相生之說,
　　聲音高下, 循環相生, 復還本音, 必須隔八, 此一定之理也. 隨命樂人取笛和瑟, 次第審音,
　　至第八聲, 仍還本音. 上曰, 此非隔八相生之義耶. 以理推之, 固應如是.

34　『구장산술(九章算術)』.

35　黃鍾生林鍾, 林鍾生太簇, 太簇生南呂, 南呂生姑洗, 姑洗生應鍾, 應鍾生蕤賓, 蕤賓生大
　　呂, 大呂生夷則, 夷則生夾鍾, 夾鍾生無射, 無射生仲呂. 三分所生, 益之一分以上生. 三
　　分所生, 去其一分以下生. 黃鍾大呂太簇夾鍾姑洗仲呂蕤賓爲上. 林鍾夷則南呂無射應鍾
　　爲下.

36　呂鵬, 〈工尺譜及其源流的硏究〉, 『通俗歌曲』. 2013.04.

37　翰問, 丙子斥和三學士北行後, 不知其死生, 近聞尙今生存, 方在吳王軍中. (吳三桂降于虜,
　　封雲南, 至是擧兵, 以復大明爲名.) 果爾則實是異事, 但虛實未可知也. 先生曰, 頃聞吳王
　　以同仇討賊之意, 馳檄于倭, 而倭又以其意傳檄于我國. 其時, 吳尹二人書其生年生月生日
　　及小字, 自日本送來, 第自上恐其語泄, 密論筵中曰, 漏此言者, 以一罪繩之(蓋慮北人而諱
　　倭檄之來.), 故朝家諱之. 又曰, 頃者永安尉之子來見, 我問以此事, 則答云, 曾以此問于譯
　　官張炫, 則一切隱諱. 其後, 張往其時專對者家詰之曰, 此言不出於我口, 而如是傳播, 必是
　　自大監出云. 若是一切虛語, 則張言不如是也. 今觀兩說自南北來, 而與之暗合. 以此推之,
　　所謂生存之說似是也. 又曰, 吾曾撰三學士傳, 蒐集其時文書, 細考之. 洪則所謂干尹者躬

自鞫問曰, 爾之獨主斥和者, 何也. 且我豈不可以爲天子耶. 洪曰, 爾乃大明之賊奴, 豈以天
子稱之. 汗伊大怒盛罵, 使之出斬, 武士卽爲持刀押去. 洪則想於其時見害也. 吳尹則龍馬兩
胡出鞫, 而招昭顯世子宮官與之參聽. 兩胡問于吳尹曰, 爾之妻孥在爾國者, 吾當率來授汝,
汝肯居生于我土否. 尹曰, 吾之妻孥, 想必於亂離中盡陷沒, 無所招來, 吳曰, 吾則本無妻
孥, 并不屈, 兩胡卽使人押去. 今雖不知其置之何處, 而吳尹則想不見殺也. 又曰, 洪乃丙申
生也, 尹丁未生也, 吳己酉生也, 當時若不遇害, 吳尹之年, 想今不至於老而死也.

38 西門外有殺人處, 積骨叢中, 求屍無路, 只令其奴招魂而來矣.

39 崇德二年三月甲辰朝鮮國臣洪翼漢等伏誅

先是朝鮮國王李倧屢上書乞降, 太宗諭令縛送首謀敗盟三四臣, 當正國法以儆後人. 李倧奏
言, 首倡浮議之臺諫洪翼漢, 當大軍到境時, 用爲平壤庶尹, 督令卽日前進, 或爲前軍所獲,
或從間道赴任, 俱未可知, 今將付和之宏文館校理尹集, 修撰吳達濟, 送詣軍前, 以俟處分,
嗣復遣官解送洪翼漢至盛京. 至是斬洪翼漢尹集吳達濟於市, 以正其倡議祖明, 敗盟構兵
之罪.

40 『열하기행시주』에는 '義'자로 된 판본도 있으나 『황청개국방략』을 따라 '議'자로 정
한다.

41 曾見四庫全書簡明目錄, 中有滿洲源流考, 皇淸開國方略二書, 意其可觀, 入燕求之, 書肆
中無有. 次修於刻字房見開國方略, 云是內版. 書三學士事曰, 倡議祖明, 敗盟構兵, 崇德二
年三月甲辰被害. 次修以小紙鈔來, 剔燈同觀, 爲之髮竪. 嗚呼, 其所書八個字, 卽無愧乎天
下萬世. 歸到瀋中, 益不禁竹如意擊石之思. 王貽上池北偶談多採入金淸陰先生朝天詩, 又
載感舊集中, 意蓋微婉. 李廓羅德憲使瀋不屈, 戊戌年間全韻詩出來, 然後彰著, 三學士卓
然大節, 今又得信史矣.

42 有雲從南來, 滓澠浮鬱, 氣薄林木, 若相助以悲者. 乃以竹如意擊石, 作楚歌招之曰, 魂朝往
兮何極, 莫歸來兮關塞黑, 化爲朱鳥兮有味焉食. 歌闋, 竹石俱碎, 於是相向感喑.

徐浩修, 『熱河紀遊』, 서울대학교규장각한국학연구원 소장.

徐浩修, 『熱河紀遊』, 임기중 편 燕行錄全集에 실린 영인본. 위의 책과 같음.

徐浩修, 『燕行紀』, 서울대학교규장각한국학연구원 소장.

徐浩修, 『燕行紀』, 임기중 편 燕行錄全集에 실린 영인본. 위의 책과 같음.

徐浩修, 『燕行紀』, 성균관대학교 대동문화연구원 편 燕行錄選集에 실린 영인본. 위의 책과 같음.

徐浩修 저, 南晩星 역. 『국역 燕行紀』, 민족문화추진회 편 국역 연행록선집, 제5책. 민족문화문
고간행회, 1976.

徐浩修, 『燕行紀』, 일본 오사카부립 나카노지마도서관 소장본. 고려대학교 해외한국학자료센
터 제공 사진본.

徐浩修, 『燕行紀』, 미국 캘리포니아대학교 버클리캠퍼스 동아시아도서관 소장. 고려대학교 해
외한국학자료센터 제공 사진본.

柳得恭, 『泠齋集』, 한국고전번역원 DB.

유득공 지음, 실시학사 고전문학연구회 옮기고 엮음. 『열하를 여행하며 시를 짓다, ㈜휴머니스
트 출판그룹, 2010.

이사벨라 버드 비숍 저, 이인화 역, 『한국과 그 이웃나라들』, 살림, 1996.

楊蔭溜, 『中國古代音樂史稿』, 北京: 人民音樂出版社, 1981.

宋 俞琰, 『席上腐談』, 中國基本古籍庫DB.

宋 葉隆禮, 『契丹國志』, 中國基本古籍庫DB.

商鴻逵, 劉景憲, 季永海, 徐凱 編著, 『清史滿語辭典』, 上海: 上海古籍出版社, 1990.

宋 郭茂倩, 『樂府詩集』, 北京: 中華書局, 1979.

清 李調元, 著, 羅煥章 主編, 陳紅 杜莉 注釋, 『李調元詩注』, 成都: 巴蜀書社, 1993.

李調元, 『出口程記』, 叢書集成初編; 3180, 北京: 中華書局, 1985.

楊世明, 「李調元年譜略稿」, 《南充師院學報(哲學社會科學版)》, 1980年02期.

李德懋, 『清脾錄』, 한국고전번역원 DB.

柳得恭 編, 『冷齋書種』, 국립중앙도서관 소장본. 온라인원문.

张洪波, 林象贤, 「朝阳三塔考」, 《北方文物》, 1992年 第2期 总第30期.

『遼史』.

『元史』.

漢語大詞典編輯委員會, 漢語大詞典編纂處 編纂, 『漢語大詞典』, 上海: 漢語大詞典出版社, 2001
　　年9月 2版.

邢玲玲, 「"夜不收"释疑」, 《安康学院学报》, 第20卷 第2期, 2008年 4月.

焦杰, 「健步.急脚与夜不收」, 《中国典籍与文化》, No.4, 2007(总第63 期).

柏桦, 「明代的夜不收军」, 《古代文明》, 第7卷 第1期, 2013年 1月.

유원수 지음, 『New Start 몽골어 첫걸음』, 파주: 삼지사, 2014.

方齡貴 著, 『元明戲曲中的蒙古語』, 上海: 漢語大詞典出版社, 1999.

方齡貴 著, 『古典戲曲外來語考釋詞典』, 上海: 漢語大詞典出版社, 2001.

金啓孮 編著, 『女眞文辭典』, 北京: 文物出版社, 1984.

明 臧茂循 編, 『元曲選』.

李圭景, 『五洲衍文長箋散稿』.

『大淸高宗法天隆運至誠先覺體元立極敷文奮武孝慈神聖純皇帝實錄』.

朱家溍, 丁汝芹, 『淸代內廷演劇始末考』, 北京: 中國書店, 2007.

俞健, 「淸宮大戲臺與舞臺技術」, 《藝術科技》, 1999年 第2期.

戴雲,『勸善金科研究』, 北京: 北京師範大學出版社, 2006.

廖奔,『中國古代劇場史』, 鄭州: 中州古籍出版社, 1997.

清 李光地 著, 陳祖武 點校,『榕村語錄・榕村續語錄』, 北京: 中華書局, 1996.

羅貫中,《三國志通俗演義》.

李睟光,『芝峯集』.

中國 復旦大學文史研究院, 越南漢喃研究院 合編,『越南漢文燕行文獻集成』, 上海: 復旦大學出
    版社, 2010.

元 陳孚,『陳剛中詩集』, 中國基本古籍庫DB.

李商鳳, 北轅錄, 임기중 편,『燕行錄續集』, 117, 서울: 尙書院, 2008.

전수경,「1760년 李徽中・李義鳳 부자가 만난 동남아시아 -『北轅錄』을 중심으로 -」,《한문학
    보》제28집, 2013.

전수경,「1760년 이휘중(李徽中)・이의봉(李義鳳) 부자가 만난 서구 - 북원록(北轅錄)을 중심
    으로」,《민족문학사연구》제55호, 2014.8.

金玲竹,「北轅錄의 1760년 北京기록 ― 子弟軍官과 동아시아 지식인 만남의 재구성」,《大東文
    化研究》제90집, 2015.6

『春秋左傳』.

幺書儀,「热河乾隆觀劇圖的史事」,《尋根》, 2003年 02期.

張明富,「乾隆末安南國王阮光平入華朝覲假冒說考」,《历史研究》, 2010年 第3期, 2010.

『清史稿』.

大南寔錄正編,『粵東金玉樓』, 癸酉年. PDF판.

李庆新,「清代广东与越南的书籍交流」,《學術研究》, 2015年 第12期.

張明富,「《欽定越史乾通鑑綱目》福康安得厚賂奏請罷兵安南說辨正」,《文獻》, 2010年1月 第1期.

『大南正編列傳初集』, 사진판.

柳得恭,『泠齋集』.

朴齊家,『貞蕤閣集』.

明 畢恭 撰,『遼東志』, 中國基本古籍庫DB.

明 李輔,『全遼志, 遼海叢書』, PDF판.

明 劉效祖,『四鎮三關誌』, 中國基本古籍庫DB.

淸 楊賓, 『柳邊紀略』, 中國基本古籍庫DB.

淸 朱彝尊, 『日下舊聞考』.

洪鳳漢 編著, 『東國文獻備考』, 서울: 明文堂, 1981 再版.

金景善, 『燕轅直指』, 성균관대학교 대동문화연구원 편 燕行錄選集에 실린 영인본.

『詩經』.

『書經』.

『明史』.

『滿洲源流考』.

張鎭根 역주, 『滿洲源流考』, 서울: 파워북, 2008.

남주선 역주, 『欽定滿洲源流考』, 서울: 글모이출판, 2010.

조현설, 『동아시아 건국신화의 역사와 논리』, 서울: 문학과지성사, 2003.

박제가 지음, 정민 · 이승수 · 박수밀 외 옮김, 『정유각집』, 서울: 돌베개, 2010.

宋 沈括, 『夢溪筆談』, 中國基本古籍庫DB.

宋 蘇軾, 『蘇文忠公全集』, 明成化本.

明 姜曰廣, 『輶軒紀事』, 殷夢震 · 于浩 編選, 使朝鮮錄에 영인 수록, 北京: 北京圖書館出版社,
    2003.

『史記』.

『萬壽盛典初集』.

『八旬萬壽盛典』.

淸 昭槤 撰, 『嘯亭續錄』, 中國基本古籍庫DB.

金洛瑞, 『好古齋集』, 고려대학교 해외한국학자료센터 제공 사진본.

정은주, 「姜世晃의 燕行活動과 繪畵」, 《美術史學硏究》(구 고고미술), 第259號, 2008.9.

『律呂纂要』.

『律呂正義』.

『靈臺儀象志』.

『曆象考成』.

『御制律曆淵源』.

『渾蓋通憲圖說』.

『滿洲實錄』.

『大淸會典』.

『淸史稿』.

淸 陳康祺, 『郎潛紀聞初筆』, 中國基本古籍庫DB.

『後漢書』.

淸 章佳慶桂, 『國朝宮史續編』, 中國基本古籍庫DB.

淸 法式善, 『梧門詩話』, 中國基本古籍庫DB.

『舊唐書』.

淸 金簡, 『武英殿聚珍版程式』, 中國基本古籍庫DB.

谢国祯, 「从清武英殿版谈到扬州诗局的刻书」, 『故宫博物院院刊』, 1981(01)

『한국민족문화대백과사전』.

淸 李調元, 『童山集』, 淸乾隆刻函海道光五年增修本, 中國基本古籍庫DB.

淸 李調元, 『童山詩集』, 叢書集成初編；2309-2314, 北京：中華書局, 1985.

朱基平, 「陸游詩歌硏究」, 서울대학교대학원 박사학위논문, 2005.

胡晓青, 「杜预《左传》学研究」, 山东大学硕士论文, 2008.

明 徐光啟 編纂, 潘鼎 匯編, 『崇禎曆書(上下)-附西洋新法曆書增刊十種』, 上海：上海古籍出版
　　社, 2009.

『管氏地理指蒙』.

羅逸星, 「17・18世紀 李朝學者들이 理解한 歲差運動」, 《東方學志》 22권, 1979.

孙英华, 「对《竟山乐录》中的音乐雅俗观的几点思考」, 《艺术百家》 2008年 第8期 总第105期.

周怀文, 「毛奇龄研究」, 山东大学博士论文, 2010.

宋 蔡元定, 『律呂新書』, 淸文淵閣四庫全書本.

呂鵬, 「工尺谱及其源流的研究」, 《通俗歌曲》, 2013.04.

『仁祖實錄』.

万依 王樹卿 陸燕貞 主編, 『清宮生活圖典』, 北京：紫禁城出版社, 2007.

張淑賢 主編, 『清宮戲曲文物』, 香港：商務印書館(香港)有限公司, 2008.

| 찾아보기 |

ㄱ

가문청길(家門淸吉) 313
가상루집(歌商樓集) 99
강도(江都) 60
개평부(開平府) 117
거류하(巨流河) 65, 222
건륭어제계묘집(乾隆御製癸卯集) 106
경사도서관(京師圖書館) 127
경산(景山) 148, 287
경산악록(竟山樂錄) 349, 350, 358
경용림궁(慶湧琳宮) 278
경추봉(磬棰峰) 113
계향복욱(桂香馥郁) 325
고궁(故宮) 127
고금교식고(古今交食考) 342, 343
고금도서집성(古今圖書集成) 21, 337
고려사(高麗史) 43, 246, 247, 258
고북구(古北口) 116, 216, 246
곤여만국전도(坤輿萬國全圖) 224

공상빙륜(共賞氷輪) 153
공취요준(共醉堯樽) 155
관발영천(綰紱盈千) 277
관석록(觀石錄) 112-116
관성대(觀星臺) 287, 289, 291
관제묘(關帝廟) 65, 72, 78
교정순화각첩석문(校正淳化閣帖釋文) 338
구거죽마(鳩車竹馬) 153
구구대경(九九大慶) 154, 156, 252, 253,
    277, 314
구십구연재(九十九硯齋) 315, 322
구여가송(九如歌頌) 277
구여지경(九如之慶) 155
국조궁사속편(國朝宮史續編) 312
국조시인징략(國朝詩人徵略) 82
군서고변(群書考辨) 180, 181
군선대회(群仙大會) 313
권선금과(勸善金科) 252, 253
권아승경(卷阿勝景) 148

규장각(奎章閣) 11, 12, 14, 17, 18, 21, 292, 334
금사(金史) 43
기하원본(幾何原本) 222, 287, 298
기한의(紀限儀) 290, 291

ㄴ

낙양(洛陽) 60, 322
낙연중추(樂宴中秋) 313
남관(南館) 15, 207, 208, 300, 314, 327, 331, 369
남부(南府) 148
남장(南掌) 26, 42, 116, 126, 151, 245, 248, 249, 255, 264, 306, 309, 311, 327, 328
낭잠기문초필(郎潛紀聞初筆) 308
농정상부(農政祥符) 155
농조건곤(籠罩乾坤) 153

ㄷ

다수주로(多收珠露) 153
단판은쟁(檀板銀箏) 153
당악적색보(唐樂笛色譜) 349, 358
당자(堂子) 212-214
당회영향단비(黨懷英香壇碑) 277
대관석록(大觀石錄) 112-114, 116
대남실록정편(大南實錄正編) 191
대남정편열전초집(大南正編列傳初集) 193
대도(大都) 33, 117
대릉하(大凌河) 70
대만부(臺灣府) 116
대명문(大明門) 178
대업습유기(大業拾遺記) 60
대청일통지(大淸一統志) 246
대청회전(大淸會典) 62, 300, 347
덕승문(德勝門) 207, 208, 210, 214
덕화원(德和園) 149, 409
덕회문(德匯門) 146
도산축가(桃山祝嘏) 277

도수맥수(稻穗麥秀) 155
도축천령(桃祝千齡) 278
동경(東京) 57, 212
동국문헌비고(東國文獻備考) 221
동락원(同樂園) 149, 248, 251, 277, 325
동산시집(童山詩集) 81, 96, 401
동추우전(同趨禹甸) 155
동해 사람이 근래 지은 책을 구하는 그림[東海人求近著書圖] 84, 88
등서대통곡기(登西臺慟哭記) 367
등주(登州) 58, 268, 269, 271

ㅁ

만국내역(萬國來譯) 313
만방징서(萬方徵瑞) 325
만선집록(萬仙集錄) 313
만수무강(萬壽無疆) 155
만수성전초집(萬壽盛典初集) 281
만주실록(滿洲實錄) 304
만주원류고(滿洲源流考) 367
매화포기(梅花炮記) 154
면전(緬甸) 26, 42, 116, 126, 151, 245, 248, 249, 255, 260, 264, 306, 309, 311, 327, 328
명사(明史) 57, 219, 224, 246
명시종(明詩綜) 198, 199, 202
목란위장(木蘭圍場) 117, 122
목재집(牧齋集) 201
몽계필담(夢溪筆談) 269
몽고(蒙古) 26, 51, 54, 55, 58, 68, 69, 75, 77, 99, 105-110, 116, 117, 119, 125, 126, 151, 198, 201, 203, 210, 215, 216, 248, 249, 255, 309, 311, 327, 329, 368
몽림현해(夢林玄解) 167
무사삼천(武士三千) 325
무열하(武烈河) 113, 119
무영전취진판정식(武英殿聚珍版程式) 335
무정단계(舞呈丹桂) 325

문묘(文廟) 146, 207
문수봉채(文垂鳳彩) 153
문진각기(文津閣記) 127
문화전(文華殿) 127
민진회침(民盡懷忱) 155

ㅂ

반도승회(蟠桃勝會) 313
반로환동(返老還童) 153
방호승경(方壺勝境) 265, 266, 268, 273
법가노부(法駕鹵簿) 300, 302
법궁아주(法宮雅奏) 252
백기보(白旗堡) 66, 71
백령수백(百齡叟百) 278
백탑(白塔) 57
벽락비륜(碧落飛輪) 155
변제(汴堤) 60
변주(汴州) 60
변하(汴河) 60
병세집(並世集) 99
보리예술박물관(保利藝術博物館) 274
보탑릉공(寶塔凌空) 155
복초재서발(復初齋序跋) 360
복초재집(復初齋集) 360
복해(福海) 264, 267
봉도요대(蓬島瑤臺) 264-267
봉래각(蓬萊閣) 271, 272
봉래주(蓬萊洲) 267
봉인축성(封人祝聖) 277
봉천(奉天) 214
봉황산(鳳凰山) 46, 48
봉황성(鳳凰城) 42, 43, 260
북경(北京)=연경(燕京)=대도 10, 12, 13, 15,
    21, 32, 33, 40, 45, 48, 61, 62, 64, 71,
    78, 80, 82, 84, 100, 103, 117, 120, 122,
    127, 149, 157, 171, 172, 175, 176, 178,
    184, 192, 196, 199, 207, 209-211, 213,
    214, 216, 220, 223, 224, 243, 250, 271,
    274, 278, 282, 285, 291, 294, 299, 324,
    327, 331, 332, 337, 338, 365
북경수도도서관(北京首都圖書館) 157
북원록(北轅錄) 176, 417
북해(北海) 127
분비부단(芬菲不斷) 153, 325
불귀여오(不貴旅獒) 155
불식부지(不識不知) 155

ㅅ

사가시(四家詩) 88
사고(謝翶) 367
사고전서(四庫全書) 84, 103, 126, 127, 128,
    167, 200, 246, 247, 259, 335, 367
사고전서간명목록(四庫全書簡明目錄) 367
사고전서총목제요(四庫全書總目提要) 167
사분의(四分儀) 290
사진삼관지(四鎭三關誌) 213
산령서응(山靈瑞應) 155
산해관(山海關) 48, 57, 62, 68, 71, 75, 95,
    216, 369
삼광여채(三光麗彩) 155
삼국지(三國志) 168, 252, 253
삼분손익법(三分損益法) 348, 356
삼신산(三神山) 267, 268, 269, 272, 273
삼위(三衛) 68
삼좌탑(三座塔) 102, 103
삼층대희대(三層大戲臺) 147
상도(上都) 117
상위유징(象緯有徵) 277
상한의(象限儀) 289, 290
서관문(西關門) 63
서단(西單) 179
서양신법역서(西洋新法曆書) 121, 292
서양역지(西洋曆指) 342
서유기(西遊記) 249, 252, 253, 258, 260,
    262
서정향국(瑞呈香國) 278

서천도(西川圖) 252
서하집(西可集) 349
석가불사리탑(釋迦佛舍利塔) 75
석월단(夕月壇) 195, 212, 324
선려경규(仙侶傾葵) 153
선성행상석각탑본(先聖行像石刻搨本) 278
선악갱장(仙樂鏗鏘) 325
선자효령(仙子效靈) 277
성경(盛京) 62, 71, 72, 84, 103, 198, 200, 216, 362, 366, 421
성경통지(盛京通志) 347
성모현범록(聖謨賢範錄) 180, 181
성유악본변(聖諭樂本辨) 349, 359
성유악본해설(聖諭樂本解說) 349-351, 358, 359
성적도(聖蹟圖) 277
성현도찬(聖賢圖贊) 277
소대소소(昭代簫韶) 253
소상백영(瀟湘百咏) 180, 181
소아현채(素蛾絢綵) 155
소정속록(嘯亭續錄) 251, 284
속함해(續函海) 82, 88
송사(宋史) 11, 346
수경주(水經注) 119
수문언무(修文偃武) 153
수산석기(壽山石記) 114, 116
수성기취(壽星旣醉) 153
수안궁(壽安宮) 149, 311
수역무강(壽域無疆) 155
수의응후(授衣應候) 155
수제류(隋堤柳) 60, 61
수중오씨장초본고본희곡총간(綏中吳氏藏抄本稿本戲曲叢刊) 157
수호의협(水滸義俠) 252
수호지(水滸志) 253
숭정역서(崇禎曆書) 291, 292, 343
승덕부(承德府) 95, 112, 122, 123
승평보벌(昇平寶筏) 252, 253, 262

승평환흡(昇平歡洽) 313
시서휘찬(詩書彙纂) 347
시헌력(時憲曆) 221, 224
심양(瀋陽) 39, 48, 49, 62, 127, 213, 366
심양잡절7수(瀋陽雜絕七首) 368

ㅇ
아골관(鴉鶻關) 49, 213
악부시집(樂府詩集) 60
안남(安南) 20, 21, 26, 42, 116, 126, 145, 151, 171-197, 203, 206, 245, 248, 249, 255, 264, 303, 306, 308, 309, 311, 319, 327, 328
안주(安州) 37
압록강(鴨綠江) 37, 39-42, 44, 50
야불수(夜不收) 106-111
양주(揚州) 60, 127
어정패문시운(御定佩文詩韻) 336
어제율력연원(御制律曆淵源) 297
어제전운시(御製全韻詩) 53
어찬주자전서(御纂朱子全書) 122
여산여부(如山如阜) 155
여씨춘추(呂氏春秋) 356
여정문(麗正門) 123-125, 146
여진(女眞) 44, 50, 57-59, 109, 110, 213, 214, 271, 347
역상고성(歷象考成) 295-297, 326, 342
역인(歷引) 277, 291-293
연간기년(燕衎耆年) 155
연감재(淵鑑齋) 122
연감재어찬주자전서 122
연산관(連山關) 48-50
연행기(燕行紀) 35, 217, 285, 325, 332, 334, 347, 348, 361
연행일기(燕行日記) 329
연희전(演戲殿) 147
열하(熱河) 7, 29, 42, 112, 116, 118, 119, 143
열하기유(熱河紀遊) 13-15, 17-19, 21, 23,

25, 26, 96, 165, 285, 325, 347
열하기행시주(熱河紀行詩註) 19, 74, 97, 192, 196, 202, 319
열하일기(熱河日記) 13, 45, 154, 220
영감사(靈感寺) 95
영대의상지(靈臺儀象志) 291
영수궁(寧壽宮) 149
영안교(永安橋) 65
영재집(冷齋集) 207
영주(營州) 43, 76
영평부(永平府) 95, 169
예보쇼우[葉柏壽] 108
예상선자(霓裳仙子) 155
오곡풍등(五穀豐登) 313
오대흥륭(五代興隆) 313
오문(午門) 146, 300
오문시화(梧門詩話) 317
오색서화(五色抒華) 155
오악지존(五嶽之尊) 155
오악효령(五岳効靈) 325
오위역지(五緯曆指) 221
오주연문장전산고(五洲衍文長箋散稿) 113
옥엽금가(玉葉金柯) 155
옥하관(玉河館) 172, 175
왕모조천(王母朝天) 313
왕어양시화(王漁洋詩話) 201
외양문(外攘門) 63, 362
요계가상(堯堦歌祥) 325
요동지(遼東志) 213
요사(遼史) 102
요양(遼陽) 57
요지정비(瑤池整轡) 155
요하(遼河) 65, 69
용만(龍彎) 39
용촌어록(榕村語錄) 165, 169
우감사신(愚感蛇神) 153
우재선생어록(尤齋先生語錄) 363
우정솔무(虞庭率舞) 325

우촌시화(雨村詩話) 80, 83, 88
운학편승(雲鶴翩乘) 325
원명원(圓明園) 15, 20, 26, 104, 127, 143, 148, 149, 192, 207, 214-217, 224, 225, 243, 245, 248, 250, 251, 253, 256, 257, 263-265, 267, 268, 273-275, 278-279, 282, 284, 286, 295, 310, 313, 324, 325, 327, 329
월남역사(越南歷史) 187
월남집략(越南輯略) 190
월남한문연행문헌집성(越南漢文燕行文獻集成) 175
월동황화집(粵東皇華集) 80
월리역지(月離曆指) 221
유구무강(悠久無彊) 153, 325
유변기략(柳邊紀略) 214
유성(柳城) 75
유헌기사(輶軒紀事) 272
율려정의(律呂正義) 288, 297, 307, 348, 349, 350, 352
율려찬요(律呂纂要) 288
율력연원(律曆淵源) 121
의주(義州) 46, 69, 72
이화원(頤和園) 149, 276
익우담심(益友談心) 155
인간길사(人間吉士) 155
인안경착(人安耕鑿) 325
인온천악(氤氳川岳) 153
일인부덕(一人溥德) 155
일전역지(日躔曆指) 221
일징십서(日徵十瑞) 278
일하구문고(日下舊聞考) 219
임묘도(林廟圖) 278

ㅈ
자광유조(慈光有兆) 155
자기조천(紫氣朝天) 155
작중지(酌中志) 166, 168

장백산(長白山) 42
적성익주(赤城益籌) 155
전료지(全遼志) 213
전명봉선(煎茗逢仙) 155
전선중역(傳宣衆役) 155
정대광명전(正大光明殿) 250, 251, 327, 348, 359
정도문(貞度門) 78, 79
정묘호란(丁卯胡亂) 49
정양문(正陽門) 123, 177−179, 207−209, 210−212, 247, 282, 338
정유각집(貞蕤閣集) 207, 320, 401, 418
정조실록(正祖實錄) 47
정치춘추(鼎峙春秋) 252, 253
제회금궐(齊回金闕) 155
조선관(朝鮮館) 62
조신기취(竈神旣醉) 155
조양(朝陽) 46
조양현(朝陽縣) 65, 72, 95
조주교(趙州橋) 280, 282
주련벽합(珠聯璧合) 155
주역절중(周易折中) 347
주자전서(朱子全書) 121, 122
중역래조(重譯來朝) 155
중역인중(重譯人重) 278
중화문(中華門) 178
중화소악(中和韶樂) 302, 306, 307, 309, 310, 328, 348
지봉집(芝峯集) 175
지북우담(池北偶談) 367

ㅊ
창음각(暢音閣) 149, 310, 311
채붕(彩棚) 217, 257, 278, 282, 283
책문(柵門) 46, 48
천구십이(天衢十二) 325
천무사부(天無私覆) 155
천상문성(天上文星) 155

천수연(千叟宴) 284, 285
천체의(天體儀) 290, 291
청녕득일(淸寧得一) 278
청비록(淸脾錄) 88
청사고(淸史稿) 188, 191
청송려시화(聽松廬詩話) 82
청실록(淸實錄) 125, 126, 148
청음각(淸音閣) 147, 149, 248, 249
청일통지(淸一統志) 43, 280
청통전(淸通典) 302
청평견희(淸平見喜) 153, 157, 158, 160
춘추(春秋) 252, 253, 295, 338, 339, 341, 342, 356, 359−361
출구정기(出口程記) 95, 96, 100, 102
충의선도(忠義璇圖) 252, 253
치세여래(治世如來) 155

ㅌ
탑용금련(塔湧金蓮) 325
태청문(太淸門) 177, 178
태평유상(太平有象) 155
태호석기(太湖石記) 320, 322
태화전(太和殿) 78, 195
통영병비도(通永兵備道) 78
통전(通典) 43, 60
통주(通州) 95, 103, 369

ㅍ
팔동신선(八洞神仙) 277
팔순만수성전(八旬萬壽盛典) 282, 284
패문운부(珮文韻府) 198, 199, 202
포고기(布褲伎)=부흐 328, 329
피서산장(避暑山莊) 42, 118−124, 126, 127, 145, 146, 148, 149, 154, 191, 196, 251, 329

ㅎ
하도낙서(河圖洛書) 155

하령무량(遐齡無量) 277
하상담로(霞觴湛露) 155
학림옥로(鶴林玉露) 346
학발공경(鶴髮公卿) 155
학산(鶴山) 13
함해(函海) 79, 82, 103
합화정상(合和呈祥) 153
해곤온가(海鯤穩駕) 325
해래위봉(偕來威鳳) 155
해안경예(海宴鯨鯢) 325
해옥첨주(海屋添籌) 277
행호자(杏胡子) 104, 105
험시의(驗時儀) 290, 291
혼개도설집전(渾蓋圖說集箋) 197, 200, 222,
    298, 325, 326, 338, 359
혼개도설집전발어(渾蓋圖說集箋跋語) 359
혼개통헌도설(渾蓋通憲圖說) 298, 359
혼개통헌의(渾蓋通憲儀) 298
혼천상(渾天象) 290
혼천의(渾天儀) 221, 290
혼천의설(渾天儀說) 221
홍희일영(鴻禧日永) 155
화갑천개(花甲天開) 155

화담집(花潭集) 247
화신습득(化身拾得) 155
환향단지(還向丹墀) 155
황극경세(皇極經世) 350
황청개국방략(皇淸開國方略) 64, 361, 365,
    367, 369, 414, 423
회동관(會同館) 247
회부(回部) 116, 126, 151, 154, 156, 248,
    249, 255, 309, 311, 327
회전(會典) 60, 254
회회(回回) 68
회회진보(回回進寶) 313
효상성문(爻象成文) 155
후관석록(後觀石錄) 114
후재선생별집(厚齋先生別集) 363
흠정수리정온(欽定數理精蘊) 326
흠정월사통감강목(欽定越史通鑑綱目) 193
흠천감(欽天監) 16, 121, 212, 285, 286,
    306, 327, 360, 361
흥중부(興中府) 76
희대(戲臺) 148
희본명목기(戱本名目記) 154, 157, 314, 325
희축요년(喜祝堯年) 313

인명

ㄱ

강세황(姜世晃) 284, 337
강완광(姜日廣) 271
강희(康熙) 297
건륭(乾隆) 149
고염무(顧炎武) 63, 259
공헌배(孔憲培) 275, 276, 331, 343
광해군(光海君) 50
귀도 다레초(Guido d'Arezzo) 289
기윤(紀昀) 20, 128
김간(金簡) 334, 335, 337, 338
김간(金榦) 363
김경선(金景善) 220
김상헌(金尙憲) 367
김창업(金昌業) 169, 170

ㄴ

나관중(羅貫中) 168
나대경(羅大經) 346
나덕헌(羅德憲) 367
나마구(喇嘛溝) 104, 105
나아곡(羅雅谷, Giacomo Rho) 219, 223, 292, 293
남회인(南懷仁, 페르디난트 페르비스트
　(Ferdinand Verbiest) 221, 223, 291
노가재(老稼齋)=김창업(金昌業) 169

ㄷ

동가(佟哥) 65, 74
두예(杜預) 295, 339, 343, 361
등옥함(鄧玉函, Johann Schreck) 219, 292
등좌(鄧佐) 212-214

ㅁ

마테오리치(Matteo Ricci)=이마두(利瑪寶) 20,
　21, 217, 220-222, 224, 294
매구성(梅毂成) 121
모기령(毛奇齡) 114, 348, 349, 350, 351,
　352, 353, 357-359
무휘진(武輝瑨) 195, 203, 204, 206, 207
문천상(文天祥) 367, 368

ㅂ

박명원(朴明遠) 13, 45
박제가(朴齊家) 19, 35, 75, 79
박지원(朴趾源) 13, 50, 151, 314
반휘익(潘輝益) 172, 173, 174, 179, 183,
　184, 191, 193, 195, 203, 205-207
방적아(龐迪我, 디에고 데 판토하, Diego de
　Pantoja) 220
방포(方苞) 105, 121
백거이(白居易) 61, 322
범성대(范成大) 346
법식선(法式善) 317
복강안(福康安) 150, 184, 185, 189, 192-
　195, 254, 261, 263
복장안(福長安) 193, 254, 261, 263
빅토르 위고(Victor Hugo) 274

ㅅ

삼학사(三學士) 63, 64, 361-369
색덕초(索德超, Joseph-Bernard d'Almeida)
　334
서경덕(徐敬德) 247
서계문(徐啓文) 116, 145, 245, 248
서광계(徐光啓) 220, 221, 223, 224, 291

서명응(徐命膺) 9, 37
서성(徐渻) 37
서일승(徐日昇, Thomas Pereira) 219, 289, 350, 352
서정욱(徐延旭) 190
성조(聖祖) 116, 145, 186, 224
성친왕(成親王) 201
소식(蘇軾) 97
소옹(邵雍) 167, 350
소현세자(昭顯世子) 364
손사의(孫士毅) 184, 185, 187-190
손석(孫奭) 167
손치미(孫致彌) 201, 258
송시열(宋時烈) 363
순조(純祖) 47, 159, 181, 220
순치(順治) 34, 215, 219, 291, 305, 365
심괄(沈括) 269, 273

ㅇ
아극돈(阿克敦) 260
아계(阿桂) 254, 260-263, 365
안진경(顏眞卿) 203, 368
애신각라(愛新覺羅) 303, 305
양빈(楊賓) 214
양승암(楊升菴)=양신(楊愼) 79
양제(煬帝) 281
여귀돈(黎貴惇) 176, 180-182
여유기(黎維祈) 184-186, 188-190
여이초(黎二樵) 83
여포(呂布) 168, 169
연성공(衍聖公) 26, 276, 278, 328, 330-333, 343
연암(燕巖)=박지원(朴趾源) 151
영조(英祖) 176
영철(靈澈) 345
예친왕(禮親王)=소련(昭槤) 251
오달제(吳達濟) 63, 362
오대익(吳大益) 33

옹방강(翁方綱) 200, 201, 338, 339, 342, 343, 359-361
완광평(阮光平) 151, 171, 184-186, 190-195
완광현(阮光顯) 151, 188, 189
왕걸(王杰) 150, 254
왕난생(王蘭生) 351
왕사정(王士禎) 200, 367
왕승유(王僧孺) 320
요한 아담 샬 폰 벨(Johann Adam Schall von Bell)=탕약망(湯若望) 219, 221, 223, 292, 293
용촌(榕村)=이광지(李光地) 165, 360
용화민(龍華民, Nicolò Longobardo) 292
우승유(牛僧孺) 318, 320-323
우촌(雨村)=이조원(李調元) 72, 78
웅사리(熊賜履) 121
웅정필(熊廷弼) 57
위정진(魏廷珍) 121, 351
유금(柳琴) 79
유득공(柳得恭) 35, 65, 79, 97, 276
유사영(劉思永, Rodrigo da Madre de Deus) 16, 285-291, 294, 299, 300
유용(劉墉) 201
육유(陸游) 346, 347
윤집(尹集) 63, 362
이광지(李光地) 63, 121, 122, 165, 167, 168, 170, 352, 361
이규경(李圭景) 113, 116
이덕무(李德懋) 79
이백형 19, 31
이보(李輔) 213, 317, 321
이상봉(李商鳳)=이의봉(李義鳳) 176-179
이성구(李聖求) 365
이성량(李成梁) 57, 58, 68
이수광(李睟光) 172, 173, 175, 176, 206
이연(李演) 200, 201
이은(李溵) 33, 39

이정구(李廷龜) 35
이정원(李鼎元) 185
이조원(李調元) 72, 78−84, 88, 95−97, 99, 100−103, 202, 343−347
이지조(李之藻) 223, 224, 298, 326, 359
이천경(李天經) 221, 292, 343
이확(李廓) 367
이휘중(李徽中) 173, 176, 179, 181, 182
이휘지(李徽之) 284, 285
이희경(李喜經) 75
인조(仁祖) 34, 50, 62, 63, 66, 215, 362, 365

ㅈ
장가경계(章佳慶桂) 312
정인지(鄭驎趾) 247, 258
정조(正祖) 10, 11, 13, 14, 18, 31−33, 39, 47, 66, 67, 145, 329, 359
정존겸(鄭存謙) 329
정춘수(鄭春樹) 176
조영진(趙榮進) 176, 398
조형(晁衡)=아베 나카마로(阿倍仲麻呂) 317
주권(朱權) 69, 349, 358, 422
주원장(朱元璋) 68, 210
주이준(朱彝尊) 219, 259
주체(朱棣) 69
진강기(陳康祺) 308
진부(陳孚) 168
진사원(陳士元) 167
진후약(陳厚耀) 121
진휘밀(陳輝泌) 176

ㅊ·ㅌ·ㅍ
채제공(蔡濟恭) 35, 369
척계광(戚繼光) 68
철보(鐵保) 146, 147, 196−203, 254, 260, 331, 343
축덕린(祝德麟) 82
탕사선(湯士選) 16, 285, 293−300, 325, 327, 348, 350
팽원서(彭元瑞) 254
풍극관(馮克寬) 172, 173, 175, 176, 204, 206

ㅎ
하국종(何國宗) 297
홍계희(洪啓禧) 176, 179
홍익한(洪翼漢) 63, 362
화신(和珅) 20, 111, 150, 195, 197, 254, 260, 330, 365
황도주(黃道周) 63
황문희(黃門戲) 262, 263
황인점(黃仁點) 18, 31, 106, 145
황정견(黃庭堅) 97
황준헌(黃遵憲) 316, 317
황태극(皇太極) 55
효람(曉嵐)=기윤(紀昀) 246, 314, 317, 323

지은이

서호수(徐浩修, 1736~1799)

조선 영정조 시대의 관료이자 학자이다. 1765년 식년시에 장원급제하여 중앙과 지방의 여러 관직을 두루 역임하였다. 정조가 즉위하면서 도승지가 되었으며, 규장각 설치에 기여하였고, 『규장총목(奎章總目)』을 편찬하였다. 1776년 진하겸사은부사로서 북경에 다녀왔다. 육조 판서를 다 지내고, 1790년 청나라 건륭제의 팔순 생일에 진하겸사은부사로 뽑혀 다시 북경에 다녀왔는데 이 연행의 기록이 『열하기유(熱河紀遊)』(『연행기(燕行紀)』)다. 그는 천문학과 악률에도 정통하였다. 문집은 남기지 않았지만 『해동농서(海東農書)』와 『국조역상고(國朝曆象考)』 등을 저술하였고, 과학자적 사고와 현실에 기반한 혜안으로 당시 청나라의 현실을 세밀하게 관찰하고 분석하였다.

역해자

이창숙(李昌叔)

서울대학교 인문대학 중문과를 졸업하고, 동 대학원에서 석사 및 박사 학위를 받았으며, 현재 같은 과의 교수로 재직하고 있다. 중국고전희곡을 전공하여 원잡극을 비롯한 청대의 궁중 연극 등 중국 고전극 전반을 연구하고 있다. 『모란정(牡丹亭)』 등 중국 희곡의 명작과 조선시대의 한문 희곡 『북상기(北床記)』(공역)를 번역·해설하여 한국 독자들에게 소개하는 한편, 두보(杜甫) 시의 역주와 해설 작업에도 참여하고 있다. 연행록을 중심으로 전통시대 한국과 중국의 교류에도 관심을 가지고 연구를 병행하고 있다.

열하기유

조선 학자의 눈에 비친 열하와 북경

1판 1쇄 찍음 ㅣ 2017년 1월 10일
1판 1쇄 펴냄 ㅣ 2017년 1월 20일

지은이 ㅣ 서호수
역해자 ㅣ 이창숙
펴낸이 ㅣ 김정호
펴낸곳 ㅣ 아카넷

출판등록 2000년 1월 24일(제2-3009호)
10881 경기도 파주시 회동길 445-3 2층
전화 031-955-9515(편집) · 031-955-9514(주문) ㅣ 팩시밀리 031-955-9519
책임편집 ㅣ 양정우
www.acanet.co.kr ㅣ www.phildam.net

ⓒ 이창숙, 2017

Printed in Seoul, Korea.

ISBN 978-89-5733-530-7 94910
ISBN 978-89-5733-230-6 (세트)

이 도서의 국립중앙도서관 출판시도서목록(CIP)은
서지정보유통지원시스템 홈페이지(http://seoji.nl.go.kr)와
국가자료공동목록시스템(http://www.nl.go.kr/kolisnet)에서
이용하실 수 있습니다.(CIP제어번호: CIP2016031044)